China's Rural Development Report (2020)

Focusing on the Rural Development of China during the 14th Five-year Plan Period

中国农村发展报告

——聚焦“十四五”时期中国的农村发展

魏后凯　杜志雄　主　编
苑　鹏　于法稳　崔红志　副主编

中国社会科学出版社

图书在版编目（CIP）数据

中国农村发展报告．2020：聚焦“十四五”时期中国的农村发展/魏后凯，杜志雄主编．—北京：中国社会科学出版社，2020.7
（中社智库年度报告）
ISBN 978 - 7 - 5203 - 6880 - 3

Ⅰ．①中…　Ⅱ．①魏…②杜…　Ⅲ．①农村经济发展—研究报告—中国　Ⅳ．①F32

中国版本图书馆 CIP 数据核字（2020）第 132162 号

出 版 人　赵剑英
责任编辑　刘晓红
责任校对　周晓东
责任印制　戴　宽

出　　版　中国社会科学出版社
社　　址　北京鼓楼西大街甲 158 号
邮　　编　100720
网　　址　http：//www. csspw. cn
发 行 部　010 - 84083685
门 市 部　010 - 84029450
经　　销　新华书店及其他书店

印刷装订　北京君升印刷有限公司
版　　次　2020 年 7 月第 1 版
印　　次　2020 年 7 月第 1 次印刷

开　　本　710 × 1000　1/16
印　　张　35. 25
插　　页　2
字　　数　396 千字
定　　价　198. 00 元

编　委　会

主要编撰者简介

魏后凯　经济学博士，中国社会科学院农村发展研究所所长、研究员、博士生导师，第十三届全国人大农业与农村委员会委员。兼任中国社会科学院城乡发展一体化智库常务副理事长，中国城郊经济研究会、中国林牧渔业经济学会会长，中央农办、农业农村部、民政部、北京市、山东省、广东省等决策咨询委员会委员。主要研究领域：区域经济学和发展经济学。

杜志雄　日本东京大学农学博士，中国社会科学院农村发展研究所党委书记、研究员、博士生导师。兼任中国社会科学院城乡发展一体化智库副理事长，中国农业经济学会副会长，中国国外农业经济研究会会长，科技部、农业农村部等相关专家委员会委员。主要研究领域：农村非农产业经济、中国现代农业发展等。

苑　鹏　管理学博士，中国社会科学院农村发展研究所副所长、研究员、博士生导师。兼任中华全国供销总社专家监事（2015 年至今），主要研究领域：农村合作经济。

于法稳　管理学博士，中国社会科学院农村发展研究所生态经济研究室主任、研究员、博士生导师。兼任中国社会科学院生态环境经济研究中心主任、中国生态经济学学会副理事长兼秘书长。主要研究领域：生态经济理论与方法、农村生态治理、农业可持续发展。

崔红志　管理学博士，中国社会科学院农村发展研究所农村组织与制度研究室主任、研究员、博士生导师。兼任中国社会科学院城乡发展一体化智库秘书长。主要研究领域：农村社会保障、农村组织与制度。

目　录

主报告

综合篇

经济篇

社会篇

生态环境篇

主报告

“十四五”时期中国农村发展的总体思路与主要措施

主报告课题组*

摘　要：“十三五”时期，在国家强农、惠农、支农政策的支持下，中国在保障粮食安全、促进农业转型升级、农村第一、第二、第三产业融合、农民增收致富等方面均取得了显著成效，农村全面小康建设扎实稳步推进，脱贫攻坚目标任务已接近完成。但是，也应该看到，目前农村发展中仍面临诸多矛盾和问题，如农民种粮积极性下降、农民持续增收难度加大、农村老龄化日趋严重、农村民生“短板”突出、村庄分化日益加剧等，需要引起高度重视。“十四五”时期既是中国经济社会发展的重要转折时期，也是实现全面建成小康社会目标后向全面建成社会主义现代化强国迈进的承上启下的关键时期。在这一时期，中国农村发展形势将呈现出新的特点。预计到2025年，中国城镇化

* 本报告执笔人：魏后凯，经济学博士，中国社会科学院农村发展研究所所长、研究员，主要研究方向为区域经济、城镇化、农业农村发展；王瑜，管理学博士，中国社会科学院农村发展研究所助理研究员，主要研究方向为农村贫困、城乡关系；崔凯，管理学博士，中国社会科学院农村发展研究所助理研究员，主要研究方向为农业农村信息化；赵丽丽，管理学博士，中国社会科学院农村发展研究所博士后，主要研究方向为产业融合、乡村旅游及旅游投融资。

率将达到65.5%，保守估计新增农村转移人口在8000万人以上；农业就业人员比重将下降到20%左右；乡村60岁以上人口比例将达到25.3%，约为1.24亿。到“十四五”期末，有可能出现1.3亿吨左右的粮食缺口，其中谷物（三大主粮）缺口约为2500万吨。上海、江苏、浙江、北京、天津5省（市）预计将在2025年前后率先基本实现农业农村现代化目标值，引领全国农村发展。“十四五”时期中国农村发展的总体思路是：以确保国家粮食安全为前提，以深化体制改革和加快科技创新为动力，以农业农村高质量发展为主线，以促进农村产业转型升级、提升农村公共服务质量、推动农民持续增收致富、全面提升综合治理能力为重点，加快推进美丽乡村、智慧乡村和善治乡村建设，为2035年基本实现农业农村现代化奠定坚实基础。归根结底，就是要“巩固一个确保、强化两大动力、贯穿一条主线、聚焦四大重点、建设三个乡村”。为此，需通过补“短板”、调结构、抓改革、强治理，促进乡村全面振兴。一是着眼重点区域、重点领域、重点人群，补齐农村民生“短板”。二是在保障粮食安全的前提下，提质量善布局，大力提升农业生产率，强化数字乡村建设，全面优化农村产业结构。三是做好承包地延包试点工作，推进农村“三块地”改革，拓展确权成果应用，着重深化农村集体产权制度改革，通过全面深化农村改革，提升协同效应。四是通过厘清治理主体职责边界，适应乡村社会变动带来的新型治理需求，优化治理手段，强力提升乡村综合治理能力。

关键词：“十四五”时期　乡村振兴战略　农村高质量发展　农业农村现代化

The General Guidelines and Primary Measures of Rural Development in China during the 14th Five – year Plan Period

Research Team of the General Report

Abstract: During the 13th Five – Year Plan period, with the support of national policies of strengthening agriculture, benefiting farmers and supporting rural areas, China has made remarkable achievements in ensuring food security, promoting the transformation and upgrading of agriculture, integrating primary, secondary and tertiary industries in rural areas, as well as increasing farmers' income and wealth. The building of a moderately prosperous society in all aspects in rural areas has made steady progress, and the goal and tasks of poverty alleviation are about to be completed. However, it should also be noted that there are still many contradictions and problems in terms of rural development which need close attention, such as declining enthusiasm of farmers to grow grain, increasing difficulty to improve farmers' income, increasingly serious aging of the rural population, prominent insufficiency to support rural population's livelihood, and the increasing disparity among villages. The 14th Five – Year Plan period is a critical turning point in China's economic and social development. It is also a crucial period connecting the preceding and the following stages during China's march towards the goal of building a moderately prosperous society in all aspects and becoming a great modern socialist country in all aspects. During this period, China's rural development will take on new characteristics. It is estimated that by 2025, China's urbanization rate will reach 65.5%, and the number of rural – urban migrants will increase by over 80 million. The proportion of people employed in agriculture will drop to around 20%. In rural areas, 124 million people (25.3% of the population) will be over 60. By the end of the 14th Five – Year Plan period, there is likely to be a grain shortfall of about 130 million tons, including about 25 million tons of staple food grain. Shanghai, Jiangsu, Zhejiang, Beijing and Tianjin are expected to take the lead in realizing the goal of basic modernization of agriculture and rural areas around 2025, pioneering the country's rural development. The general guidelines of the 14th Five – Year Plan period of China's rural development are: to guarantee the premise of ensuring national food security, to deepen the system reform and accelerate scientific and technological innovation as the driving forces, to take the high – quality development of agriculture and rural areas as the main line, to focus on promoting transformation and upgrading of rural industry, improving the quality of rural public services, accelerating sustained income increase of rural residents, and enhancing comprehensive governance capacity, thus to accelerate the construction of rural areas with beautiful environment, intelligent management and sound governance, laying a solid foundation for the realization of basic modernization of agriculture and rural areas in 2035. In short, it is necessary to consolidate one guarantee, strengthen the two major driving forces, insist on one main line, focus on the four major areas, and build rural areas via three dimensions. For this purpose, it is crucial to strengthen weak links, make structural adjustments, carry out reforms and enhance governance to promote rural revitalization in an all – round way. First, to focus on critical regions, areas and groups and fill in the shortage of livelihood support in rural areas. Second, on the premise of ensuring food security, to improve the quality and distribution of rural industries, including improving agricultural productivity, strengthening the construction of digital villages, and comprehensively optimizing the rural industrial structure. Third, to steadily put forward the pilot work of extending contracted land contracts, to promote the reform of three categories of land in rural areas, to expand the application of the results of property rights confirmation, to focus on deepening the reform of rural collective property rights system, and to generate synergies by comprehensively deepening rural reform. Fourth, to optimize governance approaches and enhance comprehensive governance capacity of rural areas by clarifying the boundary of responsibilities of various governance agents, adapting to emerging governance needs brought by the changes in rural society.

Key Words: the 14th Five – Year Plan period　Rural Revitalization Strategy High - quality Growth of Rural Areas Modernization of Agriculture and Rural Areas

一 对“十三五”时期中国农村发展的评价

“十三五”时期是全面建成小康社会和打赢脱贫攻坚战的决胜阶段。在这一时期，围绕农村如期全面小康和脱贫攻坚目标任务，中央和各级地方政府制定实施了一系列强农、惠农、支农政策，农业农村发展取得了显著成效，粮食安全保障能力不断巩固，农业经济呈现良好发展态势，农村产业融合发展步伐加快，农民收入和生活水平进一步提升。目前，农村全面小康和脱贫攻坚目标即将实现。在 2020 年完成脱贫攻坚目标任务后，中国将提前 10 年实现联合国 2030 年可持续发展议程的减贫目标。当然，也应该看到，目前中国农村发展的基础还比较薄弱，城乡发展差距依然较大，粮食安全仍面临一些潜在风险，农村老龄化严重、民生“短板”突出以及村庄分化加剧等问题应引起高度重视。

（一）“十三五”时期促进农村发展的政策措施

“十三五”时期，中央连续发布 5 个一号文件聚焦“三农”问题，大力推动实施打赢脱贫攻坚战和乡村振兴战略，不断深化农业供给侧结构性改革，稳步推进农村集体产权制度改革、城乡融合发展体制机制创新以及农村土地征收、集体经营性建设用地入市和宅基地制度改革试点，并在农村产业、乡村治理、农村减贫、城乡融合发展等方面，采取了一系列的政策措施，有力地促进了农业农村发展和农民增收致富。

1. 大力推动现代农业发展，促进农村第一、第二、第三产业深度融合

“十三五”时期，以农业供给侧结构性改革为主线，中央、国务院及有关部门多措并举大力推动现代农业和农村产业融合发展。2016 年中央一号文件聚焦加快农业现代化，明确提出“走产出高效、产品安全、资源节约、环境友好的农业现代化道路”。2017 年中央一号文件聚焦农业供给侧结构性改革，对现代农业发展和新动能培育进行了全面部署。2017 年中央一号文件又提出“加快实现由农业大国向农业强国转变”“推动农业由增产导向转向提质导向”的要求。其间，国务院就建立粮食生产功能区和重要农产品生产保护区、探索建立涉农资金统筹整合长效机制、加快推进农业机械化和农机装备产业转型升级、促进乡村产业振兴等发布了多个指导意见，中办、国办还就创新体制机制推进农业绿色发展，加快构建政策体系培育新型农业经营主体，促进小农户和现代农业发展有机衔接等，国办就进一步促进农产品加工业发展，支持返乡下乡人员创业创新促进农村第一、第二、第三产业融合发展，推进农业高新技术产业示范区建设发展，切实加强高标准农田建设提升国家粮食安全保障能力等专门发布了文件。

有关部门狠抓落实，制定实施了一系列政策措施。例如，为有效推进农村第一、第二、第三产业融合发展，农业部和中国农业银行启动实施了金融支持农村第一、第二、第三产业融合发展试点示范项目，有针对性地支持一批农村产业融合发展主体；国家旅游局、农业部组织开展了国家现代农业庄园创建工作，计划到2020年建成100个国家现代农业庄园；国家发展改革委、财政部、农业部等部门组织实施了农村产业融合发展“百县千乡万村”试点示范工程；国家发展改革委会同农业部、工信部、财政部等部门建立了农村产业融合发展部门协同推进机制；财政部确定在河北、江西等18个省份开展田园综合体建设试点；国土资源部、国家发展改革委还联合发文出台了农村产业融合发展用地政策。

2. 积极开展农村人居环境整治，建设美丽宜居和善治乡村

在农村人居环境整治方面，针对农村基础设施和民生领域欠账较多，农村环境和生态问题依旧比较突出的问题，2016年、2017年中央一号文件不断重申开展农村人居环境整治行动和美丽宜居乡村建设。2018年，中办、国办联合印发了《农村人居环境整治三年行动方案》，明确以建设美丽宜居村庄为导向，以农村垃圾、污水治理和村容村貌提升为主攻方向，加快补齐农村人居环境突出短板。为贯彻落实这一方案，同年12月，中央农办、农业农村部等18个部门印发了《农村人居环境整治村庄清洁行动方案》，着力解决村庄环境“脏乱差”问题；2019年1月，中央农办、农业农村部等8部门发布了《关于推进农村“厕所革命”专项行动的指导意见》，加快推进农村“厕所革命”专项行动。在乡村治理方面，2019年，中办、国办印发了《关于加强和改进乡村治理的指导意见》，提出构建共建共治共享的社会治理格局，走中国特色社会主义乡村善治之路；中央农办、农业农村部等6部门组织开展了乡村治理体系建设试点示范工作，并在全国确定了115个县（市、区）开展乡村治理体系建设试点示范。

3. 集中力量聚焦深度贫困地区，坚决打赢脱贫攻坚战

为坚决打赢脱贫攻坚战，“十三五”期间各级政府制定实施了一系列政策措施，逐项压实脱贫攻坚责任，扎实推进脱贫攻坚工作。2016 年 11 月，国务院印发了《“十三五”脱贫攻坚规划》，对脱贫攻坚的目标体系和实施路径进行了详细规划。2018 年 6 月，中共中央、国务院发布了《关于打赢脱贫攻坚战三年行动的指导意见》，进一步细化了脱贫攻坚的目标任务、实施路径和保障措施。针对农村贫困人口“三保障”存在的薄弱环节，2019 年 6 月国务院扶贫开发领导小组印发了《关于解决“两不愁三保障”突出问题的指导意见》，要求各部门、各地区把解决“两不愁三保障”突出问题作为决战决胜脱贫攻坚战的关键环节，攻克突出问题，加快补齐“短板”。为全面巩固提升脱贫攻坚成果，2019 年 10 月，国务院成立了国家脱贫攻坚普查领导小组，随后在全国启动了国家脱贫攻坚普查工作。面对新冠肺炎疫情突如其来的冲击，党中央国务院及时出台了一系列有效防控疫情和应对疫情对脱贫攻坚影响的政策与措施。如对未“摘帽”的 52 个贫困县和 1113 个贫困村实行挂牌督战；进一步加大扶贫资金投入，2020 年中央财政补助地方专项扶贫资金达到 1461 亿元；对农民工外出务工实行“点对点、一站式”服务；等等。

打好深度贫困歼灭战是打赢脱贫攻坚战的关键。“十三五”期间，中央不断加大对深度贫困地区尤其是“三区三州”的支持力度。2017 年 9 月，中办、国办发布了《关于支持深度贫困地区脱贫攻坚的实施意见》，明确了深度贫困地区的范围并提出中央统筹，重点支持“三区三州”，构建起适应深度贫困地区脱贫攻坚需要的支撑保障体系。2018—2020年连续3年中央一号文件都明确把深度贫困地区作为脱贫攻坚的主攻方向，强调要集中发力、强力帮扶、挂牌督战。2019年12月，中央经济工作会议明确提出了“集中兵力打好深度贫困歼灭战”的要求，强调政策、资金重点向“三区三州”等深度贫困地区倾斜。各有关部门和地方政府也相继制定实施了一系列政策措施，在基础设施建设、易地扶贫搬迁、产业发展、转移就业、社会帮扶、兜底保障、教育健康扶贫、生态扶贫、资产收益扶贫、金融扶贫等方面支持深度贫困地区脱贫攻坚。

4. 推进城乡公共资源合理配置，构建城乡融合发展体制机制

为促进城乡全面深度融合发展，“十三五”期间，围绕户籍制度改革、合理配置公共资源以及促进城乡要素自由流动和平等交换等，国家推进实施了一系列改革和政策措施。2016年1月，国务院发布了《关于整合城乡居民基本医疗保险制度的意见》，对城镇居民基本医疗保险和新型农村合作医疗两项制度进行整合，建立统一的城乡居民基本医疗保险制度；2016年7月，国务院发布了《关于统筹推进县域内城乡义务教育一体化改革发展的若干意见》，明确了到2020年基本实现县域义务教育均衡发展和城乡基本公共教育服务均等化的目标；7月，国务院还发布了《关于实施支持农业转移人口市民化若干财政政策的通知》，提出了支持农业转移人口市民化的10项政策措施；9月国务院办公厅又发布了《推动1亿非户籍人口在城市落户方案》，提出“十三五”期间城乡区域间户籍迁移壁垒加速破除，户籍人口城镇化率年均提高1个百分点以上，年均转户1300万人以上。按照党的十九大提出的“建立健全城乡融合发展体制机制和政策体系”的要求，2019年4月，中共中央、国务院发布了《关于建立健全城乡融合发展体制机制和政策体系的意见》，从城乡要素合理配置、城乡基本公共服务普惠共享、城乡基础设施一体化发展、乡村经济多元化发展和农民收入持续增长五个方面明确了体制机制创新的方向。此外，为建立城乡统一的建设用地市场，“十三五”时期还开展了农村土地征收、集体经营性建设用地入市和宅基地制度改革试点工作。

（二）“十三五”时期中国农村发展取得的成效

“十三五”时期，在国家强农惠农支农政策的支持下，中国在保障粮食安全，促进农业转型升级，农村第一、第二、第三产业融合、农民增收致富等方面取得了显著成效，农村全面小康建设扎实稳步推进，脱贫攻坚目标任务已接近完成。

1. 粮食安全保障能力不断巩固

党的十八大以来，中国始终把粮食安全放在十分重要的位置，确立了“确保谷物基本自给，口粮绝对安全”的新粮食安全观。“十三五”期间，中国的粮食安全保障能力不断巩固提升。第一，粮食产量保持稳定，粮食单产稳步提升。自2015年以来，中国粮食总产量连续5年稳定在6.5亿吨以上，稻谷、小麦、玉米等主要粮食作物产量基本稳定，单位面积产量明显提升。2019年，全国粮食单产比2015年提高2.9%，其中稻谷、小麦、玉米分别提高2.4%、4.4%和7.2%。面对新冠肺炎疫情，中央及各地压实“米袋子”省长负责制和“菜篮子”市长负责制，坚持疫情防控和春耕备耕两手抓，全国春播面积增加700多万亩，春播进度明显加快，结构调优、品质调绿。据预测，2020年全国粮食总产量可望达到6.7亿吨以上的水平（魏后凯、黄秉信，2020）。

第二，达到“确保谷物基本自给，口粮绝对安全”的要求。粮食自给率是衡量一个国家或者地区粮食安全的基本指标。[①] 根据《中国粮食安全》白皮书，目前中国谷物自给率超过95%（国务院新闻办公室，2019），处于国际公认的基本实现谷物自给的安全范围内。口粮是人们的日常主食，在中国指小麦和稻谷。目前稻谷和小麦产需有余，完全能够自给。采用流向统计法，计算2015—2019年的口粮自给率，结果如表1所示。近年来，中国口粮的自给率均在100%以上，一直处于完全自给的绝对安全范围内。

表1　2014—2019年中国口粮及其自给率

单位：万吨、%

年份	口粮总产量	口粮进口量	口粮出口量	口粮库存变化量	口粮总需求量	口粮自给率
2014	27504.6	807.6	109.7	—	—	—
2015	28113.9	1031.0	192.1	2988.6	25823.2	108.9
2016	28103.6	843.7	306.2	2843.3	26099.2	107.7
2017	28320.3	554.5	400.6	2676.7	26181.1	108.2
2018	27993.0	560.0	460.0	1411.9	26735.0	104.7
2019	28032.0	807.6	109.7	1052.0	27080.0	103.5

资料来源：美国农业部（USDA）2019年12月和2018年12月 *Grain：World Markets and Trade* 及国家统计局网站年度数据，http：//data.stats.gov.cn/easyquery.htm?cn=C01。

① 粮食自给率=粮食总产量/粮食总需求量×100%，计算粮食自给率关键在于计算粮食总需求量，按照流向统计法，粮食总需求量=粮食总产量+粮食进口量-粮食出口量-年度粮食库存变化量。

第三，粮食外主要农产品稳步增长，居民食品来源日趋多样化。“十三五”期间，除了猪肉等少数农产品产量出现明显的下滑之外，油料、糖料、牛羊肉、水产品、蔬果等农产品产量均保持稳定增长态势。自 2013 年以来，居民在其他食品方面的人均消费量已经明显超过在粮食或谷物方面的消费量，并呈现稳步增长趋势，与此同时，粮食或谷物的人均消费量继续呈现不断下降趋势（见图 1）。2018 年，其他食品人均消费量比 2013 年增长了 5.3%，而粮食和谷物人均消费量分别下降了 14.5% 和 16.3%。这表明，中国居民食品消费结构正在加快从“吃得饱”向“吃得好”升级，居民食品来源日趋多样化，粮食安全也将向确保多元化的食品安全转变。

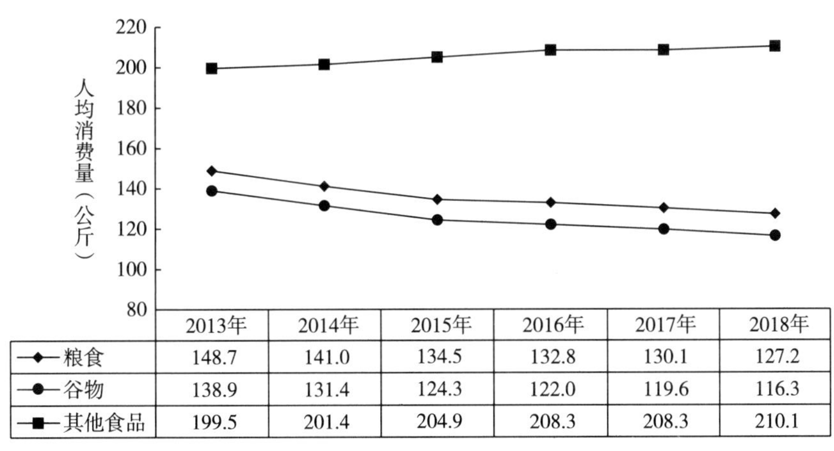

	2013年	2014年	2015年	2016年	2017年	2018年
粮食	148.7	141.0	134.5	132.8	130.1	127.2
谷物	138.9	131.4	124.3	122.0	119.6	116.3
其他食品	199.5	201.4	204.9	208.3	208.3	210.1

图 1　2013—2018 年全国居民人均主要食品消费量

资料来源：国家统计局网站。

2. 农业经济呈现良好发展态势

“十三五”期间，中国大力推动高标准农田建设，积极推广高产、高效绿色生态生产技术，不断强化现代科技支撑，加快推进农业供给侧结构性改革，农业经济总体呈现良好发展态势。“十三五”时期前4年，中国第一产业增加值年均增长3.5%，占GDP的比重由2015年的8.4%下降到2019年的7.1%。同时，农业现代化进程稳步推进，农业生产效率进一步提高。从2012年到2019年，全国农业科技进步贡献率由53.5%提高到59.2%，提高了5.7个百分点；农作物耕种收综合机械化水平由57.2%提高到70%以上，主要粮食作物耕种收综合机械化率超过80%。目前，全国主要农作物良种已经实现全覆盖，自主选育品种提高到95%以上。农用化肥、农药、农用塑料薄膜使用量均出现下降趋势，高产高效绿色生态生产技术成效显著。与2015年相比，2018年农用化肥施用折纯量、农药使用量、农用塑料薄膜使用量分别下降6.1%、15.7%和5.3%。2019年，全国农用化肥施用量又下降4.4%，三大主粮化肥和农药利用率分别达到39.2%和39.8%，比2015年分别提高4个和3.2个百分点。

3. 农村产业融合发展步伐加快

产业融合既是农村产业发展的方向，也是促进农业规模化经营以及农业增效和农民增收的重要途径。“十三五”期间，在有关部门和各级地方政府的大力推动下，农村第一、第二、第三产业融合步伐明显加快，呈现出良好的发展势头。

第一，农村产业融合主体快速发展。以专业大户、家庭农场、农民专业合作社、农业产业化龙头企业等为代表的产业融合主体蓬勃发展，极大地提高了农业生产经营的组织化水平。据农业农村部数据，截至2019年年底，全国家庭农场超过70万家，依法注册的农民合作社达220万家，从事农业生产托管的社会化服务组织42万个，全年托管服务面积14亿亩次，服务小农户6000万户。

第二，农村产业融合试点及载体快速发展。农村产业融合发展示范园、田园综合体以及现代农业产业园是推动农村产业融合发展的重要载体。据不完全统计，2017年全国18个试点省份入选国家田园综合体试点项目共有26个。自2017年全面启动现代农业产业园建设以来，中央财政已经先后投入50多亿元奖补资金，批准创建了62个、认定了20个国家级产业园，各省财政安排125亿元专项投入，创建了1000多个省级产业园和一大批市县级产业园（刘慧，2019）。2019年2月，国家发展改革委等7部门又联合发文，首批确立了148家农村产业融合发展示范园。

第三，农村新产业、新业态、新模式发展迅猛。截至2018年年底，农业农村部创建并公布388个全国休闲农业和乡村旅游示范县（市），推介710个中国美丽休闲乡村。在政府的推动下，休闲农业、乡村旅游、农村电商等迅速发展。2018年，全国休闲农业和乡村旅游接待人次达30亿人次，营业收入达8000亿元。随着移动互联的快速发展，农村电子商务发展迅猛，据商务部数据，2019年全国农村网络零售额达到1.7万亿元，其中，农产品网络零售额达到3975亿元，分别比2016年增长了90%和1.5倍。

第四，农企利益联结机制更加紧密。随着农村产业融合的深入发展，经营主体同农民形成了订单生产、股份合作、产销联动、利润返还等多种紧密型利益联结机制，探索出了“保底收益+按股分红”“固定租金+企业就业+农民养老金”“土地租金+务工工资+返利分红”等多种收益分配形式（国家发展改革委农村经济司，2018）。例如，贵州安顺西秀区大坝村探索建立的“支部+合作社+农户”农业生产经营模式，农民可以从土地流转、金刺梨养护、金刺梨专业合作社分红、果酒厂分红、特色养殖以及旅游接待等多个环节获益。

4. 农民收入和生活水平进一步提升

“十三五”期间，中国农村居民收入和消费支出增速持续快于城镇居民，农民收入和生活水平快速提升，城乡居民收入和消费水平差距进一步缩小。从2015年到2019年，农村居民人均可支配收入由11421.7元增加到16021.0元，年均实际增长6.6%，比城镇居民收入年均增速高0.9个百分点（见图2），城乡居民人均可支配收入比由2.73下降到2.64。同期，农村居民人均消

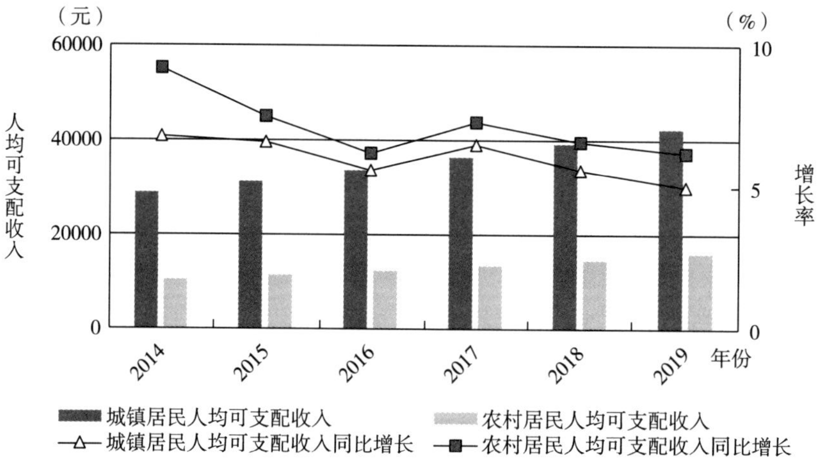

图2 2014—2019年城乡居民人均可支配收入及增长情况

资料来源：根据《中国统计年鉴（2019）》和历年统计公报数据绘制。

费支出由9223元提高到13328元，年均实际增长7.4%，比城镇居民增速高2.7个百分点，城乡居民人均消费支出比由2.32下降到2.11。从消费质量来看，农村居民恩格尔系数从2010年的41.1%下降到2015年的33.0%，2019年进一步下降到30%。这表明，近年来中国农村居民生活水平明显改善，目前已经接近联合国划分的20%—30%的富足标准。然而，需要指出的是，“十四五”时期农村居民恩格尔系数下降速度已经明显减缓，前4年年均下降0.75个百分点，远低于“十二五”时期年均下降1.62个百分点的速度。

5. 农村脱贫攻坚取得巨大成效

进入“十三五”时期以来，中国有效克服经济下行压力以及减贫难度加大和新冠肺炎疫情对脱贫进程的影响，坚决打赢脱贫攻坚战，确保如期完成脱贫攻坚目标任务。

第一，农村贫困人口实现脱贫和贫困县全部“摘帽”目标任务接近完成。“十三五”时期前4年，中国共减少农村贫困人口5024万人，每年减贫数量均在1100万以上，截至2019年年底，全国剩余农村贫困人口已下降到551万，贫困发生率降至0.6%。在全国832个贫困县中，截至2020年5月已有780个宣布脱贫“摘帽”，未“摘帽”县仅剩52个。按照当前的脱贫攻坚部署和工作力度，到2020年年末，如期实现现行标准下农村贫困人口全面脱贫和贫困县全部“摘帽”的任务是有保障的。

第二，贫困地区农村居民收入持续快速增长。从2015年到2019年，贫困地区、集中连片特困地区、国家扶贫开发重点县农村居民人均可支配收入年均名义增长率分别为10.9%、

11.0%和11.2%，均明显高于全国农村居民8.8%的平均增速，贫困群众“两不愁”质量水平明显提升。其间，贫困地区与其他地区之间农村居民收入差距明显缩小，其中，贫困地区农民人均可支配收入相对水平由67.0%提高到72.2%，集中连片特困地区由65.9%提高到71.4%，国家扶贫开发重点县由66.0%提高到71.9%（见表2）。

表2　2015—2019年贫困地区农村居民收入水平变化

年份	人均可支配收入（元）				相对水平（%）			人均可支配收入名义增速（%）			
	全国	贫困地区	集中连片特困地区	国家扶贫开发重点县	贫困地区	集中连片特困地区	国家扶贫开发重点县	全国	贫困地区	集中连片特困地区	国家扶贫开发重点县
2015	11421.7	7653.0	7525.0	7543.0	67.0	65.9	66.0	8.9	11.7	11.9	12.3
2016	12363.4	8452.0	8348.0	8355.0	68.4	67.5	67.6	8.2	10.4	10.9	10.8
2017	13432.4	9377.0	9264.0	9255.0	69.8	69.0	68.9	8.6	10.9	10.5	10.8
2018	14617.0	10371.0	10260.0	10284.0	71.0	70.2	70.4	8.8	10.6	10.7	11.1
2019	16021.0	11567.0	11443.0	11524.0	72.2	71.4	71.9	9.6	11.5	11.5	12.1

注：相对水平以全国为100。

资料来源：2015—2019年《中国农村贫困监测报告》以及国家统计局公布数据。

第三，贫困地区基础设施和基本公共服务条件明显改善。贫困地区自然村在2018年通公路比例已达到100%。截至2019年年底，贫困地区村村都有卫生室和村医，10.8万所义务教育薄弱学校的办学条件得到改善，农网供电可靠率达到99%，深度贫困地区贫困村通宽带比例达到98%，960多万贫困人口通过易地扶贫搬迁摆脱困境。“三保障”等突出问题得到总体性解决（习近平，2020）。

（三）当前中国农村发展面临的主要问题

在看到成绩的同时，也需要看到，长期以来促进农业农村发展那些积极因素的作用正在衰减，而新的问题或者矛盾正在逐渐积累，需要引起高度重视。

1. 农民种粮积极性下降，农产品供需矛盾突出

自 2005 年以来，中国粮食作物播种面积在经历 11 年的持续增加后，于 2016 年达到最高点，之后出现了连续 3 年播种面积减少态势。2019 年，全国粮食播种面积 11606 万公顷，比 2016 年减少 2.7%，约减少 316 万公顷。粮食种植面积减少，反映了当前农民种粮积极性不高的现状，其中蕴含深刻的社会经济原因。一方面，农村人口老龄化日趋严重，“三留守”问题仍未根本解决。与此同时，以“80 后”“90 后”为代表的“农二代”，因长期不事稼穑，不知农桑，也大多丧失从事农业生产的技能。虽然近年来职业农民增长较快，2018 年达到 1693 万人，但也仅占全部农业就业人员的 8.36%。实现农民职业化仍有很长的路要走。另一方面，近年来大米、小麦、玉米等主要粮食每亩产值增长缓慢，而生产成本快速攀升，自 2015 年起，每亩总成本超过每亩产值，粮食种植已经毫无收益可言，“十三五”期间粮食种植出现了亏损不断扩大的趋势（见图 3），极大地损害了农民种粮的积极性，撂荒抛荒问题已经表现得非常明显，这将对未来的粮食安全构成挑战。

同时，“十三五”期间，部分大宗农产品一度出现供需矛盾突出、价格波动较大的情况。2015—2016 年度，中国玉米库存消

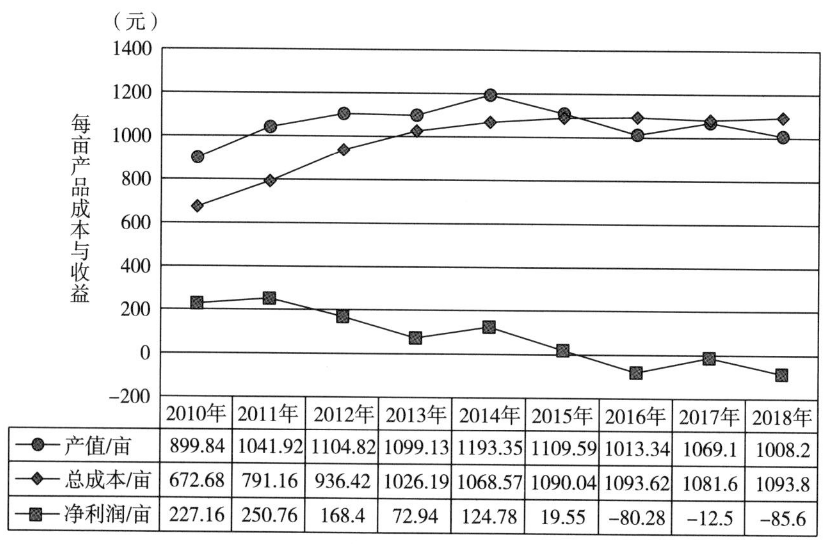

	2010年	2011年	2012年	2013年	2014年	2015年	2016年	2017年	2018年
产值/亩	899.84	1041.92	1104.82	1099.13	1193.35	1109.59	1013.34	1069.1	1008.2
总成本/亩	672.68	791.16	936.42	1026.19	1068.57	1090.04	1093.62	1081.6	1093.8
净利润/亩	227.16	250.76	168.4	72.94	124.78	19.55	-80.28	-12.5	-85.6

图3　2010—2018 年三种粮食每亩产品成本与收益情况

资料来源：历年《中国农村统计年鉴》。

费比高达 50.9%，玉米价格出现大跌；而到了 2018—2019 年度，库存消费比迅速回落至 23.3%，玉米价格又快速上扬。棉花也出现类似的情况。近些年，生猪饲养量一直呈下降趋势，从 2016 年的 44209.17 万头下降到 2019 年的 31041 万头，下降了 29.8%。受非洲猪瘟的影响，2019 年猪肉产量下降近 1000 万吨，由于产量的快速下降，从 2019 年下半年开始，全国猪肉价格出现暴涨情况并成为 2019 年 CPI 上涨的主要原因。部分大宗农产品供需矛盾突出的情况使近些年农产品生产价格指数波动较大，2016 年为 103.4，2017 年跌至 96.5，2018 年回升至 99.1，2019 年则大涨至 114.5。

2. 城乡居民收入差距大，农民持续增收面临挑战

当前农村居民与城镇居民的收入和生活水平差距依旧很大。

2019 年，城乡居民人均可支配收入之比为 2.64，仍远高于 1985 年 1.86 的水平；城乡居民人均消费水平之比 2018 年为 2.55，虽然比 2015 年下降了 0.26，但仍远高于 1982—1990 年 2.23 的平均水平。与此同时，农民持续稳定增收的压力日益加大。2016—2019 年，农村居民人均可支配经营净收入年均仅名义增长 6.4%，比农村居民人均可支配收入平均增速低 2.4 个百分点，其对农民增收的贡献仅有 27.4%。从 2015 年起，在农村居民可支配收入来源中，工资性收入已经开始超过经营净收入。目前，农民增收越来越依赖工资性收入和转移净收入，2016—2019 年工资性收入对农民增收的贡献为 43.1%，转移净收入的贡献为 26.8%，两者合计占 69.9%。随着城镇化速度的放缓，全国外出农民工数量的增长率快速下滑，已经从 2011 年的 4.35% 迅速下降到 2019 年的 0.84%（见图 4）。未来农民工资性收入需要更多地依靠本地就业来实现，而转移净收入占比受“天花板”的

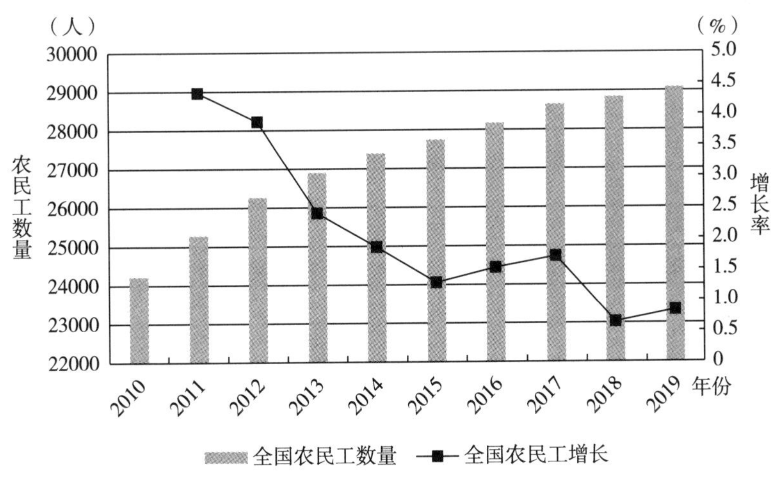

图 4　2010—2019 年外出农民工数量及增长情况

资料来源：根据 2010—2019 年全国国民经济和社会发展统计公报汇总。

限制不可能无限制扩大。农民财产净收入虽然增长较快，2016—2019年年均名义增速达到10.6%，但因占比较低，其对农民增收的贡献仅有2.7%，短期内还难以大幅提升。因此，未来农民持续稳定增收，依靠农村产业振兴增加家庭经营收入和本地工资性收入是关键。

贫困地区农民增收的可持续性也有待进一步增强。从2015年到2019年，贫困地区转移净收入的增长速度明显高于工资性收入和经营净收入的增速（见图5），同时也快于全国平均的农村居民转移净收入增长率。其间，在贫困地区农民增收来源中，经营净收入和财产净收入的贡献率分别仅有22.5%和1.7%，而工资性收入和转移净收入的贡献率分别达到39.0%和36.8%，合计占75.8%。近些年，在实施脱贫攻坚的过程中，虽然各级政府加大了产业扶贫的力度，但由于贫困地区产业竞争力不足，

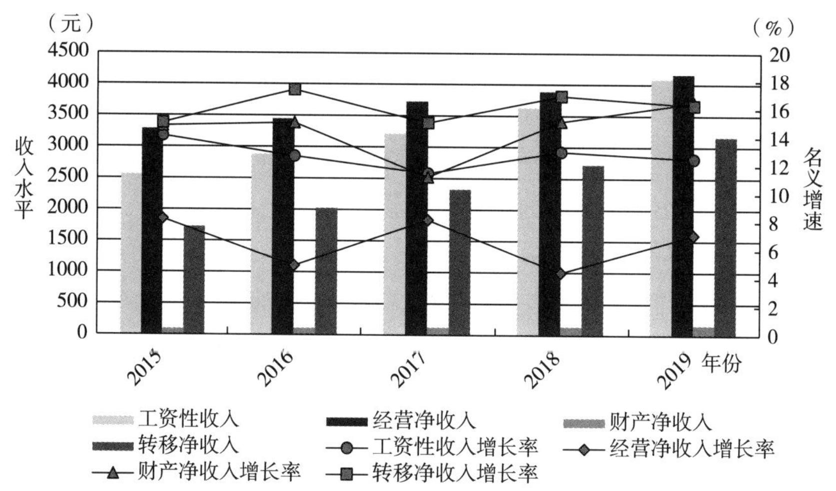

图5 2015—2019年贫困地区农村居民人均可支配收入增长情况

资料来源：2015—2018年数据根据《中国农村贫困监测报告（2019）》汇总，2019年数据来自国家统计局网站。

目前农民增收仍高度依赖外出打工和政府的转移支付，内生“造血”能力依旧不强。

3. 农村老龄化日趋严重，“三留守”引致社会问题凸显

近年来，随着城镇化的推进，农村地区老龄化现象日益严重，呈现典型的“未富先老”特征。从 2010 年到 2018 年，乡村 60 岁以上人口比重从 14.98% 快速攀升到 20.46%，提高了 5.48 个百分点，同期城市 60 岁以上人口比重提高了 4.33 个百分点；乡村 65 岁以上人口比重从 10.06% 快速攀升到 13.84%，提高了 3.78 个百分点，已经逼近 14% 的深度老龄化警戒线，[①] 较城市高出 3.48 个百分点（见表 3）。实际上，目前中国农村地区已经步入深度老龄化社会。同时，随着外出务工规模的不断增长，农村地区留守老人、留守儿童、留守妇女即“三留守”引致

表 3　　2010—2018 年中国城市和乡村老龄化情况

指标	地区	2010 年	2011 年	2012 年	2013 年	2014 年	2015 年	2016 年	2017 年	2018 年
60 岁以上人口比重（%）	城市	11.47	11.92	12.38	12.83	13.80	14.20	14.87	15.36	15.80
	乡村	14.98	15.53	16.15	17.08	17.61	18.47	19.15	19.92	20.46
	乡村—城市	3.51	3.61	3.77	4.25	3.81	4.27	4.28	4.56	4.66
65 岁以上人口比重（%）	城市	7.68	8.00	8.14	8.36	8.91	9.16	9.59	9.95	10.36
	乡村	10.06	10.36	10.6	11.15	11.52	12.03	12.53	13.22	13.84
	乡村—城市	2.38	2.36	2.46	2.79	2.61	2.87	2.94	3.27	3.48

资料来源：根据 2011—2019 年《中国人口和就业统计年鉴（2019）》汇总并计算。

---

① 当一个国家或地区 60 岁以上老年人口占人口总数的 10%，或 65 岁以上老年人口占人口总数的 7%，即意味着步入老龄化社会；65 岁以上老年人口占总人口比重达到 14%，即进入深度老龄化，达到 20% 为超级老龄化。

的各种社会问题日益凸显。特别是在农村养老服务体系还不健全的情况下，农村留守老人的赡养问题十分突出，突发疾患往往得不到及时的救治。农村留守儿童大多由祖父母或者外祖父母隔代照料，长期缺乏父母的亲情呵护与完整的家庭教育和监管，留守妇女也普遍存在担心、焦虑等心理、生理健康问题。

4. 农村民生“短板”突出，人居环境亟待改善

与城市居民相比，农村居民能够享受的医疗和养老保障水平低、保障能力有限。如果将直辖市区和地级市辖区看成城市，把县（县级市）看成农村，2018 年农村每千人口医疗卫生机构床位数仅为城市的 52.4%，农村每千人口卫生技术人员仅为城市的 42.4%，而且自 2010 年以来这两个指标的城乡差距总体上呈现不断扩大的趋势（见图 6）。中国城镇居民主要参加职工基本养老保险，农村居民主要参加城乡居民社会养老保险，2018 年

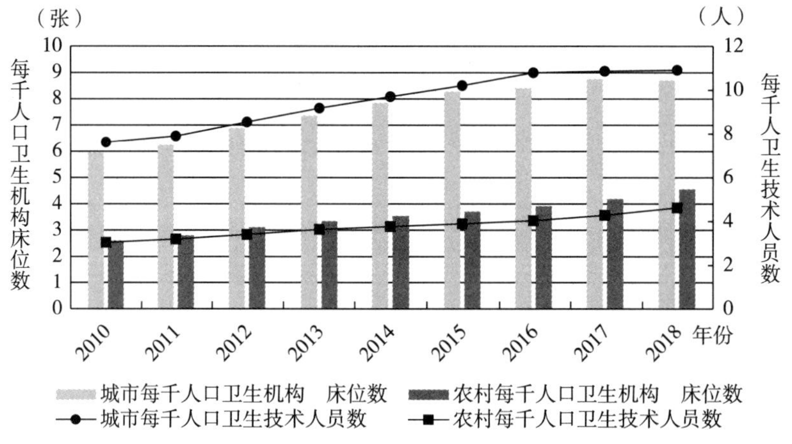

图 6 2010—2018 年中国城市和农村医疗条件对比情况

注：城市包括直辖市区和地级市辖区；农村包括县及县级市。

资料来源：根据《中国统计年鉴（2019）》绘制。

城镇职工基本养老保险基金支出有44644.9亿元，而城乡居民社会养老保险基金支出仅为2905.5亿元，前者是后者的15.4倍；城镇职工人均领取为37842.0元/年，而城乡居民人均领取仅为1827.6元/年，前者是后者的20.7倍。农村快速步入深度老龄化社会的现状还使农村地区养老服务需求与养老服务供给之间存在严峻的供需缺口。

为解决城镇化快速推进和人口出生率不断下降造成的农村生源减少和校舍空置问题，进入21世纪以来，中国对农村中小学校进行了大规模的撤并工作，这种布局调整有利于充分利用优质教育资源，提高农村中小学办学质量和规模效益，但随着中小学校不断向乡镇和县城的集中，也给偏远农村地区的学生上学带来了诸多不便，而过早的寄宿生活对学生成长和心理健康等造成的负面影响至今仍没有引起高度重视。优质教育资源向城镇的集中，促使一些家长到县城或乡镇租房甚至被迫买房进行陪读，在农村地区形成了一个新的陪读群体。

农村总体人居环境不佳以及基础设施建设落后的情况至今尚未得到根本性的扭转。2018年，全国乡燃气普及率仅有25.61%，村庄为28.59%，仍远低于城市96.70%的水平。农村生活垃圾处理虽然已经普遍形成村收集、乡转运、县处理运行机制，但无害化处理率仍然较低，2018年全国乡为32.18%，远低于城市98.96%的水平，而农村建筑垃圾管理几乎处于空白状态，处理方式落后、资源化利用率低。近年来，在推进农村人居环境整治行动中，农村改厕取得了明显成效，2017年农村卫生厕所普及率达到81.7%，但由于政策不配套，农村污水处理和地下管网设施普遍落后。2018年，全国乡污水处理率只有

18.75%，其中，污水处理厂集中处理率只有 11.12%。截至 2019 年年底，依然有超过 70% 的农户生活污水没有得到处理。此外，化肥、农药等施用强度仍处于高位，农业面源污染依旧严重。与一些发达国家相比，更是有明显的差距。以氮肥施用量为例，2017 年，中国的氮肥施用量为 219.56 千克/公顷，明显高于美国、德国、英国的 72.61 千克/公顷、125.02 千克/公顷和 168.5 千克/公顷；从杀虫剂的施用量来看，中国每公顷的施用量大约是美国、德国、英国的 3—4 倍（见表 4）。

表 4　　中国、美国、德国、英国氮肥及杀虫剂施用情况

单位：千克/公顷

年份	氮肥施用量				杀虫剂施用量			
	中国	美国	德国	英国	中国	美国	德国	英国
2010	242.62	68.93	148.32	169.88	14.44	2.34	3.39	2.79
2011	247.54	75.73	135.85	163.75	14.68	2.46	3.62	2.69
2012	251.66	77.47	137.01	159.64	14.84	2.59	3.78	2.83
2013	253.05	77.01	138.73	167.98	14.80	2.58	3.62	2.80
2014	254.53	75.41	150.99	167.08	14.85	2.57	3.8	2.93
2015	228.65	74.24	141.95	169.31	13.06	2.56	3.99	3.02
2016	225.81	73.79	138.68	171.26	13.07	2.55	3.92	3.17
2017	219.56	72.61	125.02	168.50	13.07	2.54	4.03	3.24

资料来源：联合国粮食及农业组织（FAO）网站，http：//www.fao.org/。

5. 村庄分化日益加剧，农民家庭收入差距拉大

近年来，随着中西部地区农村经济发展的加快，农村地区差距总体上呈不断缩小的趋势，但东北与东部地区间差距以及农民家庭收入差距则在不断拉大。从表 5 中可以看出，东部与中西部间农民人均可支配收入相对差距以及四大区域和 31 个省（区、

表 5　　中国农村居民人均可支配收入的地区差距和阶层差距

年份	四大区域				31 个省（区、市）变异系数	按五等份分组变异系数
	东部与西部间相对差距系数	东部与中部间相对差距系数	东部与东北间相对差距系数	变异系数		
2013	37.3	24.2	17.7	0.193	0.347	0.703
2014	36.9	23.8	17.8	0.191	0.342	0.720
2015	36.4	23.6	19.6	0.188	0.341	0.717
2016	36.0	23.9	20.8	0.187	0.344	0.732
2017	35.6	23.9	22.0	0.187	0.343	0.744
2018	35.3	23.7	23.0	0.186	0.342	0.762
2019	34.8	23.5	23.2	0.183	0.338	0.727

注：相对差距系数 =（大值 - 小值）/大值 ×100%。

资料来源：根据各年度《中国统计年鉴》和《中国统计摘要（2020）》计算。

市）农民人均可支配收入变异系数均在缩小，而东部与东北地区间相对差距系数则由 2013 年的 17.7% 增加到 2019 年的 23.2%；按五等份分组的农民人均可支配收入变异系数由 0.703 增加到 2018 年的 0.762，但 2019 年又迅速下降到 0.727，主要是因为按照五等份分组的农民收入名义增速与其收入水平高度负相关，相关系数达 -0.972。同时，由于地理位置、资源禀赋、历史文化、产业选择以及能人带动等的不同，农村地区村庄分化严重，农村“空心化”问题越发突出。对北京郊区 3885 个村庄的研究表明，近年来村庄间分化在不断加剧（陈雪原、周雨晴，2019）。更为重要的是，农村的经济精英和知识精英与普通农民之间不断出现分化，一般性农业生产型村庄往往出现“精英进城、老人留守、村庄空心化”的衰落凋敝景象（李韬，2019）。随着农村青壮年的大量进城，全国农村宅基地的空置率达 10.7%，部分地区乡村农房空置率超过 35%（魏后凯、黄秉信，

2019），“人去宅空”的情形在全国各地的村庄中已经是非常普遍的现象。随着农村宅基地空置率的进一步提升，如何处置空置的宅基地以及宅基地之上破败的房屋，成为亟须解决的现实问题。有些地区还出现空置房屋强制拆除以及宅基地强制收回，以及不顾农民意愿和实际情况的强制“撤村并点”情况。

二 “十四五”时期中国农村发展的总体战略

“十四五”时期既是中国经济社会发展的重要转折时期，也是实现全面建成小康社会目标后向全面建成社会主义现代化强国迈进的承上启下的关键时期。在“十四五”时期，既要进一步巩固提升农村全面小康和全面脱贫的质量，又要全面实施乡村振兴战略，为2035年基本实现农业农村现代化开好局、起好步。因此，谋划“十四五”时期中国农村发展，应围绕农村高质量发展主线和农业农村现代化总目标，全面实施乡村振兴战略，推进减贫战略和工作体系平稳转型，聚焦国家粮食安全、产业转型升级、公共服务提质、农民增收致富、治理能力现代化等重点领域，科学制定发展目标，积极布局梯次推进战略，引领农村加快实现转型发展和高质量发展，开启中国农村发展新征程。

（一）“十四五”时期农村发展面临的新形势

在“十四五”时期，科技革命和新技术尤其是数字技术应用将加快农业农村转型升级，城镇化快速推进将重塑农村人口结构和消费结构，新型城镇化与乡村振兴战略的协同推进将开创城乡融合发展新局面。同时，在人口变化、新冠肺炎疫情、国际贸易不稳定、自然灾害等多方面因素的影响下，农业农村各类风险的防控难度也不断加大。

1. 农村发展进入“两个过渡”历史交汇期

在确保脱贫攻坚目标如期实现后，农业农村的工作重点将全面转移到实施乡村振兴战略上来。“十四五”时期农村发展需要实现全面脱贫与乡村振兴的有效衔接和平稳转型，这是第一个过渡。在2020年全面建成小康社会目标实现以后，中国将迈向第二个百年目标的奋斗阶段。[①] 作为两个百年目标的交会期，“十四五”时期需要做好从农村全面小康转向农业农村现代化的合理衔接，这是第二个过渡。

2. 农业农村转型升级速度加快

物联网、大数据、人工智能等数字技术的应用，为农业高质量发展和农民就业增收带来了广阔空间。2018年，全国农业数字经济占农业增加值的比重达到7.3%[②]，农业数字化转型需求与潜力巨大。特别是在疫情恢复阶段，以数字技术为代表的信息化手段加快应用于农业农村发展，促进乡村疫情防控体系建立，提供多渠道就业和务工渠道，为农村转型升级注入强劲动力，农村新产业、新业态、新经济将持续涌现。

---

① 党的十八大报告提出“两个一百年”的奋斗目标，即在中国共产党成立一百年时全面建成小康社会，在中华人民共和国成立一百年时建成富强民主文明和谐的社会主义现代化国家。

② 中国信息通信研究院：《中国数字经济发展与就业白皮书（2019年）》，2019年。

3. 农村人口结构与消费结构同步变化

农村人口向城镇大规模迁移的总体趋势仍将延续，城乡劳动力双向互动更加频繁，农村劳动力就地转移趋势增强。同时农村老龄人口比重不断增加，将形成对农村脱贫攻坚成果的持续挑战。另外，伴随现行标准下农村绝对贫困消除以及农民持续增收，农村居民家庭食品消费结构加快升级，其对精神文化和生活服务等方面的消费需求也将进一步增加，农村产品和服务消费市场潜力巨大。

4. 农业农村风险防控难度加大

大规模人口流动导致基层治理面临的问题更加复杂。大量留守儿童和独居老人滞留农村，引发的社会矛盾有可能集中显现。同时，疫情背景下农村地区在应对重大突发公共安全事件中，灾害防控意识薄弱、应急处理能力不足等问题凸显。后疫情时期全球自然灾害、重大卫生事件可能随时暴发，国际贸易的不稳定性和不确定性更加突出，各类风险防控的复杂性、困难性增加。

5. 城乡融合有望进一步加快推进

新型城镇化与乡村振兴相互促进，资金、人才、土地等要素双向流动的格局加快形成。随着 500 万人口以下大城市户籍全面放开，常住人口 1000 万以下城市基本放开人才落户门槛，城乡基本公共服务均等化进程将不断加快。同时，农村土地制度改革将激活农村建设用地潜力，为推动形成城乡统一的建设用地市场奠定基础。农民收入增长潜力将得到进一步发掘，城乡收入差距稳步缩小的实现条件持续强化。

（二）“十四五”时期农村发展的总体思路

在“十四五”时期，应紧紧围绕全面实施乡村振兴战略和新时代“两步走”战略安排，以确保国家粮食安全为前提，以深化体制改革和加快科技创新为动力，以农业农村高质量发展为主线，以促进农村产业转型升级、提升农村公共服务质量、推动农民持续增收致富、全面提升综合治理能力为重点，加快推进美丽乡村、智慧乡村和善治乡村建设，为加快实现农业农村现代化奠定坚实基础。一句话，就是要“巩固一个确保、贯穿一条主线、强化两大动力、聚焦四大重点、建设三个乡村”。

第一，巩固“一个确保”。保障国家粮食安全，稳固粮食安全战略地位，这是“十四五”时期农业农村发展的前提。特别在全球性疫情冲击下，稳定粮食播种面积和产量、提高粮食生产能力、妥善应对农产品国际贸易风险的形势更加迫切。同时国内人口峰值临近，粮食及重要农产品需求还将持续刚性增长。必须始终高度重视粮食安全问题，不断优化粮食供给体系，调整国内生产结构和国际贸易结构，稳固中长期粮食安全基础。

第二，贯穿“一条主线”。“十四五”期间应将农业农村高质量发展作为主线，一是巩固农村全面小康和脱贫攻坚成果，做好全面脱贫与乡村振兴有效衔接，推动减贫战略和工作体系平稳转型。二是促进农业提质增效，加快农业结构调整和升级，不断壮大农业优势产业，提升国际竞争力。三是提高农村发展质量，在补齐农村全面小康“短板”的基础上，要进一步强弱项、提质量，全面缩小城乡差距。

第三，强化“两大动力”。农业农村发展的根本出路在于改革创新。一是体制改革。要深入推进农业供给侧结构性改革，全面深化农村改革。体制改革要加强顶层设计，突出整体性和协调性。在认真总结近年来改革试点经验和完善相关法律制度的基础上，逐步推动农村改革由试点创建走向全面推开。二是科技创新。围绕世界前沿和国家需求，突出农业科技的原创性、突破性和引领性。要完善科技攻关、中试、转化等方面的政策体系与服务体系，通过科技创新激活农村要素和资源，提升农业科技进步贡献率。

第四，聚焦“四大重点”。一是促进农村产业转型升级。根据不同村庄的禀赋条件，走差异化的农村产业发展道路。突出农村主导产业和优势产业，引导产业向规模化、集群化、绿色化转型。以现代农业为核心，发掘农业多维功能以及农村地区生态、文化、旅游等方面的经济价值，加快农村第一、第二、第三产业融合，促进产业结构升级，助力乡村产业振兴。二是提升农村公共服务质量。加快缩小城乡公共服务差距，分类指导和推进城乡教育、医疗、卫生等基本公共服务制度并轨，逐步实现基本公共服务城乡常住人口全覆盖。要兼顾区域协调和公平发展，加大对中西部落后地区农村基础设施和公共服务的专项扶持与对口帮扶。三是推动农民持续增收致富。在全面巩固脱贫成果和提高脱贫质量的基础上，重点解决农村相对贫困问题，逐步建立保证农民持续稳定增收的长效机制。要将巩固脱贫成果和新减贫战略纳入“十四五”规划和乡村振兴战略第二个五年规划，做好时序和内容衔接。四是全面提升农村综合治理能力。激活乡村治理效能，加快推进乡村治理体系和治理能力现代化，补足农业农村现代化的能力缺口。针对农村人口结构变化特点，动员社会和民间组织力量，创新基层组织建设与治理模式。积极引入现代治理手段和工具，增强应急和突发事件响应能力。

第五，建设“三个乡村”。一是以污水处理、地下管网、品质提升、管护机制等为重点，进一步改善农村人居环境质量，提升美丽乡村建设的层次和水平，打造美丽乡村的升级版；二是深入实施数字乡村战略，强化农村新型基础设施和数字乡村标准体系建设，以智慧农业、智慧农庄、智慧社区、智慧村庄等为重点，加快推进智慧乡村建设；三是在乡村治理体系建设试点示范的基础上，突出地区特色，大胆探索试验，不断完善乡村治理体系，全面提升乡村治理能力，加快推进善治乡村建设。

（三）“十四五”时期农村发展的关键指标预测与目标设定

根据中国农村发展现有基础、所处阶段以及国内外经济形势和发展趋势，下面重点选择若干关键指标进行预测和分析，并确定 2025 年关键指标的目标值，在此基础上提出“十四五”时期农村发展的主要目标。

1. 预测方法

本报告重点关注的农村发展若干关键指标，如粮食产量、乡村人口、农民收入等，其系统数据的信息具有“灰色”特征。针对这类信息不确定的系统数据，在预测方法上可选择灰色系统理论（邓聚龙，1984）。该理论将待预测随机过程看作在一定范围内、一定时区内变化的“灰色量”，利用灰色建模不断叠加确定性数据，找出系统数据内在规律和提取所需信息，从而实现对系统整体数据的描述和预测。灰色系统建模的基础是 GM（1，1）模型，该模型在无须大量数据样本下，也能通过改进和优化来提高精度，特别是对于短期预测的效果较好（刘思峰、杨英杰，2015）。因此，利用 10 年甚至更长期的时间序列数据，通过灰色模型来预测短期目标（到 2025 年），可实现较高的预测精度。

预测过程随着时间的推移，将会不断有随机扰动等因素进入灰色系统，使系统的预测精度受到影响。可进一步运用新陈代谢的技术手段，不断补充新数据信息，反复依次地动态生成建模序列，更准确地反映系统最新特征，直到完成预测目标。本报告采用基于灰色动态系统的 GM（1，1）模型来分析和预测“十四五”时期农村发展的关键指标，在预测中结合模型精度，选择离散型 DGM（1，1）模型和新陈代谢的技术手段对 GM（1，1）模型进行调整。

2. 关键指标预测

（1）农村人口结构。根据“十三五”时期的发展趋势，我们重点选择农村转移人口数量、第一产业就业人员比重、农村老龄人口比例等指标来考察农村人口结构变化。其中，农村转移人口能够体现城镇化进程中的城乡人口变动，农业就业人员占全部就业人员的比重被认为是衡量一国工业化的重要指标之一，农村老龄人口比例则能够反映出中国老龄化社会背景下更为严重的农村老龄化问题。

农村转移人口即一定时期内常住人口由农村向城镇转移的数

量，预测该指标需要首先对中国人口总量[①]进行研判。利用1990—2019年的原始数据，通过离散型DGM（1，1）模型预测得出2025年中国人口总量为14.26亿人。对该结果的可信度进行考证，《国家人口发展规划（2016—2030年）》预计总人口将在2030年前后达到峰值，为14.5亿人。另据联合国预测，2030年的中国人口将达14.6亿人（United Nations，2019）。由于2019年年末中国人口为14.0亿人，随着未来人口增长势能减弱，2025年前后中国人口最有可能在14.3亿人左右，因此预测结果较为可信。结合我们对2025年中国城镇化率达到65.5%的预测[②]，2025年年末城镇常住人口将达9.34亿人，较2019年年末增加8500万人以上，保守估计2020—2025年新增农村转移人口在8000万人以上。

为预测农业就业人员占全部就业人员的比重，需要分别对2020—2025年的全部就业人员和第一产业就业人员的数量进行预测。预测结果表明（见图7），中国第一产业就业人员占全部就业人员之比将由2019年的25.1%，下降至2025年的20.7%，接近农业就业人员占比20%的工业化阶段关键节点。发达国家如日本、韩国在完成刘易斯转折时，城镇化率都高于60%、农业就业比重低于20%（金三林，2012）。另据短期人口变动趋势，过去6年（2014—2019年）第一产业就业人员占全部就业人员的比重下降6.3个百分点，平均每年下降1.05个百分点，因此“十四五”期末第一产业就业占比的实际值最有可能在

① 指中国大陆人口，未包括中国香港、澳门、台湾，下同。

② 魏后凯、李功、年猛：《“十四五”时期中国城镇化战略与政策》，《中共中央党校学报》即将发表。

20%左右，这与张车伟（2019）研究结论一致，具有合理性。

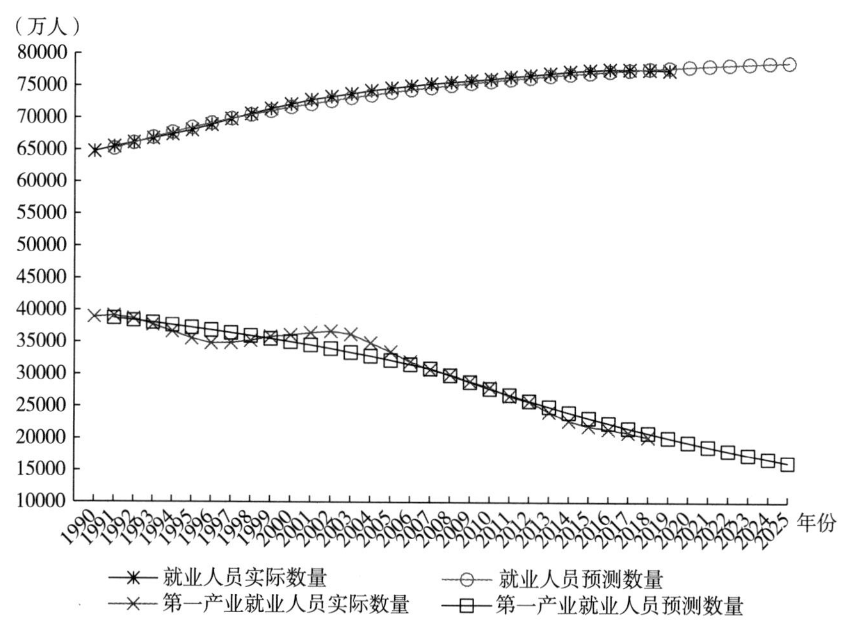

图7　中国第一产业就业人员与全部就业人员数量变化趋势预测

资料来源：国家统计局和笔者预测。

结合蔡昉（2018）估算，近年来实际农业劳动力比重可能低于国家统计局数据10个百分点左右。一个重要原因在于当前纯务农者减少，兼业农户越来越多，如2015年农村兼业者占到12.7%，而2008年该比重仅为5.1%（王春光等，2018）。预计"十四五"期末，随着中国就业结构进一步优化，纯务农者占比可能在10%左右，农村剩余劳动力转移将更加深入，工业化和城乡一体化发展进入新阶段。

对农村老龄化程度进行预测，根据1956年联合国《人口老龄化及其社会经济后果》，65岁及以上人口比例在7%以上为老

龄化社会；1982 年维也纳老龄问题世界大会认定，60 岁及以上老年人口比例超过 10%，意味着这个国家或地区进入老龄化社会。中国在 2000 年第五次人口普查时，已恰好同时满足这两个标准。① 由于乡村分年龄人口比例从 2001 年开始统计，分别以 2001—2018 年乡村 60 岁以上人口比例和乡村 65 岁以上人口比例作为原始数据，预测 2019—2025 年的老龄化程度，预测结果与实际值对比如图 8 所示。

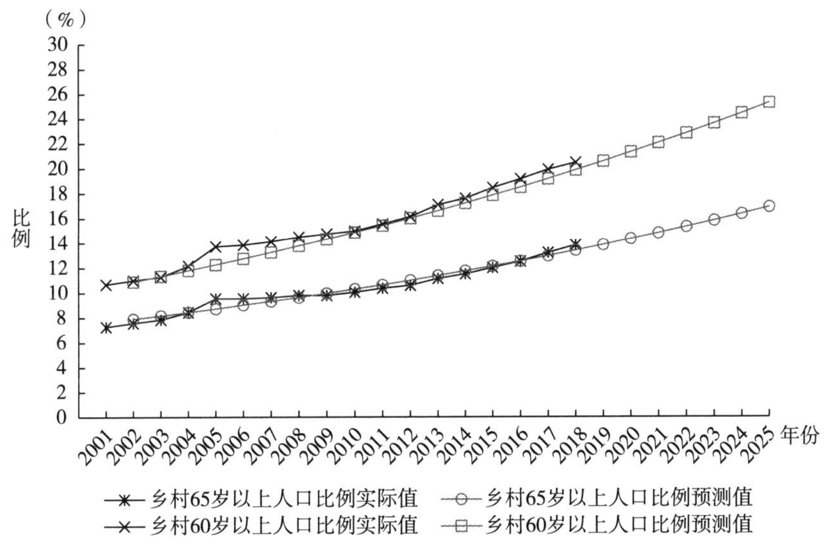

图 8 中国农村老龄化趋势预测

资料来源：《中国人口和就业统计年鉴》和笔者预测。

预测结果表明，到 2025 年，中国乡村 60 岁以上人口比例为 25.3%，乡村 65 岁以上人口比例为 16.9%。按照前文对中国人

① 根据国家统计局，2000 年中国 60 岁以上人口占比为 10.2%，65 岁以上人口占比为 6.96%。

口总数的预测结果，可得出2025年乡村60岁以上人口约为1.24亿人，乡村65岁以上人口约为0.83亿。“十四五”期间，中国城镇化仍将处于快速推进时期，农村中青年劳动力不断向城市流入的总体趋势大体不变，这使农村老龄化形势将更加严峻。而与此对应的是，农村养老、医疗等公共事业发展水平普遍落后于城市，2017年中国农村养老机构仅为1.5万个，当年农村65岁以上老龄人口在7600万左右，农村养老机构覆盖率低、服务能力不足，未来可能由农村老龄化所引致的系列社会问题需要重点关注。

（2）粮食安全保障。选择自给率作为考察粮食安全保障能力的关键指标，对“十四五”时期的粮食自给率和谷物自给率[①]等进行预测。自给率等于总产量除以总需求量，在测算粮食自给率过程中主要采用表观消费量和流向统计两种方法（杨明智等，2019），其中表观消费量为国内产量加净进口量。基于2000—2019年粮食和谷物产量和进出口数据，用表观消费量替代总需求量，可得出历年粮食自给率和谷物自给率（见图9）。2000年以来，按照表观消费量计算的谷物自给率始终保持在95%以上，而粮食自给率下降明显，2019年按照表观消费量计算的粮食自给率为86.1%。粮食自给率下降幅度较大的原因在于大豆进口数量显著增长，中国大豆的需求量每年在1.1亿吨左右，90%的大豆需要进口。2019年大豆进口8851万吨，接近2019全年粮

---

① 关于报告中涉及的粮食、谷物与口粮：粮食是中国特有概念，现行统计口径主要基于20世纪50年代确立的标准，包括谷物、薯类和豆类。其中，谷物是粮食的重要组成部分，小麦、稻谷和玉米称为三大谷物，也称作主粮。口粮指小麦和稻谷。与中国概念区别，联合国粮食及农业组织（FAO）的粮食概念也即谷物，FAO统计中列举的谷物产品包括稻谷、小麦、玉米、大麦、黑麦、高粱、燕麦等。报告统一采用中国概念。

食进口总量的70%。事实上，中国居民消费口粮是以大米、小麦为主的谷物类，饲料用粮大部分来自玉米，而大豆进口主要用于榨油和提供豆粕饲料，因此谷物自给率更能反映粮食安全实际水平。

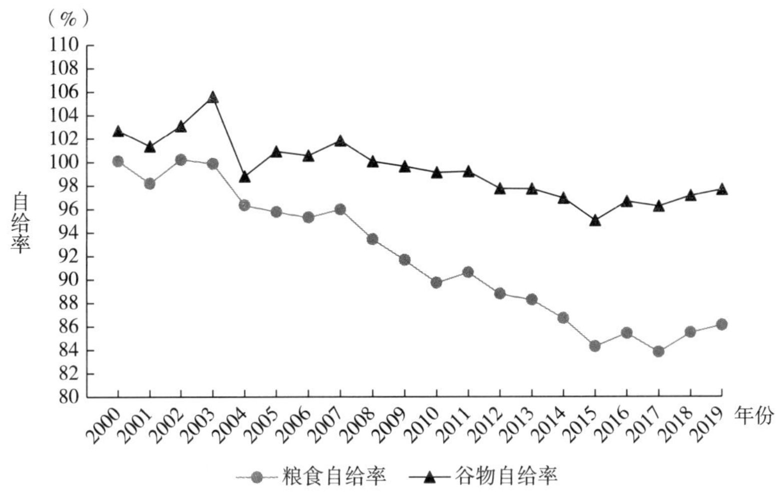

图9　按表观消费量计算的粮食自给率和谷物自给率

资料来源：根据各年度《中国统计年鉴》《中国农村统计年鉴》以及国家统计局发布的数据计算。

关于谷物基本自给的目标，要从粮食自给率与谷物自给率间的承接关系来考证。1996年发布的《中国的粮食问题》白皮书首次提出中国粮食自给率不低于95%的目标，《国家粮食安全中长期规划纲要（2008—2020年）》再次明确以上目标。到“十二五”中期，包括谷物、豆类和薯类等在内的粮食自给率已经不足90%（见图9）。为重新调整粮食安全战略目标，2013年中央经济工作会议明确“谷物基本自给，口粮绝对安全”的新目标并贯彻至今。随后在具体目标的确定中沿用了早期粮食自给率目标值，将“谷物基本自给”量化为谷物自给率达95%的目标，这种过渡既避免了前后目标矛盾，又很好地体现了政策延续。粮食自给率与谷物自给率目标上的衔接，说明中央决策层面对于粮食安全的目标瞄准，已经由名义上的粮食自给率转向为实际的谷物自给率。这是基于国际标准和中国国情的多重考量，特别是考虑到中国粮食生产以谷物为主，近十年来谷物产量占粮食总产量的90%以上，而稻谷、小麦、玉米三大主粮占谷物的98%以上，因此只要稳定稻谷、小麦、玉米三大谷物供给，中国粮食安全就有保障。

为准确测量谷物自给率，采用上文提到的流向统计方法，将谷物总需求分解为谷物总产量、谷物净进口与谷物库存变化（期初库存减期末库存）之和。① 基于2001—2019年的历史数据，通过小麦、稻谷和玉米历年库存变化量汇总得出谷物库存变化量，进而得出谷物需求量和谷物自给率。经测算，2019年中国谷物需求量60413万吨。最新数据表明②，中国谷物净进口1468万吨，占谷物消费量的2%左右，据此可认为本报告计算结果在合理范围。无论用流向统计方法测算的谷物自给率，还是采用表观消费量得到的谷物自给率，自2005年来的各年份都高于95%（见图10），满足谷物基本自给的粮食安全目标要求。

① 谷物总产量和谷物进出口数量由前文已知，库存变化量来自美国农业部历年发布的《粮食和饲料年度报告》。

② 国务院联防联控机制新闻发布会，2020年4月4日，http：//www.gov.cn/xinwen/gwylflkjz81/index.htm。

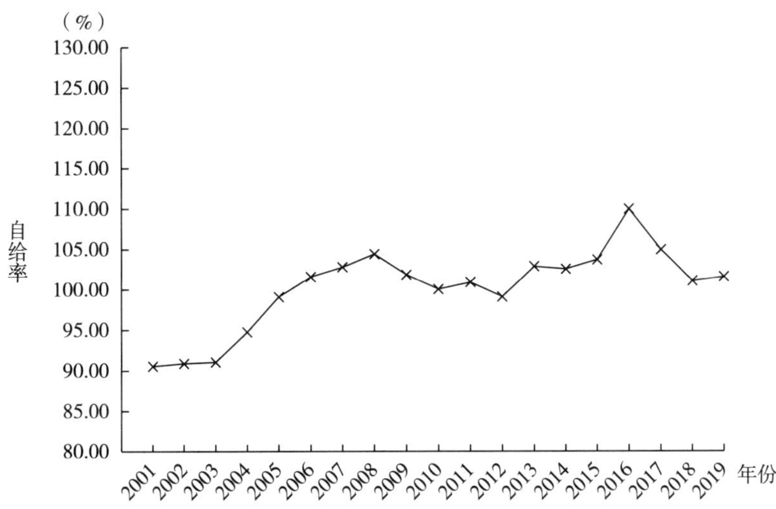

图10　按流向统计方法计算的谷物自给率

资料来源：根据国家统计局和美国农业部（USDA）数据计算。

进一步明确“十四五”期间粮食安全形势，需要对粮食产量和谷物产量进行预测。“十三五”期间粮食和谷物产量增速明显放缓，说明在短期内国内粮食产能趋于稳定，因此以近期产量作为原始数据来预测“十四五”时期的产量将更为准确。选择2010—2019年的粮食产量、谷物产量、谷物消费量作为原始数据，其中粮食产量、谷物产量数据来自国家统计局，谷物消费量通过前文流向统计方法测算，结果如图11所示。根据预测结果，2025年粮食产量为68478.2万吨，谷物产量为62651.8万吨，谷物自给率为96.2%，谷物产量占粮食产量的比例保持在90%以上。这表明，“十四五”时期中国可以实现谷物基本自给的目标。

预计2025年谷物（由三大主粮来衡量）将出现2494.6万吨的小幅缺口。按照中国目前谷物库存状况，完全可以应对未来谷

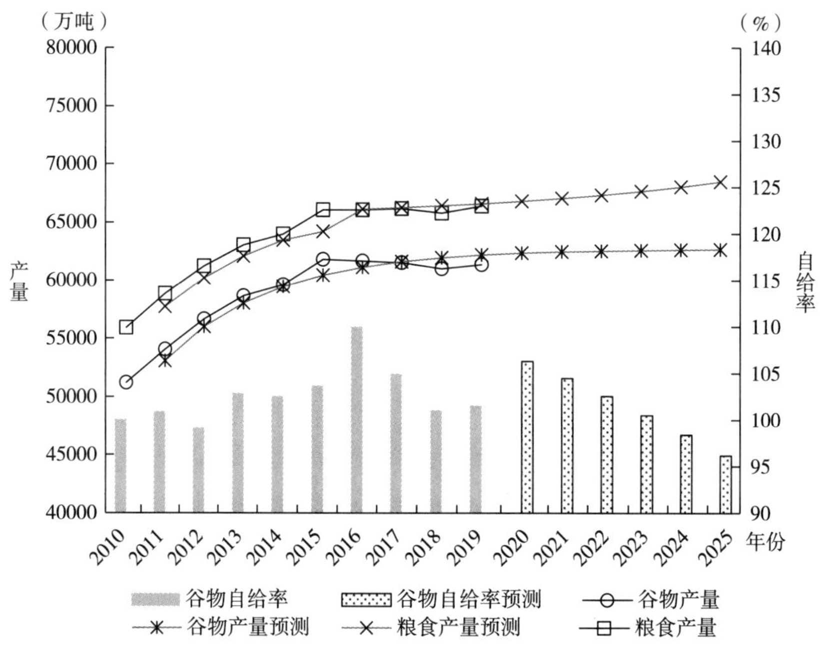

图 11　粮食产量、谷物产量与谷物自给率预测

资料来源：国家统计局、美国农业部（USDA）和笔者预测。

物缺口。结合“十三五”期间大豆净进口变化趋势，“十四五”期间的大豆净进口可能达 1 亿吨以上，同时考虑到谷物结构调整的需要，以及杂粮、薯类等其他粮食作物的进口，“十四五”期末有可能出现 1.3 亿吨左右的粮食缺口。这将带来两方面的启示，一是在“十四五”时期要结合国内食品与加工业消费需求，加快谷物去库存与结构优化。二是粮食缺口主要源于大豆进口，需要在适度加强国内大豆生产的同时，扩大进口来源，调优进口来源国的大豆进口比例。

对于粮食（谷物）安全底线目标的设定，根据前文的人口预测结果，若以人均 400 千克的国际粮食安全标准来看，2025

年至少需要5.7亿吨粮食产量。同时，虽然粮食种植结构不断调优，抗灾减灾能力不断增强，但由于粮食产量增长趋势会受自然灾害、重大疫情等不确定性影响，也不排除“十四五”期间个别年份粮食综合生产能力低于6.5亿吨的可能，因此保障粮食综合生产能力至少在6亿吨以上十分必要。这样，即使在2019—2025年人口增长4000万人（与过去6年相当）的高增长预期下，也完全可以达到人均400千克的粮食占有量。综合2019—2025年谷物预测结果，谷物自给率已经有小幅下降，考虑到人口基数、城镇化以及消费结构等因素，“十四五”期间继续保持95%以上的谷物自给率水平较为合理，也能够实现。

面对未来10—15年内可能出现的人口增长极限，以及疫情、自然灾害等重大风险事件暴发的可能性，“十四五”时期中国应继续高度重视国家粮食安全和做好顶层谋划，保障粮食生产能力和优化粮食储备，积极调整国内生产结构和国际贸易结构，不断健全国家粮食安全保障体系，奠定中长期粮食安全的良好基础。

（3）城乡收入差距。缩小城乡收入差距，是农村发展的基本目标。美国、英国等发达国家的城乡收入比一般是在1.5左右（王小华、温涛，2016）。“十三五”时期以来中国城乡居民收入差距缩小进程缓慢，2019年按人均可支配收入计算的中国城乡收入比为2.64。西部地区城乡收入差距更加明显，2018年贵州、云南、甘肃、青海等地城乡居民收入比均在3以上。城乡收入差距过大已成为制约农村经济社会发展的重要障碍。

为反映城乡差距的未来走势和进程，分别对“十四五”期间城乡收入进行预测，结果表明（见图12），2019—2025年，城镇居民人均可支配收入年均增长7.2%，同期农村居民人均可支配收入年均增长 8.3%，到 2025 年，城市居民人均可支配收入达 64117 元，农村居民人均可支配收入达 25895 元，城乡收入比为 2.476。但城乡居民收入绝对差距还将不断扩大，预计 2025 年接近 4 万元（按当年价格计算），说明农村居民收入追赶城市居民收入的实际难度在加大。在《乡村振兴战略规划（2018—2022 年）》中，设定 2022 年城乡收入比的目标值为 2.67，2019 年已提前实现，本报告城乡收入比的预测结果具有一定实现难度。但是着眼于中长期，特别是对标 2035 年基本实现农业农村现代化的目标，未来十几年内必须大幅缩小城乡收入差距。综合考虑城乡收入比的实际变化、目标合理性和可行性，设定 2025 年城乡收入比目标值为 2.5 以下。

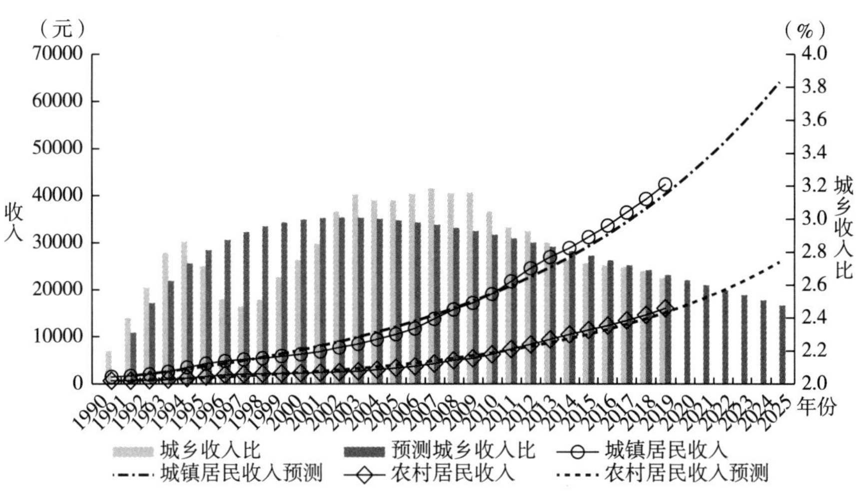

图 12　中国城乡居民收入变化趋势预测

注：图中收入为城镇和农村居民人均可支配收入，按当年价格计算。

资料来源：国家统计局和笔者预测。

（4）其他关键指标。涉及农村发展的指标非常宽泛，下面仅选择农村居民恩格尔系数、农业科技进步贡献率、农作物耕种收综合机械化率等关键指标的目标值进行估计。首先，“十三五”时期农村居民恩格尔系数下降趋势减缓，2019 年农村居民恩格尔系数为 30%，按照《乡村振兴战略规划（2018—2022年）》，2022 年目标值为 29.2%，根据三年下降的绝对数，设定 2025 年农村居民恩格尔系数目标值为 28.5%。其次，2019 年中国农业科技进步贡献率达 59.2%，按照 2020 年目标值①，2015—2020 年间农业科技进步贡献率将累计提高 4 个百分点，按此增速，将 2025 年农业科技进步贡献率设定为 64%。最后，2019 年中国农作物耕种收综合机械化率超过 70%，2015—2019 年间累计提高 7 个百分点以上，考虑到“十二五”时期以来农作物耕种收机械化率增速放缓，结合“十三五”期间的发展速度，将 2025 年农作物耕种收综合机械化率设定为 75%，这与《国务院关于加快推进农业机械化和农机装备产业转型升级的指导意见》的目标相一致。综上所述，“十四五”时期中国农村发展的关键指标预测结果及目标值设定如表 6 所示。

表 6　中国“十四五”时期农村发展关键指标预测及目标值设定

核心指标	2025 年预测值	2025 年目标值
粮食综合生产能力（亿吨）	6.85	>6
谷物自给率（%）	96.2	>95
常住人口城镇化率（%）	65.5	65.5
新增城镇人口（万人）	>8500	>8000

① 国家发展和改革委员会：《全国农村经济发展“十三五”规划》，2016 年。

续表

核心指标	2025 年预测值	2025 年目标值
第一产业就业人员比重（%）	20.7	20 左右
乡村 60 岁以上人口比例（%）	25.3	—
乡村 65 岁以上人口比例（%）	16.9	—
城乡居民收入比	2.48	<2.5
农村居民恩格尔系数（%）	—	<28.5
农业科技进步贡献率（%）	—	>64
农作物耕种收综合机械化率（%）	—	>75

注：表中各项指标的名称与前文中一致，其中新增城镇人口指标以 2019 年为基期。第一产业就业人员比重指标，其预测值是长期预测结果，而目标值由长期预测和短期趋势研判得出，前文中有分析。乡村 60/65 岁以上人口比例指标，因为预测结果仅作为趋势分析，设定具体目标值并无太大意义。对于农村居民恩格尔系数、农业科技进步贡献率、农作物耕种收综合机械化率三项指标，本报告只对发展目标进行了研判和估计。

3. “十四五”时期农村发展的主要目标

结合“十四五”时期农村发展总体思路，本报告根据关键指标预测结果和目标设定，着重从粮食安全、产业发展、农民收入、城乡融合等方面，提出中国农村发展的主要目标。

一是粮食安全保障水平稳步提升。国家粮食安全保障能力进一步稳步提升，粮食质量安全水平显著改善，粮食生产结构、产业结构与生产力布局进一步优化。“十四五”期间全国粮食综合生产能力继续稳定在 6 亿吨以上，谷物自给率稳定在 95% 以上，满足“口粮绝对安全、谷物基本自给”的要求。

二是现代乡村产业体系基本形成。现代农业体系更加完善，农业绿色发展全面推进，农业现代化水平快速提升。农村新兴产业加快发展，产业融合发展格局全面形成，产业融合水平进一步提高。到 2025 年，农业科技进步贡献率达到 64% 左右，农作物播种收综合机械化率达到 75% 以上。

三是农民收入和生活水平大幅提高。农民收入持续快速增长，农民持续稳定增收的长效机制基本建立，农民生活水平显著提高。“十四五”期间农村居民人均可支配收入年均增速高于城镇居民。到2025年，城乡居民收入比下降到2.5以下，农村居民家庭恩格尔系数下降到28.5%以下。

四是城乡融合发展水平显著提升。农村人口城镇化进程有序推进，农业转移人口市民化体制机制进一步完善，城乡人才双向流动格局基本形成。农村公共服务投入持续增加，农村教育、医疗和养老条件显著改善，城乡基本公共服务均等化推进取得重要进展。到“十四五”期末，建立城乡统一的公共服务体系和社会保障制度，全国基本实现城乡基本公共服务标准统一、制度并轨。

五是农村基础设施和人居环境全面改善。农村基础设施更加完备，长效管护机制基本形成，农村人居环境显著改善，化肥、农药使用总量和强度大幅度下降，农业面源污染得到有效控制。到2025年，农村无害化卫生厕所普及率达到90%以上，对生活垃圾进行处理的行政村比例达到95%以上。

六是农村基层治理能力显著增强。以党组织为核心的农村基层组织建设进一步加强，基层党组织的战斗堡垒作用凸显，现代乡村治理体系基本形成，农村基层治理能力和综合应急能力显著增强，涌现一批各具特色的乡村善治模式。

（四）中国农业农村现代化的梯次推进战略

“十四五”规划是加快推进农业农村现代化的第一个五年规划，需要开好头、起好步，为2035年基本实现农业农村现代化奠定良好基础。由于各地区所处发展阶段和农业农村现代化实现程度的差异，需要从实际出发，采取梯次推进的多元化战略。

一是分梯队和分阶段统筹推进。为全面考察部分有条件地区率先实现2035年农业农村基本现代化目标的可能性，我们构建中国实现农业农村现代化评价指标体系，对各省份基本实现农业农村现代化程度进行横向比较。① 从农业农村现代化的阶段差异性出发，可将31个省（区、市）分为三个梯队（见图13）：第

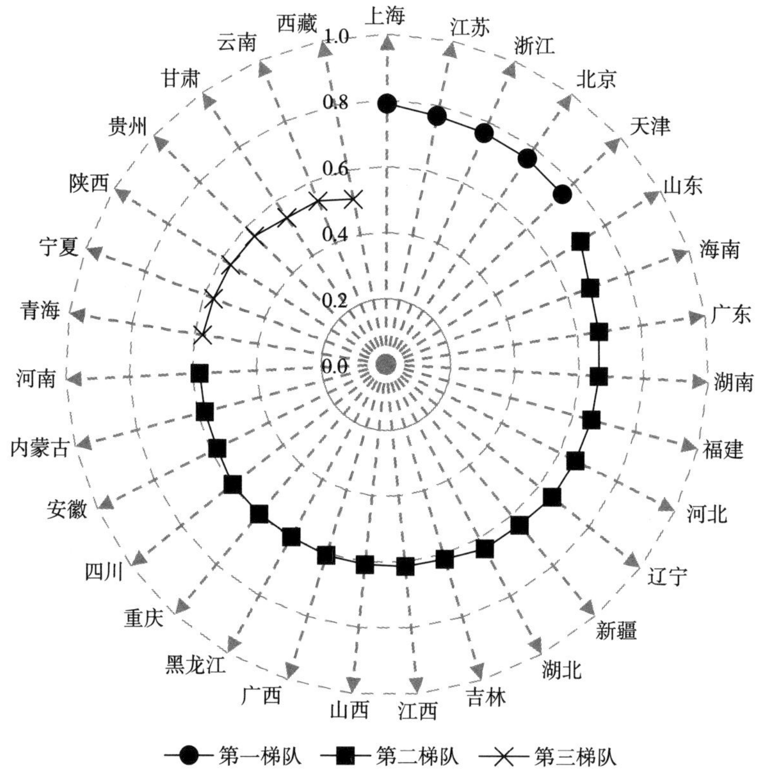

图13 按基本实现农业农村现代化目标的分省份实现程度与推进次序

注：评价以2018年为基期；其值越接近1表示实现程度越高；反之亦然。
资料来源：国家统计局和笔者预测。

---

① 主报告课题组：《“十四五”时期乡村振兴和反贫困战略与政策研究》，中国社会科学院农村发展研究所，2020年。

一梯队包括上海、江苏、浙江、北京、天津 5 省（市），这些地区预计将在 2025 年前后率先基本实现农业农村现代化目标值，引领全国农村发展。第二梯队包括山东、海南、广东、湖南、福建等 19 个省份，这些地区农业农村现代化进程处于中游，预计在 2030 年前后基本实现农业农村现代目标值。第三梯队包括贵州、甘肃、云南、西藏等 7 个省（区），这些地区农业农村现代化进程较慢，需要重点关注扶持，以确保 2035 年如期基本实现农业农村现代化。

二是探索多元化发展模式。按照“因地制宜，分类指导，突出重点”的原则，通过改革创新实施差异化发展政策，探索多元化的农业农村现代化模式。东部地区要向国际看齐，加快推进农业向技术和资金集约型转变，引领全国农业农村现代化发展。中部地区要稳步提升农村发展质量，保持农业农村现代化实现程度始终高于全国。西部地区要尽快缩小农村地区发展差距，保证如期基本实现农业农村现代化的既定目标。

三是创建国家农业农村现代化创新发展试验区。农业农村现代化不仅要分类推进，还要有优先发展的抓手，起到示范引领的先导作用。国家农业农村现代化创新发展试验区的设立应兼顾不同类型区域，突出地区特色。当前，可以考虑选择一些代表性地区，以国家现代农业产业园、农村产业融合试点示范、田园综合体等为载体，建立国家农业农村现代化创新发展试验区，对发展较好、运作较成熟的各类试点项目进行整合提升，鼓励其在农业农村现代化方面大胆进行体制机制创新和先行先试，起到引领带动作用。

三 “十四五”时期加快农村发展的战略举措

当前，农村依然是中国社会主义现代化进程中的突出“短板”和薄弱环节。特别是农村基础设施和公共服务“短板”是全面小康和现代化建设的主要“短板”，农村产业发展质量不高是经济转型升级的基础结构制约，农村改革相对滞后是要素市场化配置机制的突出障碍，乡村治理能力不足是国家治理现代化的薄弱环节。在“十四五”时期，需实行多措并举、长短结合，着力通过补“短板”、调结构、抓改革、强治理，促进乡村全面振兴和农村高质量发展，加快推进农业农村现代化进程。

（一）补“短板”：补齐农村民生“短板”

当前，深度贫困地区或连片特困地区依然是基础设施和公共服务十分薄弱的地区，日趋严峻的农村老龄化趋势下农村养老服务严重缺位，劳动力本地化就业和返乡下乡人员就业创业的服务需求增大对就业创业服务体系提出新诉求，农村人居环境整治三年行动收官期面临建管机制长效化的突出考验。全面建成小康社会以后，农村基础设施和公共服务补“短板”的任务依然十分繁重，应聚焦重点地区、重点人群和重点领域集中发力。

1. 聚焦重点区域补齐基础设施和基本公共服务“短板”

“十四五”时期，要着重形成农村基础设施管护的长效机制和公共服务的共担机制，重点补齐相对贫困地区或欠发达地区的基础设施和公共服务“短板”。

一是要依托中央对地方的一般性转移支付和专项转移支付制度，在过渡期内继续加强对深度贫困地区、连片特困地区中的薄弱地区和薄弱领域的支持力度，同时尽快制定相对贫困地区标准，实施相对贫困地区扶持政策，逐步形成政府财政对相对贫困地区基础设施和基本公共服务补“短板”投入的稳定增长机制。

二是要在新型城镇化和城乡融合发展的框架下，尽快建立和完善全国性的建设用地、补充耕地指标跨区域交易机制，特别是要支持和引导相对贫困地区与发达地区城市群和都市圈形成交易平台，通过优化配置促进相对贫困地区的生态保护和发展资金扩充，并限定这类资金优先用于农村公共服务领域。

三是由省级政府统筹形成乡村教师、乡镇医生的培养、选拔、交流机制，通过提高待遇、职称倾斜等综合措施增强条件薄弱地区公共服务岗位的吸引力，参照城乡医疗、教育共同体建设的做法，调动省级医疗、教育资源下沉服务，鼓励大城市与县域协作建立医疗和教育方面的对口帮扶、巡回指导、远程支持机制，提升薄弱县域和农村地区的公共服务水平。

2. 着力重点领域补齐农村老年人基础养老服务“短板”

“十四五”时期，预计中国 65 岁及以上老年人口比重将超过 14%，整体进入深度老龄化社会，但农村地区老龄化程度更深，同时面临家庭养老传统式微和农村养老服务体系不健全的养老转型困境，农村老年人养老服务补“短板”十分紧迫，需加快形成政府、市场、社会公益组织、社区组织等多方共同参与机制。

一是加快推进养老基础设施和服务均等化。加大财政对老龄公共服务的支持力度，优先从欠发达地区和劳动力外流比重大的农村地区重点推进。重点将农村养老服务设施和站点、养老机构和床位，以及为居家、社区、机构开展养老服务的信息网络平台纳入财政支持的范围。提高农村老年人养老支持体系的统筹水平，探索以社区居家养老服务中心为基础，形成全面覆盖城乡的老年服务体系，在养老设施、养老服务、长期护理保险等方面实现城乡衔接。

二是稳定养老产业政策，放活农村养老服务市场。以养老产业政策为基础，稳定市场长期投资的预期，继续撬动社会资本参与农村养老机构改革和发展。推动农村养老服务的标准化、规范化，引导形成服务评估、监督检查等系统方案。结合农村地区条件，探索农村养老服务机构与乡镇卫生院、县医院的合作形式，重点理顺医疗、护理等医疗保障体系的痛点、难点问题。

三是从乡村治理视角推动农村养老模式的创新。发挥财政支持的公益岗位与村民互助传统的整合效用，重点总结和推广互助养老模式的成功经验，形成养老服务供给的有效补充。探索可持续发展的长效养老模式。鼓励和整合社会公益组织资源进入养老服务，发挥农村地区老年人协会、照料中心等组织的作用，探索时间银行等新型志愿服务机制的推广应用，创新养老志愿服务体系。

3. 应对劳动力双向流动新常态补就业创业服务“短板”

近年来，劳动力转移的省内和乡镇内就业趋势增强、返乡下乡从业需求增长将成为“十四五”时期城乡劳动力双向流动的新常态，对就业服务提出了新需求。“十四五”时期，结合农民工结构性变化趋势和返乡入乡创业形势，需着重探索和建立覆盖城乡、服务双向的公共就业创业一体化服务体系。

一是将转移就业、创新创业、优惠政策、社会保障等多种政策和咨询纳入统一的服务平台体系，推进就业创业服务和管理的系统化、信息化、便捷化。积极探索利用全国信息进村入户等信息化服务平台，将就业创业服务与其他综合服务进行衔接。

二是在服务平台体系基础上，搭建跨区域劳务合作、要素和人才下乡的“一站式”的菜单式服务，实行转移就业服务和返乡入乡创业就业服务并举，消除转移就业和要素下乡的双向信息壁垒。特别是，目前农民工总量中超半数在第三产业就业，2020年全球新冠肺炎疫情蔓延对农民工就业形势产生结构性冲击，未来需着重通过平台化的就业信息对接，化解各类应急管理情境下的信息失灵和次生危机。

4. 巩固农村人居环境整治成果着力补薄弱环节“短板”

农村人居环境整治涵盖任务多，包括农村生活垃圾治理、厕所粪污治理、农村生活污水治理、村容村貌等多方面，不同地区人居环境基础和整治条件悬殊，不同任务进展差异大。“十四五”时期，既要巩固农村人居环境整治成果，促进农村人居环境质量全面提升，也要分区分类强化任务推进，并重点形成农村人居环境长效管护机制。

一是提高统筹水平，实行分区分类差异化推进策略。及时总结各地农村人居环境整治三年行动的经验和有效模式，做好经验交流和传播，引导相近条件地区互相借鉴。畅通部门间协同和沟通机制，提升农村人居环境多任务统筹规划的系统性和科学性。进一步加大政府农村环境整治资金投入，继续深化开展村庄清洁行动，加快推动农村厕所粪污治理，重点加快农村生活污水治理梯次推进工作。

二是重点形成农村人居环境管护长效机制。保障稳定的经费来源，通过政府和社会资本合作的 PPP 模式，吸引社会资本参与农村垃圾污水处理等项目，形成长效化的资金保障机制。厘清政府的职责边界，破解当前部分地方政府大包大揽、农户自主参与性低的局面，引导各地村集体和农户参与，建立健全村庄内长效运行的共建共担机制。通过改善宣传和治理形式，促进农户采纳，全面降低管护治理成本。

（二）调结构：优化农村产业结构

经过多年的农业供给侧结构性改革，农村产业结构调整优化成效显著，但是不断变化的经济形势、市场需求、新技术发展等，给农业农村现代化提出了新要求，也带来了新机遇。农村产业结构调整既涉及横向的农业产业内部和农村第一、第二、第三产业间结构调整，也涉及纵向的产业链条上的要素投入和发展动力的更新。在当前全球遭遇疫情冲击的形势下，必须以粮食安全保障的长期化作为前提，在总量平衡的基础上，进一步优化农村产业结构和布局，深入推进农村产业质量变革、效率变革、动力变革，促进现代农业提质增效和农村产业结构提档升级，为实现乡村产业振兴打牢基础。

1. 保安全、提质量、善布局，全面优化农村产业结构

从农业内部看，居民食物消费与农业生产之间的主要矛盾已

经由过去的总量不足问题转变为供需长期平衡要求下的食物结构和质量的匹配问题，从农村产业结构看，群众消费需求已呈现明显的转型升级趋势，从过去的单纯农产品需求延伸至第一、第二、第三产业融合式的综合需求。“十四五”时期，要在保障粮食安全的前提下，全面推进农产品提质增效，不断优化农村产业结构、产品结构和布局结构。

一是始终将保障粮食安全作为农村产业结构调整的先决条件。继续完善农业补贴机制，着重将价格补贴转变为农业基础设施和科技服务类补贴，通过定向降低生产成本引导农户和新型经营主体的种植行为。进一步扩大延伸粮食安全的内涵，在确保口粮绝对安全、谷物基本自给的前提下，不断提高粮食生产能力安全、质量安全和生态安全，适度保障饲料粮的供给水平，应对国际贸易形势的不稳定性。

二是实施农村产业发展提质增效的系列工程。继续实施农业机械化转型升级工程，同步提高农业生产全程社会化服务水平，着力提升粮食和农业综合生产能力，确保粮食生产稳定发展和重要农产品有效供给。加快实施农产品质量提升工程，加强农业品种、品质、品牌建设，深入实施质量兴农、品牌强农，促进农业产业化、标准化和高质量发展。继续推进农产品加工业提升行动，以粮食生产功能区、重要农产品生产保护区、特色农产品优势区为重点，支持县域发展农产品精深加工，提高农产品附加值。继续实施休闲农业和乡村旅游精品工程，通过打造精品线路，创建示范乡镇和示范村，扶持经营主体，做优乡村旅游服务业。

三是进一步优化农村产业结构和空间布局。在继续实施奶业振兴的基础上，针对近年来畜牧业增长相对缓慢的状况，在全国启动实施现代畜牧业振兴行动计划，促进畜牧业加快转型升级和持续稳定发展，保障重要畜产品供应。充分发挥各地区优势，加大对粮食主产区、特色农产品优势区等支持力度，积极引导特色农产品向优势区集聚，促进现代农业生产布局的调整优化。立足现代农业和农村特色，加快农业产业集群发展，着力打造农业全产业链和全价值链，全方位推进农村第一、第二、第三产业深度融合，构建新型经营主体、村集体和农民的利益共同体，让农民更多分享产业链收益。

2. 强化科技创新和人才支撑，大力提高农业生产率

面对土地、水源、农业劳动力等资源约束，以及受气候变化威胁而日趋紧张的自然资源基础，农业生产率的提升将是全球农业增长的主要动力，对实现环境可持续性、经济发展和营养改善等全球性的目标具有关键作用。“十四五”时期，要从农业产业技术体系、人才培育体系着手，扩大技术资源协同效应和人才培育整合效应，为大幅提升农业生产率和发展水平提供技术和人才支撑。

一是构建现代农业产业技术体系，盘活农业科技资源，实现协同效应。通过建立产业技术创新体系和集成示范基地，以核心示范基地建设对接新型经营主体技术需求，以符合产业需求和解决问题为导向，推进共性技术和关键技术的研究、集成、试验和示范，提升产业技术体系的协同效应。强化基层公益性农技推广服务，特别是通过大数据服务、在线教育培训、远程技术指导等途径提升欠发达地区的人才能力和技术应用水平。

二是融合现有示范和培育工程，发挥人才培育的整合效应。深入推进农业高新技术产业示范区建设、新型经营主体培育工程和新型职业农民培育工程建设，将多种工程有机结合起来，以农业高新技术产业示范区的产业集群示范带动新型经营主体培育，以新型经营主体的经营示范带动新型职业农民培育，把人才培育寓于生产经营实践中，通过创业联合、以赛促学、资格认定等形式开展多层次、多渠道的农业人才培育工作。

3. 加快数字乡村建设，助推农业农村现代化

实施数字乡村战略，加快推进数字乡村建设，尽快缩小城乡数字鸿沟，这是促进乡村全面振兴和农业农村现代化的重要途径。近年来的实践经验已经表明，数字化在助力乡村振兴、促进农民增收致富和引领农业农村现代化中发挥了重要作用。“十四五”时期，要进一步强化数字乡村建设，加快新型基础设施在农村的铺设，加强信息化资源的整合利用和信息化平台建设，为新时代农业农村现代化提供新动力。

一是加快推进农村信息化基础设施建设。稳步推进民生服务类信息基础设施对农村人口的覆盖，加快实现益农信息社在全国行政村的全覆盖，增强科教类创新基础设施与教育资源薄弱地区的联通性。加大新型基础设施向农业现代化领域的投资倾斜力度，着重推进 5G 技术与人工智能、物联网、大数据、虚拟/增强现实技术等在农业农村的应用，引领和加快农业农村现代化进程。

二是加强农村信息化平台建设和整合利用。加快整合利用益农信息社这张“数字农村”网，推进政类服务、民类服务、商

类服务同平台协同运行，加速实现服务网络化，降低农产品上行、工业品和服务下行的组织成本。依托国家农业农村大数据建设，整合相关资源，采取多元化模式，广泛吸引社会资本参与，加快构建开放性的全国数字奶业云平台、智慧休闲农业云平台、智慧家庭农场平台、智慧海洋牧场平台等。

三是充分利用信息技术推动农业转型升级。着力深化“互联网+”在产销对接方面的作用，同步缩短产品供应链和市场需求反馈链，加快村级产业链、供应链的改造升级。深入实施电商兴农、电商助农，充分利用直播带货、村播等新模式，促进农产品销售。充分利用当前具有国际领先优势的5G技术，推进智慧农业示范基地、农业特色互联网小镇建设试点、“全程机械化+综合农事”服务中心建设等工程，促进农业智慧化发展，提升农业服务网络化、生产组织化、管理协同化、经营网络化水平。

四是加大对数字乡村建设的政策支持。要继续推进实施电信普遍服务，尽快解决偏远行政村和边远地区无4G网络覆盖问题，打通网络基础设施建设“最后一公里”，实现行政村光纤网络和4G普遍覆盖目标。在此基础上，应进一步加大政策支持力度，对乡村地区数字化基础设施建设及其运营企业给予一定的财税政策优惠或者建设资金补贴，对那些开发针对乡村地区科学适用的信息化技术的科研技术单位给予补助奖励，并为各类数字人才下乡返乡创新创业给予相应支持。

（三）抓改革：全面深化农村改革

处理好农民和土地的关系是深化农村改革的主线，推进农村集体产权制度改革既是全面深化农村改革的重要任务，也是实施乡村振兴战略的重要抓手。2015 年以来，全国 33 个试点县（市、区）开展了农村土地征收、集体经营性建设用地入市和宅基地制度三项改革试点，试点成果为 2019 年《中华人民共和国土地管理法》（以下简称《土地管理法》）修正案提供了经验支持，“三块地”改革取得了阶段性的成果，亟待转化为成果应用。同时，农村集体产权制度改革稳步推进，在关键环节和重点领域取得了突破性进展，但不同地区、不同领域和不同环节的改革进程还不平衡，协同配套性较差。“十四五”时期，全面深化农村改革需加快推进“三块地”改革成果的应用，促进资产盘活和市场化配置，深化推进农村集体产权制度改革，进一步释放改革的协同效应。

1. 推进农村“三块地”改革，积极拓展确权成果应用

自 2016 年中央开展农村承包地“三权分置”改革以来，至 2018 年年底，中国已基本完成农村承包地确权登记颁证工作，确权面积达 14.8 亿亩，为下一步的 30 年延包奠定了基础。宅基地改革试点主要在健全宅基地的权益保障方式、改革农民住宅用地取得方式、完善宅基地审批制度、探索宅基地有偿使用和自愿有偿退出机制方面积累了经验。2019 年《土地管理法》修正案已经明确，农村集体经营性建设用地在符合规划的前提下，在经过 2/3 以上集体经济组织成员同意的情况下，可以直接入市。当前国家在法律和政策上已将“三块地”的基础权能赋予农民，但确权、赋权后还需活权，构建从“三块地”到集体资产的系统性、完整性、清晰化的现代农村产权制度体系和产权价值实现体系，这是“十四五”时期的重要任务。

一是重点做好第二轮承包到期后承包期再延长 30 年的延包试点和经验总结工作。要积极开展土地延包试点，及时总结经验，在试点基础上形成全国第二轮土地承包到期后延包的配套政策和具体延包办法。在确保政策衔接、平稳过渡的基础上，重点拓展承包地确权成果的应用，加快农村承包地信息应用平台建设，通过信息化手段实现土地承包流转等各类信息数据平台化、协同化管理。积极探索确权成果在永久基本农田保护、轮作休耕制度落实、农田整治、涉农补贴、抵押担保、解决地块细碎化问题、承包权退出等方面的应用。

二是继续扩大宅基地改革试点范围，深化改革试点内容。重点以宅基地的“三权分置”为基础，在落实宅基地集体所有权和保障宅基地农户资格权的基础上，尽快放活宅基地的使用权。为适应城乡融合发展和乡村振兴战略实施过程中要素自由流动的需要，重点探索宅基地自愿有偿退出机制、宅基地使用权流转经营机制，探索在农民自愿前提下，村集体依法将有偿收回的闲置宅基地转变为集体经营性建设用地入市。

三是加快形成集体经营性建设用地入市的指导方案。加快修改完善《土地管理法实施条例》，重点完善相关配套制度，尽快制定出台农村集体经营性建设用地入市指导意见。探索入市收益形成农民财产性收入、村集体经济发展资金的分配方式，建立公平合理的集体经营性建设用地入市增值收益分配制度，同时通过集体经营性建设用地入市的激励，激活农村集体产权制度改革薄弱地区的改革动力。

2. 深化农村集体产权制度改革，重点提升协同效应

自2016年以来，农村集体产权制度改革取得了重要成效，目前全国农村清产核资硬任务已经基本完成，各级试点单位已覆盖全国80%左右的县（市、区）。但是，不同地区、不同领域和不同环节的改革进程尚存在不平衡。一方面，按照中央统一部署，到2021年年底基本完成农村集体经营性资产股份合作制改革，剩余任务还比较重，特别是在欠发达地区，改革动力不足；另一方面，在非经营性资产运营管护、资源性资产开发利用方面的改革探索不足。此外，集体资产经营管理水平不高、改革试点内容衔接不畅等问题突出，导致改革的整体效应未能充分发挥。“十四五”时期，需着重分地区、分领域、分环节因地制宜推进改革进程，提升改革整体的协同效应。

一是根据各地的发展阶段和改革条件，分区分类推进农村集体产权制度改革。在北京、上海、浙江等已经基本完成农村集体产权制度改革的地区，要着力在集体资产折股量化、集体经济组织登记赋码、探索农村集体经济有效实现形式等方面大胆探索，制定完善农民对集体资产股份有偿退出的条件和程序、集体资产股份抵押和担保贷款办法等，发挥改革的综合效应。在改革基础比较薄弱的地区，要重点做好集体资产清产核资、集体资产所有权确权和强化农村集体资产财务管理等基础性的农村集体资产管理工作。其中，在贫困地区特别是贫困村，重点做好农村集体产权制度改革与扶贫资产后续管理的衔接，以完善农村集体资产管理为基础，探索股份资产、实物资产等扶贫资产运营维护的多元模式，将扶贫资产转化为集体经济发展、农民资产收益的组成部分。

二是尽快制定资源性资产、非经营性资产的产权制度改革的具体方案。其一，以多部委协同推进集体经济组织对资源性资产的确权和折股量化为基础，加快制定引导市民下乡与农民联合创业的具体方案和配套政策。探索“两山银行”等生态资源规模化收储、专业化整合与市场化运作的交易平台，以集体经济组织为单元联合多元主体入乡投资，促进资源性资产的第一、第二、第三产业融合开发，加速推进绿水青山和乡风民俗等资源资本化，让山水林田湖草等生态资源在开发利用和生态保护中得到价值实现。其二，在当前农村基础设施投资维护和基本公共服务供给主要由财政负担的情形下，加快对村集体用于教育、卫生等公共服务的非经营性资产进行集体所有制条件下的产权重构，可尝试通过村集体与地方政府共有产权等形式实现权责对等，促成长效管理和维护机制。

（四）强治理：提升综合治理能力

乡村治理是国家治理的基石，“治理有效”也是乡村振兴战略总要求的重要内容。但当前乡村治理体系和治理能力现代化水平不足，治理理念、治理方式、治理手段难以适应加速变革的乡村社会。“谁来治理，治理什么，如何治理”，仍然是乡村治理亟待厘清的基本问题。尤其是新冠肺炎疫情的冲击，激发了对治理主体、治理重点和治理手段的反思，强化了乡村治理现代化转型的需求。

1. 厘清治理主体分工，强化基层治理能力

一是厘清自治组织职能，加快基层组织与治理现代化接轨。

分类推进乡村治理职能与基本公共服务职能、集体经济运营职能的分离，探索村委会与集体经济组织的新型合作形式。逐步减少农村集体经济组织在基本公共服务方面的相应负担，与成员权紧密相连的集体公益设施和服务维护支出可保留由集体经济组织主要承担，同步为农村基层治理减负。探索乡村自治组织与集体经济组织实现政经分离的具体模式，从乡村治理职能中剥离集体经济运营职能。通过基本公共服务职能上移、集体经济运营职能剥离，厘清农村自治组织的基层治理职能，引导基层自治组织聚焦于治理能力现代化水平的提升。

二是增强治理多元主体作用，提升基层组织效能。通过增强乡村治理体系中的党支部引领性作用、村干部专职化作用、村民主体性作用，提升基层组织能力。其一，推进村干部专职化管理，通过基层党支部书记到乡镇、区县部门交流任职等方式创新村干部培养方式，提升村干部综合能力。其二，通过区县领导挂点包村、选派第一书记驻村等多种形式，继续重点加强软弱涣散基层党组织的建设，并完善驻村人员退出机制和退出后的衔接机制，提升驻村干部的积极性、村“两委”干部的自主性。其三，规范党组织领导下的村民协商议事机制，建立村级民主协商议事会，让群众更加广泛地直接参与村级事务决策、管理和监督。

2. 把握治理重点脉络，适应乡村社会变革

随着人口转型、农村劳动力持续转移、农村改革深化和城乡要素加速流动，乡村人口持续外流、农村老龄化持续加深、要素嵌入乡村领域持续加深和拓宽，都给乡村治理带来了新的挑战。“十四五”时期，要重点在流动性治理、老龄化治理、嵌入式治理等方面提升治理能力。

一是以产权和治权两个层面为基础，响应城乡要素流动下的动态治理需求。重点回应和解决乡村人口持续外流带来的农村集体财产权利关系变动需求，资本和人才等各类要素嵌入乡村增加的新型社区治理需求。在产权治理层面，依托农村产权制度改革，在有条件地区先行探索集体成员权有偿退出、让渡、准入的方案。在社区治理层面，参照城镇社区管理和服务方式，为下乡人口提供乡村社区参与和社区服务渠道。

二是以社区互助和志愿服务为必要补充，响应流动和开放的乡村形态下多元治理需求。促进农村社会组织的丰富化、网络化，形成农村公共事务治理多方参与、多元协同的治理格局。按照“村委引导、志愿参与”原则，推广志愿者“自我组织、志愿服务”模式，积极引导志愿者参与乡村治理和社区服务。在推进农村老龄化相关基本公共服务供给的同时，着重引导和培育养老互助组织作为必要补充。

三是从法治文化与民主协商互为补充的方式着眼，处理日趋复杂的乡村利益关系。以法治文化滋养乡风，依托法治文化建设助推乡村治理法制化，形成办事依法、遇事找法、解决问题用法、化解矛盾靠法的治理文化。通过推广村级民主协商议事会等有效形式，促进基层协商民主发展，让群众更加广泛地直接参与村级事务决策、管理和监督，着力构筑社情民意发现机制、群众诉求办理机制、权力监督约束机制，形成适应乡村社会发展变化的长效治理机制。

3. 优化治理路径手段，提升综合治理效能

伴随数字经济时代的到来，数字乡村发展成为必然趋势，信

息化和数字化的加速和深入推进，对乡村数字治理能力的同步提升也提出更高的要求。同时，乡村社会结构的变化、多事务推进的压力、应急管理需求的增加，都对乡村治理手段提出新的要求。“十四五”时期，要着重加强现代治理手段和治理工具的引用，大力推进乡村治理创新，提升综合治理能力，强化应急治理能力。

一是要着力强化乡村数字治理能力，智慧减负。依托农村不断提升的信息化和数字化水平，充分整合多方资源，为乡村治理打造数字化共建共享智慧平台。着力构建“网格”式乡村治理体系，深入推行“村干部联系社长、干部联系党员、党员联系群众”网格化治理模式，改进工作手段。通过治理网格化与管理信息化的叠加，推动乡村治理重心下移、力量下沉，将“最多跑一次”改革延伸到乡村治理层面，实现精准服务民生、提升响应效率，通过日常的协同治理同步提升应急治理水平。

二是要重点推进乡村治理创新，提升融合效应。充分激发村民自我管理、自我生产和参与村级事务的积极性，在“十四五”时期要实现减贫战略和工作体系转型、推进农村人居环境综合整治、全面实施健康乡村建设等一系列乡村治理任务的综合推进。因地制宜推进制度建设，重点通过机制模式创新形成集民意疏导、科学决策、合力干事和效果评估为一体的新型基层治理方式，实现扶贫治理、村庄建设、产业培育、文明创建等各类村庄事务整合。

三是健全乡村组织动员体系，激活乡村组织资源。创新乡村社会治理与服务的需求征集、资源统筹、调度响应等工作机制，充分挖掘农村地区的组织资源，重点培育各类志愿组织，提升乡村志愿者服务能力，形成基层公共服务多方参与、多源头协同治理的格局，提升乡村公共事务治理、应急治理参与响应等方面的敏捷度和灵活性。

参考文献

1. 蔡昉:《农业劳动力转移潜力耗尽了吗》,《中国农村经济》2018年第9期。
2. 陈雪原、周雨晴:《实施乡村振兴战略须视村况分类推进——以北京郊区3885个村庄为例》,《农村经济管理》2019年第9期。
3. 邓聚龙:《社会经济灰色系统的理论与方法》,《中国社会科学》1984年第6期。
4. 国家发展改革委农村经济司:《农村一二三产业融合发展年度报告(2017)》，中央人民政府网站，2018年4月20日。
5. 国务院新闻办公室:《中国的粮食安全白皮书》，2019年。
6. 金三林:《对我国“刘易斯转折”阶段进程的判断》,《中国经济时报》2012年3月27日。
7. 李韬:《论乡村振兴战略实施中村庄结构性分化困境及其化解路径》,《社会主义研究》2019年第6期。
8. 刘慧:《我国将加快建设现代农业产业园》,《经济日报》2019年4月21日。
9. 刘思峰、杨英杰:《灰色系统研究进展（2004—2014)》,《南京航空航天大学学报》2015年第1期。
10. 王春光、赵玉峰、王玉琪:《当代中国农民社会分层的新动向》,《社会学研究》2018年第1期。
11. 王小华、温涛:《农民收入“超常规增长”的理论依据、积累效果与政策启示》，《西南大学学报》（社会科学版）2016 年第 1 期。

12. 魏后凯、黄秉信：《中国农村经济形势分析与预测（2018—2019）》，社会科学文献出版社 2019 年版。

13. 魏后凯、黄秉信：《中国农村经济形势分析与预测（2019—2020）》，社会科学文献出版社 2020 年版。

14. 习近平：《在决战决胜脱贫攻坚座谈会上的讲话》，《人民日报》2020 年 3 月 7 日第 2 版。

15. 杨明智、裴源生、李旭东：《中国粮食自给率研究——粮食、谷物和口粮自给率分析》，《自然资源学报》2019 年第 4 期。

16. 张车伟：《中国人口与劳动问题报告（No. 20）》，社会科学文献出版社 2019 年版。

17. Department of Economic and Social Affairs, Population Division: World Population Prospects 2019. 2019, UN, New York.

综合篇

中国农村发展指数测评（2020）

——中国农村发展进程及地区比较

韩　磊　王术坤　刘长全[*]

摘　要： 本报告基于包括经济发展、社会发展、生活水平、生态环境和城乡融合5个维度、25个指标的中国农村发展指数，对2011—2018年全国及各地区农村发展进程进行测度，并重点分析了与2017年相比的主要变化。测评结果表明，2018年农村发展水平在全国、区域和省级三个层面继续稳步提高，农村发展的主要贡献来自社会发展和生活水平的提升；不同区域之间农村发展水平存在一定差距，东部地区明显领先，西部与东北地区的差距继续缩小，生态环境和城乡融合分别是中部和东北地区农村发展水平进一步提高的制约因素；农村发展水平在省份之间的差异逐渐缩小，但是经济发展维度省份间差异较大，生态环境维度省份间的发展差距有所提高；维度间发展失衡问题在西部和东北

* 韩磊，管理学博士，中国社会科学院农村发展研究所助理研究员，主要从事农产品市场研究；王术坤，管理学博士，中国社会科学院农村发展研究所助理研究员，主要从事农业政策评估和畜牧业经济研究；刘长全，经济学博士，中国社会科学院农村发展研究所副研究员，主要从事农村产业经济、奶业经济、区域经济研究。

地区更为突出，但各地区维度间的发展失衡问题持续改善。促进乡村振兴需要深化对农村综合发展内涵的认识，关注城乡融合水平提升速度放缓的趋势，继续改善农村发展水平在维度间和地区间的不均衡现象，预防环境维度在地区间的差距继续扩大，并且巩固脱贫攻坚战略成果。

关键词： 农村发展　指标体系　综合评价　地区比较

Assessment of China Rural Development Index in 2020: Rural Development Progress and Regional Comparison in China

Han Lei　Wang Shukun　Liu Changquan

Abstract: Based on China Rural Development Index which is composed of 25 indicators in five dimensions, namely, economic development, social development, living standards, ecological environment and urban – rural integration. This report measures progress in rural development at national, regional, and provincial levels from 2011 to 2018 and more analysis is focused on the changes compared to 2017. The research shows that rural development has improved steadily at all levels and the major contribution is from the improvement of social development and living standards in 2018. There is a gap in rural development between different regions. The eastern region takes the lead, while the gap between the western region and northeast region continues to narrow. Ecological environment and urban – rural integration are constraints for the further improvement of rural development in the central region and the northeast region. The difference between provinces in rural development level is gradually reduced, but the difference between provinces in economic development dimension is higher and the development gap between provinces in ecological environment dimension is improved. The inter – dimensional development imbalance is more prominent in the western and northeastern regions, but the imbalance continues to improve. To promote rural revitalization, it is necessary to deepen the understanding of the connotation of rural comprehensive development, concern about the slowing trend of the improvement of urban – rural integration, continue to improve the imbalance between dimensions and regions of rural development level, prevent regional gap in the environmental dimension from widening and consolidate the achievements of poverty alleviation strategy.

Key Words: Rural Development　Index System　Comprehensive Evaluation　Regional Comparison

一 前言

2020年是中国全面建成小康社会目标实现之年，是全面打赢脱贫攻坚战及“十三五”规划收官之年，为补齐全面建成小康社会的“三农”“短板”，需要加快推进乡村振兴战略和全面落实农业农村优先发展总方针。在此背景下，对全国及各地区农村发展进程、发展形势及面临的问题做系统、客观评估具有突出的必要性。本报告构建了包括经济发展、社会发展、生活水平、生态环境和城乡融合5个维度、25个指标的中国农村发展指数，该指标体系在内涵上契合了乡村振兴战略的“产业兴旺、生态宜居、乡风文明、治理有效、生活富裕”20字总体要求，同时，指标体系对城乡融合的强调和测度也反映了推进城乡融合发展、落实农业农村优先发展总方针的要求。基于中国农村发展指数，本报告从全国、区域、省级三个层面对2018年中国农村综合发展水平做系统评价，并重点分析与2017年相比的主要变化。下文包括三部分内容：一是对指标构成与变动、数据处理及权重确定方法的补充说明；二是测评的主要发现；三是对测评结果的总结和思考。

二　指标、数据与方法

（一）指标说明

为确保结果的纵向可比性，本轮测评继续沿用2016—2019年中国农村发展指数测评的框架，指标体系由经济发展、社会发展、生活水平、生态环境和城乡融合5个维度、14个二级指标构成，三级指标沿用了《中国农村发展指数测评（2019）》的25个指标。由于是对前四轮测评工作的延续，以下不再对指标体系的理论基础、各指标内涵和计算方法等做详细说明，具体参阅《中国农村发展指数测评（2016）》和《中国农村发展指数测评（2019）》。

（二）数据与处理方法

中国农村发展指数各指标所用数据分别来自《中国统计年鉴》《中国农村统计年鉴》《中国社会统计年鉴》《中国卫生健康统计年鉴》《中国民政统计年鉴》《中国教育统计年鉴》《中国卫生和计划生育统计年鉴》《中国环境统计年鉴》《中国能源统计年鉴》等统计年鉴以及国家统计局网站公开发布的统计资料。根据数据发布情况和指标可获得性，在时间跨度上，指数覆盖2011—2018年；在地域范围上，指数覆盖除我国西藏、台湾、香港和澳门外的30个省（市、区）。

各指标数据处理仍沿用第一轮测评（刘长全、韩磊，2016）

的方法。但是，由于数据缺失、制度改革、统计口径调整等原因，个别指标的数据处理有所调整，以下做具体说明：①国家未发布 2018 年“耕地面积”数据，为计算“亩均农业机械动力数”和“有效灌溉面积占耕地面积比重”两个指标，基于相邻年度耕地面积变化很小的假设，本轮测评中 2018 年全国和各省份耕地面积用 2017 年数据代替。在每年农地转为非农地的数量指标受到严格管制的情况下，这一处理对指数测评结果的影响基本可以忽略。[①] ②自 2016 年国家正式启动城乡居民医疗保险制度整合以来，各地相继完成城镇居民基本医疗保险和新型农村合作医疗两项制度的整合，相关统计部门未发布 2018 年计算全国和各省份“新型农村合作医疗人均支出”指标所需的相关数据。基于各省份在此方面实现城乡统一标准的事实，本轮测评中 2018 年全国及各省份“新型农村合作医疗人均支出”指标的数据全部调整为“城乡居民基本医疗保险人均支出”。相应地，由于一级指标“社会发展”下的三级指标“新型农村合作医疗人均支出”在名称上已不能准确反映该指标的含义，所以指标名称调整为“农村居民基本医疗保险（新型合作医疗）人均支出”。③由于业务主管部门的调整，相关年鉴未发布 2018 年“无害化卫生厕所普及率”数据，本轮测评中该指标 2018 年数据是基于各地区 2017 年数据和 2015—2017 年的年均复合增长率推算得到。④北京、上海和天津三个直辖市在基本全部实现县改区的情况下[②]，2018 年三个市都没有“县孕妇死亡率”数据，本

① 根据 2016 年和 2017 年全国耕地面积、农业机械总动力数据，对 2016—2017 年全国亩均农业机械动力数的变动进行分解可知，1.8% 的变动是耕地面积减少引起的，98.1% 的变动是农业机械动力总数增长引起的，还有 0.1% 的变动是两个方面变动的交互影响引起的。

② 2018 年，北京、上海和天津三个市中仅天津市还下辖一个县（蓟县）。

轮测评中三个市该指标的数据均用“市孕妇死亡率”替代。

（三）指标标准化与权重确定

各指标的标准化仍沿用第一轮测评（刘长全、韩磊，2016）使用的极值法，为了使各地区农村发展指数跨年度可比，参照樊纲等（2003）的研究，对各年度指标做标准化时统一使用基准年（2011）的最大值和最小值。具体来说：

正向指标：$\hat{x}_{i,t} = (x_{i,t} - \min x_{i,0}) / (\max x_{i,0} - \min x_{i,0})$

反向指标：$\hat{x}_{i,t} = (\max x_{i,0} - x_{i,t}) / (\max x_{i,0} - \min x_{i,0})$

其中，$x_{i,t}$表示第 t 年第 i 个指标的值，$\min x_{i,0}$和$\max x_{i,0}$分别表示基准年第 i 个指标的最小值和最大值。标准化后，基期年份各指标的最高得分为 1，最低得分为 0，其他年份各指标的得分可能高于 1 或低于 0。标准化后的指标得分经加权求和后得到总指数，基期年份的总指数在 0—1 分布，其他年份总指数可能高于 1 或低于 0。

在权重确定方面，本轮测评继续沿用均权法（韩磊、刘长全，2018）。与主成分法相比，均权的优势在于：一是均权法不需要频繁调整权重，有利于测评结果的纵向比较，也符合国家政策长期性、稳定性的导向；二是乡村振兴战略下全面均衡发展的意义更加突出，均权有利于体现全面发展、均衡发展的政策内涵。用均权法确定权重后，5 个维度各占 20% 的权重，每个维度下属的二级指标具有同样的权重，每个二级指标下属的三级指标也具有同样的权重。中国农村发展指数指标体系的构成及各三级指标的权重如表 1 所示。

表 1　　中国农村发展指数指标体系构成及权重

一级指标	二级指标	三级指标	权重
经济发展	经济水平	农村居民人均可支配收入	0.067
	经济结构	农村居民工资性收入占可支配收入比重	0.067
	农业现代化	亩均农业机械动力数	0.022
		有效灌溉面积占耕地面积比重	0.022
		万元农林牧渔业增加值电力消耗	0.022
社会发展	文化教育	农村有线广播电视覆盖率	0.025
		农村中小学生均固定资产值	0.025
	卫生医疗	乡村卫生室专业技术人员比重	0.025
		县孕产妇死亡率	0.025
	社会保障	农村社会养老保险人均支出	0.017
		农村居民基本医疗保险（新型合作医疗）人均支出	0.017
		农村最低生活保障标准	0.017
	社会治理	村庄选举登记选民投票率	0.050
生活水平	生活消费水平	农民居民人均消费支出	0.033
		农村居民家庭恩格尔系数	0.033
		农村居民人均教育文化娱乐支出	0.033
	生活设施条件	农村集中供水覆盖率	0.050
		农村道路密度	0.050
生态环境	农业生产环境	亩均用肥量（纯氮）超标水平	0.050
		万元农业增加值用水量	0.050
	农村生活环境	农村无害化卫生厕所普及率	0.100
城乡融合	经济融合发展	城乡居民人均可支配收入之比	0.067
	社会融合发展	城乡居民最低生活保障标准之比	0.067
	生活水平融合	城乡居民人均消费支出之比	0.033
		城乡居民人均教育文化娱乐支出比	0.033

全部 25 个三级指标的指标得分与指标权重之积的和（$\sum w_i \hat{x}_{i,t}$）即为总指数。总指数也是 5 个维度得分之和，特定维度的得分是该维度上所有三级指标的指标得分与指标权重之积

的和（$\sum w_i^j \hat{x}_{i,t}^j$）。其中，$w_i^j$是 j 维度第 i 个三级指标的权重，$\hat{x}_{i,t}^j$ 是 t 年 j 维度第 i 个三级指标的得分。每个维度的总权重也是基准年该维度理论上能达到的最高得分。维度得分的变化与总指数变化的比值反映了该维度在农村发展水平变化中的贡献。由于各维度权重相同，不同维度发展水平的差异可以直接通过维度的得分进行比较。但是，为了便于在全国层面和区域层面进行特定维度与整体发展水平的比较，本报告计算了维度分指数［$\sum(w_i^j \hat{x}_{i,t}^j / \sum w_i^j)$］。其中，不同维度的各指标权重之和（$\sum w_i^j$）均为0.2。需要说明的是，不同维度分指数在基准年的理论最高得分都是1，而且在进行不同维度发展水平的比较时，用分维度得分和维度分指数的比较结果是一致的。

三　主要发现

（一）全国层面农村发展水平及变化

1. 全国农村发展水平继续稳步提高

2018 年，中国农村综合发展水平继续提高，全国农村发展指数达到 0.739，与 2017 年相比提高了 0.040（见图 1）。在国家财政和一系列强农、惠农政策的有力支持下，2011—2018 年全国农村发展指数持续上升，年均增幅[①]为 0.042。

① 如没有特殊说明，本报告中指数“增幅”“提高幅度”均指指数增减变化的绝对值，而非指数变化的百分比。

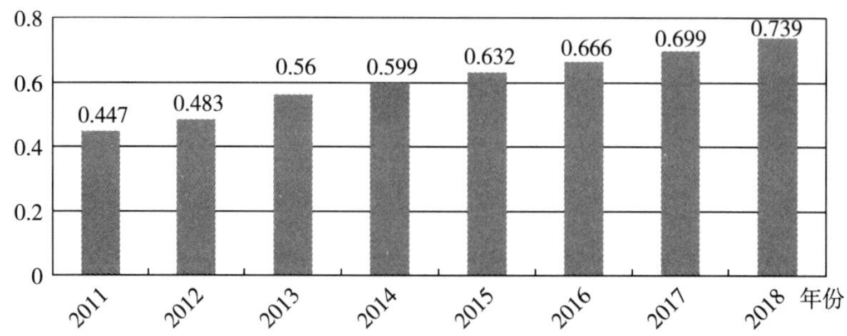

图1　2011—2018年全国农村发展指数

2. 城乡融合水平提升速度放缓，维度间发展失衡持续改善

2018年，5个维度中城乡融合维度得分最高，为0.168，其次是生态环境（0.160）、生活水平（0.155）、经济发展（0.129）和社会发展（0.127）（见表2）。与2017年相比，生活水平维度的得分提高0.014，是各维度中增幅最大的，对总指数的增长贡献了35.0%，比2011—2017年32.1%的平均贡献率高2.9个百分点；经济发展维度对总指数的增长贡献了20.0%，仅次于生活水平维度，并且大幅高于其在2011—2017年13.5%的平均贡献率；社会发展和城乡融合维度在总指数的增长中均贡献了17.5%，其中，城乡融合维度的贡献率与其在2011—2017年29.0%的平均贡献率相比大幅下降；生态环境维度对总指数的增长贡献最低，仅有10.0%，略高于2011—2017年8.7%的平均贡献率。

由于总指数中各维度具有相同权重，因此在维度发展水平的排序中用维度分指数的比较结果与用维度得分的比较结果是一致的，即2018年城乡融合维度分指数最高，为0.841；其次是生态环境（0.801）、生活水平（0.776）、经济发展（0.644）和社

表 2　　2011—2018 年全国农村发展指数及维度分指数

	年份	总指数	经济发展	社会发展	生活水平	生态环境	城乡融合
分维度得分	2011	0. 447	0. 087	0. 078	0. 060	0. 134	0. 088
	2012	0. 483	0. 094	0. 087	0. 068	0. 137	0. 096
	2013	0. 560	0. 102	0. 097	0. 098	0. 142	0. 122
	2014	0. 599	0. 104	0. 103	0. 107	0. 146	0. 139
	2015	0. 632	0. 111	0. 106	0. 118	0. 149	0. 147
	2016	0. 666	0. 115	0. 113	0. 130	0. 154	0. 155
	2017	0. 699	0. 121	0. 120	0. 141	0. 156	0. 161
	2018	0. 739	0. 129	0. 127	0. 155	0. 160	0. 168
	2011—2017 的变化	0. 252	0. 034	0. 042	0. 081	0. 022	0. 073
	2017—2018 的变化	0. 040	0. 008	0. 007	0. 014	0. 004	0. 007
维度分指数	2011	0. 447	0. 434	0. 392	0. 298	0. 672	0. 438
	2012	0. 483	0. 470	0. 437	0. 340	0. 687	0. 480
	2013	0. 560	0. 510	0. 483	0. 488	0. 708	0. 609
	2014	0. 599	0. 520	0. 514	0. 537	0. 728	0. 697
	2015	0. 632	0. 554	0. 531	0. 591	0. 747	0. 737
	2016	0. 666	0. 576	0. 563	0. 648	0. 769	0. 775
	2017	0. 699	0. 607	0. 599	0. 705	0. 779	0. 803
	2018	0. 739	0. 644	0. 636	0. 776	0. 801	0. 841
	2011—2017 的变化	0. 252	0. 173	0. 207	0. 407	0. 107	0. 365
	2017—2018 的变化	0. 040	0. 037	0. 037	0. 071	0. 022	0. 038

会发展（0. 636）；与 2017 年相比，维度分指数增幅最大的是生活水平，最小的是生态环境。2011—2017 年，维度分指数增幅最大和最小的同样也分别是生活水平和生态环境，表明近几年反映农村居民生活水平的生活消费水平和生活设施条件持续得到较大幅度的提高和改善，但是反映农村生态环境的农业生产环境和

农村生活环境的改善程度相对较低。2018 年，虽然城乡融合维度分指数最高，但其相较 2017 年的增幅远低于 2011—2017 年的平均增长幅度，而且 5 个维度中只有城乡融合维度 2018 年对总指数增长的贡献率低于 2011—2017 年的平均贡献率，表明城乡融合水平在经历持续快速改善后提升速度开始放缓。2011—2018 年，5 个维度分指数的最高值与最低值的比值从 2. 23 持续降低到 1. 32，表明不同维度间发展的失衡在持续改善。

（二）区域层面农村发展水平比较

1. 东部地区农村发展水平显著高于其他地区，西部与东北地区差距继续缩小

从四大地区的比较情况来看，2018 年，农村综合发展水平最高的是东部地区，指数达到 0. 913，中部、东北与西部地区指数分别为 0. 746、0. 669 和 0. 659，以上三个地区的农村综合发展水平显著落后于东部地区（见图 2）。虽然 2018 年西部地区农

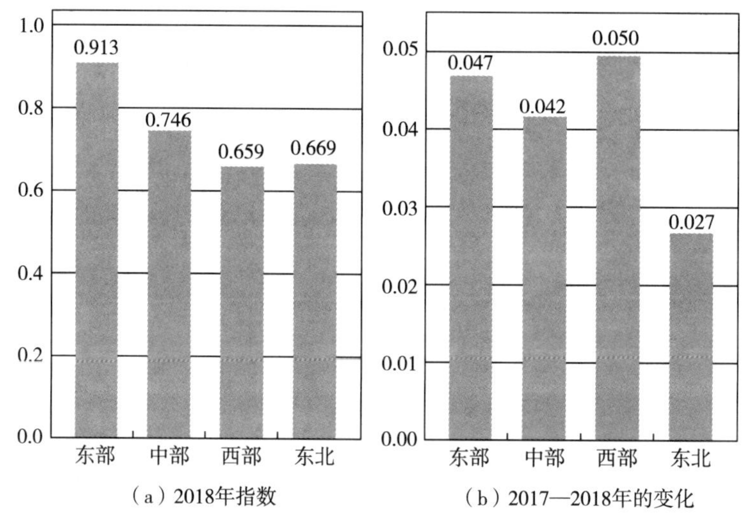

图 2　2018 年四大地区农村发展指数及变化

村发展指数最低，但与2017年相比，指数增幅在四个地区中最大。2011年以来，东北地区农村发展水平虽然一直高于西部地区，但两者的差距在不断缩小。2011年，东北地区农村发展指数比西部地区高0.082，到2018年这一差距降到0.010。

2. 经济发展和社会发展两个维度发展的地区间不平衡最为严重，社会发展维度在各地区发展速度都有所提高

从不同维度的比较情况来看（见表3），2018年，经济发展、社会发展、生活水平、生态环境和城乡融合五个维度分指数最高的都是东部地区，除了社会发展和生态环境，其他维度分指数最低的都是西部地区，社会发展和生态环境维度分指数最低的是东北地区。各维度发展水平在四大地区间表现出一定的发展不平衡。经济发展和社会发展两个维度的地区间不平衡最为严重，两者在四大地区中的最大值与最小值之比分别为1.96和1.51，其次是生态环境维度指数，地区间发展相对比较平衡的维度为生活水平和城乡融合维度指数，其最大值和最小值之比都为1.28。促进全国农村均衡发展应重点在农民收入、农业现代化水平及教育、医疗、社会保障等公共服务领域缩小其他地区与东部地区的差距，特别是要缩小西部地区与东部地区的差距。

与2011—2017年四大地区总指数和不同维度分指数变化情况相比，2017—2018年各地区总指数表现出不同的变化幅度，东部和西部地区有所上升、中部地区基本没有变化、东北地区增幅下降明显。各地区社会发展维度分指数增幅均有所提高，城乡融合维度分指数增幅均有所下降，其中东北地区城乡融合分指数增幅下降最为突出；东北地区经济发展维度分指数增幅上升

表3　分区域农村发展指数及维度分指数与变化

地区	指数类别	2011年	2017年	2018年	2011—2017年的平均变化	2017—2018年的变化
东部	总指数	0.622	0.866	0.913	0.041	0.047
	经济发展	0.654	0.883	0.919	0.038	0.036
	社会发展	0.528	0.824	0.896	0.049	0.072
	生活水平	0.525	0.891	0.957	0.061	0.067
	生态环境	0.676	0.770	0.809	0.016	0.039
	城乡融合	0.725	0.964	0.985	0.040	0.021
中部	总指数	0.445	0.704	0.746	0.043	0.042
	经济发展	0.464	0.620	0.654	0.026	0.034
	社会发展	0.378	0.579	0.634	0.033	0.055
	生活水平	0.291	0.735	0.816	0.074	0.081
	生态环境	0.605	0.710	0.709	0.018	-0.001
	城乡融合	0.486	0.878	0.918	0.065	0.040
西部	总指数	0.350	0.610	0.659	0.043	0.050
	经济发展	0.297	0.430	0.469	0.022	0.039
	社会发展	0.316	0.534	0.627	0.036	0.094
	生活水平	0.258	0.689	0.750	0.072	0.060
	生态环境	0.546	0.651	0.679	0.017	0.028
	城乡融合	0.333	0.744	0.771	0.069	0.026
东北	总指数	0.432	0.643	0.669	0.035	0.027
	经济发展	0.299	0.464	0.495	0.027	0.031
	社会发展	0.381	0.548	0.594	0.028	0.045
	生活水平	0.334	0.739	0.776	0.067	0.037
	生态环境	0.469	0.574	0.598	0.018	0.024
	城乡融合	0.679	0.888	0.884	0.035	-0.004

明显，其他地区经济发展维度分指数增幅变化不大；西部和东北地区生活水平维度分指数增幅上升明显，东部和中部地区生活水平维度分指数增幅变化不大；除了中部地区生态环境维度分指数增幅下降比较明显外，其他地区生态环境维度分指数增幅都有明显提升。

3. 四大地区农村发展主要缘于社会发展和生活水平的提升，生态环境和城乡融合分别是中部和东北地区农村发展水平提高的主要制约因素

2018 年，不同维度对总指数增长的贡献表现出以下特点（见图 3）：①四大地区农村发展指数的增长主要来自社会发展和生活水平两个维度的提升，在西部地区社会发展维度对指数增长的贡献最高，贡献率为 37.91%；其次为东北、东部和中部地区，分别为 33.89%、30.85% 和 26.41%；在中部地区生活水平对指数增长的贡献最高，贡献率为 38.87%；其次是东部、东北和西部地区，贡献率分别是 28.38%、27.92% 和 24.30%。②生态环境和城乡融合维度对四大地区农村发展指数增长的贡献普遍较低。中部地区的生态环境维度和东北地区的城乡融合维度对其指数增长的贡献率甚至为负值。③经济发展维度在四个地区指数

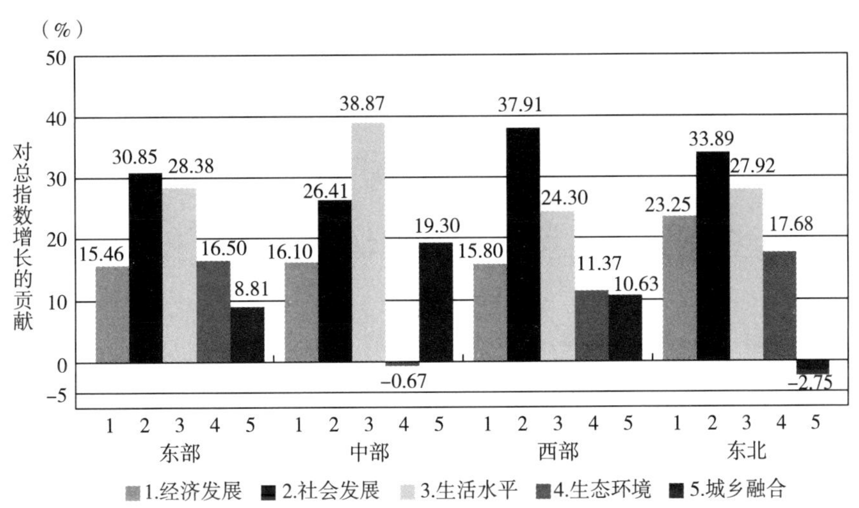

图 3　2018 年四大地区不同维度对总指数增长的贡献率

增长中的贡献差异不大，贡献率稳定在15.46%—23.25%。④在东部和西部地区，五大维度对农村发展指数增长的贡献相比中部和东北部地区更加均衡。

4. 各地区维度间发展失衡状况有所改善，东北地区的维度间均衡程度最低但改善最明显

在四大地区内部，不同维度的发展水平差异明显，还没有达到均衡发展的要求。2018年，四大地区分指数最高的均为城乡融合维度，东部地区分指数最低的是生态环境维度，中部地区分指数最低的是社会发展维度，西部和东北地区分指数最低的是经济发展维度（见表3）。东部、中部、西部和东北地区五个维度分指数的最高值与最低值的比值分别为1.22、1.45、1.64和1.79，结果显示，东部地区维度间的发展相对更加均衡，而其他三个地区尤其是东北地区维度间发展明显失衡。但是，与2017年相比，四个地区维度分指数的最高值与最低值的比值均有所下降，东部、中部、西部和东北地区分别下降了0.03、0.07、0.09和0.12，表明各地区维度间发展失衡状况均有不同程度的改善，其中东北地区维度间失衡状况改善程度最大。

（三）省级层面农村发展水平比较

1. 各地区农村发展水平普遍提高

分省（区、市）来看，与2017年相比，全国各地区[①]的农村发展指数均有所提高，上升幅度超过全国平均水平（0.040）

① 如无特殊说明，省级层面的分析中，“各地区”均指“各省份”。

的有 15 个。2018 年农村发展指数最高的五个地区依次是上海（1.116）、浙江（1.072）、北京（1.003）、天津（0.971）和江苏（0.960），最低的五个地区依次是青海（0.577）、云南（0.602）和贵州（0.632）、甘肃（0.633）和陕西（0.633）（见图 4）。从地域分布上看，农村发展指数最高的五个地区均在

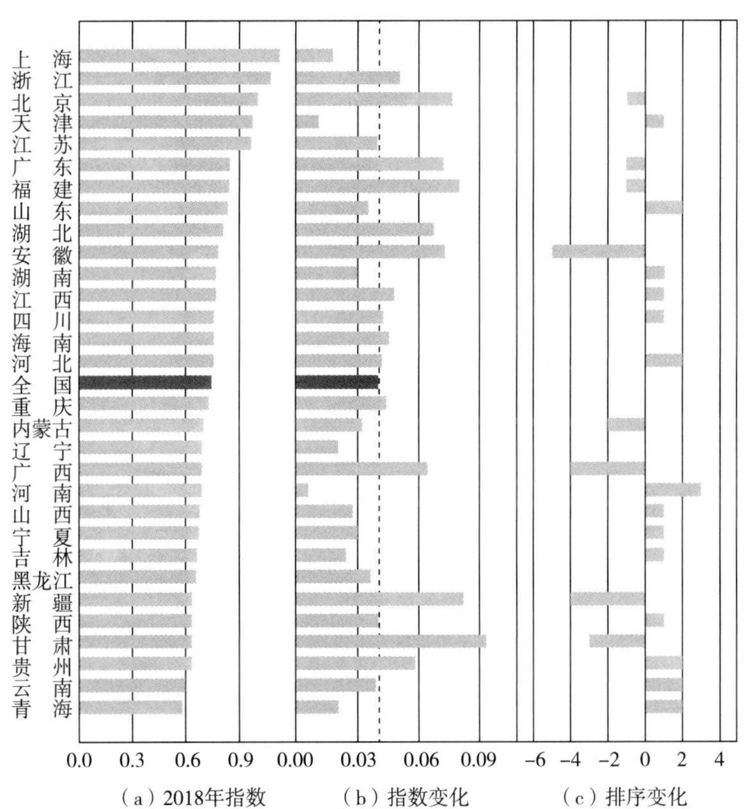

图 4　2018 年各省（区、市）农村发展指数及 2017—2018 年指数与排序变化

注：（a）图中地区是按 2018 年农村发展指数从大到小排序；（b）图中竖向的虚线表示全国指数变化的平均水平；（c）图中排序变化为负表示排名上升，即与 2017 年相比，2018 年的排名更靠前；排序变化为正表示排名下降，即与 2017 年相比，2018 年的排名更靠后。

东部，最低的五个地区均在西部。从各地区农村发展指数的排序方面看，与2017 年相比，2018 年排名上升的有8 个省（区、市），不变的有 8 个，下降的有 14 个（见图 4）。其中，排名下降最多的是河南，下降了 3 位，排名上升最多的是安徽，上升了 5 位。

与 2017 年相比（见表 4），农村发展指数增幅最大的地区是甘肃，上升了 0. 093，其中社会发展维度的增长贡献了 27. 6%，是五个维度中最高的。新疆的农村发展指数增幅仅次于甘肃，增长了 0. 082，其中城乡融合维度的增长贡献最大，达到 25. 0%。农村发展指数增幅最低的是河南，仅上升了 0. 006，其中，城乡融合维度贡献率最高，达到 25. 7%，社会发展维度贡献率最低，为 14. 6%。

表 4　2018 年各省（区、市）农村发展指数及分维度贡献率

单位:%

地区	2018 年发展指数	2017—2018 年的变化	分维度贡献率				
			经济发展	社会发展	生活水平	生态环境	城乡融合
全国	0. 739	0. 040	17. 4	17. 2	21. 0	21. 7	22. 7
甘肃	0. 633	0. 093	9. 8	27. 6	21. 5	19. 9	21. 3
新疆	0. 633	0. 082	16. 3	20. 9	20. 9	17. 0	25. 0
福建	0. 833	0. 080	19. 9	17. 5	20. 9	16. 4	25. 2
北京	1. 003	0. 077	21. 1	25. 9	22. 5	11. 5	19. 0
安徽	0. 775	0. 072	17. 4	16. 5	21. 7	18. 0	26. 5
广东	0. 842	0. 072	19. 0	19. 2	20. 5	19. 4	21. 9
湖北	0. 807	0. 067	15. 4	16. 9	23. 8	19. 3	24. 7
广西	0. 690	0. 064	14. 6	15. 4	19. 9	27. 3	22. 8
贵州	0. 632	0. 058	15. 2	17. 2	22. 7	23. 8	21. 1
浙江	1. 072	0. 050	22. 2	19. 4	20. 7	16. 7	21. 0
江西	0. 763	0. 048	17. 9	18. 7	18. 1	22. 5	22. 8

续表

地区	2018 年发展指数	2017—2018 年的变化	分维度贡献率				
			经济发展	社会发展	生活水平	生态环境	城乡融合
海南	0.755	0.045	16.1	19.9	20.6	18.7	24.7
重庆	0.729	0.044	15.1	15.9	20.4	23.2	25.5
四川	0.756	0.042	14.5	14.9	24.9	22.4	23.3
河北	0.752	0.042	20.2	14.7	21.9	20.0	23.3
陕西	0.633	0.040	16.0	21.7	26.0	12.9	23.5
江苏	0.960	0.039	20.0	16.7	22.7	18.3	22.3
云南	0.602	0.039	13.9	18.4	23.3	23.6	20.8
黑龙江	0.657	0.036	13.7	17.6	25.1	15.4	28.2
山东	0.829	0.036	18.3	15.3	22.7	22.4	21.3
内蒙古	0.695	0.032	12.2	20.4	24.1	17.7	25.5
湖南	0.764	0.030	19.5	16.8	22.6	17.8	23.4
宁夏	0.671	0.030	14.0	17.9	25.0	20.1	23.1
山西	0.679	0.027	15.6	18.3	21.6	19.6	24.8
吉林	0.661	0.024	13.9	18.3	22.8	17.3	27.6
青海	0.577	0.021	15.2	20.9	21.4	17.8	24.7
辽宁	0.690	0.020	16.6	17.4	21.8	20.7	23.5
上海	1.116	0.018	22.4	26.6	17.9	16.4	16.7
天津	0.971	0.011	20.0	17.8	20.1	19.4	22.8
河南	0.688	0.006	19.5	14.6	23.5	16.7	25.7

注：表中地区按 2017—2018 年农村发展指数变化从大到小排序。

2. 农村发展水平地区间差距趋于缩小

在省级层面，农村发展水平最高的 5 个省（市）的总指数大幅高于其他地区，并且相互之间差距也较大，其他省（区、市）的农村发展总指数非常接近（见图 4）。与 2017 年各地区农村发展水平“两端分化、中间趋同”的分布特征相比，2018 年农村发展指数排名靠后的地区与排名中间的地区农村发展水平差异趋于缩小。2018 年，农村发展水平最高的 5 个地区农村发展

指数的平均值为1.024，农村发展水平最低的5个地区农村发展指数的平均值为0.615，两者之比为1.665，比2017年低0.102；全国所有地区农村发展指数的变异系数为0.180，比2017年低0.014。2011—2018年，农村发展水平最高和最低的5个地区农村发展指数平均值之比持续下降且农村发展指数的变异系数也持续下降，表明近年来中国地区间农村发展水平差距呈缩小趋势（见图5）。

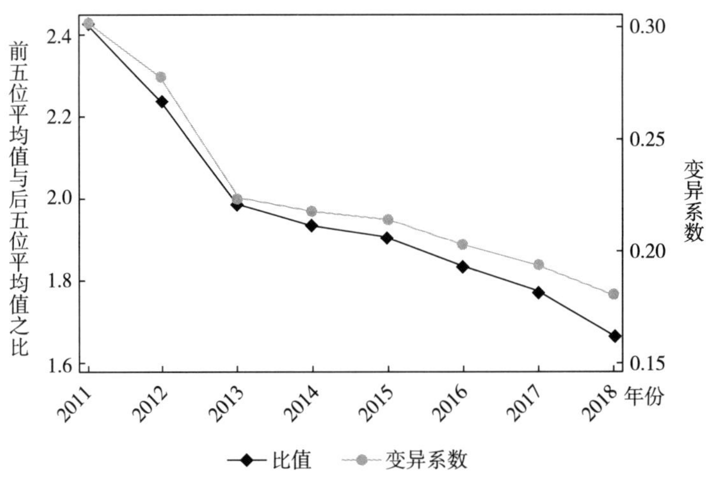

图5　2011—2018年最高五位与最低五位指数平均值比值及变异系数

3. 经济发展维度地区差距最大，生态环境维度地区差距有所提高

在不同维度的地区差异方面，2018年经济发展维度的地区差距最大，维度分指数的变异系数达到0.358，其次是社会发展维度（0.308）、生态环境维度（0.201）和生活水平维度（0.161），城乡融合维度的地区差距最小，维度分指数的变异系

数为 0.143（见图 6）。与 2017 年相比，除了生态环境维度，2018 年其他维度分指数的变异系数均有所下降。从 2011—2018 年的变化情况来看，生活水平和城乡融合维度分指数的变异系数下降明显，其他维度变化不大且经济发展和社会发展维度分指数的变异系数一直处于高位。综合来看，2011—2018 年中国农村发展水平地区间差异缩小的主要贡献来自生活消费水平、生活设施条件、城乡融合方面发展差距的缩小，而进一步缩小地区间农村发展水平差距应重点缩小各地区在经济发展和社会发展方面的差距，同时要采取措施预防生态环境维度地区间差距的继续扩大。

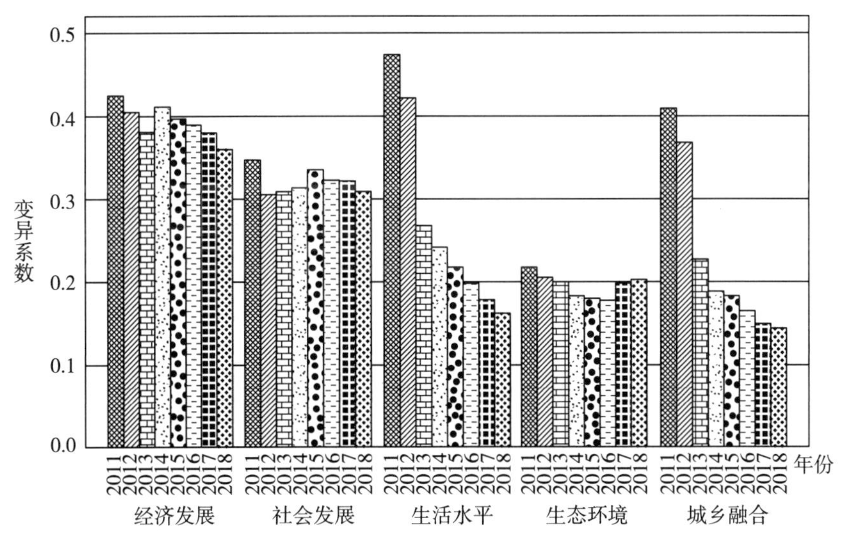

图 6　2011—2018 年分维度地区差距及变化

4. 维度间发展失衡问题在西部与东北地区省份更突出，但普遍趋于缓解

从各地区不同维度分指数的比较情况来看，2018 年，各地区发展水平最高的维度集中在城乡融合，发展水平最低的维度集中在经济发展和社会发展（见表5）。从各地区发展水平最高的维度来看，广西、云南、贵州3个地区为生态环境维度，四川、宁夏、山东、江苏、陕西5个地区为生活水平维度，甘肃、上海、北京3个地区为社会发展维度，浙江为经济发展维度，其他18个地区为城乡融合维度；从各地区发展水平最低的维度看，山东、江苏、湖南、天津、安徽、河南、河北7个地区为社会发展维度，浙江、上海、北京、陕西、福建5个地区为生态环境维度，其他18个地区为经济发展维度。

表5　2018年发展水平最高与最低维度的地区构成

<table>
<tr><td colspan="2" rowspan="2"></td><td colspan="5">发展水平最高的维度</td></tr>
<tr><td>经济发展</td><td>社会发展</td><td>生活水平</td><td>生态环境</td><td>城乡融合</td></tr>
<tr><td rowspan="3">发展水平最低的维度</td><td>经济发展</td><td></td><td>甘肃</td><td>四川、宁夏</td><td>广西、云南、贵州</td><td>广东、新疆、重庆、湖北、内蒙古、吉林、海南、山西、青海、黑龙江、辽宁</td></tr>
<tr><td>社会发展</td><td></td><td></td><td>山东、江苏</td><td></td><td>湖南、天津、安徽、河南、河北</td></tr>
<tr><td>生态环境</td><td>浙江</td><td>上海、北京</td><td>陕西</td><td></td><td>福建</td></tr>
</table>

从各地区5个维度分指数的最高值与最低值的比值来看，维度间发展水平失衡最严重的地区主要在东北与西部地区，最协调的地区则主要在东部地区（见图7）。2018年，5个维度发展水平失衡最严重的地区是甘肃，维度分指数的最高值与最低值的比

值为 2.82，其次是北京（2.26）、内蒙古（2.10）、黑龙江（2.05）和陕西（2.02）；5 个维度发展最协调的地区是广东，维度分指数的最高值与最低值的比值为 1.15，其次是江西（1.27）、天津（1.28）、浙江（1.33）、江苏（1.36）。与 2017 年相比，2018 年大多数地区 5 个维度的发展更加协调，20 个地区 5 个维度分指数的最高值与最低值的比值出现下降，降幅较大的地区主要有广西、吉林、黑龙江和江西等。

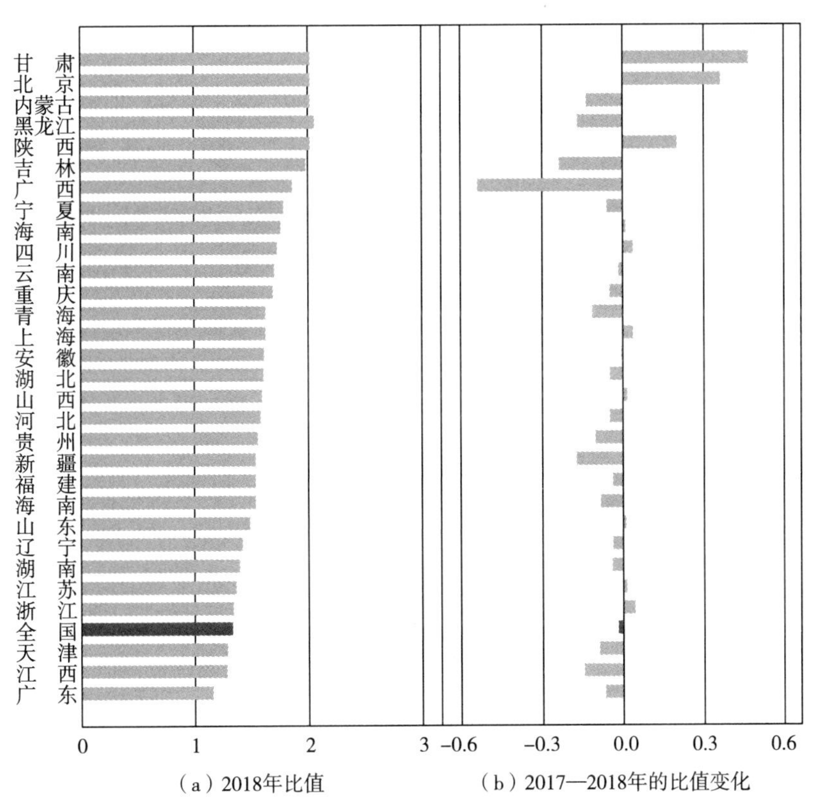

图 7　不同维度均衡发展状况的地区差异及变化

四　总结与思考

基于中国农村发展指数，本报告对2011—2018年全国、区域（四大地区）和省级层面的农村发展水平进行了测算与地区间的比较研究，并重点分析了与2017年相比的突出变化。测评结果显示：①农村发展水平在全国、区域和省级三个层面继续稳步提高，农村发展的主要贡献来自社会发展和生活水平的提升；②不同区域之间农村发展水平存在一定差距，东部地区明显领先，西部与东北地区的差距继续缩小；③生态环境和城乡融合分别是中部和东北地区农村发展水平进一步提高的制约因素；④维度间发展失衡问题在西部和东北地区更为突出，但各地区的维度间发展失衡问题持续改善；⑤农村发展水平在省份之间的差异逐渐缩小，但是经济发展维度的省份间差异较高，生态环境维度的省份间差距有所提高。

基于农村发展指数的研究结论及其反映出农村发展存在的问题，完成2020年全面建成小康社会和打赢脱贫攻坚战的两大目标任务，并在“后小康”时代促进乡村振兴，需要在深化改革和推动农村发展中注意几个方面：第一，要继续深化对农村综合发展内涵的认识，从经济、社会、生活、生态、城乡融合等不同维度出发促进农村各领域全面发展。第二，要关注城乡融合水平提升速度放缓的趋势。一方面是因为城乡融合各项改革的推动下已达到较高水平，另一方面反映城乡融合水平进一步提升的难度在加大。从指标体系的数据看，进一步消除城乡收入差距以及城乡居民在生活消费与文化娱乐活动等方面的差距是未来提升城乡融合水平的重点。第三，继续改善农村发展水平在维度间和地区间的不均衡现象，着力缩小西部和东北地区在农民收入、农业现代化水平及教育、医疗、社会保障等公共服务领域与东部和中部地区的差距。第四，要预防环境维度地区差距的继续扩大，为此，要进一步改善中西部地区生产、生活环境，着重加强生活垃圾与污水的处理、加快卫生厕所改造、加快生态环境脆弱地区的生产方式转变等。第五，巩固脱贫攻坚战略在促进农村发展中的成果，不仅要保持政策稳定和可持续，还要密切关注和积极应对农村新的致贫因素。

参考文献

1. 刘长全、韩磊：《中国农村发展指数测评——中国农村发展进程及地区比较》，载魏后凯等主编《中国农村发展报告——聚焦农村全面建成小康社会》，中国社会科学出版社 2016 年版。
2. 樊纲、王小鲁：《中国各地区市场化相对进程报告》，《经济研究》2003 年第 3 期。
3. 韩磊、刘长全：《2018 年中国农村发展指数测评——中国农村发展进程及地区比较》，载魏后凯等主编《中国农村发展报告——新时代乡村全面振兴之路》，中国社会科学出版社 2018 年版。

“十四五”时期农民增收潜力与实现路径

杨 穗*

摘 要：乡村振兴，生活富裕是根本，而农民增收则是生活富裕的关键。随着我国经济步入新常态，农民增收面临的压力相当大。适应新的形势促进农民收入持续增长，是新时代农业农村工作面临的基本问题。“十四五”时期要坚持新发展理念，以实施乡村振兴战略为契机，深化农业供给侧结构性改革，加快城乡融合发展，打造富民产业促进转移就业，推进农村产权制度改革，建立系统完善的强农惠农富农政策体系，着力构建农民持续稳定增收的长效机制，进一步拓宽农民增收渠道，让亿万农民走上共同富裕的道路。

关键词：农民增收 转移就业 三产融合 产权改革 惠农补贴

* 杨穗，经济学博士，中国社会科学院农村发展研究所副研究员，主要研究方向为收入分配、贫困、劳动力流动和社会保障。

The Potential and Realization of Increasing Farmers' Income during the 14th Five – year Plan Period

Yang Sui

Abstract: Rural revitalization is based on life prosperity, in which the rise of farmer's income plays a crucial role. As China's economy entering new normal, it is essential to think about how to adapt to the new situation and promote the continuous growth of farmers' income in the context of agricultural and rural work in the new era. During the 14th Five – Year Plan period, we must adhere to the new development concept, implement rural revitalization strategy, deepen agricultural structural reform on the supply side, accelerate the integration of urban and rural development, create a pro – farmer industry and promote the transfer of employment, drive rural property rights system reform, and establish a policy system which empowers, enriches and benefits the farmers. It is required to build a long – term mechanism for continually and steadily increasing farmers' income to ensure that hundreds of millions of farmers are on the road to common prosperity.

Key Words: Increasing Farmers' Income　Shifting Employment　Integrating the Three Industries　Reforming Property Rights　Benefiting Farmers

农民收入问题，始终是“三农”工作的核心。实施乡村振兴战略，是党的十九大做出的重大决策部署，是新时代做好“三农”工作的总抓手。以习近平同志为核心的党中央高度重视农民增收问题，坚持以人民为中心，出台实施了一系列惠农政策措施，农村居民收入持续快速增长，城乡居民收入差距不断缩小，为全面建成小康社会奠定了坚实的基础。2020 年中央一号文件，对如何确保实现农民增收作了明确阐述，包括发展富民乡村产业、稳住农民工就业、保持强农惠农富农政策的连续性等，反映了在当前宏观经济下行压力加大的背景下，中央千方百计着力于多渠道实现农民增收的决心。“十四五”时期，要坚持新发展理念，坚持农业农村优先发展的方针，在充分发挥市场机制作用的同时深化改革，确保农民增收渠道进一步拓宽，乡村振兴战略扎实推进，让亿万农民走上共同富裕的道路。

一　农村居民收入的增长趋势

2010 年以来，我国农民收入持续较快增长，扭转了城乡居民收入差距扩大的态势。党的十八大报告明确提出要着力促进农民增收，保持农民收入持续较快增长。党的十九大报告提出，实施乡村振兴战略，要促进农村第一、第二、第三产业融合发展，支持和鼓励农民就业创业，拓宽增收渠道。在"十三五"期间，随着精准脱贫攻坚战的全面打响以及农业供给侧结构性改革和乡村振兴战略的推进，农民收入水平持续提高，城乡差距日益缩小，为全面建成小康社会奠定了坚实的基础。

（一）农村居民可支配收入的增幅高于城镇

党的十八大以来，中国农村居民收入水平持续提高。农村居民人均可支配收入从 2013 年的 9243 元提高到 2019 年的 16021 元，增长了 70%，如表 1 所示。尽管农村居民的收入水平仍然显著低于城镇居民，但是收入增幅快于城镇居民的收入增幅，2013—2019 年，农村居民收入的年均实际增长率为 7.5%，高于城镇居民收入的年均实际增长率（6.2%），也高于全国居民收入的年均实际增长率（7.1%）。城乡收入差距不断缩小，城乡居民可支配收入比从 2013 年的 2.81 下降到 2019 年的 2.64。

表 1　　城乡居民收入增长情况

单位：元、%

年份	居民人均可支配收入			名义增幅			实际增幅			城乡居民可支配收入比
	农村	城镇	全国	农村	城镇	全国	农村	城镇	全国	
2013	9423	26467	18310	12.4	9.7	10.9	9.3	7.0	8.1	2.81
2014	10489	28844	20167	11.3	9.0	10.1	9.2	6.8	8.0	2.75
2015	11422	31195	21966	9.0	8.2	8.9	7.5	6.6	7.4	2.73
2016	12363	33616	23821	8.2	7.8	8.4	6.2	5.6	6.3	2.72
2017	13432	36396	25974	8.6	8.3	9.0	7.3	6.5	7.3	2.71
2018	14617	39251	28228	8.8	7.8	8.7	6.6	5.6	6.5	2.69
2019	16021	42359	30733	9.6	7.9	8.9	6.2	5.0	5.8	2.64
2013—2019	—	—	—	9.7	8.4	9.3	7.5	6.2	7.1	

资料来源：笔者根据国家统计局相关数据整理计算得到。

（二）低收入户的收入增幅明显提高

按五等份分组来看，如表2所示，2013—2019年，处于收入分布最底层20%的低收入户的人均可支配收入从2878元提高到4263元，年均增幅为7.0%。低收入户的收入在2014年和2016年均出现了负增长的现象，2017年以来开始大幅上升，2018年和2019年的收入增速均高于其他收入组，分别达到11.0%和16.3%。中间偏下户和中间收入户的收入增幅经历持续下降后，2019年有了明显回升。中间偏下户的收入名义增速从2014年的10.7%下降到2018年的1.9%，2019年跃升至14.6%。中间收入户的名义增速则从2014年的12.6%下降至2018年的4.6%，2019年回升至11.6%。总体上中间偏上户和高收入户一直保持较高的收入增长速度，年均增幅分别为8.9%和9.2%。

表2　全国农村居民按收入五等份分组的人均可支配收入

年份	2013	2014	2015	2016	2017	2018	2019	年均
人均可支配收入	9423	10489	11422	12363	13432	14617	16021	—
低收入户（20%）	2878	2768	3086	3006	3302	3666	4263	—
中间偏下户（20%）	5966	6604	7221	7828	8349	8508	9754	—
中间收入户（20%）	8438	9504	10311	11159	11978	12530	13984	—
中间偏上户（20%）	11816	13449	14537	15727	16944	18051	19732	—
高收入户（20%）	21324	23947	26014	28448	31299	34043	36049	—
名义增速（%）	—	11.3	9.0	8.2	8.6	8.8	9.6	9.3
低收入户（20%）	—	-3.8	11.5	-2.6	9.8	11.0	16.3	7.0
中间偏下户（20%）	—	10.7	9.3	8.4	6.7	1.9	14.6	8.6
中间收入户（20%）	—	12.6	8.5	8.2	7.3	4.6	11.6	8.8
中间偏上户（20%）	—	13.8	8.1	8.2	7.7	6.5	9.3	8.9
高收入户（20%）	—	12.3	8.6	9.4	10.0	8.8	5.9	9.2

续表

年份	2013	2014	2015	2016	2017	2018	2019	年均
收入差距	—	—	—	—	—	—	—	—
高收入户/低收入户	7.41	8.65	8.43	9.46	9.48	9.29	8.46	—
高收入户/中间收入户	2.53	2.52	2.52	2.55	2.61	2.72	2.58	—

资料来源：笔者根据国家统计局相关数据整理计算得到。

2013—2017 年，高收入户与低收入户之间的收入差距持续扩大，收入比从7.41 提高到9.48。自2018 年以来，得益于低收入户收入增速的大幅提高，高收入户与低收入户之间的收入比略微下降至9.29，2019 年进一步下降至8.46。2013—2018 年，由于中间收入户收入增速的不断放缓，高收入与中间收入户的收入差距持续扩大，收入之比从 2013 年的 2.53 提高到 2018 年的 2.72，2019 年这一趋势出现扭转，收入比下降至2.58。整体上，农村居民内部收入差距有所缓和。

（三）中西部地区的收入增幅高于全国农村平均水平

农村居民的收入水平及增长表现出明显的地区差距。从收入水平来看，如表3 所示，东部地区农村居民的收入水平最高，其次是东北地区和中部地区，西部地区最低。从收入的名义增速来看，2014—2019 年西部地区农村居民收入的年均增幅最高，为9.8%；其次是中部地区的 9.3%；而东北地区农村居民收入的年均增幅最低，为7.9%，明显低于全国农村平均水平。

从收入差距来看，东部和中部地区农村居民之间的收入差距较为稳定，没有缩小的态势，2014 年以来收入之比一直保持为1.31；东部和西部农村居民之间的收入差距在不断缩小，收入比从 2013 年的 1.59 下降到 2019 年的 1.53；而东部与东北地区农村居民的收入差距仍然在扩大，收入比从 2013 年的 1. 21 扩大到 2019 年的 1. 30。整体上，2018 年以来农村收入地区差距扩大的趋势有所缓和。

表 3　　全国农村居民按地区分组的人均可支配收入

单位：元、%

年份	2013	2014	2015	2016	2017	2018	2019	年均
人均可支配收入	9423	10489	11422	12363	13432	14617	16021	—
东部地区	11857	13145	14297	15498	16822	18286	19989	—
中部地区	8983	10011	10919	11794	12806	13954	15290	—
西部地区	7437	8295	9093	9918	10829	11831	13035	—
东北地区	9761	10802	11490	12275	13116	14080	15357	—
名义增速	—	11. 3	9. 0	8. 2	8. 6	8. 8	9. 6	9. 3
东部地区	—	10. 9	8. 8	8. 4	8. 5	8. 7	9. 3	9. 1
中部地区	—	11. 4	9. 1	8. 0	8. 6	9. 0	9. 6	9. 3
西部地区	—	11. 5	9. 6	9. 1	9. 2	9. 3	10. 2	9. 8
东北地区	—	10. 7	6. 4	6. 8	6. 9	7. 4	9. 1	7. 9
收入差距	—	—	—	—	—	—	—	—
东部/中部	1. 32	1. 31	1. 31	1. 31	1. 31	1. 31	1. 31	—
东部/西部	1. 59	1. 58	1. 57	1. 56	1. 55	1. 55	1. 53	—
东部/东北部	1. 21	1. 22	1. 24	1. 26	1. 28	1. 30	1. 30	—

资料来源：笔者根据国家统计局相关数据整理计算得到。

（四）贫困地区和贫困人口增收效果显著

脱贫攻坚取得决定性成就，农村贫困人口从 2012 年年末的 9899 万人减少至 2019 年年末的 551 万人，贫困发生率从 10. 2% 下降到 0. 6%，年均减贫超过 1000 万人。贫困地区农村居民的人均可支配收入从 2013 年的 6079 元提高到 2019 年的 11567 元，年均名义增速达到 12. 0%，高于全国农村居民人均可支配收入年均名义增幅（9. 7%）2. 3 个百分点；年均实际增速为 9. 7%，高于全国农村居民收入实际增速（7. 5%）2. 2 个百分点，如表

4 所示。贫困地区农村居民的收入相比于全国农村居民收入的差距在不断缩小，2019 年贫困地区农村居民收入是全国农村平均水平的 72.2%，比 2013 年的 64.5% 提高 7.7 个百分点。与此同时，全国建档立卡贫困户人均纯收入由 2015 年的 3416 元增加到 2019 年的 9808 元，年均增幅 30.2%。[①]

表 4　　贫困地区农村居民的人均可支配收入

单位：元、%

年份	人均可支配收入	名义增速	实际增速	占全国农村居民收入比例
2013	6079	16.6	13.4	64.5
2014	6852	12.7	10.7	65.3
2015	7653	11.7	10.3	67.0
2016	8452	10.4	8.4	68.4
2017	9377	10.5	9.1	69.8
2018	10371	10.6	8.3	71.0
2019	11567	11.5	8.0	72.2
年均	—	12.0	9.7	—

资料来源：笔者根据国家统计局相关数据整理计算得到。

（五）农民工月均收入稳定增长

农民工月均收入稳定增长，如图 1 所示，从 2014 年的 2864 元稳步增长到 2019 年的 3962 元，2019 年的增长率为 6.5%。农民工就业较为集中的六大行业月均收入均稳定增长，如图 2 所示。从事交通运输、仓储和邮政业的农民工月收入水平最高，从 2013 年的 3133 元增长到 2019 年的 4667 元；其次是建筑业，从 2965 元增长到 4567 元；从事制造业农民工月均收入从 2537 元提高到 3958 元；从事批发零售业农民工月均收入从 2432 元提高

① 国务院扶贫办：《习近平：在决战决胜脱贫攻坚座谈会上的讲话》，http：//www.cpad.gov.cn/art/2020/3/6/art_624_114021.html。

到3472元；从事住宿和餐饮业农民工月均收入从2366元提高到3289元；从事居民服务、修理和其他服务业农民工月均收入从2297元提高到3337元。

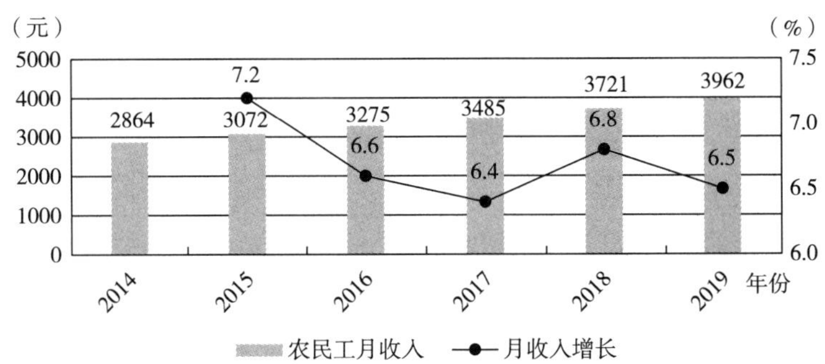

图1　农民工月均收入增长

资料来源：国家统计局。

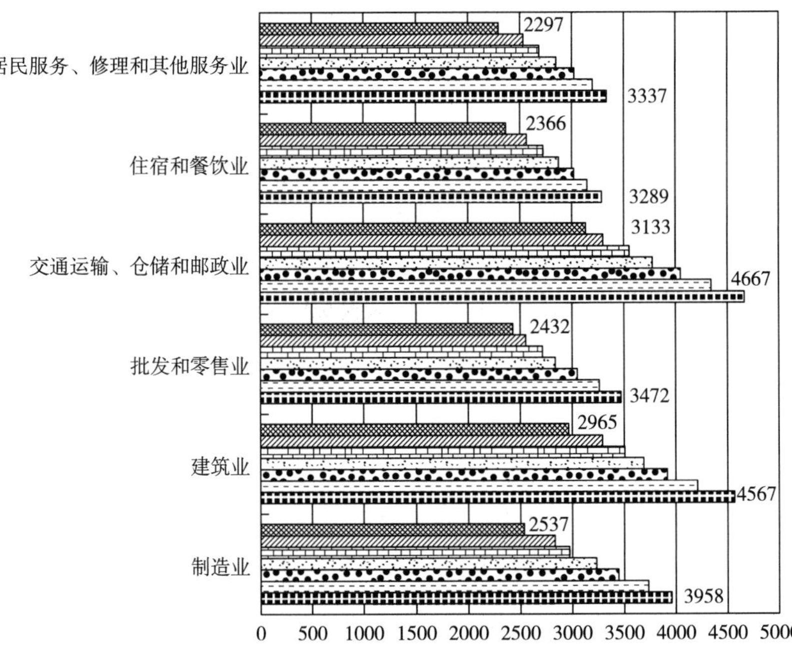

图2　不同行业农民工月均收入增长

资料来源：国家统计局。

二　农民增收潜力和重点领域

随着我国经济步入新常态，农民持续快速增收面临的压力越来越大。但在经济结构、社会结构和城乡结构转型的过程中，也出现了农民增收的新增长点。适应新的形势促进农民收入持续增长，是新时代农业农村工作面临的基本问题，可以重点从以下几个方面需求突破。

（一）稳住工资性收入增长势头

随着农村剩余劳动力的逐步转移，全国农村居民的收入构成发生了明显变化，如表 5 所示。工资性收入的占比稳步提高，从 2013 年的 38.7% 上升到 2015 年的 40.3%，超过经营净收入的比重，成为农民增收的主要来源。2019 年，其比重为 41.1%。工资性收入的名义增速从 2013 年的 13.7% 下降到 2018 年的 9.1%，2019 年回升至 9.8%。2014—2019 年，工资性收入的增收贡献率均超过 40%，平均为 44.7%，远高于经营净收入、财产净收入和转移净收入的贡献率。但其增收贡献率从 2015 年最高的 48.0% 下降至 2019 年的 41.8%。因此，要稳住工资性收入的增长势头。

1. 通过推动就近转移就业确保工资性收入增长

工资性收入的增收关键要看农民务工收入能否实现稳定增长，2020 年中央一号文件提出要稳住农民工就业。农民工总量从

表 5　全国农村居民人均可支配收入构成及其增长率和增收贡献率

单位：%

年份	2013	2014	2015	2016	2017	2018	2019	年均
可支配收入构成	100. 0	100. 0	100. 0	100. 0	100. 0	100. 0	100. 0	—
工资性收入	38. 7	39. 6	40. 3	40. 6	40. 9	41. 0	41. 1	—
经营净收入	41. 7	40. 4	39. 4	38. 3	37. 4	36. 7	36. 0	—
财产净收入	2. 1	2. 1	2. 2	2. 2	2. 3	2. 3	2. 4	—
转移净收入	17. 5	17. 9	18. 1	18. 8	19. 4	20. 0	20. 6	—
分项收入名义增长率		—	—	—	—	—	—	—
工资性收入	—	13. 7	10. 8	9. 2	9. 5	9. 1	9. 8	10. 3
经营净收入	—	7. 7	6. 3	5. 3	6. 0	6. 6	7. 5	6. 6
财产净收入	—	14. 1	13. 3	8. 2	11. 4	12. 9	10. 3	11. 7
转移净收入	—	13. 9	10. 1	12. 7	11. 8	12. 2	12. 9	12. 3
增收贡献率	—	—	—	—	—	—	—	—
工资性收入	—	47. 2	48. 0	44. 8	44. 6	42. 0	41. 8	44. 7
经营净收入	—	28. 6	28. 5	25. 2	26. 8	27. 9	28. 7	27. 6
财产净收入	—	2. 6	3. 2	2. 2	2. 9	3. 3	2. 5	2. 8
转移净收入	—	21. 7	20. 3	27. 8	25. 7	26. 8	26. 9	24. 9

注：由于四舍五入的原因，数据之和有可能不完全等于 100%，下同。

资料来源：笔者根据国家统计局相关数据整理计算得到。

2008 年的 22542 万人逐步增加到 2019 年的 29077 万人，但总量增长率从 2010 年的 5. 4% 下降到 2019 年的 0. 8%，如图 3 所示。其中，到乡外就业的外出农民工数量从 2008 年的 14041 万人增长到 2019 年的 17425 万人，增速总体从 2010 年最高的 5. 5% 下降到 2016 年最低的 0. 3%，2019 年增长 0. 9%；在乡内就地就近就业的本地农民工从 2008 年的 8501 万人增长到 2019 年的 11652 万人，其增速从 2011 年最高的 5. 9% 下降到 2019 年的 0. 7%。2011—2018 年，本地农民工的增长速度高于外出农民工，2019

年外出农民工的增速比本地高出 0.2 个百分点。

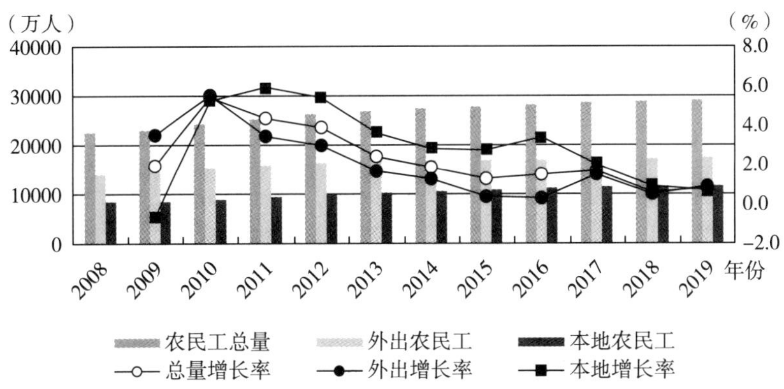

图 3 农民工总量及增速变化

资料来源：国家统计局。

近年来，农民工就近就业的比重逐渐提高。一方面，在乡内就地就近就业的本地农民工的占比从 2008 年的 37.7% 提高到 2019 年的 40.1%，如图 4 所示。另一方面，如图 5 所示，外出农民工中，省内流动的比重从 2008 年的 46.7% 提高到 2019 年的 56.9%，农民工外出就业的半径不断缩小。分地区来看，中西部地区农民工省内就业的比重增幅相当明显，中部地区从 29.0% 提高到 40.8%，西部地区从 37.0% 提高到 51.6%；东部地区农民外出务工省内就业比重增幅较小，从 79.7% 提高到 82.9%；东北地区农民工省内就业的比重从 2016 年的 77.1% 下降到 2019 年的 70.0%。随着区域统筹发展的推进，中西部地区的经济发展活力逐渐增强，就业机会明显增加，中西部地区农民外出务工就业能更多地在省内解决，与原来主要靠到东部地区打工增收已经有了根本性的地区结构调整。

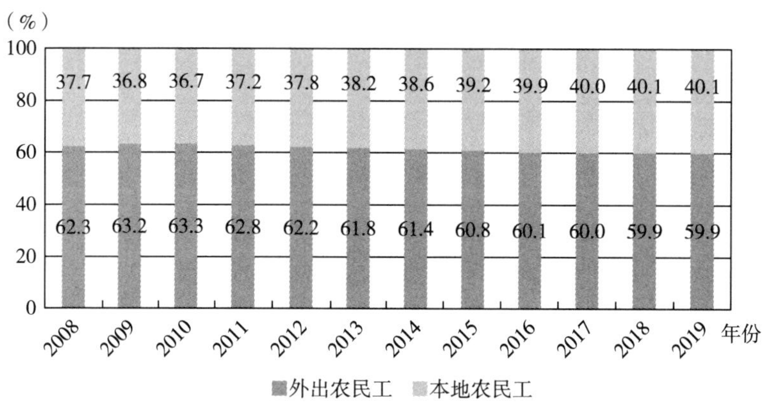

图 4　2008—2019 年外出农民工和本地农民工的变化

资料来源：国家统计局。

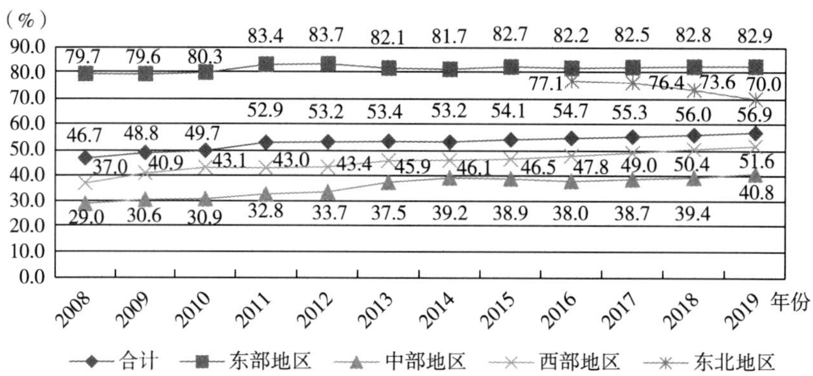

图 5　2008—2019 年外出农民工省内流动的比重变化

资料来源：国家统计局。

2. 通过加大就业扶持实现工资性收入增长

随着工资性收入成为农民增收的首要来源，加大就业扶持应成为促进农民增收的重中之重。如在贫困地区，如表 6 所示，农村居民工资性收入的比重从 2015 年的 33.4% 提高到 2019 年的

35.3%，年均名义增长率为12.5%，高于全国农村居民工资性收入增速。增收贡献率年均为39.1%，是贫困地区农民收入增长的重要来源。

表6　　贫困地区人均可支配收入构成及其增长率和增收贡献率

单位:%

年份	2015	2016	2017	2018	2019	年均
可支配收入构成	100.0	100.0	100.0	100.0	100.0	—
工资性收入	33.4	34.1	34.2	35.0	35.3	—
经营净收入	42.9	40.7	39.7	37.5	36.0	—
财产净收入	1.2	1.3	1.3	1.3	1.4	—
转移净收入	22.5	23.9	24.8	26.2	27.3	—
分项收入名义增长率	—	—	—	—	—	—
工资性收入	—	12.7	11.8	13.0	12.5	12.5
经营净收入	—	4.9	6.9	4.4	7.1	5.8
财产净收入	—	14.3	11.9	14.8	16.5	14.4
转移净收入	—	17.4	14.8	17.0	16.3	16.4
增收贡献率	—	—	—	—	—	—
工资性收入	—	40.6	35.7	42.0	38.0	39.1
经营净收入	—	20.2	30.3	16.6	23.0	22.5
财产净收入	—	1.8	1.3	1.8	1.8	1.7
转移净收入	—	37.4	32.9	39.6	37.1	36.8

资料来源：笔者根据国家统计局相关数据整理计算得到。

脱贫攻坚以来，就业扶贫工作取得积极成效，累计帮扶建档立卡贫困劳动力就业1213万人。[①] 一方面，贫困地区通过依托东西扶贫协作、对口支援、省内结对帮扶等机制，为贫困劳动力和用人单位搭建对接平台，引导贫困劳动力参与劳务协作实现转移

① 人力资源与社会保障部：《2019年四季度新闻发布会答问实录》，http：//www.mohrss.gov.cn/gkml/zfxxgk/xwfbh/lxwfbh/202001/t20200122_357122.html。

就业。据统计，2018 年，输出地为贫困劳动力推荐针对性岗位 721.6 万人次，培育劳务品牌 1263 个，建立驻外工作站 1088 个，实现贫困劳动力有组织转移 177.6 万人（包括省内转移和省外输出）；输入地为贫困劳动力推荐针对性岗位 327 万人次，提供劳务对接 5802 次，共吸纳 111 万贫困劳动力在本地就业。[①] 另一方面，公益岗位围绕精准扶贫和提升贫困村公共服务水平的双重目标，因地因人设岗，包括护边护林、道路维护等，拓宽了贫困劳动力就地就近就业的渠道，发挥了重要的就业托底保障作用，有效地解决了贫困户的增收难题。

因此，要大力促进转移就业维持农民工资性收入增长势头，高度重视农民工稳定就业和收入提高。积极开发就业岗位，加强职业技能培训，加大农民工稳岗支持力度，防止拖欠农民工工资，并为返乡就业创业农民工做好服务保障。

（二）激发经营净收入增长力度

经营净收入长期以来是农民收入的重要组成部分，但近年来随着农民收入来源的多样化，经营净收入占农村家庭可支配收入的比重从 2013 年的 41.7% 下降到 2019 年的 36.0%（见表 5）。经营净收入的名义增长率在经历 2014—2016 年的放缓之后有所回升，2019 年经营净收入的名义增幅已从 2016 年的 5.3% 提高到 7.5%。经营净收入的增收贡献率从 2014 年的 28.6% 下降至 2016 年的 25.2% 后开始提高，2019 年回升至 28.7%，年均增收贡献率为 27.6%。虽然经营净收入占比有所下降，但其增收贡

① 资料来源：《全面推进就业扶贫工作 坚决打赢脱贫攻坚战》，http://www.mohrss.gov.cn/SYrlzyhshbzb/dongtaixinwen/buneiyaowen/201907/t20190705_322649.html。

献率开始回升，要进一步激发经营净收入的增长力度。

1. 通过第一产业健康发展促进经营净收入提高

在经营净收入中，来自第一产业收入的占比持续下降，如表7所示，从2013年的72.2%下降到2019年的64.7%，其名义增长率从2014年的5.6%下降到2018年的2.9%，2019年回升至6.9%。第一产业收入占比的下降且主要归功于农业收入占比的下降，农业收入占经营净收入的比重从2013年的54.9%连续下降到2019年的47.6%；但其收入增长率从2014年的6.8%显著下降到2016年1.1%后又回升至2019年的5.1%。林业收入的占比从2014年的4.2%下降至2016年的3.5%后较为稳定，2019的占比为3.4%；其收入增长率有较大波动，2015年和2016年均经历了负增长，2019年的增长率为5.3%。牧业收入的占比有所波动，2019年为11.4%，其名义增长率的波动较为显著，自2016年经历17.4%的增幅后，2018年为负增长，2019年又提高到14.4%。渔业收入的占比较小，其增长率是第一产业收入中最高的，年均增幅15.5%，高于农业、林业和牧业收入的增长率，仅次于第三产业经营净收入的增长率。

要通过第一产业健康发展促进经营净收入的提高。第一，提高农业生产效率来提升农业经营收入。目前我国农业劳动生产率约为世界平均值的47%、高收入国家平均值的2%、美国的1%，农业劳动生产率的低下是导致农民收入偏低和城乡差距显著的重要原因，而农业生产率的长期难以提高，很大程度上在于农业经营规模过小、规模不经济（蓝海涛等，2017）。第二，高度重视粮食生产，保持农业政策稳定。近年来，农民增收难突出表现在粮食主产区农民增收难，农产品市场价格总体低迷，增产不增收，农业生产效益呈现下滑趋势。要继续完善补贴政策，调整完善稻谷、小麦最低收购价政策，推进稻谷、小麦、玉米完全成本保险和收入保险试点工作，以及加强农业技术推广、灾害防治、推广社会化服务模式等。第三，高度重视养殖业发展，2020年中央一号文件专门把“加快恢复生猪生产”作为一个重要主题，全力保证生猪生产稳定和猪肉保供稳价。同时，文件也格外关注奶业、禽类、牛羊等畜禽的生产以及水产绿色健康养殖，力争通过促进养殖业的健康发展来实现农民增收（辛贤，2020）。第四，积极培育新型职业农民。研究表明，新型职业农民培育不仅是优化农业从业者结构，缓解农业劳动力“短缺”问题的有效途径，而且对农民的农业经营收入具有正的影响（陈建伟，2019）。

2. 通过加快三产融合打造富民产业带动经营净收入提高

传统农业经营收入的下降是农民增收面临的重大挑战，但是非农经营收入的地位在不断提高（见表7）。第二产业收入占经营净收入的比重在2013—2017年基本维持在6.1%—6.4%，2019年提高到7.2%；其名义增长率从2014年的2.6%提高到2018年的18.7%，2019年下降到9.1%。第三产业收入占经营净收入的比重持续提高，从2013年的21.4%提高到2019年的28.1%，名义增长率经历2015年的下降后，2016年提高到10.3%，2018年为13.1%，2019年回落至8.6%。随着第一、第二、第三产业融合水平的提高，农村家庭经营性第二、第三产业焕发出新的生机和活力，成为农村经济发展和农民增收的新动能，一部分农户家庭发展乡村旅游、农村电商、光伏产业等新产业、新业态，对农民增收起到了直接的促进作用（陈锡文等，2018）。

表7　　全国农村居民经营净收入构成

单位:%

年份	2013	2014	2015	2016	2017	2018	2019	年均
经营净收入构成	100.0	100.0	100.0	100.0	100.0	100.0	100.0	—
第一产业	72.2	70.8	70.0	69.0	67.4	65.1	64.7	—
农业	54.9	54.4	53.6	51.5	50.2	48.7	47.6	—
林业	4.1	4.2	3.8	3.5	3.5	3.5	3.4	—
牧业	11.7	10.5	10.9	12.1	11.7	10.7	11.4	—
渔业	1.5	1.7	1.8	1.9	2.1	2.2	2.4	—
第二产业	6.4	6.1	6.1	6.1	6.3	7.1	7.2	—
第三产业	21.4	23.1	23.8	25.0	26.2	27.8	28.1	—
名义增长率	—	—	—	—	—	—	—	—
第一产业	—	5.6	5.2	3.7	3.7	2.9	6.9	4.7
农业	—	6.8	4.6	1.1	3.4	3.3	5.1	4.1
林业	—	9.4	-3.8	-2.8	6.4	6.0	5.3	3.4
牧业	—	-3.7	10.3	17.4	2.1	-1.9	14.4	6.4
渔业	—	24.1	15.2	9.8	16.4	14.1	13.3	15.5
第二产业	—	2.6	6.5	4.3	10.8	18.7	9.1	8.7
第三产业	—	16.3	9.6	10.3	11.3	13.1	8.6	11.5

资料来源：国家统计局。

在贫困地区尤为如此。尽管2015年以来，贫困地区农村居民经营净收入的占比持续下降，2019年为36.0%，仅高于工资性收入占比0.7个百分点（见表6），但经营净收入仍然是农民增收的重要来源。从经营净收入的构成来看（见表8），贫困地区农村居民第一产业经营净收入的占比从2016年的78.3%持续下降到2019年的71.7%；其中农业收入占比从56.1%下降到49.1%，年均增幅1.5%；牧业收入的占比有所波动，2019年占比17.1%，年均增幅7.7%。第二、第三产业净收入占比稳步提高，其名义增长率从2016年的13.9%提高到2018年的22.0%，2019年回落至7.6%。脱贫攻坚以来，贫困地区的产业扶贫力度不断加大，特色种养业较快发展，电商扶贫、光伏扶贫、乡村旅游扶贫等模式成效显著。产业扶贫已覆盖92%贫困户；全国共实施了98万多个扶贫产业项目，累计建成各类扶贫产业基地10万个以上；832个贫困县都编制了产业扶贫规划，因地制宜确定了扶贫主导产业，已发展市级以上龙头企业1.4万家、发展农民合作社68.2万家，超过2/3的贫困户实现了新型经营主体带动。①

表8　　贫困地区农村居民经营净收入构成

单位:%

年份	2016	2017	2018	2019	年均
经营净收入构成	—	—	—	—	—
第一产业	78.3	75.9	71.9	71.7	—
农业	56.1	55.4	51.6	49.1	—
牧业	16.6	15.1	14.9	17.1	—
第二、第三产业	21.7	24.1	28.1	28.3	—
名义增长率	—	—	—	—	—
第一产业	2.7	3.2	-1.1	6.9	2.9
农业	2.1	4.6	-2.5	1.8	1.5
牧业	6.9	-2.2	2.8	23.2	7.7
第二、第三产业	13.9	20.4	22.0	7.6	16.0

①　农业农村部：《全国各类扶贫产业基地已超10万个》，http://www.gov.cn/xinwen/2019-10/15/content_5439737.htm。

乡村振兴，产业兴旺是基础，要高度重视富民产业的打造。在当前第一产业增收有限的情况下，促进第二、第三产业发展，通过三产融合，多渠道、多环节带动农民创业有着重要的作用。推动农产品加工业的发展，形成农产品加工产业集群，让农民更多分享产业增值收益。重点培育家庭农场、农民合作社等新型农业经营主体，培育农业产业化联合体，以此持续推动小农户与现代农业的有效衔接，带动农民持续增收致富（辛贤，2020）。

（三）挖掘财产净收入增长潜力

农村家庭财产净收入比重一直较小，只是从 2013 年的 2.1% 提高 2019 年的 2.4%（见表5）。财产净收入的名义增长率有所波动，从 2016 年的 8.2% 提高到 2018 年的 12.9%，2019 年回落至 10.3%。2014 年以来的年均名义增长率为 11.7%，仅次于转移净收入的增长率。2017 年以来财产净收入的增长率高于工资性收入和经营净收入。财产净收入的增收贡献率也有所波动，但一直处于较低水平，2019 年财产净收入的增收贡献率为 2.5%，比 2018 年下降 0.8 个百分点。2014 年以来的平均增收贡献率为 2.8%。

贫困地区农村居民财产净收入的比重从 2015 年的 1.2% 略微提高到 2019 年的 1.4%（见表6）。财产净收入的增长率较高，年均为 14.4%，2019 年为 16.5%，快于全国农村居民财产净收入增速（10.2%）6.3 个百分点。其年均增收贡献率为 1.7%，财产净收入存在较大的挖掘空间。

1. 通过推进土地制度改革激发财产净收入增长

随着农村剩余劳动力的大规模转移和城镇化的推进，农村土地的社会保障功能开始弱化，资产功能逐步增强。但是，目前我国农村宅基地和集体经营性建设用地使用主体和交易存在诸多限制，造成农村建设用地大量空置闲置和隐性流转，影响农民财产性收入增长（蓝海涛等，2017）。随着农村大量劳动力进城务工以及农业企业、农民合作社和种粮大户等新型经营主体的发展，农村土地“三权分置”成为现实所需。

要通过深化农村改革来挖掘提高农民财产性收入的潜力，继续推进2015年开始的农村土地制度改革三项试点工作，包括农村土地征收、集体经营性建设用地入市、宅基地制度改革试点，目前有33个试点县（市、区）。农村土地制度改革三项试点工作取得了显著成效，推动了城乡统一的建设用地市场建设，增强了农村产业发展用地保障能力。农房抵押、有偿退出、流转等制度设计，增加了农民财产性收入。① 2019年农村居民人均转让承包土地经营权净收入和人均出租房屋净收入分别增长12.3%和11.3%。

2. 通过推进农村集体产权制度改革促进财产净收入增长

农村集体产权制度改革对增加农民的财产性收入意义重大。农村集体经济在大多数地区较为薄弱，缺乏优良的经营性资产，没有形成稳定的收入来源，整体上发展不足（孔祥智、高强，2017）。近年来，我国政府出台了一系列改革政策和试点办法，对分类有序推进农村集体产权制度改革做出了明确部署，全面推

① 《国务院关于农村土地征收、集体经营性建设用地入市、宅基地制度改革试点情况的总结报告》，中国人大网，http://www.npc.gov.cn/npc/c12491/201812/3821c5a89c4a4a9d8cd10e8e2653bdde.shtml。

进农村集体经营性资产改革，以实现持续增加农民财产性收入和发展壮大集体经济的双重目标（黄季焜等，2019）。截至 2019 年 4 月，全国已经有超过 15 万个村完成了经营性资产股份合作制改革，确认集体成员 3 亿多人，累计向农民股金分红 3251 亿元。[①] 资产收益扶贫作为精准扶贫政策的一项重大创新，积极推动贫困地区农村资源变资产、资金变股金、农民变股东改革，不仅壮大了贫困村的集体经济，而且有效增加了贫困农户的财产性收入。

（四）拓展转移净收入增长空间

随着农村社会保障体系的完善，农业补贴的提高以及精准脱贫攻坚的强力推进，农村转移净收入的比重不断上升，从 2013 年的 17.5% 提高到 2019 年的 20.6%。转移净收入的增长速度从 2015 年的 10.1% 上升到 2019 年的 12.9%，2014 年以来的年均增速为 12.3%，超过工资性收入、经营净收入和财产净收入，是农村居民收入增长最快的一项收入。其年均增收贡献率为 24.9%（见表 5），已成为农民收入增长的重要来源。

贫困地区农村居民转移净收入的比重从 2015 年的 22.5% 上升到 2019 年的 27.3%，高于全国农村转移净收入的占比。2016 年以来的年均增长率为 16.4%，高于其他三类收入，也高于全国农村居民该项收入增速。其年均增收贡献率为 36.8%（见表 6），仅次于工资性收入的增收贡献。转移净收入在贫困地区农村增收中的重要性尤为突出。

---

① 《中国超 15 万个村已完成集体产权改革　累计分红 3251 亿》，人民网，http://finance.people.com.cn/n1/2019/0424/c1004-31046917.html。

1. 通过完善惠农补贴政策确保转移净收入不减少

随着国家财政对“三农”的投入快速增长，农业补贴的领域大为拓展，补贴手段日趋丰富，包括农民收入补贴、农业生产性补贴、农业生态资源保护补贴、农业生产救灾补助、政策性农业保险费补贴等，而且逐年增加补贴资金规模，补贴政策已经成为我国农业支持保护政策的重要组成部分。各项惠农补贴是农村转移净收入的重要组成部分，2019 年农村居民人均政策性惠农补贴增长 16.5%。要完善农业支持保护制度，不断增强强农惠农富农政策的精准性、稳定性、实效性。

2. 通过完善农村社会保障和基本公共服务促进转移净收入提高

农村社会保障体系的不断完善对促进农民收入增长和提高农民福祉发挥了积极的作用。随着精准扶贫工作的持续推进，各地不断加大社会救助力度，2019 年农村居民人均社会救济和补助收入增长 14.6%。医疗保障体系持续完善，农村居民医保报销比例继续提高，人均报销医疗费收入增长 16.4%。要优先发展农村教育事业，推进健康乡村建设，提高农村民生保障水平，在幼有所育、学有所教、劳有所得、病有所医、老有所养、住有所居、弱有所扶上不断取得新进展。

三　实现农民增收的对策建议

为持续促进农民增收，“十四五”时期应以实施乡村振兴战略为契机，深化农业供给侧结构性改革，加快城乡融合发展，着力构建农民持续稳定增收和相对贫困减少的长效机制，确保亿万农民走上共同富裕的道路。

（一）积极推进新型城镇化，为农民增收创造良好条件

农民工外出就业的地区结构已发生了变化，从跨省流动为主转向省内流动为主，从东部地区吸纳为主转向中西部地区吸纳为主，但农民工就业机会的户籍歧视呈恶化趋势，农民工仍大量滞留于低端就业岗位。这就需要实施新型城镇化战略，让大中小城市和小城镇协调发展，进一步加快户籍制度改革，让具备条件的农业转移人口能够在城镇落户。利用部分地方特色产业发展、大城市中心城区功能疏解的契机，加快发展一批小城市与小城镇成为大中城市发展的基础和辐射带动广大农村的枢纽，并承接农业转移人口落户。对已经转移到非农就业领域的农民，重点在政策上重视农业转移人口的市民化问题，包括完善农民工工资增长保障机制，提高农民工在教育、医疗、住房等公共服务领域的各项社会福利水平，同时加强合同保障来确保农民工家庭在就业地能够享受到均等化的市民待遇。

（二）加强技能培训和就业创业帮扶，提高就业增收能力

新一轮科技革命和产业变革已经对就业产生了重要影响，低技能劳动力的就业空间会越来越窄，因此要加大对农民的人力资本投入，增强农民就业创业能力。一是要提高农民技能培训的针

对性和时效性，开展多层次、多形式的培训，培训内容也要及时适应产业结构转型对较高技能劳动力需求的变化，提高技能培训的精准度，避免出现培训岗位与企业用工需求脱节的情况。二是构建新型职业农民培育机制，培养一批懂科技、会管理的高素质农民，包括农业技能和经营能力的培养，让职业农民获得相应的人力资本回报。扩大农村实用人才带头人示范培养规模，加大对家庭农场经营者、专业大户、农民合作社带头人、农业企业经营管理人员、农业社会化服务人员的培养培训力度，扩大人力资本的溢出效应。扶持适度规模经营主体，加强农户社会化服务。三是加大创业扶持，整合发展返乡创业（产业）园区，聚集生产要素，完善配套设施，降低创业成本。落实完善鼓励创业的用地支持，金融扶持以及税费、租金减免和资金补贴等政策，吸引更多农民工入园创业、集群创业。同时扩大以工代赈规模，让返乡农民工能打工、有收入。

（三）加快发展高质量农业，进一步激发农业增收潜能

通过创新农业发展和经营方式，推动农业由增产导向转向提质导向，着力强化农业经营收入对农民增收的贡献力度。第一，推进农业适度规模经营、提高土地资源配置效率是提高农业劳动生产率、增加农民收入的有效方式。推进农业标准化生产，增加绿色、有机安全和特色农产品供给，用现代科学技术改造农业，用现代管理方法管理农业，用现代服务体系支撑农业。第二，在守住粮食安全底线的基础上，推进以玉米为重点的种植业结构调整、以生猪和草食畜牧业为重点的畜牧业结构调整、以保护资源

和减量增收为重点的渔业结构调整等重点工作。第三，理顺农产品价格的市场形成机制，坚持“市场定价、价补分离”的改革方向不动摇，降低“成本”地板，提升农产品价格“天花板”，拓宽农业经营收益的空间。第四，加强农田水利等基础设施建设，改善农业生产条件，提高农业机械化水平，减少旱涝灾害等风险损失并逐步扩大农业保险的补贴范围和保障水平，最大限度地降低农业经营风险，稳定农业经营收入。

（四）打造富民产业，推动产业就业融合发展促进增收

农村地区在发展产业的过程中，要遵循市场规律，有序引导商品市场与劳动力市场的供需匹配，通过地方产业和就业的深度融合，拓宽本地产业吸纳就业的空间，带动农民收入持续增长。第一，深化农业供给侧结构性改革，立足农村地区资源禀赋、产业基础和市场需求，构建富民产业体系，加快推进农村第一、第二、第三产业融合发展，推进全产业链结构优化。第二，发展多种类型的农村产业融合方式，依托现代农业产业园、农业科技园等，促进农业内容融合、延伸农业产业链，发展农业新型业态，建成一批带动农民增收能力强的特色产业，同时吸引具有竞争力和匹配性强的东部沿海产业转移到中西部区，积极开发乡村旅游和农村电商。第三，培育壮大贫困地区种养大户、农民合作社、龙头企业等新型经营主体，提高组织化程度并完善利益联结方式。以新型经营主体为龙头带动乡村经济多元化发展，推动新产业新业态聚集。第四，完善农村产业融合服务体系，打造农产品销售公共服务平台，建设现代化农产品冷链仓储物流体系，在加

大财政投入力度，加强涉农资金统筹整合的同时，创新支持方式，撬动更多金融和社会资金投向农村产业融合发展。

（五）深化农村产权制度改革，让农民获得更多财产性收入

近几年的“三权分置”“三块地试点”稳定了农民的生产经营预期，转变了资源要素配置扭曲的格局，培育了农村居民增收的新动能。坚持推进农村产权制度改革，完善农村土地“三权分置”办法，优化土地资源配置，充分释放农村土地制度改革的增收红利。第一，进一步维护承包农户的土地承包经营权，实现农村土地承包经营权确权登记颁证全覆盖，清晰界定农民财产产权。第二，提高征地补偿标准，加大农民在土地被征用过程中增值收益的分配比例。推动土地有序流转，使农民更容易通过土地获得收益。第三，规范农民的宅基地和住房财产权，探索建立宅基地有偿使用制度和所有权、资格权、使用权分置的具体实现形式，适度放活宅基地和农民房屋使用权，主要用于支持农村新产业新业态的发展。第四，保护农民集体收益分配权，着力构建归属清晰、产权完整、流转顺畅、保护严格的农村集体产权制度，全面开展农村集体资产清产核资、集体成员身份确认，加快推进集体经营性资产股份合作制改革，对集体资产进行有效的运营和管理，及时兑现集体资产收益，实现家庭收入和集体收入的双增收。

（六）创新强农、惠农、富农政策体系，保障转移性收入不减少

为保障“三农”支持力度的不减，在推动公共财政覆盖农

村的同时，要着力提高财政支出效率，深化财政支农体制改革，优化财政支农结构。鼓励各地打造平台，多层次多形式对不同来源的专项资金进行整合，充分发挥财政资金的杠杆作用，以奖补、贴息、贷款担保等多种形式，撬动信贷资金和社会资本，放大对农业农村的投入效应。坚持把“三农”作为财政优先保障和金融优先服务的领域，资金资源更大程度向“三农”倾斜。优化教育、健康等民生政策，通过衔接乡村振兴战略实施的农村教育事业发展和健康乡村建设，加强政策的普惠性和可持续性，提高政策效率并增进公平。加大城乡教育资源均衡配置力度，继续把教育发展的重点放在农村；加大农村医疗财政投入，完善农村医疗制度，平衡医疗资源的地区差异，让农村居民享受更多的医疗福利；进一步提高农村居民养老保险的参与率和财政补贴标准，提高农村居民养老金收入；建立保障更加充分的社会安全网，加大对农村中低收入家庭的社会救助力度；构建新型农业补贴政策体系并建立农产品价格和生产者收入保险制度、加大农业的财政补贴力度，完善和优化补贴结构。

参考文献

1. 陈建伟：《新型职业农民身份对农业经营收入的影响：基于倾向值匹配方法的分析》，《东岳论丛》2019 年第 11 期。
2. 陈锡文、罗丹、张征著：《中国农村改革 40 年》，人民出版社 2018 年版。
3. 黄季焜、李康立、王晓兵、丁雅文：《农村集体经营性资产产权改革：现状、进程及影响》，《农村经济》2019 年第 12 期。
4. 孔祥智、高强：《改革开放以来我国农村集体经济的变迁与当前亟需解决的问题》，《理论探索》2017 年第 1 期。

5. 蓝海涛、王为农、涂圣伟、张义博、周振：《新常态下突破农民收入中低增长困境的新路径》，《宏观经济研究》2017 年第 11 期。

6. 辛贤：《贯彻落实中央一号文件　确保农民增收势头不减》，《农村工作通讯》2020 年第 4 期。

“十四五”时期农村反贫困的战略思路

檀学文　谭清香*

摘　要：“十四五”时期中国农村反贫困战略以“十三五”时期脱贫攻坚成就以及面临的挑战为基础，并要与2020年后中国新的发展阶段和历史方位相联系。基于现代化进程的两阶段的划分，解决相对贫困也可划分为两个阶段，到2035年解决相对贫困将取得明显进展，到2050年相对贫困基本解决。在这个大的历史方位下，“十四五”时期将是反贫困战略和政策的过渡和转型期，主要承担从消除绝对贫困向减缓相对贫困过渡、从超常规脱贫攻坚向常规性反贫困转型的重要使命。相应地，报告提出的“十四五”时期反贫困对策和政策，包括巩固脱贫成果和绝对贫困兜底、完善包含开发式扶贫理念的乡村振兴及相对贫困地区发展政策、建设综合性社会保护体系、制定多元和多维的相对贫困标准和监测体系、构建相对贫困治理体系。

---

* 檀学文，经济学博士，中国社会科学院农村发展研究所研究员，贫困与福祉研究室主任，主要研究方向为贫困与福祉、城镇化与农民工问题、农业可持续发展等；谭清香，经济学硕士，中国社会科学院农村发展研究所助理研究员，主要研究方向为贫困、反贫困政策、小额信贷等。

关键词:“十四五”时期　反贫困战略　相对贫困　贫困治理　贫困标准

New Strategies of Anti – Poverty during the 14th Five – year Plan Period

Tan Xuewen　Tan Qingxiang

Abstract: The anti – poverty strategies to be made for the 14th Five – Year Period should be based on achievements of the War of Poverty Reduction in the 13th Five – Year Period and existing challenges, and be linked with the new era and historical juncture. Since the post – 2020 modernization process has been classified into two stages, elimination of relative poverty could also follow the two stages: making obvious progress by 2035, and nearly elimination by 2050. Within this macro historical juncture, the 14th Five – Year Period will be a period for transition of anti – poverty strategies and policies, assuring the important mission of transition from battling absolute poverty to reducing relative poverty, and from "extra – regular" to regular poverty governance. Anti – poverty measures and policies during the 14th Five – Year

Period include: policies to consolidate achievements of existing poverty reduction and minimal support for residual poverty; rural revitalization policies and development policies for relatively poor regions incorporating principles development – oriented poverty reduction; building a comprehensive social protection system; making a multiple relative poverty standards and monitoring system; and establishing new governance system for relative poverty.

Key Words: 14th Five – Year Period　Anti – Poverty Strategy　Relative Poverty　Poverty Governance　Multiple Poverty Standards

“十四五”时期是乡村振兴战略的发力期，也是反贫困战略的转型过渡期。随着脱贫攻坚目标的实现，中国的反贫困政策将由超常规扶贫攻坚向常规性相对贫困治理转变，全国“三农”工作重点也将由扶贫攻坚转移到全面实施乡村振兴战略上来。在“十四五”时期，中国的乡村振兴和反贫困应依靠全面深化改革，全力激发农村发展的内生动力，逐步建立农民持续稳定增收和解决相对贫困的长效机制，为 2035 年基本实现农业农村现代化奠定坚实的基础。

一　脱贫攻坚的成就与挑战

中国到 2020 年的减贫目标通常被表述为消除现行标准下的绝对贫困，这是全面建成小康社会必不可少的底线目标和最艰巨的任务。“十三五”期间，中国连续开展为期五年的脱贫攻坚行动。根据截至2019年年底的进展情况，脱贫攻坚战已取得决定性的成就，有望在2020年如期实现全面消除绝对贫困的目标，但后续将面临巩固脱贫成果防止返贫的严峻挑战。

(一) 脱贫攻坚的总体成就

1. 贫困人口较大规模持续减少，贫困县逐步脱贫“摘帽”，现行标准下的绝对贫困基本消除

在中国经济发展进入新常态，经济增长对减贫的自动拉动作用明显下降，剩余贫困人口脱贫难度越来越大的严峻形势下，过去4年全国农村贫困人口减少了5024万人，年均减少1256万人，到2019年年底仅剩余贫困人口551万人（见表1）。相应地，农村贫困发生率，从2015年的5.7%持续稳定降低到2019年的0.6%。

表1　　2016年以来中国农村贫困人口和贫困县脱贫情况

单位：万人、%、个

年份	贫困人口	贫困发生率	当年减少贫困人口	贫困县数	当年摘帽县数
2015	5575	5.7	1442	832	0
2016	4335	4.5	1240	804	28
2017	3046	3.1	1289	679	125
2018	1660	1.7	1386	396	283
2019	551	0.6	1109	52	344

资料来源：《中国农村贫困监测报告（2019）》；媒体报道资料。

与此同时，作为扶贫重点对象的建档立卡贫困人口、贫困村、贫困县，经过合法的程序，逐步实现更高标准的脱贫退出，如贫困户退出，除了要求收入稳定超过国家农村贫困标准外，还

须达到“两不愁、三保障”。[①] 截至2019年，全国12.8万个贫困村减少到2707个，832个贫困县减少到52个，区域性整体贫困基本得到解决。这表明，中国脱贫攻坚战已经取得了决定性的成就，有望在2020年如期实现全面消除绝对贫困的目标。

中国的脱贫攻坚战也是落实联合国《2030年可持续发展议程》的一部分。该议程共确定了17个大目标，其中首要也是最具挑战性的目标是，在全世界消除包括极端贫困在内的一切形式和表现的贫困。按照世界银行1.9美元/天（2011年购买力平价）国际极端贫困标准衡量，中国贫困发生率到2015年下降至0.7%，现在已经基本消除了贫困（见图1）。按照更高水平的我

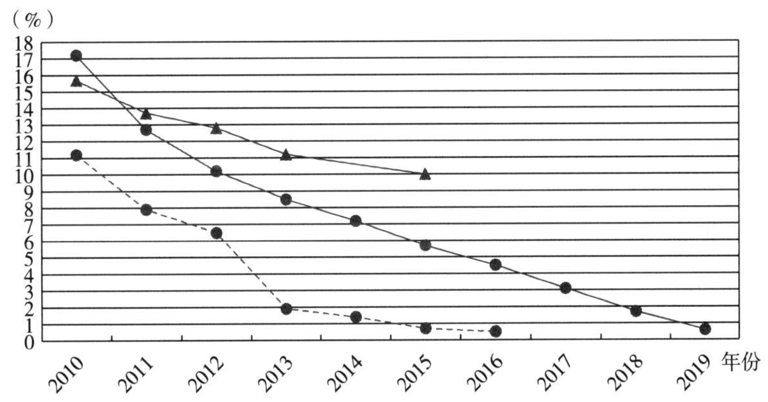

图1　以中国和世界银行标准衡量的贫困发生率下降情况

资料来源：历年《中国农村贫困监测报告》；世界银行（World Development Indicators）数据库，https：//databank. worldbank. org/；2019年中国农村贫困发生率来自国家统计局网站，http：//www. stats. gov. cn/tjsj/sjjd/202001/t20200123_ 1724700. html。

① “两不愁、三保障”，即吃穿不愁，义务教育、基本医疗、住房安全有保障。

国现行贫困标准衡量[①]，到2020年也将基本消除绝对贫困，比联合国可持续发展目标计划的到2030年消除极端贫困的时间提前了整整10年，这将有力地推进全球减贫可持续发展目标的实现进程。

2. 贫困地区农民收入和消费水平以更快速度提高

脱贫攻坚的重要目标之一是实现贫困地区农民收入持续增长，即其农民人均可支配收入增长幅度应高于全国平均水平。从2015年到2019年，这个目标每年都得以实现，使贫困地区与全国的农村居民人均可支配收入的比值从67.0%攀升至72.2%。贫困地区农民人均可支配收入在2018年超过1万元，在2019年超过1.1万元（见表2）。与此同时，贫困地区农民人均消费水平也在不断稳定增长，从2015年6656元增长到2018年8956元，年均名义增长10.4%，比全国农村平均增速高0.85个百分点；消费结构有所优化，吃穿等基本消费支出平稳增长，交通通信、教育文化娱乐、医疗保健等发展改善型消费支出快速增长。[②]

全国建档立卡贫困户的收入增长速度更快，人均纯收入由2015年的3416元增加到2019年的9808元，年均名义增长30.2%（习近平，2020）。其中，剩余贫困人口平均收入也在6000元以上[③]，明显超过了脱贫的门槛收入水平。

---

① 根据《中国农村贫困监测报告（2016）》，中国现行农村贫困标准相当于2011年购买力平价2.3美元，是国际极端贫困标准的1.21倍。若考虑“保障基本住房”，将农村住房自有折算租金算进来，中国现行标准比2.3美元要高20%。

② 国家统计局住户调查办公室：《中国农村贫困监测报告（2018）》，中国统计出版社2018年版，第25页。

③ 《国新办就决战决胜脱贫攻坚有关情况举行新闻发布会》，国务院扶贫办网站，http://www.cpad.gov.cn/art/2020/3/11/art_2241_441.html，2020年3月12日。

表 2　　2015—2019 年贫困地区农民人均可支配收入与全国平均水平比较情况

单位：元、%

年份	农民人均可支配收入		可支配收入名义增速		收入比（贫困地区/全国）
	全国	贫困地区	全国	贫困地区	
2015	11422	7653	8. 9	11. 7	67. 0
2016	12363	8452	8. 2	10. 4	68. 4
2017	13432	9377	8. 6	10. 9	69. 8
2018	14617	10371	8. 8	10. 6	71. 0
2019	16021	11567	9. 6	11. 5	72. 2

资料来源：历年《中国农村贫困监测报告》；2019 年来自国家统计局网站。

3. 贫困地区基本公共服务可及性明显提高

实现贫困地区基本公共服务主要领域指标接近全国平均水平，既是我国脱贫攻坚的重要目标和任务之一，也是贫困退出评估考核的一项重要指标。根据国家统计局贫困监测资料，截至 2018 年，贫困地区交通、通信、安全饮水、教育、医疗卫生服务的可及性，都有了明显的提高，达到或基本接近全国平均水平（见表 3）。其中通公路、通电、通电话、通有线电视已达到或接近达到所有农户全覆盖；基础教育和村医疗服务覆盖程度甚至略超全国平均水平；道路硬化、管道供水、宽带和垃圾处理覆盖率 3 年间有了大幅度提高，如住宅外为水泥路或柏油路面、使用管道供水的农户比重分别提高了 23. 1 个和 18. 3 个百分点，所在自然村通宽带、垃圾集中处理的农户比重各提高了 22. 6 个和 35. 6 个百分点，这些领域与全国平均水平的差距，迅速大幅度缩小。

表 3　　2018 年全国和贫困地区农村基本公共服务可及性　　单位:%

项目	贫困地区	全国农村
所在自然村通公路的农户比重	100.0	99.9
住宅外为水泥或柏油路面的农户比重	72.6	75.4
所在自然村通电的农户比重	99.9	99.9
所有自然村通电话的农户比重	99.9	99.7
所在自然村能接收有线电视信号的农户比重	98.3	98.1
所在自然村通宽带的农户比重	94.4	95.7
使用管道供水的农户比重	79.8	79.7
所在自然村垃圾集中处理的农户比重	78.9	83.6
所在自然村有卫生站（室）的农户比重	93.2	89.6
所在自然村上幼儿园或学前班较便利的农户比重	87.1	85.4
所在自然村上小学较便利的农户比重	89.8	87.9

资料来源：《中国农村贫困监测报告（2019）》。

4. 深度贫困地区正在向实现全面脱贫目标方向努力

中国的深度贫困地区有两种口径：一种是深度贫困地区概念，即中央确定的“三区三州”地区，共有 212 个县，其中深度贫困县为 135 个，占 63.7%；非深度贫困县为 77 个，含 64 个一般贫困县。另一种是深度贫困县概念，以县为单位，由各省在“三区三州”基础上确定，共计 334 个，占全国 832 个贫困县的 40.14%，其中 135 个位于“三区三州”内，199 个位于“三区三州”外。2018 年，334 个深度贫困县建档立卡贫困人口减少 480 万人，贫困发生率下降 4.9 个百分点，降至 6.5%（见表 4）。[1]

① 侯雪静、骆晓飞、姚兵：《尽锐出战攻下坚中之坚——深度贫困地区脱贫攻坚成就综述》，新华网，http：//www.xinhuanet.com//2019－09/08/c_ 1124974418.htm，2019 年 9 月 26 日。

表 4　　2018 年底深度贫困地区脱贫进展

单位：个、万人、%

区域	县数	2018 年 脱贫人口	2018 年年底 剩余贫困人口	剩余贫困 人口比例
深度贫困县	334	480	632	6. 5
其中：“三区三州” 外	199	374	467	5. 6
“三区三州” 内	135	106	165	11. 7
“三区三州” 地区	212	133	172	8. 2

资料来源：《尽锐出战攻下坚中之坚——深度贫困地区脱贫攻坚成就综述》，新华网，http：//www. xinhuanet. com//2019 -09/08/c_ 1124974418. htm，2019 年 9 月 8 日；《深度贫困地区脱贫难在哪？国务院扶贫办这样说》，光明网，http：//politics. gmw. cn/2019 -06/26/content_ 32951305. htm，2019 年 9 月 26 日。

“三区三州” 地区的减贫成就更加突出。2013 年，深度贫困地区建档立卡贫困人口 532 万人，贫困发生率高达 25. 5%。在 2017 年年底出台深度贫困地区脱贫攻坚政策时，“三区三州” 尚有建档立卡贫困人口 305 万，贫困发生率为 14. 6%。经过 2018—2019 年两年脱贫攻坚，贫困人口减少 262 万，贫困发生率下降 12. 6 个百分点。相比之下，2013—2017 年，“三区三州” 贫困发生率下降幅度为 11 个百分点（见图 2）。这表明，国家对深度贫困地区脱贫攻坚的一系列倾斜性举措行之有效，有力地促进了全面脱贫目标的实现。①

（二）脱贫攻坚面临的挑战

从当前的脱贫进展看，到 2020 年年末完成脱贫攻坚任务应该没有疑义，但是高质量打赢脱贫攻坚战仍然面临一系列严峻的

① 《国新办就决战决胜脱贫攻坚有关情况举行新闻发布会》，国务院扶贫办网站，http：//www. cpad. gov. cn/art/2020/3/11/art_ 2241_ 441. html，2020 年 3 月 12 日。

挑战。一部分挑战来自攻坚期内的现实问题，更多的则是如何确保攻坚期后稳定脱贫以及脱贫攻坚体制机制的平稳转型。

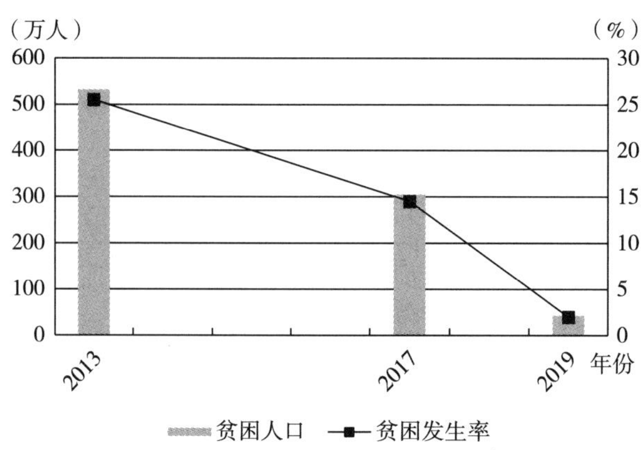

图 2 “三区三州”贫困人口和发生率下降情况

1. 攻坚期内的挑战

攻坚期内，也就是在 2020 年剩下的这一年里，存在的挑战包括：①全部脱贫要求过于严苛，部分地区和人群，尤其是部分深度贫困地区的发展基础仍然薄弱，脱贫基础不牢；即使在一个常态社会里，也总会存在一定比例的返贫、新生贫困、因懒致贫。全部脱贫要求还在基层实践中会发挥“双刃剑”作用，在激励各地加大扶贫工作力度的同时，也会引发一些短期性脱贫措施。②实践中还是存在一些脆弱性脱贫隐患，尤其是部分扶贫搬迁户后续生计安置不到位，部分产业扶贫和公益性岗位措施不稳定。③部分贫困县存在脱贫债务压力，有的需要额外举债开展基础设施建设以及易地扶贫搬迁。④与扶贫投入力度相比，目前仍是只关注达到脱贫标准这个底线目标，对脱贫后致富关注不足。

⑤2020 年春节前暴发的新型冠状病毒肺炎疫情对部分贫困地区的脱贫工作造成了一定影响，尤其是农民工外出就业、产业发展等方面，需要采取及时有效的阶段性应对措施。

2. 攻坚期后的挑战

脱贫攻坚更多的挑战在于攻坚期结束后如何防止返贫以及巩固提升脱贫成果。具体而言，我们将攻坚期结束后存在的主要挑战概括为以下四个方面：①现有产业、就业等扶贫措施和成果如果得不到妥善延续，会对持续脱贫产生严重负面影响，包括但不限于：各类新形成的扶贫产业、集体资产，扶贫资金对其他产业和资产的投入，包括光伏、扶贫车间和工厂，通过扶贫政策所形成的建档立卡户与企业的利益连接关系，就业扶贫服务，扶贫公益性岗位，农村生产生活设施的维护等；②现行精准扶贫机制和建档立卡系统的服务对象是 9000 余万被识别出来的贫困人口，其中的绝大部分都能够实现稳定脱贫，保留的意义主要在于持续监测和进一步巩固脱贫成果，但是其对于向新确定的扶助对象的拓展有很大的局限性；③中国将进入解决相对贫困问题阶段，无论是采用与收入中位数比例对应的相对贫困标准，还是采用某个更高水平的、以绝对值计量的贫困标准，贫困的性质都已经发生改变。反贫困战略、超常规大扶贫体制、扶贫政策和措施都将相应调整，但是要面对巩固脱贫成果与乡村振兴有效衔接、与下阶段反贫困战略与政策有效过渡的挑战；④在攻坚期内使用的现行贫困定义和标准是适用的，但是在完成脱贫攻坚任务后，其标准不高、范围狭窄的局限性将很快体现出来。

二 “十四五”时期反贫困战略思路与目标

“十四五”时期，既要巩固脱贫攻坚成果，实行新的反贫困战略，又要发力全面实施乡村振兴战略。在2020年实现脱贫攻坚战目标之后，要在继续巩固脱贫攻坚成果的基础上，逐步把国家“三农”工作的重点从脱贫攻坚转移到全面实施乡村振兴战略上来，逐步建立促进乡村振兴和减少相对贫困的长效机制。

（一）2020年后及“十四五”时期反贫困形势判断

2020年以后，中国将由消除绝对贫困进入解决相对贫困的新阶段。党的十九大勾画的社会主义现代化蓝图为未来30年反贫困确立了“两阶段”历史方位：从2020年到2035年，国家将致力于基本实现社会主义现代化，人民生活更为宽裕，基本公共服务均等化基本实现，乡村振兴取得决定性进展，解决相对贫困的长效机制形成；从2035年到2050年，将中国建成社会主义现代化强国，乡村全面振兴，全体人民共同富裕基本实现。在这个大的历史方位下，2020年后的贫困，除了极少数难以避免的、暂时的绝对贫困，都将是以任何方式定义的相对贫困；2020年后的反贫困目的和目标，都将从属于国家发展战略，服务于相对贫困人口生活水平的提高及其差距的缩小，最终实现全体人民的共同富裕。

“十四五”时期是建设社会主义现代化强国30年周期的开局阶段，是解决相对贫困的起点。在“十四五”时期，中国不

排除还会有极少数绝对贫困人口的存在，包括特殊情形下的返贫人口以及新发生贫困人口、产业或就业不稳固的脱贫人口、后续扶持措施尚未有效发挥作用的扶贫搬迁人口、仍然期待不劳而获的懒惰者等。此外，还有一部分脱贫人口的生计能力比较脆弱，有返贫风险，需要巩固脱贫成果。相对贫困人口是指那些收入和生活水平在社会中处于底层的人群，其规模和构成特征由具体的相对贫困定义而来，是未来的主要贫困群体。与此同时，中国在2020 年前形成的扶贫开发经验和脱贫攻坚体制相对于残存的绝对贫困以及脆弱性脱贫，已显得过于强大和不必要；但是中国对相对贫困理论和政策的认知都还非常有限。

（二）2020 年后反贫困总体思路与目标

1. 反贫困战略的国际和国内经验

国际和国内经验都表明，减贫战略的实施对各国减贫有重要的促进作用。世界银行根据所倡导的“三支柱”（机会、赋能、保护）减贫战略及国别减贫战略制定方法与指南，帮助绝大多数成员国制定了减贫战略，促进了部分国家的减贫进程。中国过去近 40 年扶贫开发历程表明，确定与国家发展战略、贫困特点和扶贫能力相适应的扶贫战略至关重要。中国也阶段性地调整扶贫标准，保持一定规模的扶贫受益人口，使底层人口收入和生活水平不断提高（“2020 年后中国减贫战略研究”创新工程项目组，2019）。与此同时，一些发达国家和地区，也以远景战略形式，制定减缓相对贫困的战略。其中比较典型的是欧盟。其在2008 年国际金融危机之后，制定了《欧洲 2020》战略文件，推出了“一揽子”可持续及包容性增长措施，其中提出了明确的减缓相对贫困的措施和目标，与发展中国家消除绝对贫困战略具有较大的相似性（European Commission，2010）。

2. 2020 年后反贫困战略的基本依据和思路

2020 年后中国解决相对贫困将是一个长期的历史性任务。就目前所了解的情况看，虽然多数发达国家都制定有长期性减缓相对贫困的政策，但是如欧盟那样制定减缓相对贫困的长期性战略的毕竟是少数。而且，基本上没见到哪个国家有消除或解决相对贫困的远景目标。尽管如此，因为中国有制定和实施中长期发展战略和规划的优良传统，中国可以在国家整体战略框架下，制定与其指导思想、发展思路和基本原则相一致的中长期反贫困战略。总的来说，中国可以以新时代历史方位为参照，以新时代中国特色社会主义思想为指导，在未来 30 年建设社会主义现代化国家新征程中，探索划定相应的阶段，制定和实施相应的目标和战略。

具体来说，中国下阶段的反贫困将在城乡融合发展、实施乡村振兴战略框架下，逐步退出超常规脱贫攻坚体制，统筹城乡贫困治理，向常规性相对贫困治理转型，其主要思路如下：

（1）在已基本消除绝对贫困条件下，聚焦于减缓相对贫困，兼顾多维贫困；

（2）并行使用多种贫困标准，包括以绝对值或比例值测量的相对贫困标准和多维贫困标准，分别发挥贫困和社会进步监测、政策导向等作用；

（3）探索和采取“三支柱”反贫困模式，即包容性经济增长、基本公共服务均等化与社会保护的有机结合；

（4）坚持开发式扶贫理念，调整开发式扶贫政策，将其融入乡村振兴政策和相对贫困地区发展政策，将综合保障性扶贫措施逐步整合进一体化的社会保护体系；

（5）通过反贫困立法、基本公共服务均等化、社会保护体系制度化以及城乡治理一体化等形式，实现向常规性贫困治理机制转型，研究实施减缓相对贫困的政策体系；

（6）应借鉴国外经验，开发新的相对贫困管理信息系统，充分利用现行扶贫开发建档立卡管理信息系统的优势，并根据新的反贫困战略和标准予以扩展和调整，使其具备贫困识别、动态管理、监测和研究等更多职能；

（7）在共建全球命运共同体和“一带一路”倡议框架下，积极参与国际减贫合作，推动其他发展中国家减贫事业和联合国 2030 年可持续发展目标的实现。

3. 减缓和解决相对贫困的中长期目标

根据党的十九届四中全会精神，解决相对贫困将是未来反贫困的总方针。[①] 根据党的十九大对于未来 30 年社会主义现代化新征程的两阶段安排，解决相对贫困的进程也可相应地划分为两个阶段。

从 2021 年到 2035 年，共同富裕将迈出坚实步伐，乡村振兴取得决定性进展，农业农村现代化基本实现。在此目标之下，解决相对贫困也将取得明显进展，相对贫困人口的收入水平与社会

---

① 《中共中央关于坚持和完善中国特色社会主义制度　推进国家治理体系和治理能力现代化若干重大问题的决定》，中国政府网，http：//www. gov. cn/zhengce/2019 - 11/05/content_5449023. htm，2019 年 11 月 5 日。

平均收入水平差距有一定程度缩小，相对贫困人口中最困难人群获得接近于平均发展速度的生活保障，多维贫困基本消除，基本建成相对贫困人口社会保护政策体系，贫困治理实现以法制化、福利化、发展支持为特征的常规化。从2035年到2050年，中国人民将基本实现共同富裕，乡村全面振兴，农业强、农村美、农民富全面实现，相对贫困人口的收入水平与社会平均收入水平差距缩小到合理水平，相对贫困人口中最困难人群比例缩小到一定范围，其所获得的生活保障达到社会可接受水平。

（三）“十四五”时期反贫困思路与目标

1. 基本思路

“十四五”时期是反贫困战略和政策的过渡和转型时期，主要承担从消除绝对贫困向减缓相对贫困过渡、从超常规脱贫攻坚向常规性反贫困转型的重要使命。

（1）“十四五”时期是反贫困治理的过渡和转型期，意味着过去消除绝对贫困的体制机制和各项举措不可戛然而止，而是要实施一定的过渡期，消除残余贫困和零星贫困，研究和实施各项体制机制和政策向常态化和规范化转变或退出；同时，同步推进对相对贫困治理的研究、政策设计和体制创立。

（2）尽管攻坚期内特别重视提高脱贫质量，2020年后在整体机制上继续巩固脱贫成果、完善防止返贫机制仍然是必不可少的，但是不必再搞“一刀切”，而是根据实际需要采取必要的延续性措施。

（3）“十四五”时期将主要面对相对贫困治理问题，为此需要在新贫困标准制定、新的贫困申请和识别机制、贫困统计监测制度调整、城乡统筹贫困治理机制等方面进行知识储备和方案设计、试验。

（4）"十四五"时期要探索和试验向常规性贫困治理转型，包括反贫困机构和工作机制的调整、扶贫协作和定点扶贫等社会体制调整、新的反贫困政策框架制定和政策整合、反贫困投入保障机制调整等。

2. 主要目标

"十四五"时期反贫困的主要目标是：现行贫困标准下无大规模返贫和新发生贫困，少量返贫和新发生贫困得到及时救助；现有的产业扶贫、就业扶贫、资产收益扶贫措施在持续性管理基础上逐步实现市场化，有劳动能力的住户基本能以市场化或经济合作方式参与经济活动；基本完成相对贫困人口识别和信息管理、新反贫困管理体制、反贫困立法等体制机制转型；基础教育、基本医疗和健康服务、特殊人群服务等基本公共服务供给能有效覆盖于相对贫困人口。

三 "十四五"时期推进反贫困的对策与政策

"十四五"时期，国家应在实施巩固脱贫成果和绝对贫困兜底政策的基础上，初步建立起由共享发展战略和政策、基本公共服务均等化政策、乡村振兴政策、相对贫困地区发展政策、社会保护政策共同构成的减少相对贫困政策体系，以及相应的相对贫困识别和监测机制、初步的相对贫困治理框架，为"十四五"

以后持续推进常规性相对贫困治理奠定良好基础。其中，共享发展战略和基本公共服务均等化问题属于国家宏观发展战略，是另一个大的问题，在此不再赘述。

（一）实施巩固脱贫成果和绝对贫困兜底的政策

2020年后反贫困首要任务仍是巩固脱贫攻坚成果，防止脱贫人口再返贫，提高脱贫可持续性。农村巩固脱贫成果和防止返贫，最终需要建立农民稳定增收长效机制和低收入群体收入支持长效机制，但是必然有一部分家庭在一段时期内还需要依赖各类政策支持。“十四五”时期，除了稳增长、稳就业等有利于农民增收的宏观政策需求外，所需的专门政策包括以下方面。

1. 实施低收入家庭优先的产业和就业支持政策

在支持农村扶贫产业、扶贫车间（工厂）健康经营的前提下，支持各地逐步理顺建档立卡户与扶贫产业、扶贫车间的利益连接机制，确保各项就业、合作、利益分配行为更加符合经济规律和市场规则。随着建档立卡户的分化，应主要关注其中收入较低部分。对新型经营主体、企业与各类低收入家庭的合作给予一定的优惠政策支持。继续利用好农村劳动力转移就业管理信息系统、就业协作和技能培训政策，稳定农业劳动力转移就业和鼓励自主创业。

2. 公平与益贫兼顾的集体收益和福利分配政策

与农村集体产权改革相结合，加强集体财政性扶贫资产和集体资产运行管理，对集体收益及其他福利的分配采取公平与益贫兼顾的原则，由村民民主决策，适度向低收入家庭倾斜。

3. 完善兜底保障政策

兜底保障政策是对无劳力、无赡养困难家庭所实施的长期综合性支持政策，既包括最低收入支持和各类基本保障，也包括资产收益分配等辅助性政策。兜底保障政策最重要的是要有稳定性和长效性，包括对象标准的明确性和投入保障，让兜底保障对象无后顾之忧。

4. 建立返贫和新生贫困兜底保障与快速响应和救助机制

对于将会不可避免地发生的少量现行标准下的返贫以及新生贫困，由于数量少以及分布分散，大规模识别已无必要，但是应实行兜底保障政策，建立自下而上的快速响应和救助机制。一旦发生贫困，贫困者及其所在的基层社区（村民组）应能迅速发现并且向行政村申报，用已经比较完善的精准识别标准和机制进行判别和认定。一旦返贫或新生贫困被认定，应快速启动社会救助机制，提供最低生活保障和各类针对性救助措施，确保“两不愁、三保障”。

（二）完善包含开发式扶贫理念的乡村振兴政策和相对贫困地区发展政策

开发式扶贫是一条成功的中国经验，其核心理念是开发资源，发展生产，提高贫困农户自我积累、自我发展能力，通过劳动脱贫致富（魏后凯，2019）。尽管开发式扶贫方针的内涵在演变中不断丰富和拓展，但其核心理念一直未变。学术界对开发式扶贫的质疑和诟病也从未间断。诟病的要点在于，它在一定程度上，或很大程度上，由于政府的主动甚至强制推动，使贫困地区和贫困农户被动甚至被迫参与，由此引发产业失败、贫困户参与不足、带动贫困户机制缺失等一系列问题。在解决绝对贫困问题阶段，开发式扶贫是必要的发展过程，效果不彰也是不可避免的发展代价，但不是否定的理由。

随着 2020 年后反贫困进入新阶段，对开发式扶贫方针有必要进行新的反思。简言之，开发式扶贫核心理念仍需坚持，但是中国式的“扶贫”概念不应再使用，开发式扶贫政策机制要由政府主导转变为政府支持和引导、经营主体和农户自主、自愿参与。因此，按照脱贫攻坚与乡村振兴有效衔接的思路，“十四五”时期将是开发式扶贫政策的转型期，需要按照保留、延期、调整、取消等分类处理原则，对现行政策进行延续、转型或退出。开发式扶贫中针对经营主体的政策可转向促进乡村振兴政策，在普惠性政策机制基础上为建档立卡等困难家庭提供特惠性激励和支持政策；区域性政策可以整体性转化和纳入相对贫困地区发展政策。

（三）建设具有集成性和响应性的综合性社会保护政策体系

联合国等重要国际组织都致力于倡导社会保护理念和政策。常见的社会保护政策可以分为三类，即有利于穷人的劳动力市场促进和干预政策、社会保险政策和社会救助政策，社会救助政策又可分为常规性救助政策和临时性救济政策（联合国社会发展研究院，2011；World Bank，2012；International Labor Organization，2014）。一些发展中国家，如印度尼西亚和菲律宾，采取了与其非常相像的治理模式。中国国内虽然还没有充分地建立起社会保护概念框架，但是已经是实施社会保护的典范之一，在社会保险和社会救助方面都取得了长足的进步，已经基本确立以8项救助制度为主体的社会救助制度体系。[①] 中国的社会救助体系与积极就业政策和就业促进政策、城乡社会保障体系一起，构成了完整的社会保护架构。

与此同时，在扶贫领域，中国近年来也有意识地构建与开发式扶贫互为补充的保障性扶贫措施，使中国的反贫困模式与国际模式呈现出趋同特征。在精准扶贫模式下，由于所有贫困家庭及其贫困状况都是已知的，保障性扶贫可以很好地发挥脱贫威力。

2020年之后，在下阶段农村反贫困体制确定之前，针对（潜在）贫困人口的社会保护政策的实施面临发现、识别、政策落实等一系列挑战。新的防贫社会保护体系的运行机制将与新的贫困标准、治理体制、政策设计相关。但是，总的来说，随着贫困治理的常规化，从“十四五”时期起中国需要在已有政策架构基础上不断完善综合性社会保护政策体系，使其具有集成性和响应性特征。社会保护政策的集成性和响应性都是针对当前和未来所瞄准的反贫困政策支持对象而言的，集成性是指要像精准扶贫的保障性扶贫措施一样，能够根据家庭不利条件共同使用；响应性是指一旦各类触发条件出现，在基层社区能够借由家庭申请和基层干部主动发现互补方式，得到迅速发现、识别和纳入保

① 李纪恒：《国务院关于加强社会保障体系建设　助力打好精准脱贫攻坚战　推进社会救助工作情况的报告》，中国人大网，http：//www. npc. gov. cn/npc/c30834/201912/2d2149602f2349c78ab282802be1a617. shtml，2019年12月25日。

护。这两个方面，既依靠各类政策整合上的制度建设，也有赖于基层治理机制的改善和公共服务能力的增强。

（四）研究制定城乡统筹、多元标准的相对贫困标准和监测体系

1. 多元相对贫困标准体系

“十四五”时期，中国应在相对贫困、多维贫困、共享繁荣理念支撑下，研究制定城乡统筹的、由多元标准组成的相对贫困标准体系，可包括以下方面。

（1）兜底贫困标准（与低保标准并轨）。兜底贫困标准是过去绝对贫困标准的延伸，与最低生活保障标准并轨，以最低生活保障为内核，用物价变动和家庭结构加以调整。未来中国公民均有权利获得最低生活保障标准的生活水平，低于该标准的家庭有获得救济救助权利。如果不包括常规低保对象，兜底贫困标准以下的贫困人口比例将明显低于1%。例如，截至2018年年底，22个脱贫攻坚任务重的省份农村低保平均标准达到4215元。[1]如果以此作为兜底型贫困标准的示意性参考值，比当年贫困标准高40.73%。

（2）数值型相对贫困标准。一些发达国家，如美国、瑞典等，仍采取数值型相对贫困标准。随着社会经济发展水平的提高，出于提高底层人口收入和生活水平目的，国家可以制定以绝对值衡量的更高贫困标准，作为减贫工作的新目标。该标准仍可

① 参见《关于政协十三届全国委员会第二次会议第0222号（农业水利类024号）提案答复的函》，国务院扶贫办网站，http://www.cpad.gov.cn/art/2019/12/24/art_2203_108865.html?from=groupmessage&isappinstalled=0。

像以往一样分阶段逐步提高，与共同富裕的阶段性目标相对应。这样的贫困标准实际上是与发展阶段、发展目标相联系的相对贫困标准。

（3）比例型相对贫困标准。建议以城乡居民平均可支配收入中值的 50% 作为起步阶段的相对贫困标准，40% 显得过低，60% 显得过高。“十四五”时期，城乡收入差距仍然相当大，可考虑基于相同购买力和城乡消费物价指数，同时测算农村和全国两条相对贫困线和相应的贫困发生率、贫困深度等指标。

（4）多维贫困标准。借鉴国际经验，根据居民基本生活、基本公共服务和人力资本发展需要确定多维贫困维度和维度阈值，一方面作为多维贫困监测依据，另一方面作为各相关部门在基本生活保障和基本公共服务领域“补短板”的依据。

（5）共享繁荣指标。共享繁荣概念关注的是处于收入分布底层 40% 人口的收入或生活水平增长情况及其相对于另外 60% 人口的相对改善程度。共享繁荣的一个主要指标是共享繁荣溢价（Shared Prosperity Premium），即收入分布底层 40% 人口收入或消费增长速度与社会平均增长速度比值。世界银行已将促进共享繁荣列为与消除贫困并列的两大目标之一（The World Bank，2016）。底层 40% 人口的平均收入或消费水平、增长速度及其相对于社会平均水平溢价，应成为共同富裕的重要指示性指标。

2. 改革和完善住户调查制度，适应相对贫困监测需要

为适应城乡统一的多元贫困监测需要，现行全国住户调查统计制度需加以改革和完善，要点包括：一是进一步改进住户抽样制度中的城乡划分，并增加常住流动人口样本，提高样本城乡分布和对流动人口的代表性，最终实现基于常住人口的贫困监测；二是完善住户调查内容和方式，降低填报误差，适应相对贫困和多维贫困监测需要；三是改善县级样本代表性，强化相对贫困地区县级住户调查监测；四是改进样本数据分析，甄别20%低收入组中的非贫样本（收入波动导致），使低收入组数据更好代表低收入群体。

（五）研究构建央地协调、城乡统筹的相对贫困治理框架

1. 优化央地协调的大扶贫格局，加强地方政府、社会力量的作用

“十四五”时期，过去长期形成的中央主导、政府主导的大扶贫格局应当进行调整和优化，在优化中央政府职能的基础上，加强地方政府、社会力量的作用，实现新的央地协调的大扶贫格局：①维持中央统筹、省负总责、市县抓落实的分级负责、协力推进体制，但是对各级职责做相应调整，中央职责将转变为制定全国性战略、标准、统计监测、制度体系、协调指导等，地方政府将承担更多具体职责，具有根据自身经济实力开展更高水准的减缓相对贫困战略和政策的自主权；②党管扶贫、五级书记抓扶贫、党政一把手负责制等扶贫优先机制纳入乡村振兴优先机制，巩固脱贫成果、减缓相对贫困成为乡村振兴工作的一部分；③优化和加强社会扶贫，将扶贫协作和定点扶贫整合为发展协作机制，大大加强社会组织参与；④驻村扶贫制度回归到党的组织部门向基层党组织建设或经济发展薄弱村选派驻村干部的制度，以加强农村社会服务的方式替代帮扶到户制度。

2. 向城乡统筹的制度化、法制化反贫困体制转型

在新的贫困定义以及开发式扶贫政策转型前提下，以农村贫困人口为对象以及以开发式扶贫为主要手段的农村专项扶贫开发体制应逐步调整为以发展支持和社会保护为核心的国家社会福利工作的一部分。在城乡统筹要求下，建议在国家民政部门设立专门的反贫困工作机构，将反贫困工作与城乡最低生活保障工作一体化管理。考虑到相对贫困地区发展和乡村振兴，宜由民政部、发展改革委、农业农村部共同组成反贫困协调机制。在此之前，现行扶贫办体制可以再保留三年左右。未来反贫困体制的常规化提出了制度化和法制化要求，建议国家适时制定反相对贫困法或条例，规定国家、政府部门与扶持对象的权利与义务，使相关扶持措施有法可依。

参考文献

1. 魏后凯主编：《新中国农业农村发展研究 70 年》，中国社会科学出版社 2019 年版。

2. 联合国社会发展研究院：《反对贫困与不平等——结构变迁、社会政策与政治》，《清华大学学报》（哲学社会科学版）2011 年第 4 期。

3. “2020 年后中国减贫战略研究”创新工程项目组：《2020 年后中国减贫战略研究》，2019 年创新项目结项报告。

4. 习近平：《在决战决胜脱贫攻坚座谈会上的讲话》，中国政府网，http：//www. gov. cn/xinwen/2020 – 03/06/content _ 5488175. htm，2020 年 3 月 6 日。

5. World Bank, Resilience, Equity, and Opportunity: The World Bank's Social Protection and Labor Strategy 2012 - 2022, http://documents.worldbank.org/curated/en/443791468157506768/Resilience - equity - and - opportunity - the - World - Banks - social - protection - and - labor - strategy - 2012 - 2022, Washington, DC: World Bank, 2012.

6. World Bank, Poverty and Shared Prosperity 2016: Taking on Inequality, https://www.worldbank.org/en/publication/poverty - and - shared - prosperity - 2016, Washington, DC: World Bank, 2016.

7. International Labor Organization: World Social Protection Report 2014/15, https://www.ilo.org/global/research/global - reports/world - social - security - report/2014/lang - - en/index.htm, International Labour Office - Geneva, 2014.

8. European Commission, "Europe 2020: A strategy for smart, sustainable and inclusive growth: A strategy for smart, sustainable and inclusive growth", COM (2010) 2020 final, https://ec.europa.eu/eu2020/pdf/COMPLET% 20EN% 20BARROSO% 20% 20% 20007% 20 - % 20Europe% 202020% 20 - % 20EN% 20version.pdf, March 2010.

“十四五”时期主要农产品的供需预测及对策建议

陈永福　朱文博　韩昕儒*

摘　要： 在国际环境日益复杂和突发新冠肺炎疫情等极端事件背景下，预测“十四五”期间中国农产品供需基本态势对制定中国食物安全保障战略具有重要意义。在本报告中，首先，对进入21世纪以来中国农产品的供需变动特征进行了分析；其次，依据中国农产品供需模型（CAPDSM），依据各种可能的情景模拟方案对未来中国农产品的供需均衡进行了模拟预测；最后，根据模拟结果重点讨论和分析了“十四五”期间可能的主要农产品供需形势及对策。模拟预测结果表明，“十四五”期间中国食物安全形势总体依然严峻，2021—2025年我国粮食、油料及其制品、动物产品都将进入全面净进口的时代，2025年的净进口量分别为14023万—17103万吨、501万—837万吨和2456万—2877万吨，但是依然有能力确保口粮自给，口粮自给率能够保

* 陈永福，博士，中国农业大学经济管理学院教授，主要研究方向为食物安全；朱文博，中国农业大学经济管理学院博士研究生，主要研究方向为食物消费；韩昕儒，博士，中国农业科学院农业经济与发展研究所副研究员，主要研究方向为食物安全。

持在93.5%—96.0%。因此，有必要积极挖掘国内潜力的同时，制定应对农产品进口需求增加的综合战略。

关键词： 供需预测　食物安全　粮食　油料及其制品　动物产品

China Agricultural Outlook during the 14th Five - year Plan Period

Chen Yongfu　Zhu Wenbo　Han Xinru

Abstract: Under the background of increasingly complex international environments and extreme epidemics events, projecting the balance of agricultural products' demand and supply during the period of 14th Five - Year Plan is important for food security strategy in China. This study, firstly, analyzes the characteristics of changes in the supply and demand of agricultural products since the beginning of the new century; secondly builds the CAPDSM model and presents the simulation scenarios; finally, an outlook in "14th Five - Year Plan" is projected. The results show evidence that the food security during the "14th Five - Year Plan" period is generally tense and the net imports of China's grain, oilseeds and its products and animal products in 2025 will be 140.2 – 171.0 million tons, 5.0 – 8.4 million tons and 24.6 – 28.8 million tons, respectively. However, China still has the ability to ensure self – sufficiency of rations, and the self – sufficiency rate can be maintained at 93.5% – 96.0% in 2025. Therefore, it is necessary to actively explore domestic potential while formulating a comprehensive strategy to cope with the increased demand for agricultural product imports.

Key Words: Outlook　Food Security　Grains　Oilseeds and Its Products　Animal Products

民以食为天。以农产品供需安全为核心的食物安全问题一直是中国社会政治经济问题的重中之重。长期以来，中国用世界1/8 的耕地，6% 的水资源，养育着世界 19% 的人口。同时，中国不仅是一个拥有约 14 亿人口的人口大国，而且 2019 年常住人口城镇化率达到了 60.60%，有 8.48 亿人居住在城镇。在百年之大变局下，一旦食物安全出了问题，不仅会导致社会不稳定问题，而且会对世界政治经济格局产生深远的影响。确保食物安全的基石就是要保证农产品供需安全，无论是农产品供需的哪一个环节出现了问题，这些因素的综合作用则会使其从点向面不断放大蔓延，危及人民生活和福祉（黄季焜等，2012；唐华俊，2014；陈永福等，2015；钟甫宁，2016；王济民，2018；杜志雄、韩磊，2020）。

2020 年是全面建成小康社会和"十三五"规划的收官之年，既是实现第一个百年奋斗目标的决胜之年，也是脱贫攻坚战的达标之年。这样一个时间节点对于确保我国食物安全提出了更高的要求，同时，供需两侧出现的新趋势和新特点也使主要农产品供需安全面临着更为严峻的挑战。牢记中国人自己的饭碗要牢牢端在自己手上的思想观念，在农产品供需的新形势下，有必要明晰“十四五”期间中国农产品供需安全形势的基本特征和态势，这对于制定综合的、有针对性的食物安全保障战略具有重要的政策含义和现实意义。

本报告的研究内容共包括四部分：第一部分对进入21世纪以来中国农产品的生产、需求和贸易变动进行分析；第二部分重点构建中国农产品供需模型（CAPDSM）和模拟方案、基于CAPDSM和不同的模拟方案；第三部分对未来“十四五”期间中国可能的农产品供需形势进行模拟预测和分析；第四部分基于模型结果对“十四五”期间农产品供需形势作出总体判断，并提出新形势下保障中国食物安全的政策建议。

一　2000年以来主要农产品的供需变动分析

2000年以来，包括粮食、油料及其制品、动物产品等在内的主要农产品的生产、需求和贸易状况发生了重大变化。分析和掌握这些变化的特征和规律，有助于研判“十四五”期间主要农产品的供需形势及演变趋势。

（一）2000年以来主要农产品供需变动特征分析

农产品生产特征是体现农产品供给能力的根本，也是推断未来农产品供需形势变动的“基石”。进入 21 世纪以来，粮食单产和总产量均呈增长趋势，而粮食播种面积呈现先增长后下降的趋势。同时，粮食生产结构发生较大变化，玉米成为第一大粮食作物。对于油料及其制品，根据笔者估算，油料作物产量基本保持稳定，植物油产量呈现快速增长趋势，尤其是粕类产量在饲料需求扩张的带动下也快速增长。对于动物产品，肉类产量长期处于高位增长地位，但是近年来猪肉产能的下降导致肉类总体产量下滑明显。随着居民消费的转型升级，蛋奶和水产品的地位越来越重要，蛋奶和水产品产量也都呈现稳步增长趋势。而奶制品产量的变动经历了两个阶段，第一阶段是 2008 年前的快速增长期和 2008 年后的基本稳定期。

农产品需求特征在未来农产品供需形势变动中起着引领作用。农产品最主要的功能就是作为食物为人类生存提供必要的能量和营养，因此在农产品的各类需求中，食用需求最为重要，在居民收入水平提高的同时，食物消费结构逐步由植物类食物向动物类食物转型升级，肉类、禽类、蛋类、奶类和水产品的食用消费增幅显著。在粮食的其他非食用需求中，长期以来饲料需求的占比较高，而在粮食深加工和生物能源不断发展的背景下，粮食的工业需求也快速扩张。由于中国官方不公开粮食的库存数据，根据笔者估算，粮食的库存变化呈波动增长态势。

农产品贸易特征反映了供需缺口以及世界农产品市场的基本情况。进入 21 世纪以来，中国粮食呈全面净进口态势，自给率不断下降，其中大豆和饲料粮净进口量持续快速增加是其主要动因，而口粮完全能够实现自给。油料作物贸易逐步由净出口转为净进口，且净进口额持续拉大。肉类和奶类贸易基本呈现净进口不断扩张的态势，而禽蛋长期以来一直表现为净出口状态，水产品一直是我国最具有国际竞争力的农产品，虽然出口量处于高位，但是进口量也相对较高。

（二）未来供需形势基本演变趋势的判断

综合以上主要农产品在生产、需求和贸易方面的变动特征可以发现，2000 年以来中国农产品供需形势变化显著，而近年来又出现了新的特征，这无疑进一步加大了研判“十四五”期间供需形势的难度，具体表现为：

需求侧方面，总体规模扩张和结构升级进入新常态，其中饲料粮需求与动物性农产品需求扩张速度会较快。一方面，中短期内中国人口总量会持续增长，人口结构会向老龄化发展，与一般预计不同的是老龄化背景下的人均食物支出当量呈增长态势，即高质量农产品需求会扩大，这均会拉动农产品需求总体规模的扩张和结构提升（李国景、陈永福，2018）。另一方面，城镇化和农民工市民化的发展与推进以及脱贫攻坚目标实现后接近 1 亿人的贫困人口收入的提高均会带动农产品需求总量增长和结构转型（Han et al. ，2019；Zheng et al. ，2019）。

供给侧方面，生产主体的演化、贸易不确定性及库容极限会使农产品供给面临不确定性冲击成为新常态。一是随着农村土地快速流转，新型农业经营主体不断涌现，土地规模经营不断发展，但是其之于粮食安全具有两面性，它在提高生产效率、增加产出等方面具有正面影响的同时，也在一定程度上存在“非粮化”现象，进而给粮食生产带来不确定性冲击（杜志雄、韩磊，2020）。二是农产品生产尤其是粮食生产对水资源的依赖性逐步增强但供需矛盾突出，而国内生态环境政策实施过程中的“层层加码”“一刀切”做法，客观上可能造成粮食和畜产品产能下降。三是虽然全球化和区域经济贸易一体化可能给农产品进口增长带来契机，但是新冠肺炎疫情、非洲猪瘟、蝗灾等突发事件加剧了国内外农产品市场的不确定性（司伟等，2020）。四是农产品库存变动的被动性和应急性一方面会减缓对食物供给的冲击，另一方面动物性产品库容极限是未来应对供给侧冲击的重要因素。

综合以上主要农产品在生产、需求和贸易方面的变动特征可以发现，2000 年以来中国农产品供需形势变化显著，而近年来中国农产品供需又出现了新的特征，因此，科学研判“十四五”期间农产品供需形势至关重要。

二　中国农产品供需模型与模拟方案

（一）中国农产品供需模型的构建

本报告在陈永福（2004）建立的中国省别食物供需局部均衡模型的基础上进行了优化和参数更新，开发了全国层面的中国农产品供需模型（China Agricultural Products Demand and Supply Model，CAPDSM）。具体的构建过程为：首先建立中国各品种的供需平衡表，并对动物产品的生产数据进行了修改和调整；然后分别建立各品种的供需模型，并对各品种的需求、供给和价格弹性进行估计；最后运用所建立的各品种农产品供需模型进行农产品供需预测。模型结构见图 1，下面分别介绍供给模型和需求模型的具体框架和方程设定。

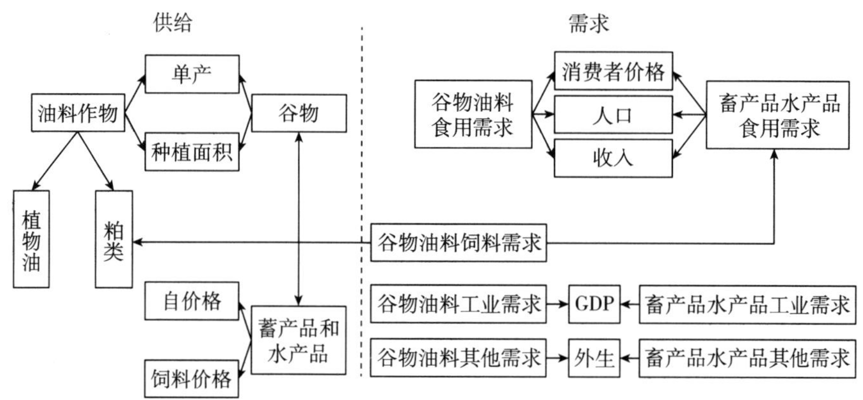

图 1　中国农产品供需模型结构

资料来源：笔者整理。

1. 供给方程

（1）谷物和油料作物生产方程形式。谷物和油料作物的产量是播种面积和单产的乘积。

$$PD = AA \times YD$$

其中，PD 为产量，AA 为播种面积，YD 为单产。

$$\Delta PD = \frac{\dot{PD}}{PD} = \frac{\mathrm{dln}(PD)}{\mathrm{d}t} = \frac{\mathrm{d}[\ln(AA) + \ln(YD)]}{\mathrm{d}t} = \frac{\dot{AA}}{AA} + \frac{\dot{YD}}{YD}$$

$$= \Delta AA + \Delta YD$$

其中，Δ 表示变量的变化率，下同。

$$\ln AA = a^{AA} + e^{AA} \mathrm{Ln} X^{AA}$$

其中，e^{AA} 表示影响播种面积的变量 X 的弹性。

可以求出播种面积的变化率：

$\Delta AA = e^{AA}\Delta X^{AA}$

同样，用 X^{YD}影响单产得因素，可以计算出单产的变化率：

$\Delta YD = e^{YD}\Delta X^{YD}$

根据基期（2010 年）的数据和每年的增长率可以求出产量的预测值：

$$PD^f = AA^f \times YD^f = PD_{2010}(1 + \Delta PD_{2011})(1 + \Delta PD_{2012})\cdots(1 + \Delta PD_{2030})$$

其中，播种面积的预测值为：

$$AA^f = AA_{2010}(1 + \Delta AA_{2011})(1 + \Delta AA_{2012})\cdots(1 + \Delta AA_{2030})$$

单产的预测值为：

$$YD^f = YD_{2010}(1 + \Delta YD_{2011})(1 + \Delta YD_{2012})\cdots(1 + \Delta YD_{2030})$$

（2）动物产品生产方程形式。动物产品的产量是一系列相关变量的函数：

$\ln PD = a^{LS} + e^{LS}\ln X^{LS}$

动物产品产量的变化率为：

$\Delta PD = e^{LS}\Delta X^{LS}$

因此，动物产品产量的预测值为：

$$PD^f = PD_{2010}(1 + \Delta PD_{2011})(1 + \Delta PD_{2012})\cdots(1 + \Delta PD_{2030})$$

2. 需求方程

（1）食用需求方程形式。食用需求 FD 分为城镇居民食用需求 FD^U 和农村居民食用需求 FD^R。其中，城镇居民食用需求为城镇居民人均食用需求与城镇人口的乘积，农村居民食用需求为农村居民人均食用需求与农村人口的乘积。

$FD = FD^U + FD^R = PFD^U \times POP^U + PFD^R \times POP^R$

城乡居民的人均需求量是一系列变量（自价格、交叉价格和居民人均收入）的函数：

$$\ln PFD^{U(R)} = a^{FD} + e^{FD}\mathrm{Ln}X^{FD}$$

由此可以根据一系列弹性求出城乡居民人均需求量的变化率：

$$\Delta PFD^{U(R)} = e^{FD}\Delta X^{FD}$$

进而计算得到城乡居民食用需求量的变化率：

$$\Delta FD^{U} = \Delta PFD^{U} + \Delta POP^{U}$$

以及，

$$\Delta FD^{R} = \Delta PFD^{R} + \Delta POP^{R}$$

因此，食用需求量的预测值为：

$$FD^{f} = FD^{Uf} + FD^{Rf} = PFD^{Uf} \times POP^{Uf} + PFD^{Rf} \times POP^{Rf}$$

其中，城乡人均食用需求量的预测值为：

$$PFD^{U(R)f} = PFD_{2010}^{U(R)}(1 + \Delta PFD_{2011}^{U(R)})(1 + \Delta PFD_{2012}^{U(R)})\cdots(1 + \Delta PFD_{2030}^{U(R)})$$

城乡人口预测值为：

$$POP^{U(R)f} = POP_{2010}^{U(R)}(1 + \Delta POP_{2011}^{U(R)})(1 + \Delta POP_{2012}^{U(R)})\cdots(1 + \Delta POP_{2030}^{U(R)})$$

（2）谷物的工业需求方程形式。谷物的工业需求是一系列变量的函数：

$$\ln PRO = a^{PRO} + e^{PRO}\ln X^{PRO}$$

根据计算得出的弹性可以得到工业需求的变化率：

$$\Delta PRO = e^{PRO}\Delta X^{PRO}$$

进而可以求出工业需求量的预测值：

$$PRO^{f} = PRO_{2010}(1 + \Delta PRO_{2011})(1 + \Delta PRO_{2012})\cdots(1 + \Delta PRO_{2030})$$

（3）其他作物的其他需求方程形式。其他作物的其他需求的增长率设为外生，因此，其他需求的预测值为：

$$OTD^{f} = OTD_{2010}(1 + \Delta OTD_{2011})(1 + \Delta OTD_{2012})\cdots(1 + \Delta OTD_{2030})$$

（二）中国农产品供需模型的模拟方案

影响未来中国农产品供需的宏观经济因素主要包括中国经济增长率、人口趋势、城市化率、价格和汇率等。开展“十四五”期间中国主要农产品供需预测必然需要对上述主要外生宏观经济变量进行情景方案的设定，本部分中关于 2018—2025 年中国主要宏观经济变量（预测用的外生变量）是基于对已有预测结果或假定而做出的情景方案假定。在这些假定的不同设置情景下，本报告的模拟方案设置了三种，分别为中位方案、高位方案和低位方案。

经济增长率。考虑到未来中国人口增长速度将进一步趋缓，人均 GDP 变动速度与 GDP 变动速度将越来越趋于一致。笔者所使用的人均 GDP 增长率中位方案是在上述各机构预测结果的基础上进行适当调整得到的，即 2018—2020 年年均为 6.5%，2020—2025 年年均为 5.44%。

（1）人口增长。关于中国人口增长，以往有包括联合国在内的国内外的多种预测结果。但结果表明，联合国的预测结果更接近实际值。因此，本报告预测采用联合国的人口估计：2020 年和 2025 年中国人口的中位结果分别为 14.03 亿和 14.15 亿。

（2）城镇化率。联合国预测的 2020 年和 2050 年中国城镇化率分别为 61% 和 75.8%。该结果表明，2010—2020 年中国每年新增城镇人口约为 2000 万，2020 年后增长逐渐减缓；城镇化率逐年提高，但增长速度逐年放缓，基于此，本报告采用的城镇化率预测方案为：2020 年为 61.0%。

（3）价格。基于价格变动的不确定性及其影响因素的复杂性，本报告将农产品价格设定为外生变量，并分为国内农产品价格和国际农产品价格两个独立模块。就国内农产品价格而言，2018—2025 年其价格变化是 2000—2017 年趋势线上的延长；世界主要农产品价格的假定主要是来自世界银行、FAPRI 以及 OECD－FAO 等国际组织的预测或假定结果，这是因为各机构的预测结果均显示，未来粮食价格变动幅度不大，年平均变动率几乎都在 0.02 以下。

（4）汇率。本报告所采用的汇率预测数据来源于美国农业部。预测显示，尽管目前美元兑换人民币呈短期升值趋势，但未来美元兑人民币呈贬值趋势。美元兑人民币汇率在 2025 年达到 1∶4 左右。

三 “十四五”时期主要农产品供需展望

在主要宏观经济变量的情景方案假定下，以 2017 年为基期，利用中国农产品供需模型（CAPDSM，以下简称模型）对 2021—2025 年“十四五”期间的中国农产品供需形势进行了模拟预测。预测品种为水稻、小麦、玉米、大豆、油料作物、植物油、粕类、猪肉、牛肉、羊肉、禽肉、禽蛋、奶制品和水产品，并展示了中位方案、低位方案和高位方案的模拟结果。本部分将从总体供需预测结果和具体品种的结果分别进行说明。

（一）总体供需预测结果

2025 年是“十四五”规划的收官之年，粮食、油料及其制品和动物产品的总体供需预测结果整理在表 1 中。

首先，在国内外粮食供需形势日趋严峻的背景下，2025 年我国粮食净进口规模会继续增长，但是有能力确保口粮自给。如表 1 所示，在中位增长方案下，2025 年我国粮食的总需求量将达到 81568. 3 万吨，比 2017 年增长了 3264. 5 万吨，需求旺盛的原因主要为粮食饲料需求和工业需求的增长。2025 年粮食的国内产量为 65927. 9 万吨，比 2017 年略下降 3. 6 万吨，主要来源于播种面积的下滑。同时，中位方案下粮食净进口规模会在 2025 年进一步扩大到 15640. 4 万吨，比 2017 年增长了 3268. 1 万吨，自给率降至 80. 8%，下降了 3. 4 个百分点。其中，粮食的净进口主要源于大豆，而谷物和口粮的净进口量分别为 3528. 3 万吨和 1918. 4 万吨，自给率分别高达 94. 5% 和 94. 7%。在低位和高位方案下，粮食净进口量仍能达到 14023. 2 万—17103. 2 万吨，口粮自给率能保持 93. 5%—96. 0%。

其次，随着油料深加工发展、植物油需求旺盛以及粕类饲料需求的不断增长，我国油料及其制品总体供需都呈现增长趋势，油料及其制品也保持着净进口的基本局面。如表 1 所示，在中位方案下，2025 年我国油料及其制品总体的国内产量为 15583. 7 万吨，国内需求量为 16420. 4 万吨，比 2017 年分别提高了 926. 0 万吨和 1122. 3 万吨。同时，中位方案下 2025 年油料及其制品的净进口量达到了 836. 6 万吨，比 2017 年的净进口规模扩大了 196. 4 万吨。在低位方案下，2025 年油料及其制品的净进口量为

表 1　“十四五”时期农产品总体的供需预测结果

单位：万吨、%

品种	增长方案	国内产量			国内需求			净进口			自给率		
		中位	低位	高位	中位	低位	高位	中位	低位	高位	中位	低位	高位
粮食合计	2025 年预测结果	65927.9	66406.0	66063.1	81568.3	81696.1	83166.3	15640.4	14023.2	17103.2	80.8	81.3	79.4
	较基期增减	-3.6	474.5	131.6	3264.5	3392.3	4862.5	3268.1	1650.9	4730.9	-3.4	-2.9	-4.8
谷物	2025 年预测结果	60309.4	60503.6	60250.8	63837.6	63560.0	64820.2	3528.3	1789.5	4569.3	94.5	95.2	93.0
	较基期增减	-298.7	-104.5	-357.3	2114.3	1836.7	3096.9	2354.7	615.9	3395.7	-3.7	-3.0	-5.2
口粮	2025 年预测结果	34481.9	34522.2	34441.6	36400.2	35942.4	36853.2	1918.4	1420.3	2411.6	94.7	96.0	93.5
	较基期增减	-219.1	-178.8	-259.4	871.2	413.4	1324.2	1090.3	592.2	1583.5	-2.9	-1.6	-4.2
油料及其制品合计	2025 年预测结果	15583.7	15516.1	15954.9	16420.4	16017.3	16643.9	836.6	501.2	688.9	94.9	96.9	95.9
	较基期增减	926.0	858.3	1297.2	1122.3	719.3	1345.8	196.4	-139.0	48.7	-0.9	1.1	0.0
动物产品合计	2025 年预测结果	22244.0	22084.5	22227.5	24770.6	24540.5	25104.3	2526.7	2456.0	2876.8	89.8	90.0	88.5
	较基期增减	942.0	782.5	925.5	1856.3	1626.1	2189.9	914.3	843.6	1264.4	-3.2	-3.0	-4.4
肉类	2025 年预测结果	8814.4	8790.4	8810.9	9478.8	9421.4	9566.1	664.5	631.0	755.2	93.0	93.3	92.1
	较基期增减	92.6	68.7	89.1	518.7	461.3	605.9	426.1	392.6	516.9	-4.3	-4.0	-5.2
蛋奶水产品	2025 年预测结果	13429.6	13294.0	13416.6	15291.8	15119.0	15538.2	1862.2	1825.0	2121.6	87.8	87.9	86.3
	较基期增减	849.4	713.8	836.4	1337.6	1164.8	1584.0	488.2	451.0	747.6	-2.3	-2.2	-3.8

注：1. 基期为 2017 年。2. 粮食包括小麦、水稻、大米、大豆和其他粮食；谷物包括小麦、水稻和玉米；口粮只包括小麦和水稻。3. 油料及其制品包括油料作物（不包括大豆）、植物油和粕类。4. 动物产品包括猪肉、牛肉、羊肉、禽肉、禽蛋、水产品和奶制品；肉类包括猪肉、牛肉、羊肉和禽肉；蛋奶水产品包括禽蛋、水产品和奶制品。

资料来源：笔者根据 CAPDSM 模型的测算。

501.2 万吨，比2017 年下降了 139.0 万吨。在高位方案下，2025 年油料及其制品的净进口量为 688.9 万吨，比 2017 年增长了 48.7 万吨。

最后，居民消费需求向动物产品的转型升级拉动了需求增长，但国内产能增长乏力使动物产品也进入全面净进口的时代。如表 1 所示，在中位方案下，2025 年我国动物产品的国内产量为 22244.0 万吨，国内需求量为 24770.6 万吨，比 2017 年分别提高了 942.0 万吨和 1856.3 万吨。其中，肉类产量增长 92.6 万吨，需求量增长 518.7 万吨；蛋奶水产品产量增长 849.4 万吨，需求量增长 1337.6 万吨。同时，中位方案下 2025 年动物产品的净进口量将达到 2526.7 万吨，比 2017 年的净进口规模扩大了 914.3 万吨。其中，肉类和蛋奶水产品的净进口量分别为 664.5 万吨和 1862.2 万吨，分别占 26% 和 74%。在低位和高位方案下，2025 年动物产品的净进口量分别为 2456.0 万吨和 2876.8 万吨。可见，动物产品的净进口中绝大部分来源于优质蛋白含量较高的蛋奶水产品。

（二）具体农产品的供需预测结果

1. 粮食

从口粮来看，一方面，我国小麦在"十四五"期间将呈现产量基本稳定、总需求量略微增加，净进口量不断增长的态势。根据表 2 的模拟结果，2021—2025 年中国的小麦产量基本稳定在 1.3 亿吨左右。小麦需求量在三种方案下都呈现略微增长态势，基本维持在 1.4 亿吨左右，主要是饲料需求和工业需求的拉动，而食用需求呈下降趋势。小麦的净进口数量将进一步增加，在中位、低位和高位方案下，2025 年我国的小麦的净进口量将分别达到最高峰的 952. 5 万吨、757. 4 万吨和 1143. 0 万吨。同时，2025 年我国小麦的自给率在三个方案下保持在 92. 0%—94. 6%。

表 2　“十四五”时期小麦的供需平衡预测结果

单位：万吨

年份	国内产量			国内需求			净进口		
2017	13433. 4			13856. 7			423. 3		
增长方案	中位	低位	高位	中位	低位	高位	中位	低位	高位
2021	13254. 9	13274. 1	13235. 7	14058. 3	13971. 1	14142	803. 4	697. 0	906. 3
2022	13250. 9	13274. 3	13227. 4	14093. 9	13989. 4	14194. 7	843. 1	715. 1	967. 3
2023	13246. 8	13274. 6	13219. 1	14127. 6	14005. 4	14245. 8	880. 8	730. 8	1026. 7
2024	13242. 8	13274. 8	13210. 8	14159. 9	14019. 6	14295. 9	917. 2	744. 8	1085. 1
2025	13238. 8	13275. 1	13202. 5	14191. 3	14032. 4	14345. 5	952. 5	757. 4	1143. 0

资料来源：笔者根据 CAPDSM 模型的测算。

另一方面，我国水稻的总产量、总需求量和净进口量在“十四五”期间都将呈现稳步扩大趋势。根据表 3 的模拟结果，2021—2025 年我国水稻产量基本维持在 2. 1 亿吨左右。水稻总需求量持续增长，如果采用中位方案，2025 年水稻需求量将增至 2. 22 亿吨。从贸易方面看，中位方案下我国水稻的净进口量将从 2021 年的 820. 7 万吨增长到 2025 年的 965. 9 万吨，2025 年水稻净进口在低位方案下为 662. 9 万吨，在高位方案下为 1268. 6 万吨。同时，2025 年的水稻自给率也达到 94. 4%—97. 0%。

可见，在“谷物基本自给、口粮绝对安全”的粮食安全战略下，我国口粮安全在“十四五”期间依然可以有所保证。

表 3　　“十四五”时期水稻的供需平衡预测结果

单位：万吨

年份	国内产量			国内需求			净进口		
2017	21267.6			21672.3			404.8		
增长方案	中位	低位	高位	中位	低位	高位	中位	低位	高位
2021	21186.6	21189.2	21184.0	22007.4	21843.5	22171.1	820.7	654.3	987.1
2022	21200.7	21203.7	21197.8	22060.7	21864.3	22257.0	860.0	660.6	1059.3
2023	21214.8	21218.1	21211.5	22111.4	21881.7	22341.0	896.6	663.5	1129.5
2024	21229.0	21232.6	21225.3	22160.5	21896.6	22424.2	931.5	664.0	1198.9
2025	21243.1	21247.1	21239.1	22208.9	21910.0	22507.7	965.9	662.9	1268.6

资料来源：笔者根据 CAPDSM 模型的测算。

对于口粮外的重要谷物，我国玉米在“十四五”期间的总产量、总需求量和净进口量都将呈现稳步扩大趋势。根据表 4 的模拟结果，2021—2025 年我国玉米产量基本维持在 2.55 亿—2.60 亿吨，是三大谷物中产量最高的品种，增产主要归因于单产的提高，其实玉米的播种面积在下降。玉米总需求量持续增长，中位、低位和高位方案下的 2025 年玉米需求量将分别增至约 2.74 亿吨、2.76 亿吨和 2.80 亿吨，这是由于玉米的饲料需求和工业需求增长所致。玉米的供需缺口持续拉大，中位方案下我国玉米的净进口量将从 2021 年的 1068.7 万吨增长到 2025 年的 1609.9 万吨，增幅接近 60%，2025 年的自给率也达到 94.1%。

表4　　　“十四五”时期玉米的供需平衡预测结果

单位：万吨

年份	国内产量			国内需求			净进口		
2017	25907. 1			26194. 3			345. 5		
增长方案	中位	低位	高位	中位	低位	高位	中位	低位	高位
2021	25591. 9	25675. 4	25581. 8	26660. 7	26782. 4	27028. 6	1068. 7	-64. 2	1446. 7
2022	25650. 6	25751. 6	25638. 5	26851. 3	27021. 7	27293. 2	1200. 7	40. 4	1654. 7
2023	25709. 5	25828. 0	25695. 3	27044. 0	27217. 4	27514. 5	1334. 5	147. 5	1819. 2
2024	25768. 4	25904. 6	25752. 2	27239. 3	27416	27739. 1	1470. 9	257. 1	1986. 9
2025	25827. 5	25981. 4	25809. 2	27437. 4	27617. 6	27967	1609. 9	369. 2	2157. 7

资料来源：笔者根据 CAPDSM 模型的测算。

粮食总体的贸易逆差主要来源于大豆，在“十四五”期间，我国大豆的总产量、总需求量和净进口量也都呈增长态势，进口规模依旧庞大。根据表 5 的模拟结果，2021—2025 年我国大豆产量依旧处于低位，基本维持在 1300 万—1600 万吨。由于动物产品需求增长带来的大量饲料需求，大豆作为主要植物蛋白供给源，2021—2025 年的总需求量将持续增长，其中，中位、低位和高位方案下的 2025 年大豆需求量将分别增至 1. 04 亿吨、1. 09 亿吨和 1. 10 亿吨。大豆的供需缺口继续停留在高位并有所扩张，中位方案下我国大豆的净进口量将从 2021 年的 8742. 9 万吨增长到 2025 年的 9089. 5 万吨。可见，未来我国粮食进口缺口主要来源于大豆，随着新冠肺炎疫情在全球蔓延，如果大豆进口受限，很有可能将影响下游的动物养殖产业。

2. 油料及其制品

“十四五”期间我国油料作物产量和需求量均将持续增长，

表 5　　　　“十四五”时期大豆的供需平衡预测结果

单位：万吨

年份	国内产量			国内需求			净进口		
2017	1299			9709. 1			8410. 1		
增长方案	中位	低位	高位	中位	低位	高位	中位	低位	高位
2021	1323. 6	1555. 7	1558. 6	10066. 5	10491. 8	10645. 8	8742. 9	8936. 1	9087. 1
2022	1330. 4	1563. 3	1567. 0	10158. 6	10585. 6	10740. 0	8828. 2	9022. 4	9172. 9
2023	1337. 2	1570. 9	1575. 5	10251. 7	10680. 6	10835. 2	8914. 5	9109. 6	9259. 7
2024	1344. 1	1578. 6	1584. 0	10345. 9	10776. 5	10931. 5	9001. 8	9197. 9	9347. 5
2025	1352. 0	1587. 4	1593. 8	10441. 5	10874. 0	11029. 4	9089. 5	9286. 6	9435. 7

资料来源：笔者根据 CAPDSM 模型的测算。

依然将依赖国际市场，并且依赖程度有所加强（中位和高位方案）。如表 6 所示，总体来看，如果按照中位方案推算，我国油料作物的净进口量将在 2025 年达到 551. 6 万吨，比 2017 年增长近 24%；如果按照高位方案推算，油料作物的净进口量可能会达到 495. 1 万吨；但是在低位增长水平下，油料作物的净进口量将下降至 201. 7 万吨。

表 6　　　　“十四五”时期油料作物的供需平衡预测结果

单位：万吨

年份	国内产量			国内需求			净进口		
2017	3255. 8			3699. 8			444. 0		
增长方案	中位	低位	高位	中位	低位	高位	中位	低位	高位
2021	3288. 9	3287. 2	3290. 6	3801. 4	3454. 0	3747. 7	512. 6	166. 9	457. 1
2022	3311. 8	3308. 9	3314. 7	3831. 8	3482. 3	3778. 9	520. 1	173. 4	464. 2
2023	3330. 8	3326. 9	3334. 7	3860. 9	3509. 3	3808. 8	530. 1	182. 4	474. 0
2024	3348. 6	3343. 8	3353. 5	3889. 9	3536. 2	3838. 5	541. 2	192. 4	485. 0
2025	3367. 7	3361. 9	3373. 7	3919. 3	3563. 5	3868. 7	551. 6	201. 7	495. 1

注：本报告中的油料作物包括油菜籽和花生，不包括大豆，大豆归于粮食。
资料来源：笔者根据 CAPDSM 模型的测算。

“十四五”期间我国植物油的产量和需求量将持续增加，中位和低位方案表明植物油同样将更加依赖国际市场。如表 7 所示，在中位增长方案下，2025 年我国植物油的净进口量将比 2017 年的 149.1 万吨增加 57.9 万吨；如果按照高位方案，植物油的净进口量将下降到 111.9 万吨；在低位增长水平下，植物油的净进口量将增长到 225.4 万吨，比 2017 年增长 51%。

表 7　“十四五”时期植物油的供需平衡预测结果

单位：万吨

年份	国内产量			国内需求			净进口		
2017	2742.3			2891.4			149.1		
增长方案	中位	低位	高位	中位	低位	高位	中位	低位	高位
2021	2833.3	2802.5	2938.6	3010.4	3004.4	3016.5	177.1	201.9	77.9
2022	2856.7	2825.8	2962.6	3041.1	3033.4	3048.7	184.4	207.6	86.2
2023	2880.2	2849.3	2986.8	3072.0	3062.8	3081.4	191.8	213.5	94.6
2024	2904.0	2873.0	3011.2	3103.4	3092.4	3114.4	199.3	219.4	103.2
2025	2928.1	2897.0	3035.9	3135.1	3122.4	3147.8	207.0	225.4	111.9

注：本报告中的植物油主要包括豆油、菜籽油和花生油。

资料来源：笔者根据 CAPDSM 模型的测算。

在植物油籽和植物油产量均增加的情况下，粕类的产量也相应迅速增加。如表 8 所示，预计 2025 年我国的粕类产量将达到 9257.2 万—9545.4 万吨。与 2017 年相比，低中高三种增长方案的增长率分别为 6.9%、7.3% 和 10.2%。同时，粕类的国内需求量随动物产品产量的增加而不断增加，在中位方案下，2025 年粕类的需求量将达到 9366.0 万吨，比 2017 年增长 7.6%。从 2023 年开始，我国将从粕类的净出口国转为净进口国，2025 年粕类的净进口量预计在 74.2 万—82.0 万吨。

表 8　　　　“十四五”时期粕类供需平衡预测结果

单位：万吨

年份	国内产量			国内需求			净进口		
2017	8659. 7			8706. 8			47. 1		
增长方案	中位	低位	高位	中位	低位	高位	中位	低位	高位
2021	8967. 1	8933. 6	9217. 5	8915. 0	8884. 1	9162. 8	-52. 1	-49. 5	-54. 7
2022	9046. 0	9013. 2	9298. 2	9033. 9	9001. 7	9285. 5	-12. 1	-11. 5	-12. 7
2023	9125. 8	9093. 6	9379. 7	9179. 9	9145. 0	9436. 5	54. 1	51. 4	56. 8
2024	9206. 4	9175. 0	9462. 1	9270. 4	9235. 8	9529. 3	64. 0	60. 8	67. 2
2025	9287. 9	9257. 2	9545. 4	9366. 0	9331. 3	9627. 3	78. 1	74. 2	82. 0

注：本报告中的粕类主要包括豆粕、菜籽粕和花生粕。
资料来源：笔者根据 CAPDSM 模型的测算。

3. 动物产品

虽然近一年猪肉产能有所下降，但是随着未来扶持政策的支持，“十四五”期间猪肉产量将继续增长，如表 9 所示，在中位方案下，2025 年预计将达到 5486. 1 万吨，比 2017 年略微增长 34. 3 万吨。居民增收将拉动猪肉需求持续增长，在中位、低位和高位方案下，2025 年猪肉的国内需求将分别增长到 5821. 3 万吨、5792. 0 万吨和 5840. 7 万吨，比 2017 年增长 3. 9%—4. 8%。未来猪肉的净进口也将扩大，中位方案下猪肉的净进口量将从 2021 年的 189. 5 万吨增长到 2025 年的 335. 2 万吨，比 2017 年增长了 1. 7 倍多。猪肉进口的增长有非洲猪瘟带来的国内猪肉产能下降的原因，从未来趋势来看，更主要的是需求侧的居民食物消费转型升级的拉动。

表 9　　“十四五”时期猪肉的供需平衡预测结果

单位：万吨

年份	国内产量			国内需求			净进口		
2017	5451.8			5573.8			122.0		
增长方案	中位	低位	高位	中位	低位	高位	中位	低位	高位
2021	5473.6	5462.1	5473.0	5663.1	5644.6	5671.6	189.5	182.5	198.6
2022	5476.7	5463.6	5474.7	5705.6	5684.4	5716.7	228.8	220.8	242.1
2023	5479.8	5465.1	5476.3	5745.9	5722.0	5759.8	266.1	256.9	283.5
2024	5482.9	5466.6	5478.0	5784.4	5757.8	5801.0	301.4	291.3	323.1
2025	5486.1	5468.1	5479.6	5821.3	5792.0	5840.7	335.2	324.0	361.1

资料来源：笔者根据 CAPDSM 模型的测算。

“十四五”期间牛羊肉产量和需求量均呈增加的趋势。如表 10 所示，牛肉产量将从 2017 年的 634.6 万吨扩大到 2025 年的 651.5 万—654.3 万吨，需求量将从 703.6 万吨增加至 770.5 万—801.3 万吨。如表 11 所示，羊肉产量和需求量分别增至 2025 年的 496.0 万—500.3 万吨和 536.5 万—559.2 万吨，比基期增长 10.4%—15.0%。

表 10　　“十四五”时期牛肉的供需平衡预测结果

单位：万吨

年份	国内产量			国内需求			净进口		
2017	634.6			703.6			69.0		
增长方案	中位	低位	高位	中位	低位	高位	中位	低位	高位
2021	643.9	643.0	644.4	736.2	745.0	766.8	92.3	102.1	122.4
2022	646.3	645.1	646.9	745.1	753.8	775.7	98.8	108.7	128.9
2023	648.6	647.2	649.3	753.8	762.4	784.4	105.1	115.2	135.1
2024	651.0	649.3	651.8	762.2	770.8	792.9	111.2	121.4	141.1
2025	653.4	651.5	654.3	770.5	779.0	801.3	117.2	127.5	147.0

资料来源：笔者根据 CAPDSM 模型的测算。

由于牛羊肉需求增速快于产量增速，预计我国未来牛羊肉自给自足的局面将不复存在，净进口量将不断扩大。预计 2025 年牛肉的国内需求缺口将达到 117.2 万—147.0 万吨，比基期的 69.0 万吨增长 69.8%—113.0%，羊肉的需求缺口将达到 40.5 万—58.9 万吨，比基期的 15.0 万吨更是增长了 1.7—2.9 倍。可见，牛羊肉净进口扩大的速度要快于猪肉，这可能是因为牛羊肉比猪肉含有更少的胆固醇和脂肪，消费者的健康需求带动牛羊肉消费需求增速比猪肉更快。

表 11　“十四五”时期羊肉的供需平衡预测结果

单位：万吨

年份	国内产量			国内需求			净进口		
2017	471.1			486.1			15.0		
增长方案	中位	低位	高位	中位	低位	高位	中位	低位	高位
2021	484.8	483.4	485.5	526.1	514.9	536.6	41.3	31.5	51.2
2022	488.3	486.5	489.1	531.9	520.6	542.5	43.6	34.1	53.4
2023	491.8	489.7	492.8	537.5	526.1	548.3	45.7	36.4	55.4
2024	495.3	492.8	496.6	543.0	531.4	553.8	47.7	38.5	57.3
2025	498.9	496.0	500.3	548.3	536.5	559.2	49.4	40.5	58.9

资料来源：笔者根据 CAPDSM 模型的测算。

“十四五”期间禽肉的产量和需求量也将持续增长。如表 12 所示，在中位增长方案下，禽肉产量和需求量将分别从 2017 年的 2164.3 万吨和 2196.7 万吨增长至 2025 年的 2176.1 万吨和 2338.7 万吨。可见，禽肉需求增速要高于产量增速。禽肉的净进口量将不断扩大。在中位、低位和高位增长方案下，2025 年禽肉净进口量分别为 162.6 万吨、139.0 万吨和 188.2 万吨，比基期的32.4万吨增长了4.0倍、3.3倍和4.8倍。禽肉也成为猪肉后第二大进口肉类产品。

表12　　“十四五”时期禽肉的供需平衡预测结果

单位：万吨

年份	国内产量			国内需求			净进口		
2017	2164.3			2196.7			32.4		
增长方案	中位	低位	高位	中位	低位	高位	中位	低位	高位
2021	2170.2	2169.6	2170.5	2301.2	2276.9	2326.6	131.0	107.4	156.2
2022	2171.6	2170.9	2172.0	2311.6	2287.3	2337.3	140.0	116.4	165.3
2023	2173.1	2172.2	2173.5	2321.3	2296.8	2347.2	148.2	124.5	173.6
2024	2174.6	2173.5	2175.1	2330.2	2305.6	2356.3	155.7	132.0	181.2
2025	2176.1	2174.9	2176.6	2338.7	2313.9	2364.9	162.6	139.0	188.2

资料来源：笔者根据CAPDSM模型的测算。

除肉类之外，蛋、奶、水产品在动物产品中的重要性日益凸显。禽蛋的供需变动情况与肉类较为相似，“十四五”期间禽蛋产量和需求量都会双双增长。如表13所示，在中位增长方案下，禽蛋产量将从2017年的3096.3万吨增至2025年的3304.3万吨，需求量将从2017年的3075.3万吨增至2025年的3311.9万吨。虽然2017年禽蛋仍有21.0万吨的净出口规模，但是“十四五”期间禽蛋将完全处于净进口的状态，但是净进口量会逐步收窄，在中位、低位和高位增长方案下，2025年禽肉净进口量分别为7.6万吨、1.3万吨和20.7万吨，比2021年下降了17.4万—31.1万吨。

“十四五”期间奶制品的产量和需求量将持续增长。如表14

所示，在中位增长方案下，奶制品产量和需求量将分别从 2017 年的 3038. 6 万吨和 4453. 6 万吨增长至 2025 年的 3310. 1 万吨和 4969. 4 万吨，增幅分别为 8. 9% 和 11. 6%。奶制品需求的快速增长可能与人口结构变动有较大关系，因为儿童和老年人的奶制品消费更高。同时，受三聚氰胺奶安全事件的后续影响，在消费者对国产奶类的消费信心没有显著提升的情况下，奶制品的净进口量将继续扩大。2025 年奶制品净进口量将达到 1564. 1 万—1846. 9 万吨，比基期的 1415. 0 万吨增长 10. 5%—30. 5%。

表 13　“十四五”时期禽蛋的供需平衡预测结果

单位：万吨

年份	国内产量			国内需求			净进口		
2017	3096. 3			3075. 3			-21. 0		
增长方案	中位	低位	高位	中位	低位	高位	中位	低位	高位
2021	3198. 6	3188. 3	3203. 8	3232. 7	3206. 9	3255. 6	34. 1	18. 7	51. 8
2022	3224. 7	3211. 7	3231. 2	3254. 4	3228. 1	3277. 5	29. 7	16. 5	46. 3
2023	3251. 0	3235. 3	3258. 9	3274. 7	3248. 0	3298. 1	23. 7	12. 7	39. 1
2024	3277. 5	3259. 0	3286. 8	3293. 8	3266. 6	3317. 4	16. 3	7. 6	30. 6
2025	3304. 3	3282. 9	3315. 0	3311. 9	3284. 2	3335. 7	7. 6	1. 3	20. 7

资料来源：笔者根据 CAPDSM 模型的测算。

“十四五”期间水产品产量和需求量也均呈增加的趋势。如表 15 所示，产量将从 2017 年的 6445. 3 万吨扩大到 2025 年的 6729. 1 万—6815. 2 万吨，需求量将从 6425. 3 万吨增加至 6988. 7 万—7031. 5 万吨。我国水产品的净进口的数量将不断扩大。2017 年我国水产品还为净出口 20. 0 万吨的状态，2025 年水产品的国内需求缺口将达到 195. 3 万—259. 6 万吨。我国水产品存在显著的产业内贸易，出口量和进口量都较高，如何优化产业内贸易结构是重要课题。

表 14　“十四五”时期奶制品的供需平衡预测结果

单位：万吨

年份	国内产量			国内需求			净进口		
2017	3038.6			4453.6			1415.0		
增长方案	中位	低位	高位	中位	低位	高位	中位	低位	高位
2021	3171.4	3158.0	3178.2	4761.4	4639.7	4962.3	1590.0	1481.7	1784.1
2022	3205.5	3188.5	3214.1	4815.7	4693.5	5016.7	1610.1	1505.0	1802.7
2023	3240.0	3219.4	3250.4	4868.2	4745.6	5069.5	1628.2	1526.3	1819.1
2024	3274.9	3250.6	3287.1	4919.4	4796.4	5120.9	1644.5	1545.9	1833.8
2025	3310.1	3282.0	3324.2	4969.4	4846.1	5171.0	1659.3	1564.1	1846.9

资料来源：笔者根据 CAPDSM 模型的测算。

表 15　“十四五”时期水产品的供需平衡预测结果

单位：万吨

年份	国内产量			国内需求			净进口		
2017	6445.3			6425.3			-20.0		
增长方案	中位	低位	高位	中位	低位	高位	中位	低位	高位
2021	6627.7	6585.7	6609.3	6768.3	6747.4	6788.8	140.6	161.7	179.5
2022	6674.1	6621.2	6650.9	6831.9	6810.7	6852.5	157.8	189.5	201.6
2023	6720.8	6657.0	6692.8	6893.2	6871.8	6913.9	172.4	214.8	221.1
2024	6767.9	6692.9	6735.0	6952.7	6931.0	6973.5	184.8	238.1	238.5
2025	6815.2	6729.1	6777.4	7010.6	6988.7	7031.5	195.3	259.6	254.1

资料来源：笔者根据 CAPDSM 模型的测算。

四　对策建议

本报告的模拟分析结果表明，“十四五”期间中国农产品将呈现全面净进口的基本态势，表明未来食物安全形势总体严峻。如何在需求转型升级、供给侧受阻和国际新形势下，因势利导地提前做好农产品进口增加的预案，已经成为确保中国食物安全的关键问题。对此，提出如下政策建议：

第一，树立综合食物安全观，统筹农业政策和食物安全目标。在“十四五”期间需要牢固树立包含粮食安全、生态安全、能源安全、关联产业安全、应急通道安全、地缘政治安全在内的综合食物安全观，从农产品及其关联系统的综合层面，统筹农业供给侧结构性改革和食物安全的协同发展，统筹乡村振兴战略与食物安全的协同发展。

第二，稳固国内粮食生产，建立以东北、西北和中原地区为核心的国家粮食安全保障区。立足强化国内粮食生产潜力来确保国家粮食安全的战略思路，建立粮食安全核心保障区，开展区域的粮食供需匹配制度，提供有利于粮食生产的特殊制度安排。尤其是土地经营制度、新型粮食经营主体培育方面的制度，应优先安排在粮食安全保障核心区实施，并根据实际情况因地制宜逐步推开。

第三，遏制国内耕地减少态势，坚定和强化农业土地利用的用途管制制度。与日常遥感、区块链和网格化的群众监督机制相结合，建立有效的耕地变动监测体系，加强农业执法功能和权限，防止耕地资源被“蚕食”，守住国内耕地“红线”，夯实确保粮食安全的供给力。同时，还要有机协调好粮食种植和非粮化耕地面积之间的关系。

第四，确保油料及其制品的有效供给，促进国内油料生产和植物油进口产品多样化和产地多元化。因地制宜建立油料生产基地和食用植物油加工基地，促进国内大豆、花生和油菜籽等油料生产和油料深加工，可以在东北地区加大对大豆高产品种和玉米、大豆间作新农艺推广的支持力度。同时，确保食用植物油进口的产品多样化和产地多元化，鼓励油料生产和加工企业“走出去”，到油料主产地进行投资和收购，从源头确保油料的稳定供给。

第五，保证高质量动物产品供给，构建高效、可持续、多元化的畜牧渔产业供需体系。应该提高我国畜牧渔业饲料的利用率，开发新型饲料利用技术，以应对新冠肺炎疫情在国际间加速蔓延给国内饲料供给带来的不确定性冲击。同时，应该引导消费者从以猪肉为主的动物产品摄入模式向肉、蛋、奶、水产品多元化消费模式转变，这可以有效缓解非洲猪瘟疫情所带来猪肉产能下降。还需要强化畜禽生产者的环保意识，倡导绿色养殖和养殖废弃物再利用。另外，要注重动物产品的质量安全问题，避免再次出现类似于三聚氰胺事件的食物质量安全事件。

第六，健全国家食物安全的监测和预警机制，强化农产品的储备和应急管理能力。要重点加强对中国人口规模和结构变动以及区域迁移的监测与研判，有效把握未来农产品需求的结构变动趋势和区域集中需求效应。同时，增加对智慧粮仓的支持力度，建立更加完善的仓库轮转制度，尤其是要健全粮食应急保障和供应体系，优化粮食应急供应、配送、加工布局，以应对新冠肺炎疫情等公共突发事件下的粮食供给。

第七，提升对国际农产品市场和价格的话语权、影响力、控制力。充分利用日益扩大的市场优势，推动建立农产品进口国家或地区联盟的国际制度安排，积极开拓“一带一路”沿线国家市场，尤其是远东和中亚及东南亚的周边市场，确保进口来源的近距离化和多元化。

参考文献

1. 陈永福、钱小平、韩昕儒：《2030 年中国食物供求展望》，中国农业出版社 2015 年版。
2. 陈永福：《中国食物供求与预测》，中国农业出版社 2004 年版。
3. 杜志雄、韩磊：《供给侧生产端变化对中国粮食安全的影响研究》，《中国农村经济》2020 年第 4 期。
4. 黄季焜、杨军、仇焕广：《新时期国家粮食安全战略和政策的思考》，《农业经济问题》2012 年第 3 期。
5. 李国景、陈永福：《少子老龄化、家庭结构与城镇居民食物消费——基于成人等价尺度方法的实证研究》，《南开经济研究》2018 年第 3 期。
6. 司伟、张玉梅、樊胜根：《从全球视角分析在新冠肺炎疫情下如何保障食物和营养安全》，《农业经济问题》2020 年第 3 期。
7. 唐华俊：《新形势下中国粮食自给战略》，《农业经济问题》2014 年第 2 期。
8. 王济民、张灵静、欧阳儒彬：《改革开放四十年我国粮食安全：成就、问题及建议》，《农业经济问题》2018 年第 12 期。
9. 钟甫宁：《正确认识粮食安全和农业劳动力成本问题》，《农业经济问题》2016 年第 1 期。

10. Xinru Han, Sansi Yang, Yongfu Chen, Yongchun Wang, "Urban Segregation and Food Consumption", *China Agricultural Economic Review*, Vol. 11, No. 4, 2019.

11. Zhihao Zheng, Shida Rastegari Henneberry, Yinyu Zhao, Ying Gao, "Predicting the Changes in the Structure of Food Demand in China", *Agribusiness*, Vol. 35, No. 3, 2019.

“十四五”时期农业国际合作的战略思路

胡冰川*

摘　要：“十三五”期间，中国农业国际合作取得了巨大成就，随着国际政治经济环境的变化，“十四五”期间中国农业国际合作将面临全新问题。本报告从农产品贸易、农业投资与农业科技合作三个维度，全面分析了“十三五”期间农业国际合作的发展变化，并对“十四五”农业国际合作的重大问题进行了前瞻性讨论。结果显示，在战术层面对全球农业资源进行优化配置的空间仍然很大，在战略层面则需要有更多的时间韧性与更合理的构架设计。“十四五”期间农业国际合作除了需要解决具体现实问题，仍然需要面向全球，建构更为系统、灵活、开放的政策体系。

关键词：“十四五”规划　农业国际合作　对策建议

* 胡冰川，博士，中国社会科学院农村发展研究所研究员，硕士生导师，主要研究方向为农产品贸易与政策。

The Strategy of Agricultural International Cooperation during the 14th Five - year Plan Period

Hu Bingchuan

Abstract: During the 13th Five - Year Plan period, Chinese international agricultural cooperation had achieved great success. With the change of international political and economic environment, Chinese international agricultural cooperation will face new problems. This paper comprehensively analyzed the changes in international agricultural cooperation development during 13th Five - Year Plan from three aspects, including agricultural product trade, agricultural investment and cooperation of agricultural technology, and discussed prospects of several major issues in international agricultural cooperation in 14th Five - Year Plan. Finally, the results shown that: at the tactical level, the space for optimal allocating the global agricultural resources is still large; at the strategic level, the international agricultural cooperation requires more time resilience and more reasonable framework design. The international agricultural cooperation during

14th Five - Year Plan not only needs to solve specific real - world problems, but also needs to build a more systematic, flexible and open policy regime.

Key Words: The 14th Five - Year Plan　Agricultural International Cooperation　Suggestions

一　“十三五”时期农业国际合作的主要成就

“十三五”期间，中国农业国际合作事业取得了巨大成就。在农产品贸易、农业国际投资、农业科技合作和农业对外援助等方面取得了全面进步，对保障国家粮食安全、服务外交外贸大局做出了重大贡献。

（一）农产品贸易

2016—2019 年，中国农产品贸易总额从 1845.6 亿美元增长到 2300.7 亿美元，增幅为 24.7%。其中农产品出口额从 729.9 亿美元增长到 791 亿美元，增长了 8.4%，农产品进口额从 1115.7 亿美元增长到 1509.7 亿美元，增长了 35.3%。其间，农产品贸易逆差从 385.8 亿美元增长到 718.7 亿美元，增长了 86.3%。同期，农产品贸易占货物贸易的比重基本维持在 5%。

从发展阶段来看，“十三五”时期农产品贸易发展与国民经济发展较为匹配，没有超越或滞后于经济社会发展，表现为：农产品贸易逆差持续扩大。作为人均农业资源相对紧张的国家，面对日益增长的美好生活需要，农产品进口和贸易逆差增加是居民消费升级的自然结果。农产品贸易逆差对应的事实是从国外进口农业资源满足国内消费需求，反映出中国经济社会发展正步入新阶段。

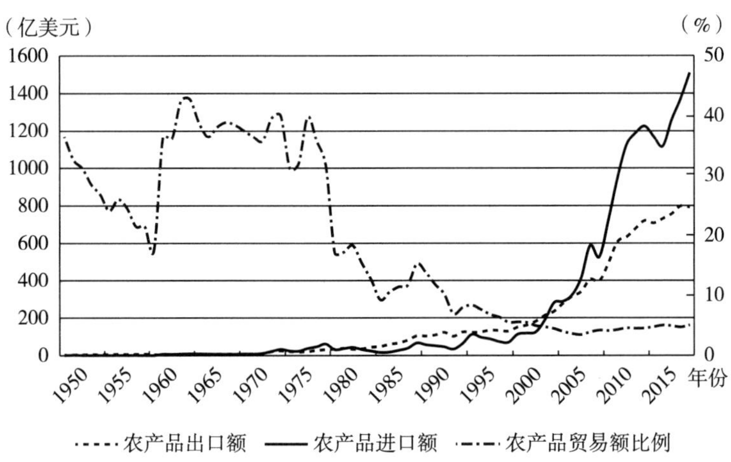

图 1　中国农产品贸易变化情况

资料来源：1. 1950—1960 年数据来自《对外贸易统计年鉴》；2. 1961—1979 年数据为 FAO 数值；3. 1980—1994 年数据来自《对外贸易统计年鉴》；4. 1995 年以后数据来自农业农村部。

1. 粮食

2016 年以来，中国粮食贸易总体保持稳定。其间，尽管国内农业支持政策调整，将玉米临时收储政策改革为生产者补贴，粮食贸易的品种结构也发生变化，但是总量大体保持稳定。2019 年中国谷物进口量为 1791. 8 万吨，较 2016 年的 2199. 7 万吨下降了 18. 5%；同期谷物出口量从 63. 3 万吨增长到 323. 6 万吨，增长了 408. 8%。从数据来看，的确出现了一定幅度的变化，特

别是谷物出口，但是实际意义并不大，主要是相对于国内谷物产量而言。2019 年，中国谷物产量 6.13 亿吨，不足 200 万吨的贸易量变化相对比例仍然较小。就此而言，“十三五”期间，中国粮食贸易总体稳定，主要源于国内粮食安全战略“谷物基本自给，口粮绝对安全”。

2. 油籽油料

“十三五”期间，中国油籽贸易出现较大波折。作为全球最大的油籽进口国，一段时期以来，油籽消费和进口始终保持增长，但是从 2018 年开始，由于中美经贸摩擦的不断升级，加之世界政治经济格局带来的贸易不确定性增加，中国油籽进口出现较大波折。以大豆进口为例，2017 年中国大豆进口达到历史最高纪录 9552.6 万吨后，结束了 1996 年中国开放大豆市场以来的连年进口增长，受中美经贸摩擦影响，2019 年中国大豆进口量为 8851 万吨。对比油籽油料的消费需求与进口贸易之间的关系，当前食用植物油国内消费量及粕类饲用消费维持已经维持在较高水平，进口贸易即使存在一些波折，对国内农产品市场与重要农产品保障的负面影响不大。

3. 经济作物

“十三五”期间，中国农产品进口已经从传统土地密集型开始渗透进入劳动密集型农产品。2016 年以来，棉花、食糖进口继续保持增长。除此之外，劳动密集型的蔬菜、水果，作为重要的出口创汇农产品，进口也开始不断增长，并开始显现出逆差化趋势。2018 年，中国水果出口 71.6 亿美元，进口 84.2 亿美元，出现历史上首次水果贸易逆差；2019 年，水果出口 74.5 亿美元，进口 103.6 亿美元，逆差进一步扩大。同样地，“十三五”期间，蔬菜进出口也出现这一苗头，即出口保持稳定，但是进口快速增加。主要显现出中国食物消费的多元化，与资源禀赋与出口竞争力关系不大，农产品的产业内贸易开始形成。举例来看，当前中国已经是全球最大的辣椒生产国、最大的辣椒进口国和最大的辣椒出口国。食物消费多元化的最终结果是农产品进口将不断分化。

4. 畜产品

与蔬菜、水果进口逻辑相一致的是，2016 年以来，中国畜产品进口仍然保持快速增长。由于畜产品进口来源地相对广泛，因此受中美经贸摩擦影响较小，始终保持较快增速。一般意义上，中国畜产品进口源于国内农业生产的资源约束，另外还存在一种拉动作用，主要源于收入增长带来的消费升级，消费刺激了畜产品进口增长。以乳品进口为例，2019 年工业奶粉进口 101.5 万吨，较 2016 年的 60.4 万吨增长 68%，同期液态奶进口从 5.34 万吨增长到 7.75 万吨，增长 45.1%。同样，其他畜产品进口也是如此。2019 年的不同之处在于，因“非洲猪瘟”导致国内肉类供需产生一定缺口，导致肉类进口快速增长；正常年份来看，我国畜产品进口相当一部分用来满足多元化消费需要。

5. 水产品

在消费升级的拉动作用下，“十三五”期间水产品出口保持

基本稳定，进口快速增长，顺差持续缩小。2016—2019年，中国水产品出口从207.4亿美元下降至206.6亿美元，基本保持稳定，尽管存在中美经贸摩擦的负面影响，但是出口增长面临天花板也是客观事实。同期水产品进口从93.7亿美元增长到187亿美元，增长了99.5%，顺差从113.6亿美元减少到19.6亿美元。按照之前的形势发展，2020年中国水产品贸易就会变成逆差，受到新冠疫情影响，水产品进出口同时受到负面影响，影响程度尚不得知。但可以推断的是：在未来几年内，中国水产品贸易将出现逆差，并且逆差将会常态化，即中国水产品市场的未来必将长期处于贸易逆差状态。

可以简单总结，“十三五”期间，随着中国经济社会发展水平不断提高，居民收入增长带来的食品消费升级和多元化极大地拉动了农产品进口，使中国农产品贸易逆差逐步扩大。在这一进程中，在“以我为主、立足国内”的粮食安全战略背景下，粮食贸易较为稳定，从而形成了中国农产品贸易的显著特征：非谷物占主体的多元化的农产品贸易。

（二）农业对外投资

1. 农业吸引外资

根据国家统计局公布的《2019年国民经济和社会发展统计公报》数据，2019年全年外商直接投资（不含银行、证券、保险领域）新设立企业40888家，实际使用外商直接投资金额9415亿元（折1381亿美元）。其中，农林牧渔业外商直接投资企业数为495家，实际使用外商直接投资金额38亿元。对比来看，2016全年吸收外商直接投资（不含银行、证券、保险）新设立企业 27900 家，实际使用外商直接投资金额 8132 亿元（折 1260 亿美元）。其中，农林牧渔业外商直接投资数为 558 家，实际使用外商直接投资金额 123.2 亿元。

“十三五”期间，农业吸引外资由此前的增长转向下降，对此有两方面原因：

第一，整个农林牧渔行业吸引外资能力下降受制于行业劳动生产率的提升困难。农业投出产出效率与比较效益下降使农业吸收资本能力越来越弱。农林牧业在产业本身存在体量小，投入大，回报周期长的特点，加之近年来比较效益下降，使农林牧渔业吸引外资受到很大限制。就农业不同产品的成本收益水平而言，以 2017 年为例，三种粮食平均每亩成本收益率为 -1.16%，生猪养殖成本利润率为 -1.74%。[①] 从外商投资来看，必然也会受此影响。可以认为，农林牧渔业吸引外资能力下降实际是农林牧渔业自身发展遭遇“瓶颈”的表现。

第二，从技术角度来看，农林牧渔业的统计口径与产业划分存在一定偏差。对农林牧渔业外商直接投资的下降并不意味着整个农业领域的外商投资下降。实际上，大量的外商直接投资主要集中在农业产业链量的两端，如农资（种子、化肥、农药）生产、农产品加工与市场流通服务等领域。以嘉吉公司在华肉鸡产业链投资为例，养殖环节只是其饲料、孵化、屠宰、精深加工的一个环节；更多的如种子、化肥、农药的投资，都可以属于大农业范畴。在统计数据上，农林牧渔业吸引外商投资的下降未必意味着对农业领域投资的下降。

---

① 资料来源：根据《全国农产品成本收益资料汇编（2018）》计算得出。

2. 农业对外投资

根据国家统计局公布《2019 年国民经济和社会发展统计公报》数据，2019 全年对外直接投资额（不含银行、证券、保险）7630 亿元，折 1106 亿美元。其中，对“一带一路”沿线国家非金融类直接投资额 150 亿美元。在对外非金融类投资中，农林牧渔业投资总计 15.4 亿美元。对比来看，2016 全年对外直接投资额（不含银行、证券、保险）11299 亿元，按美元计价为 1701 亿美元。其中，对“一带一路”沿线国家直接投资额 145 亿美元。在对外非金融类投资中，农林牧渔业投资总计 29.7 亿美元。

与农业吸引外资发展相一致的，“十三五”期间，中国农业对外投资也呈现出下降的趋势，这一现象有两个基础事实：

一是近年来全球经济放缓及保守主义带来的国际投资趋缓，同时对外投资的监管日益规范，加之投资目的国对来自中国的农业投资越来越持谨慎态度，短期内农业对外投资的规模和增速并不会出现大幅度提升。实际上，2016 年中国农业对外投资达到历史最高水平 29.7 亿美元之后不断下降。从投资流量的分布区域来看，2016 年主要分布在亚洲和大洋洲，但是 2018 年以来，欧洲成为投资流量最大的区域。

二是仍然存在相当数量的游离于监管外的农业对外投资。大部分农业领域的投资实际上对资本规模要求不高，经营的合规性较差，通过对相关企业的调研发现，当前存在大量的对农业资源富集地区的对外投资，如非洲、南美洲、澳大利亚、新西兰、俄罗斯等。与规范方式进行的农业对外投资所不同的是，两种农业对外投资的经营管理方式、收益水平存在明显差异，并不能简单地将两者对立。从客观角度来看，不同的农业对外投资对国内重要农产品保障及提高全球农业生产效率，都有着积极作用。

（三）农业科技合作

“十三五”时期以来，中国与150余个国家和地区建立农业科技合作关系，与美国、加拿大、德国、法国、日本等60多个国家建立了双边农业科技对话机制，组织召开国际农科院院长高层研讨会并实现机制化，进一步加强了与联合国粮农组织、世界动物卫生组织、国际应用生物科学中心、国际农业研究磋商组织等国际组织机构的合作。其中，与52个国家和地区签署农业科技合作、种质资源交换等协议109份，支持共建联合实验室或联合研究中心100多个，引进国外高层次专家374人次，每年都有专家获得中国政府“友谊奖”，选派骨干人才出国（境）培训和访学研修891人次。以上这些农业国际合作工作的力度正在逐年加大，尤其是在引进优异特色粮棉油作物、果蔬花卉、特色畜牧水产种质资源及优良品种等方面发挥了很好的作用。

截至2019年，以中国农业科学院为例，根据农业农村部国际合作司资料：① 农业技术和产品遍布全球亚、非、美、欧150多个国家和地区，育种、植物保护、畜牧医药、农用机械等领域的60余项新技术和新产品实现了“走出去”；与83个国家和地区、38个国际组织、7个跨国公司、盖茨基金会等建立合作关系，正式签订82份科技合作协议；与美国、加拿大、日本、荷

① http://www.moa.gov.cn/ztzl/70zncj/201909/t20190911_6327695.htm.

兰、澳大利亚、巴西等国家科研院所，与国际水稻研究所等共建联合实验室/联合研究中心 62 个；在巴西、比利时、澳大利亚和哈萨克斯坦建立 4 个海外联合实验室，拥有 FAO 和 OIE 参考实验室 6 个；协调国内单位与 13 个国外机构办事处合作，全国 20 多个省（区、市）参与了当前的农业国际合作项目，总数达 250 多项。

“十三五”期间，中国农业国际合作已经形成了梯次明确的合作模式：一是向先进农业科技体的学习机制；二是对等农业科技体的交流机制；三是落后农业科技体的援助机制。农业国际合作的主体也从科研机构逐步扩散到更为多元的市场化主体，进一步丰富了主体构成。

二 “十四五”时期农业国际合作的基本目标

（一）农产品贸易

当今世界正处在百年未遇之大变局时代，农产品贸易受国际地缘政治、突发公共社会卫生事件等不确定因素的影响加大，我们以三个基础支撑，即国内粮食安全战略、居民食品消费升级、进口农产品消费边际增长。国内粮食安全战略将维持 6.6 亿吨以上的粮食生产，因此对农产品贸易结构，特别是农产品进口品种将存在清晰界限。中国居民食品消费升级将会促进更具价格弹性的海外农产品进口。在食品消费升级的过程中，伴随而来的是进口农产品消费的边际增长越来越弱，按照中国经济增长和需求扩张，“十四五”期间，农产品进口很有可能实现全面饱和。

1. 粮食

“十四五”期间，粮食贸易仍将保持稳定，除非出现重大变故，例如全面战争或全面对华制裁，否则粮食贸易量不会出现太大波折。从出口角度，考虑到2020年新冠肺炎疫情带来的相关影响，主要粮食进口国出于避险动机，将增加大米、小麦进口，中国有可能增加出口，从而带来短期内的出口增长。待疫情恢复之后，粮食出口有望回到当前的体量规模。从进口角度，“十四五”期间，稻谷、小麦最低收购价有可能出现重大改革，例如进一步降低最低收购价、控制收购总体规模或者改革为生产者补贴，无论国内政策变化如何，强化粮食生产都将成为发展主要方向，如省长米袋子责任制。从玉米生产者补贴改革来看，政策前后对玉米产量的影响并不大。由于产量规模保持稳定，粮食消费基本也保持稳定，因此粮食进口也将保持稳定。结合粮食进出口来看，“十四五”期间，粮食贸易将保持稳定。

2. 油籽油料

从“十三五”时期国内食用植物油和饲料消费来看，国内食用植物油基本已经达到或者接近饱和状态。根据农业农村部《中国农产品供需形势分析报告》，2020年食用植物油消费量为3243万吨，这一数据因新冠肺炎疫情影响较前期有所调减，反映出当前食用植物油消费量已经进入弹性消费区间，间接说明国内消费已经达到或接近饱和。另外，从粕类饲料供应来看，“非洲猪瘟”疫情恢复仍将需要一段时间，结合国际经验，可能会贯穿于整个“十四五”期间，因此粕类饲料需求也不能形成有效的油籽油料的拉动。对应油籽油料的进口，在接近消费饱和市场中，油籽油料进口在总量上仍将保持稳定；从结构上看，可能会转向更高价格的小品种植物油，例如亚麻籽油、红花籽油等，但是这一结构升级并不会对油籽油料进口带来影响。因此，“十四五”期间的油籽油料贸易也将保持相对稳定。

3. 经济作物

“十三五”期间，在经济作物贸易中，出口相对稳定，进口增长较快。“十四五”期间，这一趋势仍将继续。在具体产品方面：①棉花进口未来将保持稳定或略有下降，主要取决于棉花替代品进口及棉纺织产品出口状况，根据当前形势，越南、孟加拉国纺织品出口已经对中国形成了一定程度的替代，该趋势未来将进一步扩大，因此会影响到棉花进口；②未来食糖进口，特别是2020年，随着对进口食糖保障措施取消，进口食糖数量将进一步增加，但是这一增长会很快实现市场饱和；③蔬菜水果的出口仍将继续保持稳定，但是进口仍将会保持快速增长，由于国内消费升级带来果蔬需求的增加在短期内并没有饱和迹象。从整体来看，经济作物由于需求弹性相对较高，在“十四五”期间，随着收入与开放水平的提高，国内消费需求仍有增长空间，因此经济作物进口将保持增长。

4. 畜产品

“十四五”期间，畜产品贸易将成为继油籽油料贸易之后，我国农产品贸易的新的重点内容。相对而言，畜产品出口除了供港澳产品之外，仍将集中在加工产品，主要出口对象仍然集中在传统贸易伙伴上，例如日本。从出口增长来看，传统市场已经接近饱和，开拓新市场，特别是发展中国家市场的稳定性和前景并不乐观，规模和利润并无法获得有效支撑。就畜产品进口而言，在国内“非洲猪瘟”疫情拖累生猪养殖的大背景下，畜产品进口从结构性的调剂余缺转变为总量性的资源补充，由于“非洲猪瘟”疫情的解除与生猪养殖复产的不确定性，其持续时间有可能贯穿于整个“十四五”期间，因此畜产品进口增长将成为不可逆转的趋势。在全球畜产品贸易中，产能问题并不是制约贸易的主要因素，全球畜产品在供给侧是宽松的，最主要制约因素在于生物安全风险，动物疫病风险远高于植物。随着畜产品进口增长，生物安全风险将会潜在增长，有可能会对畜产品进口构成影响，但是从总体来看，“十四五”期间畜产品进口进一步增长是必然趋势。

5. 水产品

“十四五”期间，水产品贸易逆差将成为常态化，中国作为全球最大水产品生产国、消费国与贸易国，将会进一步增加水产品消费。如前所述，受到新冠肺炎疫情影响，2020 年中国水产品贸易在进出口双向都将有所下降，经济社会发展带来的消费升级会持续推动国内水产品消费增长。从消费升级与市场饱和来看，目前粮食、食用植物油、食糖、畜产品都已经达到或者接近需求饱和，但是蔬菜、水果、水产品的消费峰值暂时尚未显现，“十四五”期间消费升级仍将推动水产品等消费的增长。与畜产品所不同的是，水产品贸易中的生物安全风险相对较小，主要约束是产能，其中影响最大的是自然资源条件的约束。按照目前中国水产品消费增长情况，未来在水产品进口中，将主要是水产养殖产品，而非捕捞产品，这也意味着水产品进口的来源分布将发生一定变化，值得引起关注。

（二）农业国际投资

1. 农业吸引外资

“十三五”期间，按国家统计局公布数据，农业吸引外资数量持续下降，这一趋势在“十四五”期间将会继续维持。关键原因在于，农业投入产出效率在相对意义上持续下降，农业吸纳投资能力越来越弱，由此农林牧渔业吸引外资的能力在不断下降。从发展趋势来看：①开放条件下，农业生产效率不再由单一市场决定，中国农产品市场的效率决定在很大程度上将取决于全球农业生产效率，相对效率低下成为制约中国农业发展的重要因素；②农业进一步规模化的政策“天花板”无法突破，全球农业生产效率主要表现为规模效率与技术效率，实际上中国农业技术效率并不低，受到当前政策约束，农业生产要素并不能实现更高载荷，也不能进一步实现配置优化，因此无法实现更高规模效率；③相当品种数量的农产品国内市场达到或者接近饱和状态，农业生产面临结构性升级，需要一定的前期投入，市场实现在短期内较难实现。

尽管现有农林牧渔业本身不具有很强的资本承载能力，随着国内农业生产经营方式的不断改进，对投入品的需求不断提高，例如作物主导品种的更换，农业机械装备的升级，在很大程度上都有赖于资本与技术要素发挥作用。农业投入品需求升级仍将持续相当一段时间，从内生动力上看，其市场实现将有助于吸引相关海外投资落户国内。能够观察到的：在“十三五”期间，对农业关联产业，例如农业投入品、农业机械等行业投资是呈现增长势头的。

从外部政策环境来看，围绕进一步扩大开放，近期出台了一系列法律法规和政策文件。仅 2019 年内，审议通过《外商投资法》，年中发布了《外商投资准入特别管理措施（负面清单）》（2019 年版）、《自由贸易试验区外商投资准入特别管理措施（负面清单）》（2019 年版）、《鼓励外商投资产业目录》（2019 年版），11 月出台了《进一步做好利用外资工作意见》（国发 23 号文），12 月国务院常务会议通过了《中华人民共和国外商投资法实施条例（草案）》。随着中国进一步扩大对外开放，将在农业投入品等重点领域深化现代农业对外开放，有助于农业关联产业提高吸引外资能力。

2. 农业对外投资

“十四五”期间，从发展趋势来看，农业对外投资将会保持增长。主要依据有两点：第一，“十四五”期间中国农产品贸易将会继续增长，特别是进口增长，在贸易增长背景下，农业对外投资势必出现相应增长。以水产品贸易为例，随着水产品进口不断增加，与水产相关的农业对外投资同步增加，包括港口、仓储、加工等相关投资势必增加。当然，因为口径问题，农林牧渔对外投资未必体现在统计数据上，但是从现实发展来看，农业对外投资将会与农产品贸易相应增长，甚至在增速上会超过农产品贸易。

第二，除了合规的农业对外投资之外，“十四五”期间必然有相当数量的小微型农业对外投资。从发展形态来看，在“一带一路”背景下，对于相比中国存在发展代际差异的国家和地区而言，农业领域仍然不失为小微型投资的重点方向。合规的大型农业对外投资未来主要趋向于股权并购与稳健性投资，但是农业绿地投资多数将由非合规的小微型农业对外投资承担。这类投资并不着眼于全球农业资源配置，主要面向当地市场，解决当地农产品供给，尽管个体规模不大，但是由于数量众多，“十四五”期间能够成为不容忽视的主体力量。

在“十四五”期间，从农业对外投资规模来看，体现在统计中的数据未必大规模增长，但是现实对外农业投资会持续扩张，实现路径也会呈现出多元化方向。这将对提高全球农业生产能力，提升所在地区的农业生产效率，增进当地农业生产者福祉有积极意义，同时也将间接提高中国农业的资源配置能力，保障国内重要农产品供给。

（三）农业科技合作

未来一段时间，随着全球政治经济环境的变化，特别是中美经贸摩擦带来的一系列连锁反应，将会对中国农业国际合作带来深刻影响，最主要的影响在于：向先进农业科技体学习的空间将会受到压缩。受到美国政府单边主义、欧盟保守主义倾向的影响，在高新技术领域对中国封锁将会不断增强。虽然农业生产经营自身涉及的科技水平并不高，但是农业关联产业（特别是要素投入品）实际上都是资本和技术密集的，例如生物工程、农药化学、机械工程等。从目前来看，在相当数量的农业科技领域内，中国与先进农业科技体国家仍然存在较大差距。“十四五”期间，在明显具有落差的农业科技领域内，合作恐将变得困难。

相比而言，作为农业科技合作的对等交流机制与科技援助机制，将会得到进一步发展。尽管在先进领域受到一定约束，但是在总体上农业科技合作将得到全面提升。原因在于：一是中国推动全方位对外开放的必然结果；二是符合农产品贸易和农业农村发展的内在要求；三是世界多极化发展的自然趋势。

中国推动全方位对外开放的特点在于，从商品、要素流动转向规则性、制度性开放。在某种意义上是对以边境管理为开放手段的颠覆式重构，其中知识产权、跨境服务贸易等已经脱离了传统的边境管理模式。而知识产权、跨境服务贸易等又是农业科技合作的具体内容。很明显，农业科技合作将受惠于全方位对外开放。

从农产品贸易增长与农业农村发展来看，“十四五”期间，中国农产品贸易仍将继续增长，以小微型主体方式进行的海外农业投资也将继续增长，海外农业经济活动的加强将直接带动农业科技合作的数量增长，也将提高农业科技合作水平的提高。例如，2020 年为防控非洲的沙漠蝗，中国对相关国家进行了农业科技援助。

在“十四五”期间，随着中国经济社会的持续发展，中美之间的发展差距将逐步缩小，世界多极化格局将进一步呈现。未来全球范围内双边和多边经贸合作的水平将进一步提高，包括“一带一路”在内的国际合作框架将更为丰富，农业科技合作是其中的重点内容自然也将得到进一步发展。

三 “十四五”时期农业国际合作的重点领域

（一）产品重点

1. 农产品出口

从农产品出口的发展脉络来看，初期是出口初级原料，加入WTO以来农产品出口逐步转型，除了劳动密集型的蔬菜、水果、水产之外，加工农产品和食品出口占比快速提高。“十四五”期间，随着经济发展水平不断提高，在发展趋势上，农产品出口将更多地转向高品质和品牌化的优质农产品，使出口品种未必再局限于劳动密集型农产品，意即未来中国农产品出口形态将会不断提档升级。这一趋势在加工农产品出口中已经显现出来，最终会扩散到大部分面向最终消费的农产品出口。

从具体品种来看，“十四五”期间粮食出口可能会进一步增长，尤其是水稻、小麦，除了市场化方式之外，还可能包括友好贸易或粮食援助等非市场方式。根据FAO与WHO联合声明，2020年新冠肺炎疫情将带来全球范围内低收入国家的粮食危机，并可能引发人道主义灾难，中国作为全球最大的大米与小麦储备国，很可能在全球最需要的时期增加粮食出口。这一情况可能会持续到疫情恢复以后一段时间，因此以非市场方式增加的粮食出口将会增加。

从蔬菜水果出口来看，蔬菜出口仍将保持相对稳定，主要因为目标市场，如日本、韩国消费需求相对饱和。加工蔬菜开拓新市场，例如欧盟、中东等仍然需要时间，而且加工蔬菜的市场空间相对较小，因此大规模增加出口并不现实，只能立足当前出口，对现有出口产品进行结构性调整，对其中有竞争力的产品进一步提档升级，实现更好的利润回报。水果出口增长一方面是因为全球需求的自然增长，另一方面是国内水果同质化程度高，市场供需宽松，必须不断开拓海外市场。

从畜产品来看，主要加工品，例如鸡肉串、肠衣等，当前市场基本为饱和市场，除了品质进一步升级之外，疫病控制等问题对畜产品出口的影响始终存在，也制约了畜产品出口的进一步增长。从水产品来看，出口在未来会出现恢复性增长，受到中美经贸摩擦及新冠肺炎疫情影响，短期内水产品出口将会下降，但是经过一段时间恢复之后，中国水产品出口将恢复增长，特别是加工水产品。作为具有国际竞争力的优势产业，尽管国内成本不断上涨、出口环境日趋严峻，随着科技水平提高与生产结构优化，未来出口增长仍然可期。

2. 农产品进口

“十四五”期间，农产品进口将持续增长。客观上，一是自身对全球农业资源的需求，二是国内食品消费升级和多元化扩展，三是中美第一轮经贸协议要求。从品种来看，粮食进口主要集中在谷物中的玉米，受到中美第一轮经贸协议要求，根据美国现有农产品出口状况，增加自美玉米进口将用于储备和库存；食用油籽进口将会进一步增长，但是市场饱和将会很快实现，主要取决于疫情恢复与生猪养殖恢复情况；食糖进口在取消保障措施之后会进一步增长，这一增长主要是对国内生产的替代，增量市场相对较为有限，待达到饱和以后，进口将趋于稳定；棉花及替代品进口受到中国棉纺织业出口下降的影响，未来进口将会受到拖累，考虑到中美经贸协议要求，增加美棉进口将对新疆棉花产区和现有棉花目标价格政策带来影响；蔬菜、水果、畜产、水产将会随着国内消费升级和多元化扩展快速增长，这一趋势将在全球疫情恢复之后逐步显现出来。

（二）区域重点

1. 农产品贸易

经过长期的发展，中国农产品贸易的区域分布形成了明显的特征。从出口来看，最主要的农产品出口国是周边地区，例如对日本、韩国、东南亚的果蔬出口，对日本、韩国、美国、欧盟的水产品出口。随着中国农产品出口市场的开拓，俄罗斯、南美、中东地区及“一带一路”地区出口不断提高，日本、韩国的比重也在持续下降，尽管如此，周边近邻国家仍然是中国农产品出口最重要的地区。如前所述，未来随着中国农产品加工程度、品质水平、品牌影响的进一步提高，最终将会突破地区限制，进入全球布局的农产品出口时代。

对中国农产品进口来说，未来区域分布的格局必定向两极化方向发展，即少数大宗品种的区域来源将进一步集中，而更多的小品种产品的区域来源将进一步分化。从战略角度，这种格局对中国更为有利，可以油籽油料为例进行说明。

传统上，中国大豆来源几乎都来自巴西、美国、阿根廷，未来这种格局不会被打破，农业规模效率决定了国际市场上的非专业生产者并不具备大规模出口的能力，当前受到新冠肺炎疫情影响，俄罗斯近期也颁布了农产品出口禁令，因此大豆来源的高集中度并不会被改变。大豆高进口来源集中度的根本原因是大豆是当前最廉价的草本油籽原料，仍然有相当多小品种的油籽油料来源可以对大豆形成竞争和替代，这与经济发展水平与消费结构密切相关。

当品种分化之后，来源就更为广泛，棕榈油来源有马来西亚、印度尼西亚；其他品种如油菜籽、花生仁、葵花籽、芝麻、亚麻籽、红花籽，其来源分布则更为广泛。从国内食用植物油需求结构来看，棕榈油和大豆油消费已经趋于饱和，消费者健康消费需求带动了小品种、高价格的植物油消费需求，从而实现了由品种分化带来的来源分化，如来源于埃塞俄比亚的芝麻。多元进口战略未必需要通过直接改变供给格局来实现，也可以利用市场需求的自发力量，顺势而为。

2. 农业投资

从农业吸引外资角度，农林牧渔行业本身的吸引力不强，随着全方位对外开放格局的形成，农业关联产业，如上游农业投入品及下游相关行业服务吸引外资能力和水平将会有所提高，毫无疑问这一部分外资投入主要来自发达经济体，或者主要农产品出口国。从农业对外投资角度，规范性的对外投资可能将区域发达经济体的跨国并购，涉及领域也是以农业关联行业为主，而大量小微型农业投资则会遍布农业资源较为丰富的发展中国家。从直观上来看，农业对外投资与农产品进口的区域布局在形式上具有很强的相似性。

（三）政策重点

1. 生物安全防控

在农产品贸易领域，由于农产品进口的持续增长，生物安全风险将会进一步累积，使国际间动植物疫情传导更为频密。严格意义上，不存在绝对的防控，提高防控水平是降低生物安全风险传导的重要手段。有效降低生物安全风险与扩大农产品贸易相辅相成，从政策和体制来看，一是增加投入，科学防控，提升技术水平，筑牢国门生物安全防线；二是强化部门联防联控，实现生物安全、生态安全、粮食安全一体化，例如在农业对外合作部际工作机制框架下实现执法合力。

2. 多双边合作机制

未来，农业国际合作将日益成为中国外交的重要组成和重点议题，在此过程中，也可以更好地利用多双边合作机制，积极推动农业国际合作的发展。一是利用多双边谈判促进农产品贸易，提高农业投资水平，目前中国正在（升级）谈判及正在研究的自贸区协定有 20 多个，需要积极研究相关涉农条款，争取有利条件；二是推动完善多双边合作机制，加强农业合作与农业科技交流，争取更为主动地位。

3. 境内外农业“两区”建设

推动境内外农业“两区”建设，充分利用国内国际“两个市场”“两种资源”，采取多种方式提升企业跨国投资能力和水平，积极带领企业、产业、产能、产品“走出去”“引进来”。

一是扩大境外农业园区重点项目招商引资，实现农业资源配置的全球化，在农业领域从“买全球”转变为“买全球、卖全球”；二是做好境内农业对外开放合作试验区的合理布局，做好各试验区的功能定位，实现统筹协调发展。

四 “十四五”时期农业国际合作的对策建议

（一）建立统一协调的农业支持保护体系

随着全方位对外开放体制的确立，农业国际合作发展的结果之一就是国际国内农产品市场与农业要素资源深度嵌合，为了适应趋势性需要，有必要在国家层面建立统一协调的农业支持保护体系，即“中国农业安全网”。主要考虑为：从农业风险管理的需要出发，以市场为导向，以保障农业生产者收入为目标，构建指向明确、重点突出、协调配套的农业支持政策体系。从操作上讲，可以美国农业安全网为蓝本，并充分考虑中国农业的具体情况，综合运用监控体系、谈判策略、收入补贴、保险与信贷等政策工具，积极稳妥地推进相关政策的制定落实，为农业提供全方位、多层次的立体安全网防护。通过中国农业安全网的构建，建立起农业自然风险的防控和补偿机制与市场风险的分担机制，将最终的农业生产决策权还给农民，全面提升未来农业生产效率，从而顺应开放体制下的农业国际合作的发展趋势（胡冰川，2015）。

（二）积极利用灵活方式、不拘一格开展农业国际合作

在农产品贸易和农业投资中，受到农业生产、要素流动等诸多因素限制，在现实农产品贸易、农业投资中，存在相当数量的非正规安排。这种非正规安排并不是非法行为，而是现有正规监管无法触及的领域和空间。举例来说，如农产品贸易中的易货贸易方式。

当前，大量中国商品出口到非洲，在非洲具有可观的市场份额，很多企业的营销网络已经深入非洲大陆腹地。与非洲农产品出口过程中面临的外汇交易管制一样，当中国商品出口到非洲时，也经常因为外汇管制而面临收汇问题。对此，不少中国企业在非洲采取易货贸易的形式，也就是将中国商品出口到非洲，然后与当地经销商交换资源产品，如木材、矿产、农产品等，最后将所得资源型产品出口到国内。支付过程中，国内进口商用人民币向国内出口商直接支付。这种方式看上去比较原始，但是帮助中国企业绕开了东道国不必要的外汇管制，从而在很大程度上扩展了中国农产品的来源渠道。同样，在农业对外投资中也存在一部分因技术因素造成的约束，可以通过灵活方式加以安排，促进农业国际合作的开展。

（三）积极布局农业贸易枢纽网络

中国是全球最大的农产品进口国，这一格局在未来相当长一段时间内仍将保持，同时全球农产品贸易仍将长期处于买方市场，有必要充分利用中国最大的农产品进口国的优势，探索建设

国际农业贸易枢纽网络。具体可以包括两个方面：

一方面在资本要素市场化配置背景下，逐步推进大宗农产品期货品种上市，有序推进期货市场对外开放，例如2020年4月24日，中国证监会正式批准大连商品交易所开展生猪期货交易，就是向前迈进了一步；另一方面在于全面提升农产品贸易质量，包括市场建设、流通体系、配套政策等领域。通过两方面建设，逐步吸引更多的国际农业资源在中国市场实现交易。例如，以舟山国际远洋（进口）水产品交易市场为例，从当前中国南方金枪鱼销售中心基地逐步扩展为全球性的金枪鱼交易中心；再如，以海南自由贸易港建设为契机，建立热带香料的国际交易中心；再如，适时推出奶粉期货产品。作为全球最大农产品进口国，以大宗农产品贸易为抓手，在要素与市场两个层面共同发力，建设农业贸易枢纽网络，从而实现利用全球资源保障我国重要农产品供应。

参考文献

胡冰川:《中国农产品市场分析与政策评价》,《中国农村经济》2015年第4期。

“十四五”时期深化农村重点改革任务的对策

崔红志*

摘　要：“十四五”时期农村重点改革任务是：完善农村基本经营制度；深化农村集体产权制度改革；实质性推进土地征收、集体经营性建设用地入市、宅基地制度三项改革、完善农村社会保障制度改革。完善农村基本经营制度的主要举措是：坚持家庭经营的基础地位；完善农村承包地三权分置的政策和制度体系、积极培育新型农业经营主体、建立健全多元化的农业社会化服务体系。深化农村集体产权制度改革的主要举措是：规范股权设置、增加股权的流动性、为集体经济组织的市场经济活动提供良好环境。土地征收、集体经营性建设用地入市、宅基地制度三项改革的主要举措是从保护农民利益出发，发挥市场在资源配置中的决定性作用，完善相关的制度设计。完善农村社会保障制度的主要举措是以提高保障水平、增强公平性为目标，完善城乡居

* 崔红志，中国社会科学院农村发展研究所，研究员，农村组织与制度研究室主任，博士生导师，主要研究方向为农村组织与制度、农村社会保障政策。

民医疗保险、城乡居民社会养老保险、农村低保这三个农村社会保障项目。

关键词:“十四五”时期　农村改革　对策

Countermeasures to Deepen the Main Rural Reform Tasks during the 14th Five - year Plan Period

Cui Hongzhi

Abstract: During the 14th Five Year Plan period, the key tasks of rural reform are: improving the basic management system in rural areas; deepening the reform of the rural collective property rights system; substantially promoting the three reforms of rural land and improving the reform of the rural social security system. The main measures to improve the basic management system in rural areas are: to adhere to the basic status of family management; to improve the policy of the separation of the three rights of rural contracted land; to actively cultivate new - type agricultural management subjects; and to establish and improve a diversified agricultural socialized service system. The main measures to deepen the reform of the rural collective property rights system are: to standardize the equity setting, to increase the liquidity of equity, and to provide a good environment for the market economic activities of the collective economic organizations. The main measures of the three reforms about the rural land are: on the base of protecting the interests of farmers, according to the principle of market—decisive role in resource allocation, to improve the relevant system design. The main measures to improve the rural social security system are: to improve the level of security and enhance fairness, and to improve the three rural social security projects of urban and rural residents' medical insurance, urban and rural residents' social endowment insurance, and rural minimum insurance.

Key Words: the 14th Five - Year Plan Rural Reform Countermeasures

改革是我国农村发展的动力。“十四五”时期的农村发展依然需要依靠深化改革。2020 年中央一号文件指出，要“抓好农村重点改革任务”，其中主要包括：完善农村基本经营制度、制定农村集体经营性建设用地入市配套制度、进一步深化农村宅基地制度改革试点、全面推开农村产权制度改革试点等。在“十四五”时期，农村基本经营制度、土地制度、农村集体产权制度仍将是农村改革的重点领域。农村社会保障制度是应对农民脆弱性和贫困的防护性制度，也是前述几项改革的配套性制度，理应是“十四五”期间的重点改革任务。基于这种认识，本报告聚焦于农村基本经营制度、农村集体产权制度、土地征收、集体经营性建设用地入市、宅基地制度三项土地制度、农村社会保障制度这四项重点改革任务，在分析各自改革进展与目前存在问题的基础上，提出“十四五”期间的改革举措。

一 完善农村基本经营制度

（一）改革进展与目前的主要问题

我国改革开放从农村起步，农村改革从改变农业集体化时期的农业经营方式开始，进而逐步形成了“以家庭承包经营为基础、统分结合的双层经营体制”。我国农业农村发展的成就证明，农村基本经营制度是一项适合国情、农情的好制度。但是，也应该看到，任何政策和制度都不是一成不变的，而是应随着社会形势的变化不断调整。近年来，党和政府能够顺应社会经济条件的变化，出台了多种政策措施，不断完善农村基本经营制度，但该制度仍存在一些问题，主要表现在以下几个方面。

1. 农村土地三权分置的政策和制度体系尚不健全

一是稳定土地承包关系的政策和法律支撑体系不健全。党的十九大报告提出，保持土地承包关系稳定并长久不变，第二轮土地承包到期后再延长 30 年。2019 年 11 月底颁发的《中共中央、国务院关于保持土地承包关系稳定并长久不变的意见》（以下简称《意见》）明确指出，“稳定土地承包关系。第二轮土地承包到期后应坚持延包原则，不得将承包地打乱重分，确保绝大多数农户原有承包地继续保持稳定”“现有承包地在第二轮土地承包到期后由农户继续承包，承包期再延长三十年，以各地第二轮土地承包到期为起点计算。”但是，中央还没有指定具体的延保办法。尤其是由于各地情况不一，该《意见》也提出了“对少数存在承包地因自然灾害毁损等特殊情形且群众普遍要求调地的村组，届时可按照大稳定、小调整的原则，由农民集体民主协商，经本集体经济组织成员的村民会议三分之二以上成员或者三分之二以上村民代表同意，并报乡（镇）政府和县级政府农业等行政主管部门批准，可在个别农户间作适当调整，但要依法依规从严掌握”，这就为一些地方届时强调其特殊性而调整土地提供了依据。从全国的情况看，集体所有制下的承包经营制度在实现上存在较大的地区差距，承包到户还是统一经营、承包到户后是否有过调整、调整频率等都因村而异。多样化为承包经营制度提供了足够的适应性，但也导致了权利的不确定性。

二是没有明确土地经营权的性质。改革开放后，我国实行农村土地两权分离的政策。土地的所有权属村集体，农户拥有使用权，农户的土地使用权属于用益物权。在“三权分置”的制度框架下，对于从农户承包经营权中分离出来的土地经营权，其权利属性是用益物权还是对他人承包土地的债权型利用权，中央政策和法律上还没有进行界定，各地较多地采取了视流转方式而定差异性对待的做法。

三是承包经营权的期限短。现代农业具有投资大、回收周期长等特征，缺乏稳定的经营权会显著增加农业投资的风险，进而抑制投资，还可能导致经营者对耕地采取短视的、破坏性利用行为。但是，在现有制度框架下，承包经营权流转期限与流转方式都受到限制。因为承包期的存在，承包经营权是有时效的，超过承包期流转土地受到法律限制。

2. 新型农业经营体系尚未形成

自改革开放之初，党和政府鼓励农民流转土地承包经营权，培育与发展专业大户、家庭农场、农民专业合作社、龙头企业等新型农业经营主体。据农业农村部统计年报的数据，到2018年年底，全国家庭承包耕地流转总面积达到了5.39亿亩。据估算，流转的家庭承包耕地面积中有40%以上流转入新型农业经营主体。截至2018年年底，全国纳入名录的家庭农场达到了60万家，农机作业服务组织19.2万个，其中农机合作社7.3万个。截至2019年6月底，全国依法登记的农民合作社221.1万家。新型农业经营主体的经营方式已经在很大程度上不再是家庭承包经营，小农户通过“公司+农户”“合作社+农户”“公司+合作社+农户”等多种经营形式，也基本被纳入了现代农业发展轨道。

但从总的情况看，新型农业经营主体的数量和质量，与现代农业发展的要求不相适应，尤其是新型农业经营主体与小农户之间的紧密型利益联结机制尚未确立。调查发现，较多的新型农业经营主体与小农户之间仍然是松散型的买卖关系，农民向新型农业经营主体提供原料，价格随行就市。由于农户分散，谈判能力弱，利益得不到有效保障。公司挣钱多了，农民不能分享。公司赔本了，就毁约赖账。近一两年来，随着农产品市场的波动，尤其是粮食价格的逐年下跌，出现一些新型农业经营主体“跑路”、单方毁约等问题，就是如此。一些新型农业经营主体与农民签订了购销合同，规定了最低价。近年来，很多地方积极探索

农民土地经营权入股新型农业经营主体，农民获取股金收入。但实地调研发现，这种做法仍无法消解农民利益受损风险。

3. 公共农业社会化服务体系建设滞后

我国农业服务体系不完善的问题仍然突出，服务机构整体力量薄弱，服务水平低、覆盖面窄，难以满足小农户实现统一经营所需要的生产性服务。从服务领域来看，私人部门给小农户生产提供的主要是农机服务、农资供应，病虫害防治等环节的服务基本处于空白状态。普通小农户急需各种产后服务，如农产品收储、农产品产地初加工、农业保险等，比较缺乏。在这种情况下，一些小农户游离于政府和新型服务经营主体的农业社会化服务体系之外，依靠不健全的市场参与竞争，面临很大的不确定性。

（二）“十四五”期间的改革任务

1. 坚持家庭经营的基础地位

家庭经营是最适合农业特点的生产经营形式。坚持家庭承包经营基础地位的合理性基于农业生产中的自然再生产与经济再生产相统一及中国人多地少的基本国情。完善农村基本经营制度，应坚持把家庭承包经营作为农业生产中的基本经营形式。集体直接经营、公司直接经营、农民合作社直接经营等方式将始终是非主导性、补充性的经营形式。

2. 进一步完善农村承包地制度

土地制度是农村基本经营制度的基础。在“十四五”期间，应继续推进农村承包地制度改革。从兼顾小农户和新型农业经营主体权益的角度，衔接落实好第二轮土地承包到期后再延长30年的政策。

（1）完善相关法律。一是应修改现有法律中涉及农民对集体土地和其他资产收益成员权的相关条款，使农村集体组织内部新增成员不能通过国家法律规定来实现其经济利益诉求。二是修改《中华人民共和国村民委员会组织法》，将村民自治组织的功能和农民集体经济组织的功能区分开来。在没有集体经济组织的行政村，应加快建立这一组织，使其成为农民集体财产所有权的行使主体。

（2）允许新型农业经营主体与农民签订跨越承包期的土地租赁或入股合同。这种做法有两方面的好处。一是有利于保持土地流转平稳增长的趋势。目前，绝大多数新型农业经营主体与农民签订的土地流转合同的最高年限都是到二轮承包结束。如果流转合同只能签订到二轮承包结束的时点，可以预计，随着二轮承包期越来越近，新型农业经营主体流转土地的意愿会因流转期限短而导致流转意愿下降，从而使农业规模化经营的势头随着二轮承包期限的日益临近而呈现停滞甚至萎缩的趋势。二是有利于农民承包地抵押担保权能的实现。农地承包经营权抵押贷款的基础是其未来的收益权。收益权不是具体或具有实物形态的财产，而是依存于未来的可得收益，需要以稳定、持续的收益为前提。承包期限越长、越稳定，越有利于得到更大数额的贷款。同时，一些新型农业经营主体以其农业设施进行抵押融资，但这些设施附着在土地上。承包期短，银行对农业设施价值评估价就低。从一些地方的实践看，新型农业经营主体仅仅能得到农业设施评估价一半的贷款，这与农业设施的使用期限短有一定关系。

（3）明确土地经营权的物权属性。实行农村土地“三权分置”的目的是促进农村土地流转，为培育新型农业经营主体提供更好的土地制度环境。为了实现这一目的，就应该把土地经营权确定为物权。具体的理由是：第一，按照《中华人民共和国合同法》（以下简称《合同法》）的规定，债权性质的租赁权的最高期限是20年。经营权物权化后，其权利的存续期间可以跨越《合同法》规定的20年的最高期限，满足权利人长期的生产经营的需要。第二，在法律上把经营权确定为一种物权，能够强化这种权利进入市场的能力。因为这种权利作为一种不动产物权，在实践中应该纳入不动产登记。在纳入不动产登记之后，该权利不论是转让还是设置抵押，法律上的操作都很方便。第三，如果将这一权利依法确定为物权，权利人从此就获得了以自己的名义独立起诉、应诉的权利，该权利的保护就会更加强化。而这些权利，一般情况下债权性质的权利人是无法享有的（孙宪忠，2018）。

3. 完善新型农业经营主体与小农户之间的利益联结机制

新型农业经营主体带动小农户的功能和作用，是其获得政府支持的重要原因所在。为了建立新型农业经营主体与小农户之间合理的利益联结机制，应深入总结已有的实践经验，继续强化约束新型农业经营主体侵害小农户利益的措施，主要包括：将农产品加工龙头企业与农民专业合作社以合同方式或股权方式带动小农户的数量，以及是否与小农户建立稳固的利益纽带（如保护价收购、利润返还、股金分红等），作为其申请财政资金支持的必备条件，从而增强它们主动建立与小农户之间合理利益联结机制的内在激励；建立土地流转风险保证金制度。由土地流入主体缴纳风险保证金，一旦其经营出现问题，用这些风险保证金给予农民保底收入；建立土地流转履约保证保险制度，保费由土地流入方和农民共同承担，县级政府给予一定比例的补贴。当土地流入方不能履约时，农民可以获得保险金。

4. 建立健全多元化的农业社会化服务体系

一是强化新型农业经营主体的服务功能。鼓励有一定经营规模的家庭农场开展生产服务。家庭农场在众多新型经营主体中占据重要地位，是农业农村现代化的重要践行主体，除了强化家庭农场在农业生产功能外，可以鼓励有一定经营规模的家庭农场成为“双主体”，既是生产主体，也是服务主体。与家庭农场不同，农民专业合作社的功能定位就是向农民提供各种服务。但我国农民合作社发展中普遍面临规模小、带动能力弱的问题。尤其值得注意的是，在农民合作社数字背后隐藏的情形是大量的空壳和假冒合作社。在今后的改革中，应着力规范农村专业合作社的发展，强化其服务农户成员的组织功能。

二是改善公益性服务供给。在企业和个人不愿进入或效率较低的领域，应建立和完善政府公益性服务组织。主要包括：建立高效的农业信息化服务平台，更加便捷地为小农户提供气象和自然灾害预警、农产品市场价格变化、相关政策等信息；建立针对小农户的技术培训机构，引导县乡两级农技人才下沉到村，从而有效消解农业技术服务进村入户的“最后一公里”梗阻矛盾。

三是探索多样化的服务方式。在今后一个时期，应继续完善

土地托管、半托管等新型服务方式，从而在不进行土地流转和更换经营主体的条件下，把小农户生产引入现代农业发展轨道。

二　深化农村集体产权制度改革

（一）改革进展与目前的主要问题

党的十八大提出了要“建立归属清晰、权能完整、流转顺畅、保护严格的农村集体产权制度，激发农业农村发展活力”。2016 年年底，中共中央、国务院下发的《关于稳步推进农村集体产权制度改革的意见》（以下简称《意见》）进一步提出，“通过改革，逐步构建归属清晰、权能完整、流转顺畅、保护严格的中国特色社会主义农村集体产权制度，保护和发展农民作为农村集体经济组织成员的合法权益”。该《意见》要求有序推进集体经营性资产产权制度改革，将农村集体经营性资产以股份或者份额形式量化到本集体成员，作为其参加集体收益分配的基本依据。改革主要在有经营性资产的村镇，特别是城中村、城郊村和经济发达村开展。已经开展这项改革的村镇，要总结经验，健全制度，让农民有更多获得感；没有开展这项改革的村镇，可根据群众意愿和要求，力争用 5 年左右时间基本完成改革。目前，农村集体产权制度改革正在有序推进，从实地调查的情况看，该项改革存在以下一些值得重视的问题。

1. 集体股仍然普遍存在

在对农村集体经营性资产进行股份化改革时，如何股权设置是一个关键问题。早在20世纪90年代，我国发达地区的一些村就开始了多种类型的股份制改革，比较普遍的做法是设置集体股，集体股的股份收益主要用于维持村级运转、给农民发放福利等集体公益事业、扩大再生产等方面。在政府对农村基础设施和基本公共服务供给不足的背景下，这种做法有一定的合理性。但是，村级公共开支可以采取提取公益金的办法，而并非一定要设置集体股。尤其是集体股的产权依然是不明确的，集体股参与分红后所积累的资产很容易被村干部控制，监管的难度大、成本高。基于这种情况，《意见》明确提出，“股权设置应以成员股为主，是否设置集体股由本集体经济组织成员民主讨论决定”。但这一方向性要求，在执行中存在偏差，多数开展股份合作制改革的村都设置了集体股，有的村集体股所占的比例还比较高，从而导致农民得到股份分红数额较少，获得感不强。

2. 股份并未成为农民集体成员参与集体收益分配的基本依据

我国一些“城中村”“城郊村”和经济发达村拥有数额较大的经营性资产，一直存在归属不明晰、经营收益不清、分配不公开、成员的集体收益分配权缺乏保障等突出问题。《意见》明确要求，“将农村集体经营性资产以股份或者份额形式量化到本集体成员，作为其参加集体收益分配的基本依据”。经调研发现，试点地区大都开展了清产核资和农村集体成员资格界定，进而把集体经营性资产以股份或份额的形式量化到集体成员（或户）。但是，一些地方在农村集体经营收益分配中，并没有按照集体成员（或户）所持有的股份或份额，进行分配，而是继续采用在股份合作制改革之前的分配办法。有的农民说，“改与不改一个样”“改了，还是那个样”。

3. 农民对集体资产股份的完整权能在实现上存在着障碍

《意见》提出，赋予农民对集体资产股份占有、收益、有偿退出及抵押、担保、继承权改革试点。目前，试点地区都赋予了农民对集体经营性资产的占有权和收益权。但在赋予农民有偿退出、抵押、担保和继承权这 4 项权能方面，面临着一些问题和障碍因素。股权退出方面面临的问题：一是由于股权预期收益不确定，很难对股权的价值进行定价。二是村集体经济组织因为缺乏流动资金，或者因为担心农民退出股权后的后续生活缺乏保障等因素，而不愿意回购。实现股权抵押、担保权能所面对的问题是，一旦农民不能如期偿还银行贷款，银行难以处置作为抵押和担保物的股权，也就缺乏开展这项业务的意愿。实现继承权所面对的问题是，如果允许股权继承，在农村人口流动的背景下，继承人就可能不是农村集体经济组织的成员，从而破坏了股权封闭在农村集体经济组织内部成员的改革原则。

4. 集体资产的经营方式没有改变

农村集体经营性资产股份合作制改革的目的，不仅仅是解决农村利益分配问题，更重要的是改变原有的经营模式，实行现代化企业管理。但从总体情况看，改制后的农村集体经济的管理和运行方式并未发生变化，原有的村级管理和组织结构被平移到了股份合作社这一新的组织之中，董事会和监事会的负责人都由村主要领导兼任，其中，党支部书记兼任董事长，其余人员也大都是村“两委”的领导。在股改前集体经济组织的管理和分配中，村“两委”干部处于支配地位。改制后，有些村干部没有动力改变原有的企业管理方式。

（二）“十四五”期间的改革任务

在“十四五”时期，农村集体产权改革的核心是对已有的改革措施进行规范，提高改革质量，使农村集体产权制度成为增加农民财产性收入、乡村产业发展和乡村振兴的制度基础。

1. 规范股权设置

集体股的去留问题，归根结底要尊重农民群众的选择，并由集体经济组织通过公开程序加以决定。但政策导向上应进一步明确，股权设置应以个人股为主、不设集体股或者对集体股比例的最高限额进行明确规定。对于目前已经设置了集体股的农村集体经济组织，经80%以上集体成员同意，可以将集体股份全部按成员配股比例分配到成员个人。

2. 稳步放开农民股权流转范围

现阶段农村集体产权制度改革严格限定在本集体经济组织内部进行。这种做法的目的是保护广大成员资产的收益权，防止集体经济组织内部少数人侵占、支配集体资产，防止外部资本侵吞、控制集体资产。但随着集体资产价值不断显化和流转市场逐步完善，农民的股权流转必将超出集体经济组织内部。应允许外来常住人员通过购买股权，履行义务，成为集体成员。应在风险可控的前提下，允许个人股权的自由流转，实现生产要素的优化配置，充分体现股份的市场价值。

个人股权应当依法继承。对于继承股份的非农村集体经济组织成员，可以借鉴一些改革试点地区的做法，规定他们只享有股份收益权，不享有集体经济组织的表决权。

3. 为农村集体经济组织的市场经营活动创造良好的制度环境

一是明确农村集体经济组织的市场主体地位。应加快制定有关农村集体经济组织的具体法律规定，明确农村集体经济组织的法律地位、法人性质、登记发证等，使其与其他各类所有制经济组织受到同等法律保护，从而使其能够独立自主地参与市场经营活动。二是探索实行政经分开，作为微观经济主体的村集体经济组织，与村“两委”脱钩。三是健全农村集体经济组织内部结构，形成能够吸引优秀经营管理人才的薪酬激励机制和约束机制。四是鼓励集体经济组织发展股份式或股份合作式公司，与社会资本联合，在更大范围内实现资源的优化配置。

三　加快推进土地征收、集体经营性建设用地入市、宅基地制度三项改革

（一）改革进展与目前的主要问题

2015 年年初，我国在 33 个县（市、区）启动农村土地征收、集体经营性建设用地入市、宅基地制度改革试点（以下简称三项改革试点）。三项改革试点取得了积极进展并向纵深推进，在推动城乡统一的建设用地市场建设、增强乡村产业振兴的

用地保障、增加农民财产性收入等方面，取得了相应的成效。试点地区形成了一批可复制、可推广、利修法的制度创新成果，但改革中也存在一些问题。

1. 征地制度改革中的主要问题

征地制度改革面临三个方面的问题：一是地方政府改革的动力不足。土地征收制度改革的核心内容是缩小征地范围，以及完善对被征地农民的补偿机制。但是土地财政是很多县（市）的重要收入来源，缩小征地范围就减少了财政收入。再加上补偿支出增加，试点地区缺乏改革的动力。二是存在地方政府扩大征收范围的空间。《中华人民共和国土地管理法》（以下简称《土地管理法》）限定了可以征收集体土地的几种情形，但同时规定“由政府在土地利用总体规划确定的城镇建设用地范围内组织实施成片开发建设需要用地的”纳入政府征地范围。由于地方政府拥有土地规划权，这一规定为政府扩大集体土地征收范围提供了空间，存在公共利益的界限被随意突破的风险。三是补偿政策仍有待进一步完善。《土地管理法》取消了补偿总和“不得超过土地被征收前三年平均年产值的三十倍”这一既不合理又事实上早已被突破的最高限额限制，改为按照片区综合价进行补偿。但实际上，区片综合价也实行了很多年，从本质上看，仍然是政府定价而非市场定价，是由政府直接配置土地资源而不是让市场在土地资源配置中起决定性作用。

2. 农村集体经营性建设用地制度改革中的问题

农村集体经营性建设用地制度改革中主要面临三个方面的问

题。一是只有存量的集体经营性建设用地才能入市，但存量建设用地数量有限、地块分散，入市收效不明显，或难以入市。试点地区所探索的异地入市方式，在一定程度上解决了农村集体经营性建设用地位置偏远、地块分散等问题，这种入市方式借鉴了城乡土地增减挂钩的方式，对村庄内零星分散的建设用地进行复垦，然后把腾挪出来的建设用地指标用于其他地区，进而在该地区划定具体的地块上市交易，交易手续比较复杂，在政府、入市土地的村集体以及交易地区之间的利益分配关系复杂。二是入市的用途只能是工商业用地，不能用于住宅建设，交易价格受到了限制。三是集体经营性建设用地入市会压缩征地的空间，一些地方政府从自身利益最大化的角度考虑，限制农村集体经营性建设用地入市的范围。

3. 宅基地制度改革中的问题

宅基地制度改革面临的问题，一是农民宅基地使用权的确权登记颁证工作滞后。对于“一户多宅”、少批多占或超标准面积占用、未批先建和宅基地闲置等遗留问题，各地没有赖以遵循的政策和法律依据。二是宅基地转让限于农村集体经济组织内部的做法，影响了改革效果。在一个村庄内部，并不存在对宅基地市场的有效需求。国家政策明确要求对农民住房财产权抵押贷款的抵押物处置，受让人原则上限制在农村集体经济组织范围内，也因为缺乏受让人而增加了银行将抵押物处置变现的难度，进而影响银行开展这项业务的积极性。三是以宅基地作为抵押和担保品，存在着制度障碍。基于“房地一体”的自然特征，银行不大可能愿意接受没有宅基地作为抵押物的农村住房抵押。

（二）“十四五”期间的改革任务

在征地制度改革领域，应深入探索具体用地项目公共利益认定机制，实质性缩小征地范围；进一步探索由市场交易主体通过自主谈判协商的方式，确定土地征收补偿标准；探索建立健全失地农民可持续生计保障制度。

在农村集体经营性建设用地入市改革试点领域，应适度放宽入市条件和范围，允许增量的集体建设用地入市的可能性；稳慎探索集体经营性建设用地进入住宅用地市场。

在宅基地制度改革试点领域，应划定时点，取消宅基地的福利分配，并把农民居住权的实现方式从“一户一宅”调整为“一户一宅”和“一户一居”并存；适度扩大农民宅基地使用权的流转范围，在不改变宅基地集体所有性质的基础上，允许宅基地及农房在全县（市）范围内的农村集体经济组织成员之间进行置换、转让、继承；深化探索农民住房使用权抵押和担保品权能实现过程中的风险化解途径；探索闲置宅基地的退出和利用方式，允许集体经济组织把闲置和腾退宅基地用于除商品住宅开发以外的各种有利于促进乡村振兴的领域。

四　完善农村社会保障制度

（一）改革进展与目前的主要问题

目前，我国已经建立了针对农村人口的农村社会保障制度体系，城乡居民医疗保险、养老保险和社会救助制度实现了地域全覆盖和应保人口的全覆盖。城乡居民医疗保险制度缓解了农民看病的经济负担，在一定程度上解决了农民因病致贫和因病返贫现象，促进了农民更多地利用医疗卫生服务。城乡居民养老保险制度缓解了农村老年人口的生活压力，而且在改善老年人口与子女的代际关系、提升老年人口获得感等方面发挥了积极作用。农村最低生活保障等社会救助制度缓解了农村贫困现象。但是，农村社会保障制度体系仍然存在许多问题。

1. 保障水平偏低

城乡居民医疗保险通常是在县（市、区）域范围防范群体疾病风险、以收定支的制度，城乡居民的缴费总额，以及集体补助、政府补贴的规模，合在一起，形成医疗保险基金。县（市、区）级主管部门依据医疗保险基金的规模，结合往年的疾病发生率及医疗费用等因素，确定第二年的报销办法。2018 年，城乡居民实际住院费用中，由基金支付的比例为 56.1%，大大减轻了城乡居民住院治疗的经济负担，但同样应该看到，个人负担比例仍高达 43.9%。尤其应该注意的是，到了下半年尤其是年末，很多地方城乡居民医疗保险的基金就处于紧张状态，于是定点医疗机构的住院部就尽量少收病人或不收病人，对于收治的病人，也尽量减少住院天数、减少住院花费。

城乡居保养老保险制度应具有保障老年农民基本生活的“兜底功能”。2018 年，超过 60 岁的农村居民每月大约只能领取 183 元的养老金。多数地区的农村低保标准以县级行政区域为单位而制定，一些地方的农村低保标准低于国家扶贫标准。在一些贫困人口多的地区，低保人口的多少是依据当年的资金量和救助标准确定的，然后下达给各个村。于是，一些收入水平低于低保线的家庭不能享受低保待遇。同时，由于低保资金少，很多地方低保家庭享受的低保金标准并非采取补差的办法，而是采用一个固定的数额。

2. 公平性不足

农村社会保障制度在公平性方面的问题，一是待遇水平远远低于城镇居民和职工社会保障制度的待遇水平。城乡居民的养老保险和医疗保险制度已经被整合为同样的制度，城乡居民可以享受同等水平的养老金和医疗待遇。城乡低保制度仍然是双轨制，农村低保标准低于城镇低保的标准。2018 年城市低保的平均标准是农村低保平均标准的 1. 43 倍。

二是不同区域之间农民享受的社会保障待遇水平相差悬殊，中西部地区农民享受的社会保障待遇水平，远远低于东部发达地区农民享受的社会保障水平。例如，在城乡居民养老保险方面，2019 年，上海市的基础养老金为每人每月 930 元、北京市为每人每月 710 元，但中西部地区的大多数省份的基础养老金只有 100 多元。

3. 存在不可持续的风险

目前，我国农村社会保障制度体系已经形成，但各类制度安排尚不完善，主要存在如下几个方面的问题。

（1）科学合理的政府财政资金投入机制尚未形成。农村低保等社会救助项目的资金来源主要是政府财政资金。城乡居民医

疗保险和养老保险的资金来源则主要依靠政府财政补贴和农民个人缴费。但政府与农民之间、不同层级政府之间的责任边界不清晰、不固定，而是在很大程度上带有随意性。

（2）农民的缴费能力和缴费意愿不足。农村社会保障制度保障水平的提高和可持续性，既有赖于政府不断增加投入，也有赖于不断提高农民的缴费水平。但是，我国农民收入水平还较低，收入不稳定，而且实物性收入占较高比例，相应地，农民缺乏承担较高缴费水平的能力。但同样应看到，我国农民收入不断增长，而且在农村居民中也有很多高收入者，他们也往往不愿意多缴费。以城乡居民养老保险方面为例，很多农民只选择最低档次的缴费标准，其中的原因包括：对制度的了解程度低、对政府兑现养老金的信任程度差、对制度是否能够可持续的疑虑、对与其他养老保险制度转移接续困难的担心。

4. 社会保障的资金管理制度不健全

城乡居民养老保险制度在基金管理和基金安全性方面存在着两个方面的突出问题。第一，缺乏有效的养老保险基金保值手段。多数地区的基金是以活期存款的形式，由指定的银行保管。这种做法的好处是，可以规避基金被挪用以及用于投资等所产生的亏损风险，但我国的银行存款利息一直低于 CPI 增长率，城乡居保的基金实际上在贬值。第二，城乡居保的养老金计发办法采取了现行城镇职工基本养老保险个人账户养老金计发系数，即个人账户养老金的月计发标准为个人账户全部储存额除以 139。按照这一办法，参保农民从 60 岁开始领取养老金，在将近 72 岁时，其个人账户中所积累的资金将全部领完。但是，我国农民在

72 岁时的平均余命为 11.86 岁，县级政府必须承担期间近 12 年的养老金支付，支付压力较大。

城乡居民医疗保险制度要求在年度内基本用完当年筹集的基金，因而不存在长期的财务风险。其基金管理和安全方面的主要问题是，定点医疗机构利用各种手段套取、骗取医保基金。此外，在一些地方存在挪用、借用医保基金的现象。

现行的低保政策的实施效果不理想，有限的低保资金并没有得到有效分配。部分由于农村治理和民主政治滞后等原因，农村低保的瞄准失误问题一直存在，其中既包括一些应该享受保障的农民没有享受的现象，也包括不应该享受的群体或个体却享受的现象。

（二）完善农村社会保障制度体系的对策

城乡居民医疗保险、城乡居民社会养老保险、农村低保这三个农村社会保障项目，是农村社会保障体系中最主要的制度。在今后一个时期，应采取措施，进一步完善这三项制度。

1. 完善城乡居民医疗保险制度的措施

一是继续提高政府补贴水平，稳定农民个人筹资水平。可以探索设立不同档次的筹资水平及相应的报销政策，由农民根据其经济状况和需求选择缴费档次。二是探索实行以人而非以户为单位的参保缴费办法。三是继续坚持城乡居民医疗保险基金主要用于报大病（住院）补偿，加大对农村慢性病治疗的补偿规模，取消一般性的门诊报销，以增加基金用于前两类补偿的规模。四是着力加强医疗卫生机构改革，有效地约束医疗机构过度提供服务和消费者过度利用服务的行为，防止医疗价格的不断攀升。

2. 完善城乡居民社会养老保险制度的措施

一是建立城乡居保基础养老金的正常增长机制。可以在政策层面明确规定，只要城镇居民的基础养老金上涨，中央就同比例或更高比例地调整城乡居民的基础养老金水平。在中央调整基础养老金增长幅度的同时，地方政府也同比例或更高比例增加其承担的基础养老金水平。二是激励城乡居民选择更高档次的缴费标准。应增加对选择更高档次缴费水平的城乡居民的补贴标准，并采取各种措施增加农民对制度的信任。从长远来看，可以采取按农民人均可支配收入的一定比例缴费。三是探索基金保值增值的新途径。加快推进城乡居保基金的省级统筹，建立统一的基金投资管理体制，实行多元化投资，从而提高基金的收益率和制度的支付能力。四是逐步探索和实行按照省级行政单位人均可用财力确定中央对各省级行政单位基础养老金补助比例；按县级行政单位的人均可用财力确定省级财政对各个县级行政区补贴的分担比例。

3. 完善农村低保制度的措施

一是扩大农村低保制度的覆盖范围，把符合条件的农村人口都纳入进去，实现应保尽保。二是逐渐提高农村低保标准。可以把以县级行政区为单位制定低保标准的做法，改为以省级行政区为单位制定低保标准。对于财政能力弱的地区，在评估、核定贫困县（市）所需资金以及供给能力的基础上，由上级财政弥补供需之间的缺口。三是鼓励各地探索把城乡两种低保制度合并为统一的制度。四是在最低生活保障制度的基础上，建立低保与单项救助、分类救助相结合、覆盖农民主要生存风险的救助保障体系。

参考文献

1. 崔红志：《农村集体产权制度改革：进展、问题与政策建议》，载魏后凯、黄秉信主编《中国农村经济形势分析与预测（2015—2016）》，社会科学文献出版社 2016 年版。
2. 孙宪忠：《推进我国农村土地权利制度改革若干问题的思考》，《比较法研究》2018 年第 1 期。
3. 崔红志：《农村土地制度三项改革试点的评价与建议》，载魏后凯、黄秉信主编《中国农村经济形势分析与预测（2019）》，社会科学文献出版社 2019 年版。
4. 崔红志、刘亚辉：《我国小农户与现代农业发展有机衔接的相关政策、存在问题与政策建议》，《中国社会科学院研究生院学报》2018 年第 5 期。
5. 崔红志：《完善覆盖农村人口的社会保障体系：现状、问题与对策建议》，《新疆师范大学学报》（哲学社会科学版）2020 年第 5 期。

经济篇

“十四五”时期提升国家粮食安全保障能力

李国祥*

摘　要： 根据中国居民食物消费的基本规律，结合国际的一般经验，估计到“十四五”末期，中国城乡居民人均稻谷和小麦的直接消费量将下降到100千克以下，按照“十四五”末期中国人口总量达到14.3亿人计算，主要作为口粮食用的稻谷和小麦总消费量将不足1.5亿吨。按照“十四五”期间我国肉蛋奶水产品生产发展态势，结合我国肉蛋奶水产品生产的饲料粮转化率，估计“十四五”期末我国肉蛋奶生产需要的饲料粮大致为3.3亿吨。口粮消费量和饲料粮消耗量与粮食生产量不能画等号，更不能与粮食生产能力和保障能力画等号。不断提升国家粮食安全保障能力，“十四五”期间年度粮食总产量要接近7亿吨，体现“藏粮于地”和“藏粮于技”的粮食生产能力应该更高。

关键词： 口粮　饲料粮　粮食安全

* 李国祥，农学博士，中国社会科学院农村发展研究所研究员，食物经济研究室主任，主要研究方向为农业经济管理。

Promoting the National Food Security during the 14th Five - year Plan Period

Li Guoxiang

Abstract: Based on Chinese food consumption trend with universal tendency, it is estimated that per caput food grain of rice and wheat will be below 100 kg at the end of 14th Five - Year Plan, and total amount of rice and wheat consumption as food grain will be below 150 million tons by 1.43 billion populations in China. It is estimated that total amount of feed grain utilization will be about 330 million tons by the productions of meat, egg, milk and aquatic products at the end of 14th Five - Year Plan. The availability of grain should exceed consumption of food grain and the utility of feed grain. The grain production should approach 700 million tons at the end of 14th Five - Year Plan so that China's food security may be promoted by arable land conservation and technology advance.

Key Words: Food Grain　Feed Grain　Food Security

一 “十四五”时期口粮绝对安全及其保障能力估算

（一）中国居民口粮消费量的估算

2013 年以来，中国居民人均口粮消费量年均减少大约 4 千克。从 2013 年到 2018 年，中国居民口粮消费的粮食（原粮）从 148.7 千克下降到 127.2 千克（见表 1），年均减少 4.3 千克，年均下降 3.1%。这一趋势与国际上居民收入提高过程中口粮消费量不断减少的规律是一致的。

表 1　　全国居民人均口粮消费情况

单位：千克、%

年份	粮食（原粮）直接消费数量	谷物		薯类		豆类	
		数量	比重	数量	比重	数量	比重
2013	148.7	138.9	93.4	2.3	1.5	7.5	5.0
2014	141.0	131.4	93.2	2.2	1.6	7.5	5.3
2015	134.5	124.3	92.4	2.4	1.8	7.8	5.8
2016	132.8	122.0	91.9	2.6	2.0	8.3	6.3
2017	130.1	119.6	91.9	2.5	1.9	8.0	6.1
2018	127.2	116.3	91.4	2.6	2.0	8.3	6.5

资料来源：《中国统计年鉴（2019）》。

不同时间段居民口粮消费减少幅度存在差异。自 2016 年以来，全国居民口粮消费原粮量减少势头放缓。2016 年全国居民人均口粮消费原粮为 132. 8 千克，比上年减少 1. 7 千克，2017 年和 2018 年全国居民人均口粮消费原粮分别为 130. 1 千克和 127. 2 千克，分别比上年减少 2. 7 千克和 2. 9 千克。

按照保守估计，以中国居民口粮消费的原粮年均减少 2 千克计算，那么 2021 年中国居民人均口粮（原粮）消费量估计大约为 123 千克，到“十四五”末期的 2025 年中国居民人均口粮（原粮）消费量估计大约为 113 千克。

口粮中不同类型粮食消费变化呈现出不同态势。中国居民消费的口粮由谷物、薯类和豆类三部分构成。总体上看，“十二五”中后期和“十三五”时期中国居民人均口粮消费的谷物量逐年减少，而薯类和豆类稳中略有增加。

按照国家统计局口径的数据，估计中国居民人均口粮消费的谷物量将由 2021 年的 110 千克下降到“十四五”末期的 100 千克。从 2013 年到 2018 年，中国居民口粮消费的谷物量由 138. 9 千克下降到 116. 3 千克，年均减少 4. 5 千克，年均下降 3. 5%；谷物在口粮消费中比重由 93. 4% 下降到 91. 4%，合计下降 2. 0 个百分点，年均下降 0. 4 个百分点。

整体来看，从“十二五”时期到“十三五”时期，中国居民口粮消费的谷物明显不断下降，估计“十四五”时期这一下降速度可能有所放缓，但是居民收入水平提高所带来的食物消费结构不断升级的态势不会改变，而这一过程中城镇化会使食物消费结构升级加快。按照 2013—2018 年中国居民食物消费格局变化的一般态势，假定从“十三五”时期到“十四五”时期，中国居民年均口粮消费谷物减少 3 千克下降到年均口粮消费谷物减少 2 千克，那么到 2021 年中国居民口粮消费中的谷物大约为

110 千克，到“十四五”末期的 2025 年中国居民口粮消费中的谷物大约 100 千克。

再考虑到世界性居民口粮消费谷物中稻谷和小麦约占 90%，那么中国居民人均口粮消费稻谷和小麦计量将由 2021 年的大约 100 千克，降为“十四五”末期的 2025 年的大约 90 千克。

按照“十五”时期以来中国年末人口的变化态势，假设 2020 年到 2025 年中国年均新增人口 500 万，那么这样就可以假定 2020 年中国年末总人口大约为 14.05 亿，到 2025 年年末总人口大约 14.3 亿。

按照“十四五”时期的 2021 年总人口 14.1 亿计算，再分别按照人均口粮原粮 123 千克、人均口粮消费谷物 110 千克和人均口粮稻谷小麦 100 千克计算，估计“十四五”初期的全国口粮消费原粮约为 17343 万吨（见表 2），其中的谷物消费量约为 15510 万吨、口粮消费的稻谷小麦折合量约为 14100 万吨。

表 2　“十四五”期初期末中国总人口及口粮消费量的估计值

单位：亿人、千克、万吨

年份	2021	2025	2025 年比 2020 年增加
人口	14.1	14.3	0.2
口粮原粮	123	113	-10
居民口粮消费原粮量	17343	16159	-1184
人均口粮消费谷物	110	100	-10
口粮消费谷物总量	15510	14300	-1210
人均口粮消费稻谷和小麦折合量	100	90	-10
口粮消费稻谷和小麦折合量	14100	12870	-1230

注：基于《中国统计年鉴（2019）》和《中华人民共和国经济社会发展统计公报（2019）》中相关数据的估计。

按照“十四五”时期的2025年总人口14.3亿计算，再分别按照人均口粮原粮113千克、人均口粮消费谷物100千克和人均口粮稻谷小麦90千克计算，估计“十四五”末期的2025年全国口粮消费原粮约为16159万吨，比2021年减少粮食原粮约1184万吨。其中，2025年全国口粮消费的谷物量约为14300万吨，比2021年减少约为1210万吨。2025年口粮消费的稻谷小麦折合量约为12870万吨，比2021年减少约为1230万吨。

（二）世界口粮消费量与生产量之间关系

各国居民直接消费谷物量差异明显。按照联合国粮农组织口径[①]，中国居民人均谷物直接消费量略高于世界平均水平，2019年度大约154千克；印度居民人均谷物直接消费量略低于世界平均水平，2019年度大约147千克；日本居民人均谷物直接消费谷物量在世界上属于较低的国家，2019年度大约93千克；南非居民人均谷物直接消费谷物量在世界上属于较高的国家，2019年度大约165千克；巴西和美国居民直接消费谷物在世界上属于偏少的国家，每年110多千克；欧盟和俄罗斯居民人均直接消费谷物量接近世界平均水平，年度大约130千克。

除由历史逐渐形成的饮食习惯和偏好外，各国居民人均直接消费谷物量的差异还可以通过经济发展水平来解释。经济发展水平是影响居民直接消费谷物量的重要因素之一。随着经济的不断发展，特别是食物来源多元化后，居民选择食物空间扩大，购买能力增强，结果是：直接消费的谷物量趋于减少，而消费的肉蛋

① Food and Agriculture Organization of the United Nations, *Food Outlook*, www.fao.org, Nov. 2019.

奶水产品等数量总体上呈现增加态势，相应地带来居民间接消费的谷物量增加，即饲料粮数量消耗增加。

根据 FAO 等国际机构估计①，2019 年度全球谷物总产量超过 27 亿吨，国际贸易量（出口量或者进口量）4.2 亿吨，世界人均直接用于口粮消费的谷物为 149 千克，按照世界 74 亿人计算，口粮消费谷物约 11 亿吨，口粮消费用谷物量占当年度谷物总产量比重约 41%。其他年度的谷物总产量与口粮消费用谷物量的比率基本稳定，略有波动。也就是说，从全球来看，可以将年度的谷物生产量是口粮消费量的两倍多，作为口粮保障能力的经验系数。

（三）保障中国居民口粮绝对安全的生产能力要求

估计口粮消费量与保障能力之间关系时，需要特别注意的是，居民年均口粮消费谷物及其中的稻谷和小麦，仅仅是谷物及其中稻谷和小麦的一部分。估计确保口粮绝对安全的谷物及其中稻谷和小麦生产能力，绝不能仅仅按照居民口粮消费的谷物及其中稻谷和小麦需要量来对等匡算。

粗略估算，“十四五”末期中国总人口大约 14.3 亿，根据人均口粮原粮大约 113 千克，其中人均口粮消费谷物 100 千克、人均口粮消费换算成的稻谷小麦约为 90 千克计算，估计全国口粮原粮消费总量 1.6 亿吨，其中口粮消费谷物总量约 1.4 亿吨，口粮消费稻谷小麦约 1.3 亿吨，按照大约两倍国内生产量和 3 倍供给量（含库存和进口）相对于口粮消费量的宽裕要求，则

① OECD/FAO（2019），OECD – FAO Agricultural Outlook 2019 – 2028，OECD Publishing，Paris/Food and Agriculture Organization of the United Nations，Rome.

“十四五”期末中国年度口粮用稻谷和小麦生产量和供给量应分别达到近3亿吨和4亿吨。

二 “十四五”时期饲料粮需要量及其保障能力要求

研究国家粮食安全保障能力，不仅要研究口粮，而且还要研究饲料粮。在估计了居民口粮消费之后，还必须估计饲料粮消耗。饲料粮消耗的估计比口粮消费的复杂性和难度要大得多。这主要是相关统计口径和数据的差异，估计出的数据差异也十分明显。尽管如此，还是可以根据动物类食物消费规律和变化趋势，估计出饲料粮的消耗量数据。考虑到中国居民人均消费的动物源性食物数量与国内畜产品产量和水产品产量口径差异比较大，带来这样的结果：用居民消费动物源性食物数量来估计饲料粮，与用畜产品产量和水产品产量来估计饲料粮差异。本报告主要借助“十五”时期以来中国主要畜产品产量和养殖业主产品产量与饲料粮的消耗量等数据来大致估算中国饲料粮的总体消耗情况。

（一）满足居民肉类消费的饲料粮需要量估计

考虑到“十三五”期间中国肉类进口量大幅度增加，结合中国居民肉类消费不断增加态势及国际的一般经验，估计“十四五”时期中国肉类生产量仍将不断增加，2025年国内肉类产量将达到9500万吨，且不会带来明显的肉类市场供过于求局面，即这样才能满足中国城乡居民肉类消费需要。

“十五”时期中国肉类总产量年均为6466.2万吨（见表3）；“十一五”时期中国肉类总产量年均增加到7417.5万吨，比前一个时期增加951.3万吨，增长14.7%；“十二五”时期中国肉类总产量年均达到8538.9万吨，比前一个时期增加1121.4万吨，增长15.1%，“十二五”时期中国肉类生产呈现加快发展态势；“十三五”时期前3年，中国肉类总产量年均为8635.8万吨，比前一个时期增加96.9万吨，增长1.1%。值得关注的是，进入“十三五”时期，中国肉类生产明显放缓，如果再考察2019年，受非洲猪瘟影响，在猪肉产量大幅度减少的影响下全年肉类总产量则出现下滑。

表3　“十五”时期以来中国肉类产量及人均占有量变化情况

单位：万吨、%、千克

		“十五”时期	“十一五”时期	“十二五”时期	“十三五”时期前3年
全国肉类总产量	年均产量	6466.2	7417.5	8538.9	8635.8
	较前一时期增量	—	951.3	1121.4	96.9
	较前一时期增长	—	14.7	15.1	1.1
人均肉类占有量	年均占有量	50.0	55.9	62.7	62.2
	较前一时期增量	—	5.9	6.8	-0.5
	较前一时期增长	—	11.6	12.3	-0.9

资料来源：国家统计局网站。

受“十三五”期间肉类生产明显放缓影响，中国肉类人均占有量甚至出现负增长。“十五”时期中国肉类人均占有量为50.0千克；“十一五”时期中国肉类人均占有量年均增加到55.9千克，比前一个时期增加5.9千克，增长11.6%；“十二五”时期中国肉类人均占有量年均达到62.7千克，比前一个时期增加6.8千克，增长12.3%；“十三五”时期前3年，中国肉类人均占有量为 62. 2 千克，比前一个时期减少 0. 5 千克，下降 0. 9% 。

从国家统计局公布的中国居民人均猪牛羊肉和禽类产品消费量来看，进入“十三五”时期以来继续保持增加态势。2016 年中国居民人均消费的猪牛羊肉和禽类产品合计为 32. 0 千克，2017 年中国居民人均消费的猪牛羊肉和禽类产品合计为 32. 2 千克，而 2018 年中国居民人均消费的猪牛羊肉和禽类产品合计量进一步增加到 35. 1 千克。从国家统计局公布的中国居民人均肉类消费量的调查数据来看，可以认为中国居民食物中肉类消费还将保持不断增加态势。

“十三五”时期前 3 年，中国每年进口的猪牛羊肉量都超过 300 万吨，与中国猪牛羊肉年度产量百分比超过 5% ，而牛羊肉进口量与国内产量百分比在 2018 年已经超过 10% 。

2016 年，中国猪牛羊肉进口量为 508. 5 万吨（见表 4），比上年增长 1. 2 倍，其中猪肉及猪杂碎进口量为 311. 1 万吨，比上年增长 95. 0% ；牛肉进口量为 58. 0 万吨，比上年增长 22. 4% ；羊肉进口量为 22. 0 万吨，比上年下降 5. 6% 。2016 年，中国猪肉及猪杂碎进口量出现快速增长，带动猪牛羊肉进口与国内生产量百分比快速增加到 7. 8% 。

表 4　“十三五”时期前 3 年中国猪牛羊肉进口情况

单位：万吨、%

年份	猪牛羊肉进口量		猪肉及猪杂碎		牛肉		羊肉	
	合计量	同比增长	进口量	同比增长	进口量	同比增长	进口量	同比增长
2016	508. 5	120. 9	311. 1	95. 0	58. 0	22. 4	22. 0	-5. 6

续表

年份	猪牛羊肉进口量		猪肉及猪杂碎		牛肉		羊肉	
	合计量	同比增长	进口量	同比增长	进口量	同比增长	进口量	同比增长
2017	344.5	-32.3	249.9	-19.7	69.5	19.8	24.9	13.2
2018	386.9	12.3	215.4	-13.8	103.9	49.5	31.9	28.1

资料来源：农业农村部网站。

2017 年，中国猪牛羊肉进口量为 344.5 万吨，比上年下降 32.3%，其中猪肉及猪杂碎进口量为 249.9 万吨，比上年下降 19.7%；牛肉进口量为 69.5 万吨，比上年增长 19.8%；羊肉进口量为 24.9 万吨，比上年增长 13.2%。

2018 年，中国猪牛羊肉进口量为 386.9 万吨，比上年增长 12.3%，其中猪肉及猪杂碎进口量为 215.4 万吨，比上年下降 13.8%；牛肉进口量为 103.9 万吨，比上年增长 49.5%；羊肉进口量为 31.9 万吨，比上年增长 28.1%。2018 年，中国牛羊肉进口量合计为 135.8 万吨，与国内牛羊肉产量百分比达到 12.1%。正是肉类大量进口，特别是牛羊肉进口量显著增加，弥补了国内肉类生产能力不足而形成的消费缺口。

“十四五”期间，虽然进口肉类还将大幅度增加，特别是中美经贸摩擦解决后中国必然会大幅度增加自美国进口肉品，但是依据国内肉类消费增加同时将带来国内生产的发展和进口的增加。据此假定，考虑到“十二五”时期中国肉类年均总产量已经超过 8500 万吨，且比“十一五”时期增加了 1000 多万吨，这样即使不考虑“十三五”时期中国肉类年均产量的增长态势，估计“十四五”期间中国肉类年均总产量将达到 9500 万吨左右的水平，其中牛羊肉产量接近 1300 万吨左右的水平。

考虑到本报告仅仅是匡算养殖业需要消耗饲料粮的大致数

据，现假定每千克牛羊肉生产量需要1千克饲料粮，而其他肉类每千克生产量需要2千克饲料粮；再假定“十四五”末期中国居民消费肉类合计9500万吨，其中牛羊肉小计1300万吨，这样，推算出中国肉畜生产量需要消耗的饲料粮接近1.8亿吨。

（二）满足居民禽蛋消费的饲料粮需要量估计

结合中国禽蛋生产满足居民消费的基本趋势，估计“十四五”期末中国禽蛋生产需要饲料粮将达到7000万吨左右。

“十五”时期中国禽蛋总产量年均为2323.5万吨（见表5）；“十一五”时期我国禽蛋总产量年均增加到2639.8万吨，比前一个时期增加316.3万吨，增长13.6%；“十二五”时期我国禽蛋总产量年均达到2919.6万吨，比前一个时期增加279.8万吨，增长10.6%；“十三五”时期前4年，我国禽蛋总产量年均为3173.5万吨，比前一个时期增加253.9万吨，增长8.7%。无论是增量，还是增长速度，我国禽蛋年度总产量总体上呈现出一致性的放缓态势。

表5　“十五”时期以来中国禽蛋产量及人均占有量变化情况

单位：万吨、公斤、%

项目		“十五”时期	“十一五”时期	“十二五”时期	“十三五”时期前4年
全国禽蛋总产量	年均产量	2323.5	2639.8	2919.6	3173.5
	较前一时期增量	—	316.3	279.8	253.9
	较前一时期增长	—	13.6	10.6	8.7
人均禽蛋占有量	年均占有量	18.0	19.9	21.5	22.8
	较前一时期增量	—	1.9	1.6	1.3
	较前一时期增长	—	10.6	7.9	6.3

资料来源：国家统计局网站。

观察中国禽蛋产量及其人均占有量的变化态势，不难发现每个五年期间中国人均禽蛋占有量的增量减少 0.3 千克。按照这一态势，估计 2020 年中国人均禽蛋占有量将接近 24 千克，“十四五”期间中国人均禽蛋占有量将达到 25 千克左右。

按照“十四五”期间中国人均禽蛋占有量 25 千克左右水平，推算出中国禽蛋总产量将达到 3500 万吨左右，按照禽蛋生产所需要的饲料粮比率，估计中国禽蛋生产需要的饲料粮大约 7000 万吨。

（三）满足居民对奶品消费的饲料粮需要量估计

“十五”时期中国奶类总产量年均为 1921.0 万吨（见表6）；“十一五”时期中国奶类总产量年均增加到 3141.6 万吨，比前一个时期增加 1220.6 万吨，增长 63.5%；“十二五”时期中国奶类总产量年均达到 3252.1 万吨，比前一个时期增加 110.4 万吨，增长 3.5%；“十三五”时期前 4 年，中国奶类总产量年均为 3199.8 万吨，比前一个时期减少 52.3 万吨，下降 1.6%。综合来看，中国奶类生产曾经历过“十一五”时期高速增长的辉煌，但是“十二五”时期出现显著的缓慢增长，“十三五”时期竟然出现停滞徘徊局面。

表 6　“十五”时期以来中国奶类产量及人均占有量变化情况

单位：万吨、公斤、%

项目		“十五”时期	“十一五”时期	“十二五”时期	“十三五”时期前 4 年
全国奶类总产量	年均产量	1921.0	3141.6	3252.1	3199.8
	较前一时期增量	—	1220.6	110.4	-52.3
	较前一时期增长	—	63.5	3.5	-1.6

续表

项目		“十五”时期	“十一五”时期	“十二五”时期	“十三五”时期前 4 年
人均奶类占有量	年均占有量	14.9	23.7	23.9	23.0
	较前一时期增量	—	8.8	0.2	-0.9
	较前一时期增长	—	59.1	1.0	-3.8

资料来源：《中国统计年鉴（2019）》、《中国农业发展报告（2005）》及国家统计局网站。

受奶类波动增长影响，中国奶类人均占有量也呈现出同样波动增长态势。“十五”时期中国奶类人均占有量年均为 14.9 千克；“十一五”时期中国奶类人均占有量年均增加到 23.7 千克，比前一个时期增加 8.8 千克，增长 59.1%；“十二五”时期中国奶类人均占有量年均仅为 23.9 千克，比前一个时期仅增加 0.2 千克，增长 1.0%；“十三五”时期前 4 年，中国奶类人均占有量年均为 23.0 千克，比前一个时期没有增加反而减少 0.9 千克，下降 3.8%。

尽管“十三五”时期中国奶类生产出现了徘徊，但是按照全面小康社会居民食物消费水平提高及其国家出台相关补助和支持等政策，估计“十四五”时期中国奶类生产走出徘徊，年均奶类产量新增 1000 万吨，期末奶类产量将达到 4500 万吨左右。按照奶类单位产量需要消耗大约 0.4 单位饲料粮来转化，推算出中国奶类需要的饲料粮大约 2000 万吨。

（四）满足居民对水产品消费的饲料粮需要量估计

受养殖水产品快速增长影响，中国养殖水产品人均占有量呈现出增长态势。“十五”时期中国养殖水产品人均占有量年均为

20.5 千克；“十一五”时期中国养殖水产品人均占有量年均增加到26.0千克，比前一个时期增加5.5千克，增长26.8%；“十二五”时期中国养殖水产品人均占有量年均达到31.1千克，比前一个时期增加5.1千克，增长19.8%；“十三五”时期前4年，中国养殖水产品人均占有量年均为35.2千克，比前一个时期进一步增加4.1千克，增长13.2%。观察中国养殖水产品产量及其人均占有量变化规律，不难发现五年期中国养殖水产品人均占有量增量超过5千克。

表7　“十五”时期以来中国养殖水产品产量及人均占有量变化情况

单位：万吨、千克、%

项目		“十五”时期	“十一五”时期	“十二五”时期	“十三五”时期前4年
全国养殖水产品总产量	年均产量	2648.4	3451.8	4238.2	4896.7
	较前一时期增量	—	803.4	786.3	658.6
	较前一时期增长	—	30.3	22.3	15.5
人均养殖水产品占有量	年均占有量	20.5	26.0	31.1	35.2
	较前一时期增量	—	5.5	5.1	4.1
	较前一时期增长	—	26.8	19.8	13.2

资料来源：《中国统计年鉴（2019）》及国家统计局网站。

估计“十四五”时期中国养殖水产品人均占有量增加到41千克左右。且考虑国内渔业天然捕捞萎缩较快，为了满足居民对水产品消费的需要和出口需要，按照“十四五”期末中国总人口达到14.3亿计算，年均养殖水产品产量可以达到接近5900万吨左右，期末养殖水产品产量达到6000万吨左右。按照养殖水产品单位产量需要消耗大约1单位饲料粮来转化，推算出中国养殖水产品需要的饲料粮大约6000万吨。

(五) 中国饲料粮保障能力要求

经济发展，人们饮食中动物源性食物总体上不断增加，必然要消耗更多的饲料粮。概括地说，按照“十四五”期间中国肉蛋奶生产发展态势，结合中国肉蛋奶生产的饲料粮转化率，估计“十四五”期末中国肉蛋奶生产需要的饲料粮大致为3.3亿吨，其中肉类生产需要饲料粮1.8亿吨，禽蛋生产需要饲料粮7000万吨，奶类生产需要饲料粮2000万吨，水产品生产需要饲料粮6000万吨。如果进一步按照全面小康社会的宽供给要求，确保饲料粮的供给量按照需要量的1.5倍来规划，那么“十四五”期间中国要提供大约5亿吨的饲料粮供给。结合中国居民口粮消费量及其宽供给要求，“十四五”期间中国口径的年度粮食供给需要量需要超过8亿吨，如果进一步区分国内生产量和进口量，国内粮食总产量需要增加到7亿吨。

三 “十四五”时期提高国家粮食安全保障水平的建议

(一) 确保口粮等宽裕供给

怎样理解口粮绝对安全？有的理解为自给率100%。据此按照自给率界定口粮绝对安全，抓住了问题的本质，强调了国内生产在保障口粮供给方面的风险要明显地小于依赖进口来保障国内口粮供给的风险。但是，这一理念及其算法也面临着明显的缺陷和矛盾。口粮绝对安全，主要体现在相对于口粮消费量，有相对更高的生产量；相对于口粮消费量，有相对更加宽裕的供给量。

过去，中国社会上一般理解口粮绝对安全，主要是稻谷和小麦的进口量与国内生产量的比率关系。从逻辑上说，进口的大米和小麦用于口粮消费，这就一定不安全？只有吃国内生产的大米和面粉，才是口粮绝对安全？似乎很能经得起推敲。有人说，进口的大米和小麦用于口粮消费如果形成习惯，一旦短时间内无法进口大米和小麦，这样就构成了粮食不安全。这种说法有一定的道理。但是，又有人提出这样的观念：为了避免特定时期内不能及时进口大米和小麦，可以提前进口一定规模的大米和小麦，然后把这些进口粮储存起来，就像国内稻谷和小麦生产可能遭受各类自然灾害，通过增加库存来提高调控能力一样。因此，简单地把进口大米和小麦用于口粮消费作为粮食不安全的衡量指标，在逻辑上至少是不够严谨的。

“十四五”时期，中国大米和小麦进口配额面临着几种选择：要么进行调整，减少进口配额数量，但这一做法涉及多边贸易谈判；要么必须完成配额数量。若配额内的大米和小麦数量全部进口，那么进口的大米和小麦可能占到国内口粮消费量的10%以上。这样，用传统的指标衡量口粮绝对安全，必将发生矛盾。

从中国大米和小麦的关税配额数量来看，用足配额，会让大米和小麦等进口量占口粮消费比超过0.1。按照现行关税配额量，每年大米532万吨，按照65%出米率计算，相当于820万吨稻谷，加上963万吨小麦，两项合计近1800万吨。按照2018年中国城乡居民谷物原粮计算大约1.5亿吨，未来城乡居民直接食用的米饭和面食还将会减少。这样，按照 WTO 农业规则和中国在双边与多边经贸实践中的承诺需要将大米和小麦关税配额量用足，计算的结果必然是让国内稻谷和小麦的口粮消费自给率降低到 90% 以下。可见，选择大米和小麦进口量占国内产量或者口粮消费量计算自给率来稳定口粮绝对安全状况，科学性是存疑的。

从长期来看，中国粮食生产保障国内供给能力强，粮食安全风险不高，但是这并不意味着国家粮食安全的风险消除了。在国家粮食风险仍然存在的情况下，政策对粮食生产和供给等及时地作出反应，并相应地采取有力措施，显得越来越重要。

过去，中国粮食安全理念中有一个平衡理念。社会上理解的平衡，主要是指产需平衡，即年度粮食生产量要与消费量大致相等。之所以提出年度生产量与年度消费量大致相等，可能是过去粮食短缺，又基本上是封闭经济，进口量很少，即使存在库存，但是期初库存量与期末库存量相当。年度粮食供给基本上等同于粮食生产量。

产需平衡与供求平衡是有明显区别的。我们知道，年度的粮食供给有三个来源：当年粮食生产量、进口量和期初库存量。在开放经济条件下，在国家粮食调控能力很强条件下，当年粮食生产量与需要量可以完全不相等。产需不平衡，并不意味着供求不能平衡，也不意味着就一定不安全。中国大豆产需严重不平衡，但是如果大豆进口来源多元化，那么大豆供给同样能够做到有保障，大豆供求失衡的风险也可能是很低的。

按照产需平衡理念保障国家粮食安全，时常会遭遇很大矛盾。一方面，中国经济发展，居民生活水平提高，中国农业资源禀赋和条件无法满足粮食总量产需平衡的要求，粮食净进口和食物净进口将是常态；另一方面，无论是口粮，还是饲料粮，要做到年度产需平衡基本上是不可能的。在历史上，一直认为重要的稻谷、小麦和玉米三大粮，时而年度生产量超过需要量，时而年度生产量不足需要量。近些年来，中国的稻谷和小麦年度生产量几乎都超过需要量，主要表现在政策性存储量不断增加，以及稻谷和小麦生产者价格总体较低稳定运行。稻谷和小麦等不能出清，库存量不断增加，去库存压力也越来越大，表明年度稻谷和小麦产需失衡的矛盾是常态。

无论是粮食的总量，还是结构性分作物粮食，即使通过计划或者调控，也无法做到年度产需平衡。实践中，人们越来越认识到：粮食多了不好，粮食少了不行，粮食不多不少做不到。因此，粮食安全理念必须彻底突破产需平衡观念和理论。

作为口粮绝对安全，也不可能按照产需平衡来布局生产。在市场经济中，粮食属于耐储存商品。市场价格的波动对人们多购少售等经济行为具有显著的影响。一旦人们预期粮食价格趋于上涨，就可能多购粮多存粮，粮农粮商也会惜售，即使原来是粮食产需平衡也会被打破。一旦人们预期粮食价格趋于下跌，就可能少购粮少存粮，粮农粮商也会加快销售，粮食产需平衡状况实质上对市场主体的行为影响非常有限，如果没有政府调控或者收购，谷贱伤农在现实中就会反复出现。

既然产需平衡不能作为粮食安全的理念或者理论，那么新时代粮食安全所需要的粮食供求关系是什么？借助国外经验，总结中国近年来的实践，保障粮食宽供给应是新时代粮食安全，特别是国家粮食安全的重要理念之一。所谓粮食宽供给保障国家粮食安全，就是在口粮方面，年度或者一定期限内的稻谷和小麦的产量和供给量多倍于口粮消费量。

从食用消费占农产品产量比重来看，整体上呈现出不断下降态势。宽裕供给保障食物消费之外的相对过剩，主要通过开拓新用途等加以转化和消化。农产品出口强国，主要通过开拓国际市场处置相对过剩的粮食。

对于确保充足供给带来的相对过剩粮食关键要靠转化，基本路径包括饲用转化和加工转化，特别是深加工转化，开发超期储备谷物的非食用转化技术。随着加工转化用谷物增多，必须按照优先保障口粮用谷物，其他是饲料用谷物，在保障了食物用谷物需要之余才可以用作工业加工转化。当粮食多用途开发后，出现争粮情形，要通过立法等途径确保口粮和其他食物生产优先保障。

（二）稳定发展农业生产优化农业结构

中国农业发展进入新时代，农产品供给总体充裕，但是农产品和食物有效供给的稳定性仍显不足。近年来，中国部分农畜产品出现剧烈波动，反映出中国农产品供给虽然有保障，绝大多数情形下供给也有余，但是一些农产品生产和市场的明显波动一直没有有效解决，仍然是全面小康社会的突出问题。降低谷物供给波动性，确保谷物市场稳定运行，更好地保障民生，这是全面小康社会确保所有老百姓衣食无忧的最基本要求。降低谷物供给波动性，还有助于农业稳定发展和农民持续增收。

怎样才能进一步提高谷物有效供给的稳定性？多年来中国侧重于从提高粮食生产能力和增加库存等方面保障供给、平抑市场波动、引导市场主体行为，这些都具有积极作用，需要坚持，特别是以我为主和确保产能等新形势下国家粮食安全战略原则必须始终坚持。从确保农产品稳定有效供给作为全面建成小康社会的底线要求考虑，还需要进一步发挥坚持高质量农业发展，优化农业生产结构。

展望“十四五”时期中国粮食供求形势，尽管全国粮食产需缺口将不断扩大，但粮食供给相对过剩可能是常态。科技进步，粮食土地生产率提高抵消粮食播种面积减少有余。受农民种粮积极性下降及工业化城镇化等影响，粮食占用耕地面积可能会减少，但最严格的土地用途管制，加上粮食生产功能区的划分，粮食播种面积的稳定具有很多积极因素。但是，从居民食物消费升级和缓和农业资源失配错配的需要考虑，还必须在总体稳定粮食生产的同时优化粮食种植结构。

从 2000 年到 2019 年，中国粮食总产量由 4.6 亿吨增加到 6.6 亿吨，历经大约 4 个 5 年期粮食增产 2 亿吨。纵观“十五”时期以来中国粮食总产量年均以 1000 万吨的幅度增加，尽管到“十三五”时期，中国粮食总产量增幅放缓，但是按照“十五”时期以来粮食总产量增幅变化的一般趋势，“十四五”时期中国粮食总产量超过 7 亿吨的水平是有可能的，即“十四五”时期中国粮食总产量再新增 3000 多万吨是完全有可能的。考虑到中国粮食供给面临的主要矛盾不是粮食的增产而是结构性均衡，因此，“十四五”规划的重点应是稳定提高粮食产能的前提下优化粮食生产结构。

“十四五”期间，如果按照稻谷和小麦平均每亩 400 千克计算，有 5000 万吨稻谷和小麦合计产量的调减空间，那么可以允许稻谷和小麦种植面积调减大约1.2亿亩。如果再保守一些，为了减少稻谷和小麦生产资源错配可能造成的损失，以及避免稻谷和小麦生产资源错配造成粮食结构性矛盾的进一步累积，“十四五”期间可以审慎地渐进地减少稻谷和小麦大约1亿亩的种植面积，即年均减少稻谷和小麦大约2000万亩的种植面积。

要尽可能地发挥市场机制的有效作用。中国粮食生产完全依靠市场自发调节，这将会抬高粮食安全风险。放弃一切粮食支持保护政策，是绝对不可行的。选择怎样的粮食支持保护政策措施？这是值得研究和慎重决策的。一般情况下，不轻易选择价格支持政策，或者逐步地降低价格支持力度，是农业支持保护政策改革的世界性趋势。出于适应多边贸易规则和保护农民种粮积极性的备选政策措施较多等的考虑，中国也可以考虑不断地降低稻谷小麦最低收购价政策实施力度，最终放弃稻谷小麦最低收购价政策。这样，稻谷小麦的市场机制就有条件更好地发挥作用。特别地，在满足居民高质量口粮需求方面，在满足加工业发展对专用粮需求方面，构建优质优价，促进优质稻谷小麦发展，在较大程度上需要依赖市场机制的发挥。

（三）科技创新是提高粮食安全和食物安全保障水平的根本

综观世界人类应对粮食安全和食物安全难题，最主要的途径是不断创新更加高效的科技并将其应用于农业生产。随着经济发展水平不断提高，人们对食物数量、种类到质量等多方面提出越来越高要求，且人们用于食物的支出在可支配收入或者消费总支出中比重要越来越低，面对有限的农业资源，以节约成本和农业资源的有效产出只能依赖农业科技创新。

在现代农业发展进程中，以较少现代要素投入和农业资源占用获得较多产出，即以较低成本生产出更多数量和种类及更高质量的科技，一直都最具有潜力。现代生物技术和信息化技术，为节约成本科技创新带来新的动力。生物育种、健康土壤、精准农业、数字农业、智慧农业等，是世界农业科技发展的重要方向。中国农业科技创新要充分把握历史机遇，力争在粮食等生产领域中的某些颠覆性技术有所突破。

当今世界，农业科技创新已经可以成功地成为农业发展的内生力量。随着市场经济发展和知识产权保护的加强，农业领域的主要物化技术通过交易，不仅可以更好地服务于农业生产，而且创新主体还可以从市场中获得较高回报，投资者对这些农业物化技术企业的发展十分关注。凡是市场主体，包括农业科技人员、资本市场投资者，对农业物化科技创新具有动力的，都应纳入企业化创新体系。

在处理好农业科技创新的公共投入和市场化投资之间的关系中，除了完善法治进一步激励农业物化技术企业化创新外，要进一步加大对农业科技创新的基础性研究或者应用性基础研究的公共投入。

（四）要全面持续提高中国重要农产品国际竞争力

在农业资源最严格保护制度的前提下，未来中国农业生产足可以满足居民口粮需要的稻谷和小麦，但是居民对肉蛋奶消费的需要，确保居民食物消费满足充分全面平衡营养和健康活力需要，必须统筹国内国外两种需要才能满足。

展望未来，农业科技创新的积极推动，各国特别是世界大国强国对农业的重视和千方百计对农业发展的显现和隐现的支持，未来通常情况下农产品增产的速度始终会超过人口增长速度，全球农产品供给增长相对食物消费增长明显要快，全球农产品阶段性过剩无疑将是常态，更不用说出口大国的农产品供给过剩只会越来越严重。全球农产品供给不仅总体上处于相对过剩状况，而且各国基于资源禀赋和比较优势等形成国际分工而生产的一些农产品供给相对国内需要也呈现出结构性过剩或者不平衡。消化国内相对过剩农产品供给的有效途径之一是积极开拓海外市场扩大出口。优化中国农产品供给结构，特别是新形势下国家粮食安全战略确定的口粮绝对安全和谷物基本自给，以及保障中国重要农产品稳定供给保障能力，多途径提升中国重要农产品竞争力是有效途径之一。

（五）坚持进口来源多元化不动摇

统筹好国际国内粮食市场。从资源考虑，从构建农业对外开放新格局考虑，中国必然会进口一定数量的粮食，特别是用地较多的大豆将会高度依赖进口。进口粮食也构成国内粮食供给，具有两方面影响：一方面可以满足国内产需缺口，另一方面可能冲击国内粮食生产。同时，进口粮食对国际市场和国外资源依赖程度高。国际粮食市场波动，国内粮食生产受灾等不确定性因素带来的波动，都可能对国内粮食进口和供给带来不稳定影响。要坚持以我为主，确保产能不动摇，发挥粮食生产的“压舱石”作用。要不断拓宽粮食进口来源，降低进口风险。

参考文献

1. 国务院办公厅：《中国食物与营养发展纲要（2014—2020）》，中国政府网站，http：//www. gov. cn/zhengce/content/2014 - 02/10/content_ 8638. htm，2014 年 2 月 10 日。

2. 农业农村部国际合作司、农业农村部农业贸易促进中心：《中国农产品贸易发展报告（2020）》，中国农业出版社 2020 年版。

3. 魏后凯、黄秉信：《中国农村经济形势分析与预测（2019—2020）》，社会科学文献出版社 2020 年版。

4. 中华人民共和国国务院新闻办公室：《中国的粮食安全》，人民出版社 2019 年版。

5. Mark Ash et. al. , “A Deeper Look Into the USDA Crop Baseline Projections to 2028, With a Focus on Trade”, FDS - 19K - 02, USDA, *Economic Research Service*, November 2019.

6. Shared Tandon et. al. , “Progress and Challenges in Global Food Security, EIB - 175, U. S. Department of Agriculture”, *Economic Research Service*, July 2017.

“十四五”时期家庭农场发展目标与路径

杜志雄　来晓东　郜亮亮*

摘　要： 家庭农场作为目前我国最适宜和最合意的农业生产经营主体，如何在“十四五”时期培育壮大家庭农场发展，走出一条与农业高质量发展相适应的农业现代化道路显得尤为重要。“十三五”时期，我国家庭农场整体发展态势良好，呈现出一系列特征优势。但是，目前我国家庭农场在其具体发展过程中仍面临诸多问题，对家庭农场实现高质量发展形成了现实障碍。因此，“十四五”时期推动家庭农场高质量发展，需要坚持以规模适度、产出高效、生态绿色、强化合作、管理科学为发展目标。为顺利实现家庭农场的发展目标，应进一步健全家庭农场培育发展机制，提升家庭农场发展综合能力，完善家庭农场政策扶持制度。

---

* 杜志雄，博士，中国社会科学院农村发展研究所研究员、党委书记、副所长、博士生导师，主要研究方向为农业农村现代化、现代农业和家庭农场；来晓东，中国社会科学院大学（研究生院）博士研究生，主要研究方向为农业农村现代化、家庭农场；郜亮亮，博士，中国社会科学院农村发展研究所副研究员、土地经济研究室主任、硕士生导师，主要研究方向为发展经济学、土地制度、农业农村人才。

关键词： 家庭农场 “十四五”时期 发展目标 发展路径

The Development Goals and Paths of Family Farms During the 14th Five - year Plan Period

Du Zhixiong Lai Xiaodong Gao Liangliang

Abstract: As the most suitable and desirable agricultural production and management subject in China, how to cultivate and expand the development of family farms in the “14th five - year Plan” period, and how to find a way of agricultural modernization that is suitable for the high - quality development of agriculture is particularly important. During the “13th five - year plan” period, the overall development trend of family farm in China is good, showing a series of characteristic advantages. However, family farms in China are still facing many problems in their specific development process, which has formed a practical obstacle to the realization of high - quality development of family farms. Therefore, to promote the high - quality development of family farms during the “14th five - year plan” period, we should adhere to the development goals of moderate scale, efficient output, ecological green, strengthen cooperation and scientific management. In order to achieve the development goals of family farms smoothly, we should further improve the cultivation and development mechanism of family farms, enhance the comprehensive development ability of family farms, and improve the policy support system of family farms.

Key Words: Family Farms 14th Five - Year Plan Development Goals Development Paths

家庭农场经历“十二五”时期末正式提出、“十三五”时期蓬勃发展后，“十四五”时期将进入数量质量并重、以家庭农场自身的高质量发展推进农业现代化整体水平提升的新发展阶段。本报告拟在对当前家庭农场整体发展现状、特征以及发展中存在的现实问题系统全面总结和分析基础之上，提出“十四五”时期家庭农场发展目标以及实现相关发展目标的政策和路径。

一 “十三五”时期家庭农场发展现状和特征

（一）农场数量稳步增长

“十三五”时期是家庭农场获得政策文件正式确认后全面发展的时期。[①] 其间，我国家庭农场数量持续增长，总量已达到一

① 2013 年的中央一号文件正式提出发展家庭农场的政策取向，它也是新时期首次提出。

定规模。据农业部 2016 年年底对我国 30 个省（区、市）（不含西藏）家庭农场的专项调查统计显示，家庭农场数量已达到 44.5 万家，其中种植类家庭农场占到总数的 60.8%，达到 27.1 万家。而到了 2018 年年底，全国各级农业农村部门认定或备案的家庭农场已达到近 60 万家。按照 2018 年家庭农场登记注册数量来看，排在前 5 位的省份依次是安徽、四川、江苏、山东和湖北。[①] 预计到“十三五”期末，家庭农场总户数可达 80 万—100 万家。整体上，家庭农场发展速度较快、数量增长较多、整体态势良好。

（二）政策环境不断优化

从中央到地方，“十三五”时期家庭农场指向的政策创设不断涌现，扶持家庭农场发展的政策环境逐步得到显著优化。一是中央农业发展政策逐渐聚焦家庭农场，政策支持力度不断加大。2014 年，农业部印发了《农业部关于促进家庭农场发展的指导意见》，提出加快构建新型农业经营体系，推动家庭农场持续稳定发展。随后，支持家庭农场发展的相关政策愈加具体和完善。2016 年，农业部印发了《全国农产品加工业与农村一二三产业融合发展规划（2016—2020 年）》，旨在加大主体培育、产业融合和利益联结扶持力度，促进家庭农场融合发展。2017 年，中共中央办公厅、国务院办公厅印发了《关于加快构建政策体系培育新型农业经营主体的意见》，鼓励并支持家庭农场发展适度规模经营，引导家庭农场多形式提高发展质量。2019 年，农业

① 资料来源：2019 年 4 月 24 日农业农村部政策与改革司举办的《家庭农场业务培训班》上主旨报告。

农村部印发了《关于实施家庭农场培育计划的指导意见》，对促进家庭农场发展、构建政策支持体系等方面提出了更为具体的指导意见。随着我国新型农业经营主体培育发展的逐步壮大，现阶段新型农业经营主体的发展方式需要做出相应转变，以适应农业农村发展、乡村全面振兴的迫切需要。基于此，2020 年，农业农村部印发了《新型农业经营主体和服务主体高质量发展规划(2020—2022 年)》，对家庭农场等新型农业经营主体未来的发展目标、发展思路提出了具体的指导意见，旨在不断提高农业现代化水平，推动农业生产经营向高质量发展迈进。二是地方扶持政策更加具体。“十三五”时期，为促进家庭农场高质量发展，推动我国农业现代化建设，几乎所有的省份都相继出台了一系列促进家庭农场发展的相关配套政策。例如，2017 年，辽宁省农委印发了《辽宁省省级示范家庭农场评选办法（试行)》，积极引导各地优化完善家庭农场示范创建工作。2018 年，浙江省出台了《关于加快完善培育支持新型农业经营主体政策体系的实施意见》，在财政税费、基础设施、金融信贷、农业保险、科技服务和土地流转等方面对家庭农场等新型农业经营主体发展提供进一步政策扶持。2019 年，天津市农委印发了《天津市农户家庭农场培育工作方案》，为小农户与现代农业有机衔接提供政策扶持，不断培育壮大家庭农场发展。相较于中央政层面的宏观政策来讲，各省市从当地家庭农场发展实际情况出发，因地制宜、精准施策，出台的相关政策支持文件更加具体、细化，对于适应和促进当地家庭农场培育发展更加具有针对性。

（三）农场主综合素质不断提高

农场主综合素质的不断提高，为家庭农场实现高质量发展提供了有效支撑。家庭农场的高质量发展离不开集约化、专业化、组织化和社会化的适度规模经营，而这一目标的实现对农场主综合素质提出了更高的要求。总的来看，目前家庭农场主综合素质不断提高，逐步发展成为农村农业复合型人才。这主要表现为以下两个方面：一是懂技术。2018 年，接受过培训的农场主占比达到 83.19%，其中接受育种/栽培技术、土肥培育技术、疫病防治技术和经营管理知识培训的农场主占比分别为 54.03%、43.56%、41.69% 和 36.61%。需要说明的是，家庭农场一部分本身就源自种养大户的发展转换形成。因此，大多数农场主已具有相对较为丰富的生产经验。此外，家庭农场综合培训政策的大力扶持使农场主种养技术及管理水平有了更进一步的发展和提高。二是善经营。越来越多的家庭农场在农业生产经营中形成了较为完整的日常收支记录，侧面反映出农场内部经营管理能力的不断提高。根据全国家庭农场典型监测数据显示，2018 年拥有完整收支记录的家庭农场占比达到 77.25%，较 2017 年增加 2.39 个百分点。另外，家庭农场经营发展状况总体较好，经营效益不断提高。根据全国家庭农场典型监测数据显示，2018 年家庭农场平均纯收入达到 17.61 万元，较 2017 年增长 0.28 万元。从劳均纯收入来看，2018 年种植类农场劳均纯收入较 2017 年增长 3704 元，达到 72918 元/年。[①] 这一收入水平无论是对于当年农民可支配收入还是外出务工收入来讲，均具有显著优势。[②]

---

① 资料来源：2017 年、2018 年农业农村部全国家庭农场典型监测数据。除特别说明外，本报告数据均来源于农业农村部全国家庭农场典型监测。

② 根据《中国统计年鉴（2019）》显示，2018 年农村居民可支配收入为 14617.0 元；国家统计局 2019 年 4 月 29 日发布的《2018 年农民工监测调查报告》显示，外出务工农民工月均收入为 4107 元。报告中比较时按一年 12 个月进行折合计算。

（四）服务小农户的功能不断增强

家庭农场在发展过程中还逐渐表现出生产主体和服务主体的双重主体特征。家庭农场作为最核心的农业生产经营主体，本身就源自农户，在服务、衔接小农户融入现代农业发展方面更具有天然优势。近年来，家庭农场社会化服务发展迅速，服务和带动小农户能力不断提升，为小农户融入现代农业发展注入了新动能。根据全国家庭农场典型监测数据显示，2017 年拥有拖拉机、插秧机、联合收割机和烘干机且对外提供服务的家庭农场占比分别达到 11.29%、23.75%、24.44% 和 14.02%；2018 年这一比值分别达到 31.39%、39.78%、40.63% 和 47.37%，较 2017 年实现大幅增长。由此表明，家庭农场服务小农的功能正在不断增强，且正在逐渐成为小农户与现代农业发展相衔接的重要纽带与核心载体。

（五）农场联合发展趋势显现

家庭农场作为一种适度规模经营主体，开展联合与合作是实现家庭农场高质量发展的必由之路，这种联合发展趋势正在逐渐显现。家庭农场、合作社和龙头企业在具体农业生产经营中发挥的作用与功能不同，各新型农业经营主体的联合发展则有助于形成优势互补、互利共赢的发展格局（姜长云，2018；杜志雄、肖卫东，2019）。通过不断加强联合与合作，能够提高家庭农场自身技术风险、自然风险和市场风险防范能力，并在技术指导、产品销售、农资购买、农机作业和获取贷款等方面获得进一步服

务。根据全国家庭农场典型监测数据显示，2018 年超过 1/3[①] 的家庭农场加入了或领办了合作社，部分省份如湖南、甘肃两地家庭农场加入合作社的占比超过 65%。同时，家庭农场与龙头企业之间的合作发展趋势也开始显现。2018 年将近 1/3[②] 的家庭农场与龙头企业建立了较为紧密的合作关系，其中安徽省超过 68% 的家庭农场与龙头企业建立了合作关系。另外，家庭农场之间通过组建协会或联盟，发挥合作优势促进农场发展，这种现象在一些家庭农场发展较密集的地区开始呈现。正是由于各新型农业经营主体之间的联合与合作发展，使家庭农场更加注重于直接生产经营环节，保障了中国未来农业发展的持续性和稳定性。

（六）注重生态友好绿色发展

生态友好型农业生产经营理念在家庭农场中逐步形成与发展，经济效益和生态效益均得到有效提升。家庭农场选择生态友好型生产方式是生态文明建设理念的重要表现，更是由增产向提质转变的重要表现。家庭农场生产经营不再单方面以“量”为生产目标，而是以“量质并重”为新的生产经营理念。首先，家庭农场选择生态友好型生产方式是建立在追求更高经济效益的基础上。在资源要素趋紧，产品同质化现象日趋严重的新形势下，如何实现家庭农场增收是农场主所需考虑的重要现实问题，生态友好型发展则可以助力家庭农场实现提质增收。其次，为应对复杂的社会竞争环境，提高农产品市场综合竞争力，进一步激

---

① 具体数值为 35.85%。

② 具体数值为 31.23%。

发了家庭农场提质增效的内生动力，有效地推动了家庭农场向生态友好型生产方式转变。家庭农场主具有的生态自觉性和其生产技术的生态化和绿色化是其最大的亮点和特色。2018 年全国家庭农场典型监测数据显示，在进行灌溉的种植类农场中，35.75% 的农场采用喷灌技术（含微喷灌、滴灌和渗灌）进行灌溉；45.02% 的种植类农场选择化肥减量使用；52.11% 的种植类农场亩均农药使用量低于周边农户；在畜禽粪便处理方面，选择资源化、综合循环利用和无害化处理的种养结合类农场占比达到 89.72%。由此表明，家庭农场正在逐渐成为生态友好型农业发展的积极实践者。

整体上看，家庭农场的这些发展特征是符合中国农业现代化发展方向的，因此，家庭农场能够承担起作为现代农业基本制度的新型生产主体。

二 “十三五”时期家庭农场发展存在的问题

家庭农场的培育发展起步相对较晚，政策扶持尚未形成系统、规范、完整的制度框架，因此，“十三五”时期家庭农场尽管总体上发展态势良好，但在发展过程中仍存在诸多制约家庭农场高质量发展的现实问题。

（一）土地连片流转和经营仍有难度

家庭农场实现综合效益提升的首要关键在于适度规模经营。但目前土地难以集中连片的现实困境制约了这一发展目标的实

现。一方面，土地流转不规范、土地流转租期短、合同违约率高等问题使得家庭农场土地经营权面临着不确定性，由此导致土地集中连片经营的难度大大提高。另一方面，家庭农场部分周边农户土地流转意愿低甚至不愿意流转土地更是为土地集中连片经营增加了难度。此外，土地租金成本逐年攀升导致家庭农场生产经营成本增加，为家庭农场开展土地集中连片经营带来了巨大挑战。根据全国家庭农场典型监测数据显示，2017 年家庭农场土地流转平均租金为 498. 62 元/亩，2018 年土地流转平均租金较 2017 年上涨了 5. 51%，导致超过 1/3 的家庭农场在生产经营中存在土地流转难题。①

（二）盲目追求经营规模现象屡见不鲜

适度规模经营是实现家庭农场高质量发展的重要基础。但目前家庭农场在具体发展过程中仍存在盲目追求规模，实际经营规模偏大的问题。中国最适宜、最合意的农业经营主体，主要是适度规模化的家庭农场（杜志雄、肖卫东，2019）。为更加有利于农业生产力发展，促进农业适度规模经营，防止农业生产经营脱离实际，片面追求大规模经营的倾向，2014 年政府出台相关政策文件并将“适度规模”界定为“土地经营规模相当于当地户均承包地面积 10—15 倍”。② 但目前家庭农场适度规模经营的理念并未全面推广落实，过度追求大规模导致了家庭农场成本收益率和生产效率双双下降，这种发展现象亟须矫正。家庭农场的发

---

① 2018 年生产经营中面临“土地流转难”的家庭农场占比为 38. 24%，土地平均流转租金为 526. 11 元/亩。

② 资料来源：《关于引导农村土地经营权有序流转发展农业适度规模经营的意见》，新华社，http：//www. gov. cn/xinwen/2014 -11/20/content_ 2781544. htm。

展要适应自身生产经营能力和管理水平。经营规模一旦超出家庭农场自身经营能力范围，综合管理水平将会受到种种限制，自然导致家庭农场综合经营效益降低，这也是避免家庭农场在发展过程中“垒大户”的根本缘由。

（三）生产基础设施较为滞后

基础设施滞后为家庭农场实现高质量发展增添了现实障碍。一方面，由于家庭农场所在地区地形的差异性，部分家庭农场公共基础设施如道路交通、水利设施等难以满足生产经营的需求，严重影响了家庭农场的正常生产经营。另一方面，家庭农场在农产品加工、仓储等方面亟须建设辅助设施用地，但是合法有效获得土地资源以及临时用地审批面临着一系列困难，导致基础设施建设成为制约家庭农场健康发展的一大障碍。此外，由于基础设施建设需要大量资金投入以及农业生产经营回报周期较长的现实问题，这进一步降低了家庭农场基础设施建设投入的积极性。在2018 年全国家庭农场典型监测调查中，43. 42% 的家庭农场面临着生产性基础设施落后的发展难题，成为制约家庭农场健康、持续、稳定发展的重要影响因素。

（四）劳动力短缺雇工难问题突出

家庭农场劳动力短缺的问题逐渐凸显。2016—2018 年，缺乏劳动力的家庭农场占比分别为 41. 09% 、46. 32% 和 47. 90% ，2018 年较 2016 年上升 6. 81 个百分点。由此表明，劳动力短缺正在逐渐成为制约家庭农场健康发展的关键因素。一方面，城乡劳动力转移失衡造成农村劳动力呈现老龄化、“空心化”发展，

导致农村地区劳动力数量总体水平上相对匮乏，而符合家庭农场用工需求的劳动力则更加匮乏。另一方面，家庭农场普遍存在季节性雇工需求，雇工时间与农户农忙时间的重叠加剧了劳动力短缺的现象。此外，雇工成本的不断上升制约了家庭农场经营发展的稳定性。根据全国家庭农场典型监测调查，2017 年家庭农场常年雇工平均工资为 25485.29 元/年，2018 年常年雇工平均工资较 2017 年上涨 4.01 个百分点，达到 26549.87 元/年。由此可见，劳动力短缺与雇工成本的上升对家庭农场劳动力雇用形成了双重压力。

（五）贷款等金融服务获得难亟待解决

一方面，家庭农场贷款融资需求强烈，但是由于缺乏有效抵押物，使得家庭农场在正规金融机构获取信贷支持的需求难以满足。另一方面，虽然相关政策要求金融机构为家庭农场发展提供贷款支持，但由于金融机构为农业贷款服务的积极性不高以及贷款审批程序复杂、贷款额度偏低等诸多限制，导致家庭农场往往难以获得所需贷款融资服务。据全国家庭农场监测数据显示，在制约家庭农场发展的各种因素中，2018 年生产经营中面临“贷款难”的家庭农场占比达到 46.98%。这意味着，将近一半的家庭农场受到了贷款融资约束，这对家庭农场生产经营发展的持续性和稳定性提出了巨大挑战。

（六）农业保险体系仍不完善

农业保险体系不完善使家庭农场发展面临更大的生产经营风险。健全的农业保险制度能够降低自然、社会和市场风险给家庭农场生产经营带来的不确定性，但是目前家庭农场在农业保险方面仍然缺乏有效保障。一方面，现有的政策性保险较少且保额较低，难以满足家庭农场经营发展的需求。另一方面，商业保险价格相对较高而导致家庭农场投保率偏低。综合以上两个方面，农业保险体系的不完善导致家庭农场持续稳定发展缺乏韧性。在遇到自然灾害、市场价格波动等不可抗拒风险时，家庭农场面临收入下降甚至亏损的现实困境。据全国家庭农场典型监测数据显示，2017 年 37.36% 的家庭农场发展面临着农业保险不健全的制约风险，2018 年这一占比则达到了 38.37% 。提高家庭农场抗风险综合能力是稳定家庭农场收入、增强农场发展可持续性的重要保障，由此凸显了完善农业保险体系的紧迫性。

此外，目前家庭农场发展也还存在区域分布不平衡等客观现实。这种区域分布的不平衡主要是由于家庭农场发展的自然条件约束如丘陵及浅山区耕地集中、形成连片经营难导致的，是一种正常和自然的表现。

三 “十四五”时期家庭农场发展目标

支持和促进家庭农场发展作为政府工作的一项内容，可以作为工作目标来推进。但是，从现代农业发展的本质特征看，家庭农场发展本身并非目标而是推进农业现代化的重要手段。推动农业高质量发展是实现中国农业现代化的关键。家庭农场作为未来农业生产的核心主体，在推动农业高质量发展进程中将发挥重要的支撑作用。农业现代化的实现在于农业高质量发展，农业高质

量发展有赖于培育壮大家庭农场等新型生产和经营主体，走出一条与农业高质量发展相适应的农业现代化道路。

为进一步支撑农业高质量发展，保障未来家庭农场发展的持续性和稳定性，充分发挥其上述“手段”功能，“十四五”期间，家庭农场需要以规模适度、产出高效、生态绿色、强化合作和管理科学为发展的原则目标，不断提高发展质量，真正使其成为推动农业现代化整体水平提升的支撑力量。

（一）规模适度

坚持以适度规模经营为发展理念，量质并重稳发展。一是家庭农场发展要与自身生产能力和经营管理水平相适应，避免经营规模过大或过小引致的农场收益降低的经营风险，从而切实有效提高农场综合效益。二是家庭农场发展要坚持量质并重。不仅要培育壮大家庭农场队伍，而且要保障家庭农场发展质量。

（二）产出高效

不断提高家庭农场经营效率，保障产品生产质量，切实有效提升农场经营效益。一是坚持家庭农场规模化、标准化、集约化生产经营，不断提高农场经营效率。二是注重品牌建设，提高产品附加值。通过强化家庭农场品牌塑造意识，积极推进家庭农场标准化生产经营，从而不断提高农场经营效益。

（三）生态绿色

积极推动生态友好型农业发展，增强农业发展可持续性。一是积极推广应用绿色生产技术，注重农业资源集约使用，做到经济效益、生态效益与社会效益的统一。二是积极推进符合条件的家庭农场开展农产品绿色认证，增强市场竞争力，保障产品优质优价，不断拓展家庭农场增收空间。

（四）强化合作

加强家庭农场与其他农业经营主体的合作以及家庭农场之间的联合与合作，增强家庭农场生产经营的持续性与稳定性。一是积极引导家庭农场与其他新型农业经营主体之间深化合作关系，通过优势互补，分工协作，实现互利共赢。二是注重家庭农场发展与小农户相衔接，积极推动家庭农场开展社会化服务，为小农户有机衔接现代农业发展提供重要的支撑力量。三是提倡家庭农场之间的合作，通过协会和联盟等形式，解决其自身发展过程中需要合作解决的问题。

（五）管理科学

走家庭农场高质量发展之路，不断提高农场主综合素质能力。实现家庭农场高质量发展关键在于要全面提升家庭农场主综合素质能力。一是要不断提高家庭农场科学种养水平，保障家庭农场生产效率和生产效益逐步提升。二是要全面提高农场主科学管理能力，逐步实现农业现代化综合管理，持续增强家庭农场经营稳定性。

四 "十四五"时期家庭农场发展路径

(一) 健全家庭农场培育发展机制

1. 坚持适度规模经营理念

坚持家庭农场适度规模经营的理念，切实提高家庭农场亩均效益。一是各地在培育发展家庭农场时，应积极鼓励农业适度规模经营，将家庭农场作为推进适度规模经营的核心载体进行对待。各地在引导家庭农场培育发展时，将提倡适度规模经营发展放在首要位置进行鼓励宣传，切实保障好家庭农场发展过程中的效益提升，避免盲目扩大土地经营规模带来"规模不经济"的经营风险。二是在家庭农场认定方面，应因地制宜，合理确定家庭农场经营规模下限。各地应根据当地家庭农场发展情况，在坚持家庭农场基本经营特征的前提下，按照家庭农场经营作物类别进行分类施策，合理制定家庭农场经营规模下限，将符合条件的普通农户纳入家庭农场培育发展的范围，壮大家庭农场发展队伍。三是继续全面深化落实粮食适度规模经营补贴，保护农民种粮积极性，增强家庭农场主适度规模经营发展意识，确保我国粮食安全和有效供给。

2. 支持家庭农场示范创建

做好家庭农场示范创建工作，发挥家庭农场示范带动作用。一是建立健全省、市、县三级示范家庭农场创建制度，并根据各地区家庭农场总体发展水平制定与之相适应的省级、市级、县级示范家庭农场的认定标准，重点培育扶持符合规模适度、生产规范、绿色友好、效益明显的示范家庭农场。二是积极发挥示范家庭农场的带动作用，引导普通农户、专业大户向家庭农场发展过渡转变。同时，鼓励示范家庭农场积极开展社会化服务，与周边小农户形成利益联结机制，带动周边小农户农业现代化整体水平有效提升。三是各地应积极评选典型示范家庭农场，为当地家庭农场健康发展树立学习标杆。通过报纸、广播、电视、互联网等新闻媒介重点宣传推广典型示范家庭农场的经营模式、种养技术、发展理念和经营效益，从而发挥典型家庭农场的示范带动作用。

（二）提升家庭农场发展综合能力

1. 全面提高农场主综合素质

家庭农场主的素质和能力需要与家庭农场的不断发展相适应，全面提升农场主综合素质是加快实现家庭农场高质量发展的关键。继续全面落实家庭农场主培训制度，不断提高农场主综合素质能力。一是对家庭农场主的培训应体现针对性。当地政府应按照家庭农场经营类别（种植类、养殖类、种养结合类、机农结合类）进行分类指导培训，从整体上提高家庭农场主经营管理水平。二是对家庭农场主的培训应体现实操性。当地政府应根据家庭农场种养品种开展具体的技术指导培训，切实提高家庭农场主种养技术水平。三是通过组建家庭农场协会或联盟，建立家庭农场网络互助交流平台（如微信群、QQ 群等），增进各农场主在技术应用、产品销售、综合管理等方面的互助交流。四是地方政府应做好农场主考察培训的组织工作，适时定期组织当地农场主深入典型示范家庭农场进行考察、学习，从实践层面上提高农场主个人综合能力。

2. 倡导生态友好型生产方式

积极推进家庭农场向生态友好型生产方式转变，促进农业可持续发展。一是完善落实相关法规条例，激发家庭农场生态友好型发展的内生动力。一方面，积极推进各省完善落实《中华人民共和国土地管理法》和《耕地质量管理条例》，对农业生态破坏行为形成有效约束。另一方面，建立健全农业生态补偿机制，加快推进落实《生态综合补偿试点方案》《耕地质量保护专项资金管理办法》，对促进家庭农场发展生态友好型农业形成内生动力。二是鼓励家庭农场应用绿色生产技术，提高测土配方技术、喷灌技术（喷灌、微喷灌、滴灌和渗灌）在家庭农场生产经营中的使用率，促进生产经营中实现节水、减肥、控药，进一步提高产品品质，保障质量安全。三是积极推动生态友好型家庭农场申请农产品绿色认证，促进家庭农场农产品品牌化建设，切实提高产品市场综合竞争力，为农业增效、农场增收提供进一步保障。

3. 鼓励支持开展联合与合作

鼓励支持家庭农场开展联合与合作，持续增强家庭农场发展的稳定性。一是鼓励并支持家庭农场与合作社、龙头企业深化合作关系。积极推动家庭农场、合作社、龙头企业根据各自优势展开合作，形成优势互补、产业融合、利益共享的互助合作体系，增强家庭农场健康发展的稳定性。二是支持各地根据家庭农场经营类型、种养品种组建家庭农场协会或联盟，降低农业生产资料购买成本，提高农产品市场价格谈判能力，稳定农产品市场销售关系，进一步保障家庭农场可持续发展的稳定性，从而逐步实现家庭农场高质量发展。三是重视家庭农场在小农户有机衔接现代农业发展中的重要作用，通过建立利益联结机制，不断提高家庭农场社会化服务水平，逐步引导小农户农业生产经营步入现代化农业发展道路。

（三）完善家庭农场政策扶持制度

1. 积极引导家庭农场土地有序流转

积极引导家庭农场土地有序流转，是保障家庭农场土地集中连片、适度规模经营的重要基础。一是要健全县乡村三级流转服务体系，优化完善土地流转平台建设，通过互联网平台对土地流转双方信息予以及时公布，增强流转双方获取信息的可得性、便利性和及时性。二是鼓励支持土地流转重点向家庭农场倾斜。基层政府应积极发挥桥梁和纽带作用，推动土地确权颁证，互换并地与农田基础设施建设相结合，整合高标准农田建设项目资金，推广土地托管服务，为家庭农场开展适度规模经营做好配套服务工作。三是积极发挥当地土地合作社的作用，为家庭农场开展土地流转、稳定土地流转关系提供进一步帮扶。四是稳定土地流转租金。推广实行租金动态调整、实物计租货币结算，积极引导农民土地有序流转，保障农户让渡土地经营权的利息、租金、经营权入股分红等收益。

2. 稳步推进家庭农场基础设施建设

加快完善家庭农场基础设施建设，提高家庭农场生产经营的便利性。一是政府应进一步完善农村道路、水利等公共基础设施建设，为家庭农场生产经营、交通运输提供便利性。二是鼓励支持家庭农场积极参与高标准农田建设，推动家庭农场完善仓库、晒场、农机库棚等附属设施配套建设，为家庭农场开展仓储、加工、办公等提供便利，增强家庭农场生产经营的可持续性。三是全面落实农业设施用地审批程序简化发展，提高家庭农场建设配套基础设施的积极性。四是在各地全面推广落实农产品产地初加工补助项目，加大基础设施建设补贴力度，为家庭农场改善生产设施条件营造良好的政策环境。

3. 优化完善财政金融保险政策体系

优化完善财政金融保险供给政策制度，增强家庭农场高质量发展的持续性和稳定性。一是增加家庭农场专项资金投入，逐步加大家庭农场财政支持力度。引导财政资金重点向家庭农场生产基础设施建设、农产品绿色认证、农业标准化生产方向倾斜，进一步加快家庭农场高质量发展进程。二是积极推进金融机构抵押物种类多元化，不断满足家庭农场贷款融资需求。鼓励支持金融机构发展土地经营权、农民住房财产权、农产品订单和大型农机具抵押贷款，并就增加抵押贷款额度、延长抵押贷款期限方面对家庭农场发展予以进一步扶持。三是大力发展政策性保险，积极构建新型农业保险体系，鼓励商业保险机构开展农业保险业务。增大普惠性政策保险支持力度，鼓励家庭农场投保农产品收入保险、农产品价格保险、天气指数保险等新型农业保险，进一步完善农业再保险体系。四是鼓励支持农村保险互助社发展，拓宽家庭农场生产经营风险转移渠道。

4. 建立健全农村农业劳工市场体系

建立完善农村农业劳工市场，鼓励发展劳动协作关系，是解决家庭农场雇工难题的关键。一方面，通过建立完善农村乡镇层面劳动力市场平台，对劳动力供需信息予以及时公布，促进信息互通，为家庭农场雇工需求提供保障。如各乡镇、村可结合当地发展情况将农业劳动力纳入统一的交流平台（如 QQ 群、微信群等）进行管理，增进供需双方信息交流，从而破解家庭农场雇工难题。另一方面，鼓励家庭农场与周边农户形成紧密的劳动协作关系。在农忙季节，鼓励并支持周边农户投入家庭农场中开展农业生产经营，满足家庭农场季节性的临时雇工需求。同时，通过与周边农户建立稳定的劳动协作关系，进而稳定雇工工资价格，解决家庭农场因临时雇用不稳定性而导致雇工成本上升的现实问题。

参考文献

1.《2017 年家庭农场发展情况》，《农村经营管理》2018 年第 10 期。

2. 蔡颖萍、杜志雄：《家庭农场：政策需求与政策供给》，《经济研究参考》2017 年第 45 期。

3. 蔡颖萍、杜志雄：《家庭农场生产行为的生态自觉性及其影响因素分析——基于全国家庭农场监测数据的实证检验》，《中国农村经济》2016 年第 12 期。

4. 程春丽：《河南省家庭农场发展现状与对策的实证分析——基于河南省十县（市）的抽样调查》，《改革与战略》2015 年第 10 期。

5. 杜志雄、王新志：《中国农业基本经营制度变革的理论思考》，《理论探讨》2013 年第 4 期。

6. 杜志雄、肖卫东：《农业规模化经营：现状、问题和政策选择》，《江淮论坛》2019 年第 4 期。

7. 杜志雄、金书秦：《中国农业政策新目标的形成与实现》，《东岳论丛》2016 年第 2 期。

8. 郜亮亮：《中国种植类家庭农场的土地形成及使用特征——基于全国 31 省（自治区、直辖市）2014—2018 年监测数据》，《管理世界》2020 年第 4 期。

9. 郜亮亮、杜志雄、谭洪业：《什么样的农场主在经营中国的家庭农场——基于全国 31 省 5 年（2014—2018）监测数据》，《农业经济问题》2020 年第 4 期。

10. 郜亮亮、杜志雄、谭洪业：《家庭农场的用工行为及其特征：基于全国监测数据》，《改革》2020 年第 4 期。

11. 姜长云：《龙头企业与农民合作社、家庭农场发展关系研究》，《社会科学战线》2018 年第 2 期。

12. 冀县卿、钱忠好、李友艺：《土地经营规模扩张有助于提升水稻生产效率吗？——基于上海市松江区家庭农场的分析》，《中国农村经济》2019 年第 7 期。

13. 刘文霞、杜志雄：《哪些家庭农场在提供农业生产性服务——基于 2014 年、2015 年全国种植类家庭农场监测数据》，《农村经济》2018 年第 3 期。

14. 刘灵辉、郑耀群：《家庭农场土地适度规模集中的实现机制研究》，《中州学刊》2016 年第 6 期。

15. 兰勇、蒋甴、杜志雄：《农户向家庭农场流转土地的续约意愿及影响因素研究》，《中国农村经济》2020 年第 1 期。
16. 危薇、杜志雄：《新时期家庭农场经营规模与土地生产率之间关系的研究》，《农村经济》2019 年第 3 期。
17. 夏雯雯、杜志雄、郜亮亮：《家庭农场经营者应用绿色生产技术的影响因素研究——基于三省 452 个家庭农场的调研数据》，《经济纵横》2019 年第 6 期。
18. 苑鹏、张瑞娟：《新型农业经营体系建设的进展、模式及建议》，《江西社会科学》2016 年第 10 期。
19. 张红宇、杨凯波：《我国家庭农场的功能定位与发展方向》，《农业经济问题》2017 年第 10 期。
20. 张悦、刘文勇：《家庭农场的生产效率与风险分析》，《农业经济问题》2016 年第 5 期。

“十四五”时期农业生产性服务业发展的思路和对策

芦千文　张瑞娟*

摘　要：农业生产性服务业是深化农业供给侧结构性改革、推动乡村产业振兴、加快农业农村现代化、实现农业农村发展战略转型的重要抓手。将发展农业生产性服务业作为农业社会化服务体系建设附属措施，把农业生产托管范围扩大到普通购买服务，忽视产前产后和产业链层面服务业务，不能客观理解服务规模经营，照搬照抄第二、第三产业和国外成功经验等认识“误区”，是农业生产性服务业高质量发展的主要制约因素。“十四五”期间，要把农业生产性服务业打造成农业农村现代化的战略性产业，必须撇清认识误区，结合实际需求确定战略目标和重点领域，以精准的政策支持推动农业生产性服务业高质量发展。

关键词：“十四五”时期　农业生产性服务业　新型农业服务体系　农业现代化

---

* 芦千文，管理学博士，中国社会科学院农村发展研究所助理研究员，主要研究方向为农业生产性服务业、农村组织与制度；张瑞娟，管理学博士，中国社会科学院农村发展研究所副研究员，主要研究方向为农业社会化服务体系、新型农业经营主体。

Thoughts and Countermeasures for the Development of Agricultural Productive Service Industry during the 14th Five - year Plan Period

Lu Qianwen　Zhang Ruijuan

Abstract: The industry of agricultural productive services is an important starting point for deepening the structural reform of agricultural supply side, promoting the revitalization of rural industries, accelerating the modernization of agricultural and rural areas, and realizing the strategic transformation of agricultural and rural development. Some misunderstandings are the main restricting factors for the high quality development of agricultural producer services, such as taking the development of agricultural productive service industry as a subsidiary measure for the construction of agricultural socialized service system, expanding the scope of agricultural production trusteeship to ordinary purchase services, ignoring the service business of pre or post production and industrial chain, failing to understand the scale of service operation objectively, copying the second and third industries and foreign successful experience. In order to build the agricultural productive service industry into a strategic industry of agricultural and rural modernization, we must clear up the misunderstanding, determine the strategic objectives and key areas, promote the high – quality development with precise policy support during the Fourteenth Five Year Plan period.

Key Words: the 14th Five – Year Plan Agricultural Productive Service Industry New Agricultural Service System Agricultural Modernization

在现代化农业农村经济体系中，农业生产性服务业既是农业产业链和供应链的主要引擎，也是农业价值链增值的主要源泉，更是城乡产业融合和优质要素下沉的重要通道。“十四五”期间加快实现农业农村现代化，离不开农业生产性服务业的高质量发展。本报告以“十四五”时期农业农村现代化的现实需求为背景分析农业生产性服务业高质量发展的战略取向和重点领域，并提出对策建议。

一 农业生产性服务业发展现状

近年来，中国农业生产性服务业迅速发展，已经从主要面向农业产中环节提供服务，转向面向农业生产全程和农业全产业链提供服务。大量的工商资本、返乡人才、职业农民等在农业生产性服务业领域创业创新。尤其是“十三五”期间，农业生产性服务业迅速从农业的配套产业跃升为现代农业产业体系的战略新兴产业，为“十四五”期间以农业生产性服务业高质量发展培育乡村产业振兴新动能、加快农业农村现代化进程奠定了基础。

(一) 多种农业生产托管服务模式迅速发展

按照政策文件给出的定义[①]，农业生产托管就是常说的农户购买农业生产过程中多个环节或不同环节的作业服务。2017 年 8 月，《农业部、国家发展改革委、财政部关于加快发展农业生产性服务业的指导意见》明确把农业生产托管作为“推进农业生产性服务业、带动普通农户发展适度规模经营的主推服务方式”，2017 年 9 月农业部办公厅发布了《关于大力推进农业生产托管的指导意见》（农办经〔2017〕19 号），在全国范围大力推进农业生产托管发展。同时，全国供销社系统也把发展农业生产托管作为深化基层社综合改革的重要方向。这样，多种多样的农业生产托管模式在全国迅速发展起来。2018 年，全国农业生产托管服务面积达到 13.84 亿亩、较上年增长 52.7%，服务组织数量达到 37 万个，服务对象有 4633.06 万户，其中小农户 4191.48 万户、占 90.5%[②]；达到了全国供销社系统开展的土地托管面积。[③] 在新冠肺炎疫情冲击下，农业生产托管服务主体积极推动线下服务线上化，通过线上签约、直播监督的“无接触”服务模式，有效地避免了农民集中下地干活，进一步

---

① 农业生产托管是农户等经营主体在不流转土地经营权的条件下，将农业生产中的耕、种、防、收等全部或部分作业环节委托给服务组织完成或协助完成的农业经营方式。

② 《中国农村经营管理统计年报（2018）》，中国农业出版社 2019 年版，第 26 页。

③ 《全国供销合作社系统 2018 年基本情况统计公报》，中国供销合作网，http://www.chinacoop.gov.cn/news.html?aid=895260，2019 年 1 月 25 日。

加快了推广普及速度，成为疫情影响下农业农村新业态逆势发展的亮点。

（二）农业产前产后和全产业链服务加速发展

农业生产托管的核心是面向小农户的产中作业服务，更能体现现代农业引领作用的服务业务集中在农业产前产后和产业链层面。如农产品营销（电商）、农业品牌、新技术转化应用、产业链集成解决方案等服务，在农业产业链高效运行和价值增值中扮演更重要的角色。这些服务业务日益成为农业生产性服务业规模迅速扩张的主要来源。一是传统业态加速升级。农资供应和农产品销售的传统业态正被电子商务加速替代。在新冠肺炎疫情冲击之下，各种视频直播带货形式正成为农产品电商创新发展的新趋势。二是新兴服务加速涌现。供给侧结构性改革和绿色发展理念，诱导了新兴服务业务的逐步产生和迅速发展，如当前各地迅速兴起的农业品牌运营服务、农业废弃物资源化利用服务、产业链运营服务和集成技术服务等。传统业态加速升级和新兴服务加速涌现，推动了农业生产和全产业链服务化进程，使农业价值增值的主要源泉和利润中心向服务环节转移。这种趋势促使大批新型农业经营主体向新型农业服务主体转型，农机制造、农资生产、农业集团化经营的企业集团转型为专业化服务商、产业链服务商。

（三）多元市场服务主体和传统服务组织加速更迭

农业生产性服务的市场化供给主体，既有农业服务户、家庭农场、农民合作社，也有农业产业化龙头企业、农业产业集团、农业服务公司等，还有供销社系统、农垦系统、粮食收储系统以及涉农部门兴办的服务实体等传统农业服务组织。它们在参与市场竞争过程中，逐步显现出错位发展和分工协作的格局。一是多元服务主体有效竞争的格局初步形成。农业生产托管服务领域由集体经济组织、农民合作社和专业服务公司提供服务。2018 年，在提供农业生产托管服务的组织中，农村集体经济组织为 7.78 万个、农民合作社为 15.31 万个、农业企业为 2.40 万个、其他类型组织为 11.51 万个。[①] 二是不同服务主体转向比较优势领域趋势显现。不同类型服务主体，在市场竞争加剧的推动下，逐步向比较优势领域集中，如农业服务户、家庭农场等在产中作业环节的作用进一步强化；农村集体经济组织、农民合作社在组织小农户统一标准化生产和对接涉农企业方面作用进一步强化；专业服务公司和涉农企业则在电商、品牌、信息、数据、技术等专业化服务领域和产业链集成服务方面成为主力军。三是传统服务组织依托网络优势活力重现。在小农户衔接现代农业的服务需求迅速扩张的背景下，传统服务组织依托体系和网络优势，成为综合化、系列化、超市式、全程式服务方式的重要供给主体，也成为区域农业服务体系或网络的重要中心组织者。四是服务主体间的联合合作加速推进。如不同环节、不同类型的农业服务主体组建区域性服务综合体、联合体等，相同环节、相同类型的服务组织组建联合社、联盟、协会等，也有的服务主体与农业经营主体、涉农企业组成产业化联合体、综合性服务平台等。

---

① 《中国农村经营管理统计年报（2018）》，中国农业出版社 2019 年版，第 26 页。

二　制约农业生产性服务业高质量发展的主要问题

总体上看，农业生产性服务业仍处于初级发展阶段，发展层次和质量与加快农业农村现代化的需求相比还有很大差距。对此，理论和政策层面都进行了很多研究（杜志雄，2013；刘楠、张平，2014；姜长云，2016；芦千文，2018；张红宇，2019）。农业服务主体与农业经营主体的发展环境和历程相似，所面临的发展问题和挑战具有共性，集中在市场主体散弱小、技术水平较低、经营管理能力较弱、人才紧缺、融资难和用地难、装备落后和设施滞后等。由于农业生产性服务的特殊性，农业服务主体也面临一些特殊的问题和挑战，如服务质量层次较低、不同环节服务参差不齐、全产业链服务短板较多、规范性标准和制度体系尚未建立、服务联结机制较为松散、配套政策跟进不足、统计指标和体系尚不完善等。这些问题和挑战，在很大程度上源于认识层面对农业生产性服务业重要性、发展规律及特殊性的认识不充分，主要表现在以下几个方面。

（一）把农业生产性服务业作为农业社会化服务体系建设的配套或附属措施

农业生产性服务和农业社会化服务所代表的内容大部分重合，但政策含义明显不同（姜长云，2016）。农业社会化服务体系的基本含义是依赖其他产业部门提供服务，形成为农业提供综合配套服务的组织体系（孔祥智等，2011）。建设农业社会化服务体系更强调服务的系统性和配套性，更关注政府主导的公益性服务（姜长云，2016），把经营性服务和市场化方式作为促进公益性服务的手段。发展农业生产性服务业，则强调以现代服务业理念增强农业生产性服务效益，强调服务供给的市场化和产业化，强调服务增值和价值创造。可见，加快农业农村现代化进程，推动农业生产性服务业高质量发展比建设农业社会化服务体系的战略层次更高、意义更大。但受长期以来建设农业社会化服务体系形成的思维习惯和政策惯性的影响，理论和政策研究中仍把发展农业生产性服务业作为建设农业社会化服务体系的附属或配套措施。自 1991 年《国务院关于加强农业社会化服务体系建设的通知》发布以来，支持农业生产性服务市场化供给的政策措施，都是在建设“农业社会化服务体系”或“新型农业社会化服务体系”名义下。近年出台的相关政策文件中，这种状况仍然存在。如《乡村振兴战略规划（2018—2022 年）》，把加快发展农业生产性服务业作为构建新型农业社会化服务体系的措施。这不利于把握农业生产性服务业的发展规律，容易忽视市场服务组织成长和能力提高，忽视以现代服务业理念和产业化道路引领农业生产性服务提高质量，忽视产业链层面关键环节服务和新业务、新业态、新主体的培育，从而不利于农业生产性服务业高质量发展。

（二）把农业生产托管过度泛化并等同于普通购买服务

农业生产托管被认为是农业服务规模经营的主要形式（冀

名峰、李琳，2020)，但其内涵和边界模糊，实践中存在过度泛化和盲目扩大的倾向。农业生产托管是多年来农村“土地托管”实践经验总结基础上提出来的，是较大面积、较长时间、规范签约并建立利益联结的稳定型作业服务外包，业务形式上常常表现为关联作业环节的综合型外包，单一作业环节的连续型外包，单季或多季农业生产全程外包，集中连片作业外包等。农业生产托管虽然仍属于农业经营主体购买服务范畴，但已经与即时性、分散化的普通购买服务有着本质区别。但按照《农业部、发展改革委、财政部关于加快发展农业生产性服务业的指导意见》给出的定义，政策支持的农业生产托管业务已经把普通购买服务行为纳入进来。这不利于服务的质量提高和层次升级。一是高估了农业生产托管的发展规模。不少地方直接将已经存在的小农户普通购买服务列入统计范围，导致政策设计和执行缺乏准确的依据。二是不能科学掌握农业生产托管运行规律。提供农业生产托管服务对服务主体、从业人员、装备设施等都有较高的“门槛”要求，在政策支持方式上也与普通购买服务明显不同。如果按照普通购买服务来设计支持政策，不利于农业生产托管服务主体的培育和业务的推广普及。

（三）把农业生产性服务业范围局限在农业生产全程服务

把农业生产性服务业作为农业农村现代化的战略新兴产业来培育，重心应该放在农业产前产后和产业链层面。但现有理论和政策研究中，都把农业生产性服务业的中心放到农业生产全程，特别是实证研究和理论分析，基本上只考虑了产中环节的作业服务。这使政策支持的视野和内容都以产中环节作业服务为中心，尤其是对产业链层面的高端服务“视而不见”。虽然，《农业部、发展改革委、财政部关于加快发展农业生产性服务业的指导意见》明确了农业市场信息服务、农资供应服务、农业绿色生产技术服务、农业废弃物资源化利用服务、农机作业及维修服务、农产品初加工服务、农产品营销服务等重点支持领域，但对产前产后和产业链层面服务的支持并不明确。2019 年中央一号文件和《国务院关于促进乡村产业振兴的指导意见》都强调培育乡村新型服务业，在农业生产性服务业方面支持的内容基本上是产中作业环节。对于涉农电商、金融、品牌、创新、经营管理、人才智力、产业链集成解决方案等服务，政策上作为农村新产业、新业态培育的重要支持方向，却没有纳入农业生产性服务业政策支持范围统筹考虑。这不利于农业全产业链各环节服务的均衡发展。

（四）对服务规模经营作为农业适度规模经营道路的理解偏误

目前，理论和政策研究中都将服务规模经营作为农业适度规模经营的重要实现形式，甚至认为服务规模经营的适应性和重要性超过了土地规模经营（罗必良，2017；张红宇，2019；冀名峰、李琳，2020）。这种认识的形成，不能回避如下认识误区。一是认为小农户只要购买服务就实现了服务规模经营。小农户购买服务要达到服务规模经营的程度，必须是农业生产全程各环节的均衡外包，并且是集中连片的统一外包，才能达到统一生产标准。实际上，只有全程农业生产托管才能算实现服务规模经营，

这在实践中的比例非常低。二是认为购买服务和土地流转是“非此即彼”的关系。小农户在购买服务与流转土地之间的二元选择并不是绝对的。小农户转出土地即退出了农业生产经营，转入土地后仍需要购买服务，甚至对服务外包需求还会有所增长。绝大多数的家庭农场、种养大户、农民合作社在产中环节还需要购买服务，且规模越大、专业化程度越高，对产前产后和产业链层面的高质量服务越是依赖。三是割裂服务规模经营与土地规模经营的内在联系。购买服务和土地流转不是“非此即彼”的关系，也就不能简单地认为服务规模经营和土地规模经营是相互竞争和替代关系，甚至要求以服务规模经营取代土地规模经营。从历史演变来看，二者存在一定的演变关系，存在相互依赖、相互促进、有序演变的互动逻辑。如果不化解上述对服务规模经营的理解偏误，显然不利于通过发展农业生产性服务业探索和促进农业适度规模经营。

（五）照搬照抄第二、第三产业或国外生产性服务业经验

目前，中国农业生产性服务业发展基础薄弱，以此为基础来培育农业农村现代化的战略新兴产业，自然而然地要参考借鉴面向第二、第三产业的生产性服务业和发达国家农业生产性服务业的发展经验。在早期对农业社会化服务体系建设和现在逐步兴起的农业生产性服务业的经验借鉴研究中，均存在忽视农业生产性服务特点，简单复制经验做法的倾向。这容易导致与农业经营主体需求、农业产业链运行的脱节，制约农业生产性服务业效益发挥和质量提升。一方面，生产性服务具有的一般性特点，在与农

业和农业产业链结合过程中发生了显著变化（芦千文、姜长云，2017）。如农业生产性服务的需求时效性、季节性和地域性强，具有明显的范围经济效应，不能盲目追求专业化分工和地理的集中集聚，而是适应农业布局，视服务业务追求业务专业化、服务综合化、经营兼业化的平衡，形成“大分散、小集中”的网络结点式发展格局，推广普及多种多样、形式灵活的利益联结机制。另一方面，国内外农业经营主体结构的巨大差异，决定了要谨慎借鉴国外农业生产性服务供给的“成功”模式。中国小农户相比日本等国家的小规模农户更为细碎、零散，对农业生产性服务的需求，与日本、欧盟等发达国家农业经营主体的需求相比有着很大区别。发展农业生产性服务业，必须统筹好满足小农户和新型农业经营主体需求的关系，才能适应中国特色农业现代化进程中厚植的农业生产性服务业“土壤”。

三 “十四五”时期农业生产性服务业发展的战略目标和重点领域

“十四五”时期，农业农村发展面临着破解粮食安全和农民增收难题、夯实农业农村基本现代化基础、实现由脱贫攻坚到乡村振兴转型、建设更高水平农村全面小康等重大问题（魏后凯，2020）。“十四五”时期农业生产性服务业发展，需要围绕解决这些重大问题，确定战略目标和重点领域。

（一）农业生产性服务业的战略目标

目前，在多个政策文件中已经明确了到 2022 年农业生产性服务业的发展目标（见表1），主要是以产业规模、普及程度、服务范围、服务水平、功能作用等来体现农业农村现代化战略性产业的地位。“十四五”期末是到2025年年底，战略目标应是在2022年目标基础上的进一步提升，并且结合新的要求进一步拓展。

表1　　政策文件中已经明确的农业生产性服务业发展目标

文件	发展目标
2017年8月发布的《农业部、国家发展改革委、财政部关于加快发展农业生产性服务业的指导意见》	以培育农业生产性服务战略性产业为目标，力争通过5年的发展，农业生产性服务业产值占农业总产值比重明显提高，服务市场化、专业化、信息化水平显著提升，基本形成服务结构合理、专业水平较高、服务能力较强、服务行为规范、覆盖全产业链的农业生产性服务业，进一步增强生产性服务业对现代农业的全产业链支撑作用，打造要素集聚、主体多元、机制高效、体系完整的农业农村新业态
2018年9月发布的《乡村振兴战略规划（2018—2022年）》	强化农业生产性服务业对现代农业产业链的引领支撑作用，构建全程覆盖、区域集成、配套完备的新型农业社会化服务体系
2020年3月发布的《新型农业经营主体和服务主体高质量发展规划（2020—2022年）》	2018—2022年，农林牧渔服务业产值占农林牧渔总产值比重由5.2%增加到5.5%以上，农业生产托管服务面积由13.84亿亩次增加到18亿亩次，覆盖小农户数量由4100万户增加到8000万户
2020年4月中华全国供销合作总社印发的《供销合作社培育壮大工程实施意见》	到2022年，综合性、规模化、可持续的为农服务体系基本形成，农业生产托管等社会化服务面积达到2.6亿亩以上，建成农业生产服务中心1.5万个、庄稼医院7.3万个，辐射带动小农户5000万户；连锁经营网点发展到95万个

1. 产业规模

按照到2022年的目标增速推算，到2025年农林牧渔服务业产值占农林牧渔业总产值的比重应该达到5.7%以上。但鉴于目前统计标准和统计体系的不完善，以农林牧渔服务业产值来衡量，明显低估了农业生产性服务业的规模。农产品电商等农业产前产后服务和产业链层面服务尚没有纳入进来。如果考虑这些，农业产业链增值部分很大比例要归入农业生产性服务业，相应的产业规模及占农业总产值的比重也会大幅提高。

2. 普及程度

按照到2022年的目标增速推算，到2025年农业生产托管作业面积要达到21亿亩次左右、覆盖小农户要达到1亿户左右。随着农业生产托管范围的进一步明确，服务面积和覆盖小农户数量会有一定程度下降。再以此来衡量，就不能追求绝对数量的增长，而应以质量为核心导向，以严格意义上的农业生产托管面积和比例来反映服务规模经营的进展，及与土地规模经营的联动格局。还应考虑用不同农业生产环节小农户和新型农业经营主体购买服务比例、农业服务主体服务能力、农业全产业链服务配套水平等多维指标来衡量。

3. 业务范围

到2022年的既定目标是服务链条延伸到基本形成服务结构合理、覆盖全产业链的农业生产性服务体系。到2025年，服务的广度、深度和结构都应该有较大的变化。在广度上，从主要面向粮食作物，拓展到面向农林牧渔各产业；在深度上，新业态、新模式与产业链的贴合更紧密，与小农户和新型农业经营主体的差异化需求更匹配；在结构上，制约农业产业链、供应链高效运

行和持续升级的薄弱环节服务短板基本补齐，全产业链服务均衡发展格局基本形成。

4. 服务水平

到2022年的既定目标是“服务市场化、专业化、信息化水平显著提升”，“服务能力较强、服务行为规范”。到2025年的发展目标应该是，制约农业生产性服务市场化供给的体制机制障碍基本消除，多元主体、多层业务、多种方式公平竞争、协同协作、网络联结的发展格局基本形成，处理好小农户和新型农业经营主体联动发展的关系。

5. 产业功能

除了对现代农业全产业链的引领支撑作用进一步增强外，结合新时代新要求，需要其为深化农业供给侧结构性改革提供新助力、为乡村产业振兴提供新引擎、为小农户衔接现代农业提供新路径、为贯彻新发展理念提供新抓手、为城市优质要素和产业链下沉乡村提供新渠道。同时，在国际产业链竞争加剧的背景下，还应成为国家农业产业安全的“稳定器”“定盘星”。

（二）农业生产性服务业的重点领域

1. 面向小农户的服务业务

发展农业生产性服务业，首先要为小农户接入现代农业产业链提供支撑和纽带。目前，农业产中作业环节，只有粮食作物和部分大田作物，小农户服务外包程度较高，但以普通购买服务方式为主，应加大农业生产托管服务普及力度；其他种养领域，小农户服务外包的程度较低，作业服务发展较为薄弱，短期内应以市场培育为主，适时转入市场培育和质量提升并重。农业产前产后服务以及与产业链衔接环节的服务，是面向小农户服务业务的薄弱环节和短板所在，应作为未来发展的重点。

2. 面向新型农业经营主体的服务业务

新型农业经营主体更需要专业化、集成化、标准化的高质量服务。产中环节对技术服务和降本增效的专业化作业服务需求更多，产前环节对技术培训、信息咨询、农资配送、农业金融服务需求更多，产后环节对分级包装、仓储物流、精深加工、营销推广、品牌塑造、信用合作等服务需求更多。新型农业经营主体对经营管理层面的服务需要十分迫切，如制度建设、会计代办、项目申请、资金托管、渠道对接、“跑腿”事项等。这些服务在市场机制下能自发形成，需要公平有序的市场环境。

3. 面向农业全产业链的服务业务

发挥引领支撑农业全产业链作用，需要为农业全产业链高效运营和价值增值、产业链不同环节顺畅衔接、农业全产业链与城乡其他产业有效衔接提供支撑的服务。这些服务业务集中在电子商务、仓储物流、品牌运营、平台经济、共享经济、技术转化、创业创新、人力资本、知识产权、信息数据、法律仲裁、要素流通、产业链金融、前沿技术转化以及集成解决方案等领域，是农业生产性服务业从农业附属地位成长为引领农业农村现代化战略性产业的关键所在，是农村产业融合和城乡产业融合的“黏合剂”。

4. 面向农业创新驱动的服务业务

破解农业创新驱动短板，离不开以农业生产性服务解决新技术、新成果、新要素、新模式的进村入户难题。2019 年 11 月，中央全面深化改革委员会第十一次会议审议通过了《关于加强农业科技社会化服务体系建设的若干意见》，明确要“壮大市场化社会化服务力量，加快构建开放竞争、多元互补、协同高效的农业科技社会化服务体系”。这实际上明确了以农业生产性服务业打通农业科技研发—转化—应用—推广中“阻梗”的思路。除了农业科技成果转化应用外，提高农业创新驱动能力，还包括管理创新、模式创新、人才支撑等，这也是农业生产性服务业发展的新领域。

5. 面向农业绿色发展的服务业务

贯彻绿色发展理念的农业生产性服务需求集中在三个方面。一是促进农业资源有效保护、持续利用的服务业务，如节水技术、水权交易等节水服务，轮作休耕、深松深耕、土壤治理和修复等耕地保护和肥力提升服务；二是促进农业清洁生产、节本增效的服务业务，如农业投入品的规范化管理、减量化使用及其技术解决方案服务，废弃物、副产物的无害化处理和资源化利用及相应的收集、转运和利用服务，种养循环等产业链生态化集成技术解决方案服务；三是促进农业生态产品供给增加、价值增值的服务业务，主要是为有机农业、休闲农业、生态农庄、田园综合体及其他乡村生态产业链提供的技术、管理等综合配套服务。

四　推进农业生产性服务业高质量发展的思路和建议

“十四五”期间，推进农业生产性服务业高质量发展，要在准确把握农业服务化转型趋势和农业生产性服务需求演变态势、产业发展趋势的前提下，澄清认识误区、破解发展“瓶颈”、培育多元主体、拓展服务业务、提高服务质量、健全服务体系，着力将其打造成引领乡村产业振兴的战略性、示范性、引领性产业。推进农业生产性服务业高质量发展的思路，要瞄准关键性的农业生产领域和重点产业链，聚焦关键环节、薄弱领域、突出短板，统筹重点服务小农户与服务新型农业经营主体的关系，提高服务的规范化、标准化、信息化、品牌化水平，构建覆盖全面、要素集聚、分层分类、优势互补、网络联结的全产业服务链、区域服务网络，增强本土根植性和可持续发展能力。

（一）路径选择

1. 有效引导多元市场主体质量提升

不同类型的市场服务主体具有不同比较优势。适应不同区域、阶段、产业、规模的农业经营主体和不同领域的农业生产性服务，应以包容、动态的视野，客观合理地把握不同服务主体定位，在推动服务主体数量迅速增加，服务领域加快拓展的同时，引导多元服务主体发展质量提升。一是明确新型农业服务主体支持政策。将带动小农户作用明显、新技术新理念普及能力较强、现代农业产业链引领支撑作用较强的服务主体作为新型农业服务主体重点培育，尽快明确其标准、范围等。二是引导不同服务主体错位发展。要支持各类市场主体进入农业生产性服务领域，引导它们竞相发展，发挥比较优势。如重点发挥农业服务户、家庭农场在产中作业环节作用，发挥集体经济组织、农民合作社组织农户标准化生产经营以及弥补产中服务缺口作用，发挥农业服务公司专业化、高端化、信息化服务作用。三是注重区域性、综合性服务体系或网络建设。以供销社系统、大型企业集团等构建的农业服务体系或网络为基础，进一步延伸服务链条、健全服务体系、完善服务网络，推广普及乡镇和村庄的综合性服务中心。四是加强不同服务主体之间的联合合作。鼓励各类服务主体，围绕产业链、供应链、价值链、服务链，开展纵向和横向的合作，组建服务联盟、协会、联合体等，破解发展阻力，提升发展效益。

2. 加快推进服务业态模式机制创新

培育新业态、新模式，促进服务机制创新，有助于适应和引领服务需求，促进农业服务链与产业链、供应链、价值链的融合。一是加快普及和提升服务新业态。以农业生产托管为重点，推进农业生产全程服务模式创新，引导服务主体结合实际需求，灵活开展托管服务，促进向经济作物、蔬菜水果、畜禽水产等领域普及。引导农业产业链重点企业搭建产业链服务平台，向产业链、供应链服务商转型。二是推动传统线下服务线上化。要推广普及线上签约、云端监督业务模式。要把握数字化、网络化、智能化趋势下农业转型升级的有利时机，把农业生产性服务业列为落实《数字农业农村发展规划（2019—2025 年）》的重点方向和优先领域。三是创新服务联结机制。要引导多元市场服务主体注重联农带农助农机制建设，综合运用服务叠加、价格惠顾、股份合作、利润返还、组织创新、就业帮扶等多种手段，密切服务主体与经营主体的利益联结关系，强化服务主体自身的可持续发展能力。

（二）对策建议

1. 规范统一农业生产性服务业提法

在理论和政策研究以及政策文件中，加快以农业生产性服务、农业生产性服务业替代农业社会化服务、农业社会化服务体系的提法。同时，考虑对农业生产性服务业核心概念进行规范。随着乡村产业振兴的快速推进，面向乡村第二、第三产业的生产性服务业发展起来。适时以农村生产性服务业取代农业生产性服务业的提法，同时以农业服务业来代表原农业生产性服务业代表的内容。这样也可以简化政策文件和相关研究中的用词，不易混淆概念，如农业服务主体、农业服务业务等在表述上更为简洁明了。

2. 积极营造公平有序的市场环境

一是取消经营性服务领域的市场服务主体限制。在进一步明确基础公共服务和关键公益性服务范围的基础上，对于适合市场化或经营性与公益性相结合的服务领域，取消对市场服务主体的类别限制。二是营造有利于企业家成长的营商环境。要注重培育本土企业家与引进外来企业家相结合，通过创业创新扶持、简化办事程序、精准高效服务、搭建成长平台、依法依规管理、扶危助困解难等，为企业家成长营造安心、省心、舒心的环境，培养企业家创业创新的信心。三是统筹新型农业经营主体和服务主体扶持政策。进一步提升对新型农业服务主体的政策支持力度，并纳入农业支持保护政策体系，在相同领域享受与新型农业经营主体同等政策支持，消除因政策支持不对等导致的服务成本升高和服务需求抑制。四是健全外商投资国家安全审查和反垄断审查制度。农业生产性服务业是涉农跨国企业投资的重要领域。《中华人民共和国外商投资法》已于2020年1月1日起施行。要结合健全外商投资准入前国民待遇加负面清单管理制度，推进健全外商投资国家安全审查制度在农业生产性服务领域落地。同时，还要超前谋划健全农业生产性服务领域的反垄断审查制度，争取纳入《中华人民共和国反垄断法》修订草案。

3. 及时建立农业生产性服务标准体系

规范的标准体系是提高服务质量，降低交易成本，减少争议和纠纷的关键所在。目前，一些地方已经开始探索农业生产性服务标准的建立和使用工作，取得了显著效果，有必要扩大范围。要坚持先易后难、先环节后产业、先重点后全面的原则，逐步建立和普及标准体系。要鼓励各地结合自身实际，建立反映区域特色的农业生产性服务标准。可以由政府部门或行业协会、标准协会等牵头，新型农业服务主体、新型农业经营主体共同参与，研究制定各类农业生产性服务的标准和规范。对目前已经存在和使用的地方标准，如生产托管规范、农资服务规范、气象服务规范、购销服务规范等，进行经验总结，并扩大应用范围，逐步向农业生产全程和农业产业链拓展。要加快制定农业服务合同规范，明确合同的格式、项目、质量、价格、付款方式、效果评价、违约责任等。

4. 抓紧健全完善农业生产性服务业统计体系

2020年中央一号文件强调要“制定农业及相关产业统计分类并加强统计核算，全面准确反映农业生产、加工、物流、营销、服务等全产业链价值”。目前，关于农业生产性服务业的统计，只有农林牧渔服务业产值、农业生产托管和农机经营服务三个方面不同口径的统计，主要集中在农业产中环节，对产前产后和产业链层面的统计尚未考虑进来。而且，现有的三个方面统计也不能反映相应领域农业生产性服务业的发展情况。为此，要抓紧启动农业生产性服务业统计指标和制度体系的研究工作，尽快部署相关统计工作。

5. 创新农业生产性服务业政策支持方式

统筹新型农业经营主体和新型农业服务主体支持政策，进一步加大对农业生产性服务业支持力度，瞄准重点领域，创新支持方式，提升政策效能。一是选择急需却发育不足的领域，作为优先扶持的重点，突出小农户服务需求和产前产后以及产业链层面服务。二是差异化扶持不同环节和对象。在产中环节，可以根据作业量和价格给予一定比例的补助，优先考虑以服务券形式由农业经营主体自由选择服务；在产后的市场营销、品牌建设、金融保险等环节，可通过政府购买服务、建设公共服务平台等方式，引入专业化服务组织。三是新技术、新装备、新设施支持政策向新型农业服务主体倾斜，提高其专业化、信息化、智能化服务水平。四是衔接新型农业服务主体和新型农业经营主体支持政策。将资金、用地、保险、担保、人才、培训等新型农业经营主体政策支持范围扩大到新型农业服务主体，推动新型农业服务主体与新型农业经营主体的联动发展。

参考文献

1. 杜志雄：《农业生产性服务业发展的瓶颈约束：豫省例证与政策选择》，《东岳论丛》2013 年第 1 期。
2. 韩坚、尹国俊：《农业生产性服务业：提高农业生产效率的新途径》，《学术交流》2006 年第 11 期。
3. 冀名峰、李琳：《关于加快发展农业生产性服务业的四个问题》，《农村工作通讯》2019 年第 4 期。
4. 冀名峰、李琳：《农业生产托管：农业服务规模经营的主要形式》，《农业经济问题》2020 年第 1 期。
5. 姜长云：《着力发展面向农业的生产性服务业》，《宏观经济管理》2010 年第 9 期。
6. 姜长云：《发展农业生产性服务业的模式、启示与政策建议》，《宏观经济研究》2011 年第 3 期。
7. 姜长云：《关于发展农业生产性服务业的思考》，《农业经济问题》2016 年第 5 期。
8. 孔祥智、徐珍源、史冰清：《当前中国农业社会化服务体系的现状、问题和对策研究》，《江汉论坛》2009 年第 5 期。
9. 刘楠、张平：《中国农业生产性服务业发展存在的问题及对策》，《经济纵横》2014 年第 8 期。
10. 芦千文、姜长云：《农业生产性服务业发展模式和产业属性》，

《江淮论坛》2017 年第 2 期。

11. 芦千文：《中国农业生产性服务业：70 年发展回顾、演变逻辑与未来展望》,《经济学家》2019 年第 11 期。

12. 魏后凯:《“十四五”时期中国农村发展若干重大问题》,《中国农村经济》2020 年第 1 期。

13. 闻海燕:《农业生产性服务业发展亟待提速》,《浙江经济》2008 年第 6 期。

14. 张红宇：《农业生产性服务业的历史机遇》，《农业经济问题》2019 年第 6 期。

“十四五”时期农业农村科技创新的重点及思路

罗万纯*

摘　要：“十三五”期间，中国高度重视农业农村科技创新工作。通过加强顶层设计和部门协作，加大科研经费投入和优化科研人才队伍结构，完善创新平台载体，推动科技资源下沉，完善考核评价制度等，中国农业农村科技创新能力显著提升。同时，农业农村科技创新还面临创新成果总体不足、成果转化应用水平不高以及区域发展差距大等问题。“十四五”期间，为更好地助力乡村振兴，农业农村科技创新工作应从经济社会发展需求出发，围绕增加高质量创新成果、提高成果转化率以及缩小区域发展差距等采取针对性发展政策。

关键词：农业　农村　科技创新　“十四五”时期

*　罗万纯，管理学博士，中国社会科学院农村发展研究所副研究员，主要研究方向为农村发展理论与政策。

Key Points and Ideas of Scientific and Technological Innovation in Agriculture and Rural Areas during the 14th Five - year Plan Period

Luo Wanchun

Abstract: During the "13th Five - Year Plan" period, China attached great importance to agricultural and rural scientific and technological innovation. By strengthening central government policy design and inter - ministerial cooperation, increasing funding for scientific research, optimizing the structure of scientific research personnel, improving the innovation platform carrier, promoting the sinking of scientific and technological resources, and improving the evaluation system, China's agricultural and rural science and technology innovation capacity has been significantly improved. At the same time, science and technology innovation of agricultural and rural areas still faces such problems as the overall deficiency of innovation achievements, the low level of transformation and application of achievements, and the large gap in regional development. During the 14th five - year plan period, in order to promote rural revitalization, scientific and technological innovation in agriculture and rural areas should be based on the needs of economic and social development, and development policies should be adopted to increase high - quality innovation achievements, improve the rate of achievement conversion and narrow the development gap between different region.

Key Words: Agriculture　Rural Areas　Technological Innovation　the 14th Five - Year Plan

农业农村科技创新是推进农业农村现代化的重要动力，对提升中国农业综合效益和竞争力，促进绿色发展，以及改善农村生产生活条件有重要作用。分析“十三五”期间农业农村科技创新状况和存在的问题，提出“十四五”时期农业农村科技创新重点及思路，对进一步提高中国农业农村科技创新能力，助力乡村振兴战略实施有重要意义。

一 “十三五”期间农业农村科技创新状况

“十三五”期间，中国根据农业农村科技创新形势、需求，出台了一系列有针对性的政策措施，从目前情况看，取得了积极成效。

（一）“十三五”期间农业农村科技创新举措

“十三五”期间，中国农业农村科技创新工作围绕时代发展大局，从农业农村科技创新发展薄弱点发力，有针对地提升创新能力。

1. 完善顶层设计，服务时代发展大局

“十三五”时期，中国要完成“全面建成小康社会，贫困人口全面脱贫，进入创新型国家行列”等重大历史任务，也是实施乡村振兴的关键时期。根据时代发展需求，相关部门对农业农村科技创新工作进行了部署。

为更好地指导“十三五”时期农业农村科技创新工作，2017年6月，科技部联合相关部门印发了《“十三五”农业农村科技创新专项规划》，提出了“十三五”时期农业农村科技创新的指导原则、发展目标、重点任务和保障措施等。在助力全面建成小康社会方面，农业农村部有针对性制定了《2019年农业农村科教环能工作要点》《2020年农业农村科教环能工作要点》。在助力贫困人口全面脱贫方面，科技部2016年制定了《关于科技扶贫精准脱贫的实施意见》，提出要开展智力扶贫、创业扶贫，做好定点扶贫，加强片区扶贫，发挥科技创新对打赢脱贫攻坚战的作用。在助力建设创新型国家方面，国务院办公厅2017年5月下发了《国务院办公厅关于县域创新驱动发展的若干意见》，推动县域科技创新。在助力乡村振兴方面，科技部陆续出台了《关于创新驱动乡村振兴发展的意见》《创新驱动乡村振兴发展专项规划（2018—2022年)》等，农业农村部编制了《乡村振兴科技支撑行动实施方案》。相关顶层设计为各地开展农业农村科技创新工作提供了指导。

2. 加强部门协作，形成创新合力

加强部门间协作，有助于整合相关资源。目前，全国农业农村创新工作主要由科技部农村科技司和农业农村部科技教育司管理。两个部门职责联系紧密，且部分职责有交叉。为加强科技创新工作的部际协作，2016 年 11 月，科技部和原农业部共同签署了“科农协同”工作机制合作协议，双方就“共同推进农业科技创新，深化农业科技体制改革，围绕国家需求组织农业领域重大科技项目，推动农业技术示范和农业科技成果转化推广，加快一批国家高新技术产业发展区创建试点工作以及农业科技人才队伍和平台体系建设”等方面合作内容达成共识[①]，形成农业科技创新发展的合力。地方层面，也有不少地区加强了部门间科技创新协作。例如，云南省经过多年发展，形成了横联各部门、中央驻滇单位、省属涉农高校院所、龙头企业，纵贯科技部、省、州（市）科技及相关部门的农业科技创新管理和服务体系。省科技厅和省林业厅建立协商机制，从科技项目立项、实施管理和绩效评价等方面探索管理新模式。

3. 加大经费投入和优化人才队伍结构，改善创新条件

经费和人才是实施农业农村科技创新的基础，“十三五”期间，经费投入水平不断提高，人才队伍不断优化。

首先，经费投入水平提高。2018 年，农业科学研究与开发机构 R&D 经费内部支出达到 205.8 亿元，比 2015 年增加 38.5%，增加幅度比全国平均水平高 12.2 个百分点；占全国 R&D 经费的比重为 7.6%，比 2015 年提高 0.6 个百分点。从支出结构看，2018 年农业科学基础研究、应用研究经费占 R&D 经

① 《科技部农业部签署“科农协同”工作机制合作协议》，中华人民共和国科学技术部网站，http://www.most.gov.cn。

费内部支出的比重分别为13.9%、25.4%，分别比2015年增加2.8个、4.3个百分点，试验发展经费占比为60.7%，比2015年减少7.1个百分点；人员劳务费、仪器和设备支出占R&D经费内部支出的比重分别为45.7%、14.2%，分别比2015年占比增加9.7个、1.3个百分点。从资金类型看，政府资金所占比重为89.6%，比2015年增加1.8个百分点，企业资金、国外资金、其他资金所占比重分别为2.5%、0.2%、7.7%，比2015年分别减少0.4个、0.4个、1.0个百分点。和全国平均水平相比，2018年农业科学基础研究、应用研究、企业资金、其他资金占R&D经费内部支出的比重分别低1.8个、4.2个、1.3个、3.6个百分点，试验发展经费、人员劳务费、仪器和设备支出、政府资金占R&D经费内部支出的比重分别高6.0个、20.6个、1.5个、4.9个百分点。总的来说，农业科学研究与开发机构R&D经费大幅增加，且基础研究、应用研究经费占比有所扩大；经费以政府资金为主；人员劳务费占比大幅增加，且远高于同期全国平均水平。

其次，科研队伍结构优化。2015—2018年，农业科学研究与开发机构数和从业人员分别减少了8.6%、5.8%，但R&D人员增加了7.5%，其中，女性增加了13.6%，博士毕业生增加了26.6%，硕士毕业生增加了14.3%，本科毕业生减少了0.9%。这说明，农业科学研究与开发机构人才队伍结构进一步优化，专业技术人员尤其是高层次专业技术人员大幅增加。

4. 加强平台载体建设，有序推进创新工作

为促进农业农村科技创新，中央、地方政府及相关部门创建

了很多创新平台载体，包括国家农业高新技术产业示范区、国家农业科技园区、农口国家工程技术研究中心、现代农业产业技术体系、农业科技创新联盟、星创天地、国家现代农业产业科技创新中心、新农村发展研究院等，通过不断完善相关运行管理机制体制，不断提升这些平台载体的建设水平。

国家农业高新技术产业示范区在引领带动现代农业发展、培育新型农业经营主体等方面有重要作用。为指导农业高新技术产业示范区建设发展，2018 年 1 月，国务院办公厅印发了《关于推进农业高新技术产业示范区建设发展的指导意见》。到 2019 年 11 月，已累计设立陕西杨凌农业高新技术产业示范区、山东黄河三角洲农业高新技术产业示范区、山西晋中国家农业高新技术产业示范区、江苏南京国家农业高新技术产业示范区 4 个示范区。到 2020 年，拟建设 30 个国家级农业高新技术示范区。

国家农业科技园区是依靠科技创新驱动现代农业发展的新型模式和示范样板。为进一步加快国家农业科技园区创新发展，2018 年 1 月，科技部、原农业部、水利部、原国家林业局、中国科学院、中国农业银行印发了《国家农业科技园区发展规划（2018—2025 年）》，到 2020 年拟建设 300 个国家农业科技园区，并带动发展 3000 个省级科技园区。

星创天地是发展现代农业的众创空间，是农村“大众创业、万众创新”的有效载体。目前，科技部已开展三批国家级星创天地备案工作，第一批通过备案的有 638 家，第二批通过备案的有 568 家，第三批通过备案的有 618 家。

农口国家工程技术研究中心对支撑、引领本行业技术进步有重要作用，目前全国经科技部批复组建的有 84 家。农口国家工程技术中心一方面加快推进农业农村重大科技创新，攻克关键核心技术；另一方面正在准备转建国家技术创新中心，以更好地推动技术创新与成果转化。

现代农业产业技术体系围绕水稻、小麦、生猪等主要农产品，整合跨部门、跨区域、跨单位、跨学科的优势科技力量，系统解决育种、生产、加工、流通等产业链各环节的问题，促进产业健康快速发展。目前，体系主要从解决农业绿色发展的重大关键技术难题、扩大纳入体系产品范围、促进传统产业与现代信息技术、环保技术、材料技术融合发展等方面完善相关工作。①

国家现代农业产业科技创新中心是新型农业科技创新平台，科技部 2016 年启动了创新中心试点建设工作，首批安排了国家作物生物育种产业科技创新中心、国家农机装备产业科技创新中心、国家肉类加工产业科技创新中心和国家竹产业科技创新中心 4 家试点单位。与此同时，农业部也倡导成立了江苏南京、山西太谷、四川成都、广东广州 4 个区域性科创中心建设。

农业科技创新联盟由农业农村部 2014 年开始启动建设，陆续建立了一批产业性、区域性和专业性联盟，搭建了共建共享共用的农业科技资源新平台。2019 年，经过中国科学院第三方评估研究中心评估，农业农村部首批认定 34 个联盟，其中 15 个为标杆联盟。②

高等学校新农村发展研究院在促进农业科技创新与推广服务方面有重要作用。高等学校新农村发展研究院协同创新战略联盟

---

① 董峻：《破解科研生产“两张皮”难题的成功探索——国家现代农业产业技术体系建设成效综述》，中华人民共和国中央人民政府网，http：//www.gov.cn/。

② 《农业农村部办公厅关于认定首批国家农业科技创新联盟的通知》，中华人民共和国农业农村部网站，http：//www.moa.gov.cn/。

于2015年8月成立，近年来在加速科技成果转移转化，推进第一、第二、第三产业融合发展方面发挥了积极作用。

5. 推动科技资源下层，加强基层创新能力

“十三五”时期，相关部门着力推进科技资源下县下乡进村，不断加强基层科技创新能力。一是推动县域创新驱动发展工作，通过建设创新型县（市）和创新型乡镇，深入推动大众创业、万众创新。2018年12月，科技部启动了首批52个创新型县（市）建设，到2025年，拟建成100个左右创新型县（市）。二是深入实施科技特派员制度。科技特派员制度对推动农村创新创业有重要作用。该制度1999年始于福建省南平市，2002年在宁夏、陕西、甘肃、青海、新疆西北五省区开展试点工作，2009年在全国范围内启动科技特派员农村科技创业行动。2016年，国务院办公厅印发了《关于深入推行科技特派员制度的若干意见》，提出要完善科技特派员制度，激发广大科技特派员创新创业热情。2019年10月，西藏科技特派员总数达到10519人，实现每个行政村2名科技特派员全覆盖目标，率先在全国实现行政村覆盖率100%。[①] 全国范围内，预计2020年实现贫困村科技特派员全覆盖。三是实施特聘农技员计划。2017年，原农业部在河北、湖北、湖南、四川、陕西5个省份的7个贫困地区开展了农技推广服务特聘计划试点，2018年下发了《农业农村部办公厅关于全面实施农技推广服务特聘计划的通知》，提出在全国贫困地区及其他有意愿地区实施农技推广服务特聘计划，通过政府

① 德吉曲珍：《我区率先在全国实现行政村科技特派员全覆盖》，中国西藏新闻网，http：//www. xzxw. com。

购买服务等方式，从农业乡土专家、种养能手、新型农业经营主体技术骨干、科研教学单位一线服务人员中招募一批特聘农技员。2019 年，22 个省份招募了 3000 多名特聘农技员，增强了基层农业技术推广、服务力量。[①] 四是整合农业农村科技人才帮助贫困地区发展产业。为帮助贫困地区解决特色产业发展中存在的问题，农业农村部近年来在全国 832 个贫困县组建了 4100 多个产业扶贫专家组，帮助贫困地区提高农业产业发展水平。[②] 五是推广“互联网 + 技术推广”，创新农业技术推广模式。近年来，为更好地发挥互联网在农业技术推广服务中的作用，农业农村部联合相关部门搭建了中国农技推广信息服务平台，创建了“互联网 + 农技推广”模式。据统计，到 2019 年 12 月，有 38 万名农技推广人员、6000 名专家教授利用农技推广信息服务平台，线上为新型农业经营主体和广大农户解答技术难题、开展技术指导。[③]

6. 完善考核评价制度，调动科研人员积极性

完善的考核评价制度对公正评价科研成果，调动科研人员工作积极性有重要作用，相关部门不断对科研考核评价制度进行优化。例如，国家现代农业产业技术体系，不考核科学家的论文数量，也不组织竞争性课题，而是根据农业产业发展的实际来组织科研攻关，提升科研成果的实用性，主要由产业主管部门、技术

---

① 《回眸 2019》，《农民日报》2020 年 1 月 3 日第 5 版。

② 农业农村部新闻办公室：《为产业扶贫注入科技动力——全国农业科教系统助力脱贫攻坚综述》，中华人民共和国农业农村部网站，http：//www. moa. gov. cn/。

③ 《农技人员平均每天在“中国农技推广”APP 线上答疑 6. 99 万次》，人民网，http：//www. people. com. cn/。

推广机构、涉农企业和农民等来对相关科研成果进行评价。又如，国务院、科技部和农业部积极推进科研成果第三方评价。2016 年，《科技部关于对部分规章和文件予以废止的决定》明确提出，《科学技术成果鉴定办法》被废止，科技成果评价工作必须由委托方委托第三方专业评价机构进行。同年，国务院印发《“十三五”国家科技创新规划》，提出把第三方科技成果评价结果作为财政科技经费支持的重要依据。① 农业部也将第三方引入相关工作评估。例如，为推动农业科技创新联盟健康发展和高效运行，2019 年上半年，联盟办公室委托中国科学院第三方评估研究中心，对 2017 年年底前成立的 62 个联盟开展第三方评估。开展第三方评估能更为客观地评价科研成果，能更好地调动科研人员的积极性。

（二）“十三五”期间农业农村科技创新成效

“十三五”期间农业农村科技创新工作取得积极成效，主要体现在农业农村科技创新能力增强、农业现代化水平提高、农业可持续发展水平提升、农村人居环境基础设施改善等方面。

1. 农业农村创新能力增强

从科技产出的主要指标看，创新能力显著增强。2018 年，除了发表的科技论文总数有所下降外，农业科学研究与开发机构的国外发表科技论文数（21.5%，比 2015 年增加幅度，后同）、出版科技著作数（12.4%）、专利申请数（43.7%）、发明专利

① 《科技部正式取消科技成果鉴定可委托专业评价机构》，央广网，http://www.cnr.cn/。

数（41.7%）、有效发明专利数（69.1%）、专利所有权转让及许可数（113.3%）、专利所有权转让及许可收入（47.6%）、形成国家或行业标准数（40.8%）和2015年相比，都出现了较大幅度增长。从农业科学研究与开发机构科研产出占全国总产出的比重看，2015—2018年，除了发表的科技论文总数、国外发表科技论文数、有效发明专利数有所下降外，出版科技著作数、专利申请数、发明专利数、专利所有权转让及许可数、专利所有权转让及许可收入、形成国家或行业标准数都有了提升。

2. 农业现代化水平提高

截至2019年，中国农业科技进步贡献率达到59.2%，比2015年的56%提高3.2个百分点；农作物耕种收综合机械化率超过70%，比2015年的63%提高超过7个百分点；主要农作物自主选育品种达到95%以上。

农业科技发展提升了农产品生产能力，农业劳动生产率和土地产出率都有所提升。以浙江为例，平均每个农业劳动力提供的粮食由2015年的1009千克上升为2018年的1078.6千克，提升了6.9%；蔬菜由3122.1千克上升为3399.5千克，提升了8.9%；水产品由1040.2千克上升为1072.4千克，提升了3.1%。从全国层面看，单位面积粮食产量由2015年的5553.02千克/公顷增加为2019年的5719.8千克/公顷，增加了3.0%。

产业示范区发展带动了相关产业的快速发展。以杨凌农业高新技术产业示范区为例，2015—2018年，示范区内企业数由193个增加为228个，从业人员由24266人增加为28098人，营业收入由177.5亿元增加为260.0亿元，出口总额由5345万元增加为22557万元，分别增加了18.1%、15.8%、46.5%、322.0%。

3. 农业可持续发展水平提高

首先，农业生产条件进一步改善。有效灌溉面积由2015年的65872.64千公顷增加为2018年的68271.64千公顷，增加了3.6%。其次，农业绿色发展进一步推进。农用化肥施用折纯量由2015年的6022.60万吨下降为2018年的5653.42万吨，下降了6.1%；农药使用量由2015年的178.30万吨下降为2018年的150.36万吨，下降了15.7%。化肥、农药使用量显著下降，不仅有助于提高产品安全性，还有助于减少环境压力。

4. 农村人居环境基础设施不断改善

农村人居环境基础设施不断改善，为改善农村环境提供了有利条件。例如，卫生厕所普及率由2015年的78.4%提升为2017年的81.7%；太阳能热水器的使用量由2015年的8232.6万平方米增加为2018年的8805.4万平方米，增加了7%。

二　农业农村科技创新面临的主要问题

由于创新人才不足、产研对接不密切、科技创新资源配置效率不高等原因，农业农村科技创新面临科研成果总体不足、成果转化应用水平不高、区域发展差距大等问题（魏后凯等，2019）。

(一) 农业农村科技创新成果总体不足

农业农村科技创新成果总体不足，科技需求不能得到有效满足。例如，由于缺乏有效、经济的处理技术，不少地区农村垃圾、污水还未得到有效处理。科研成果不足有几个方面的原因。一是农业农村科技人才总体不足，尤其是顶尖人才比较缺乏。例如，虽然农业科学研究与开发机构人才队伍结构不断优化，但和全国研究与开发机构平均水平相比，硕士、博士毕业人员占R&D人员的比重相对较低，2015年比全国低5.9个百分点，2018年比全国低6.2个百分点。二是相关科技资源配置效率较低。正如前述，为促进农业农村科技创新，相关部门搭建了很多平台载体，但由于缺乏明确的定位和分工，导致相关科研工作存在重复现象。例如，比较突出的是，国家和地方现代农业产业技术体系，有些产业发展问题存在共性，但由于缺乏信息沟通和共享，不少科研工作存在重复现象，导致科研资源利用率比较低。

(二) 农业农村科技创新成果转化应用水平不高

虽然科技创新成果不断增加，但转化应用水平有待提升。2018年，全国农业技术市场成交合同数和合同额分别为21677个、420.8亿元，分别比2015年增加65.1%和36.6%，但农业技术合同数占全国技术合同总数的比重只有5.3%，农业技术合同额占全国技术合同总额的比重只有2.4%。总的来说，农业技术合同数和合同额比重都比较低。农业农村科技创新成果转化应用水平不高主要有几个方面的原因。一是由于参与机制不健全等，企业、新型农业经营主体参与创新活动严重不足，导致产研结合不密切。从农业科学研究与开发机构 R&D 经费内部支出看，2018 年企业资金所占比重只有2.5%，而且比2015 年还下降0.4 个百分点。二是由于缺乏可靠的科技需求调查，也使农业农村科技创新活动和产业发展需求存在脱节现象，不少科研成果难以转化应用。三是农业农村技术推广不足。由于推广人才总量不足、老龄化趋势明显以及推广条件较差，再加上农村居民科技意识不强，技术接受能力较弱等，农业科研成果推向广大农户面临较多困难。

（三）农业农村科技创新发展区域差距大

创新发展的区域差距大。例如，从 2018 年农业植物新品种权授量看，31 个省（市、区）共授权 1888 件，东部、中部、西部、东北授权数所占比重分别为 47.6%、30.6%、10.9%、11.0%，西部和东部、中部差距较大。主要有两方面的原因。首先，从区域内部看，各地由于自然资源、人力资源以及发展政策的差异，尤其是农业科技创新投入水平的差异，导致创新工作开展情况存在较大差距。其次，各地能获得的国家科技资源支持也存在较大差异。例如，国家级创新平台载体存在分布不均的现象，导致一些地区尤其是经济发展落后地区缺乏开展创新的有效平台。

三 “十四五”时期农业农村科技创新的重点领域及发展思路

“十四五”时期农业农村科技创新工作应以“以提高农业产

业效益、竞争力，促进绿色发展，以及改善农村生产、生活环境”为主要目的，围绕增强创新能力、促进成果转化及缩小区域发展差距等展开。

（一）重点领域

基于粮食竞争力不足、农村生态环境压力加大、动物疫病防治水平不高、生物科研规范不足以及农业农村信息化发展滞后等现实情况，提出“十四五”时期农业农村科技创新的重点领域。

一是提升粮食安全保障水平。粮食安全是关系国计民生的根本问题。粮食供给资源、环境约束趋紧，国际竞争力下降。需要通过改良粮食品种、改进种植技术、提升机械化水平、促进粮食精深加工等，增强粮食安全保障能力，提升粮食生产的可持续性和国际竞争力。

二是提升动物疫病防控水平。动物疫病不仅影响相关产品的有效供给，还影响生产经营者的经济利益。例如，近年来非洲猪瘟严重影响猪肉供给，是导致猪肉价格波动的重要原因，也使不少养殖户遭受重大经济损失，但目前还没有形成有效的防控技术，例如疫苗研发还没有获得最后成功。未来还需要进一步加强动物疫病防控技术研发。

三是加强生态环境治理。近年来，经常爆出稻谷、小麦等粮食重金属超标的新闻，其原因是一些耕地被严重污染。此外，不少地区农村垃圾、污水缺乏有效处理，农村居民对美好生态环境的需求不能得到满足。因此，需要加快重金属污染土地治理以及农村污水、垃圾处理技术研发。

四是加强信息化技术研发。信息化技术发展对农业农村发展既是挑战，也是机遇。未来还需要加强研发，促进物联网、云计算、移动互联网、卫星遥感、人工智能等高新科技信息技术与农业农村深度融合发展。

五是加快生物安全立法。农业农村科技创新的最终目的是提升人类福祉，但近年来，少部分科研人员突破人伦道德底线开展生物科研活动，还有一些科研人员随意处置实验物品，严重危害人类社会。需要加快生物安全立法，严格设定科研禁区，规范科研流程。

（二）发展思路

“十四五”时期农业农村科技创新工作应从增强创新能力、提高成果转化率以及缩小区域发展差距来推进。

一是增强创新能力。通过增加经费投入、优化创新人才队伍结构、搭建和完善创新平台等，提升农业农村科技创新能力，尤其是自主创新能力，为增加农业农村科技创新成果创造有利条件。

二是提高成果转化率。通过密切产研关系、提升科技推广能力等提高成果转化率，发挥科技创新在推动农业产业发展中的积极作用，提升农业现代化水平，尤其是提升农业科技进步贡献率、主要农作物耕种收综合机械化水平、农业物联网等信息技术应用比例、农业劳动生产率、农业高新技术企业发展水平、农业可持续发展水平等。

三是缩小区域发展差距。通过整合和优化科技创新资源配置，提升区域农业农村科技创新能力，尤其是提升西部地区和基层科技创新能力，发挥科技创新在缩小农业农村区域发展差距中的积极作用。

四 “十四五”时期农业农村科技创新具体建议

为更好地推进“十四五”时期农业农村科技创新工作，促进农业农村高质量发展，结合现有发展基础、面临的主要问题及发展思路，提出以下具体建议。

（一）完善农业农村科技创新经费投入和使用管理

一是建立多元化经费投入机制。完善相关机制引导涉农企业、新型农业经营主体等积极参与农业农村科技创新活动，建立由政府、企业及其他社会主体参与的多元化创新经费投入机制。二是优化创新经费投入结构。合理确定基础研究、应用研究、试验发展经费投入比例，加大对基础研究、应用研究的投入比重，提升原始创新能力。三是完善创新经费管理办法。督促各地各部门落实科研经费“放管服”改革精神，增加科研经费对科研人员的激励作用，调动科研人员的积极性。此外，进一步简化、优化科研经费审核、管理，减轻科研人员经费使用、报销负担。

（二）加强农业农村科技创新人才队伍建设

人才是农业农村科技创新工作的基础和关键，加强人才队伍建设至关重要。应在充分了解全国农业农村科技人才总量、结构及分布的基础上，结合农业农村科技创新现状及发展趋势，分析研判农业农村人才需求状况（包括需求总量、专业结构、区域结构等），科学制订农业农村科技人才发展规划，合理配置人才资源。

（三）加强创新平台载体建设

一是扩大国家级创新平台载体的覆盖范围，为更多地区集中资源开展农业农村科技创新活动提供有利条件；二是通过完善运行管理机制，不断提升创新平台载体的建设水平，更好地发挥示范带动作用。

（四）加强农业农村科技创新协作

一是加强中央、省、市、县（区、市）科技、农业、林业、扶贫等政府相关部门的横、纵向联系，以整合相关项目资源，协同推进农业农村科技创新相关工作。二是明确区分各类创新平台、载体、组织的工作重点，有针对性开展创新工作，减少同质产品，避免资源浪费。三是发挥区域科技优势、生态优势等比较优势，加强东西部科技协作，减少区域间科技发展差距。

（五）增强基层创新能力

一是深入实施县域创新发展战略，提升县域创新能力；二是继续实施特聘农技员计划，通过政府购买农技服务，发挥乡土科技人才作用；三是通过深入实施科技特派员制度、设立院士工作站等，引导高端科技人才下乡，增强基层科技创新能力；四是进一步发挥“互联网 + 农业技术推广”平台的作用，及时向有需要的部门、企业和个人提供技术指导。

（六）完善农业农村科技创新考核制度

建立和完善科技创新分类考核制度，结合基础研究、应用研究、技术推广应用的特点，建立不同的考核评价机制。对于基础研究，应将国内外同行评价作为重要考核内容，不断提升基础研究的前瞻性；对于应用研究、成果技术推广，应将产业部门、新型经营主体、农户等用户对相关研究、工作的评价作为重要考核内容，提升应用研究、成果技术推广工作的实效性。

参考文献

魏后凯、罗万纯、赵黎、张延龙：《中国农业科技创新趋势、问题及建议》，载魏后凯等《中国“三农”研究》（第三辑），中国社会科学出版社 2019 年版。

“十四五”时期农业农村资金投入的保障机制和路径

董 翀 孙同全 冯兴元*

摘 要：“十三五”期间，农业农村投融资供给总体上得到明显改善，但是农业农村资金投入保障机制仍然存在问题，且农业农村投融资需求也呈现新趋势。本报告从财政投入、金融投入和社会资本投入三个方面梳理了“十三五”期间农业农村资金投入保障现状和“十四五”期间农业农村发展的资金需求新特点，分析了当前农业农村资金投入保障机制存在的问题，并提出“十四五”期间农业农村发展资金投入保障机制的重点和完善路径。

关键词：农业农村投资 财政投入 金融支农 社会资本投入

* 董翀，管理学博士，中国社会科学院农村发展研究所助理研究员，主要研究方向为农村金融、供应链金融、合作金融；孙同全，管理学博士，中国社会科学院农村发展研究所研究员，主要研究方向为农村金融、合作金融、小额信贷、扶贫、社会企业；冯兴元，经济学博士，中国社会科学院农村发展研究所研究员，主要研究方向为经济学思想、农村金融、地方财政、区域经济。

Guarantee Mechanism and Path of Agricultural and Rural Capital Investment during the 14th Five－year Plan Period

Dong Chong Sun Tongquan Feng Xingyuan

Abstract: During the 13th Five Year Plan period, the supply of investment and financing in agricultural and rural areas has been significantly improved, but there are still problems in the guarantee mechanism of investment in agricultural and rural areas, and the demand for investment and financing in agricultural and rural areas has also shown a new trend. In this paper, from three aspects of fiscal support, financial support and social funds input, the authors review the current situation of capital investment in agricultural and rural area during the 13th Five Year Plan period and the new characteristics of capital demand for agricultural and rural development during the 14th Five Year Plan period, analyze the problems existing in the current guarantee mechanism of agricultural and rural capital investment, and put forward the key points of the investment guarantee mechanism of agricultural and rural development during the 14th Five Year Plan period.

Key Words：Agricultural and Rural Investment　Fiscal Support　Financial support　Social Funds input

农业农村资金投入，即农业农村投资，涉及范围广泛，可以指涉及全部“三农”领域的资金投入。本报告聚焦分析的是涉及改善农业生产条件、促进农业生产经营与发展、组织农产品供应、实现农业的多种功能以及提升农民收入、优化农业农村生态环境为目的的投资活动，其投入来源主要包括财政、金融和社会资本投入。

随着实施乡村振兴战略，推进农业农村现代化和实现产业兴旺成为一大核心要求，农业农村投融资需求总量大大提升，需求结构也呈现出新的变化。根据乡村振兴战略规划，2018—2022年这5年，“既要在农村实现全面小康，要为基本实现农业农村现代化开好局、起好步、打好基础”。“十四五”期间（2021—2025年），在支持继续推进农业农村现代化的同时，还要充分考虑到对接2035年基本实现农业农村现代化的目标。这对农业农村资金投入保障机制提出了更高的要求，无论是从投入总量的角度，还是从投入结构和投入质量的角度，都是如此。

一　“十三五”期间农业农村资金投入保障现状

（一）财政投入

1. 农业农村财政投入总量

“十三五”期间，我国中央和各级地方政府对农业的财政投入规模日益增大，而且日益注重财政投入方式的优化。农林水事务支出从 2015 年的 17380.49 亿元增长至 2019 年的 22420.00 亿元，增长了 29%。仅 2016—2019 年 4 年，农林水事务支出累计达到 80882.35 万亿元，已远远超过“十二五”期间的累计支出 66815.3 万亿元，且 4 年农林水事务支出占一般公共预算支出的比重平均为 9.52%，高于“十二五”期间农林水事务支出占比均值 9.34%。农业公共财政支出总额自 2016 年达到 6458.59 亿元的高点之后一直呈现下降趋势，农业公共财政支出占农林水事务支出的比重也持续下降，由 2011 年的 43.18% 下降至 2019 年的 29.62%，“十二五”期间农业公共财政支出占比均值为 41.06%，而“十三五”规划前三年农业公共财政支出占比均值仅为 32.27%，下降了近 9 个百分点，如表 1 所示。

表 1　2011—2019 年全国一般公共预算支出及农林水事务支出情况

单位：亿元、%

年份	一般公共预算支出	农林水事务支出	农林水支出占一般公共预算支出比重	农业公共财政支出	农业支出占农林水支出比重
2011	109247.79	9937.55	9.10	4291.16	43.18
2012	125952.97	11973.88	9.51	5077.41	42.40
2013	140212.10	13349.55	9.52	5561.57	41.66
2014	151785.56	14173.83	9.34	5816.57	41.04
2015	187755.21	17380.49	9.26	6436.18	37.03
2016	187841.14	18587.36	9.90	6458.59	34.75
2017	203330.00	19088.99	9.39	6194.61	32.45
2018	220906.00	20786.00	9.41	6156.09	29.62
2019	238874.00	22420.00	9.39	—	—

资料来源：历年《中国财政年鉴》及财政部网站。

2. 农业农村财政资金投入结构

从财政支农资金的支出结构来看，农业公共财政支出中用于保障农产品供应、鼓励生产经营主体增加资源要素投入的支出大幅增加且仍有上升趋势。农业生产资料与技术补贴占比较大，且"十三五"期间一直保持较高占比，"十二五"期间农业生产资料与技术补贴占农业公共财政支出的比重均值仅为 13.58%，"十三五"规划头三年的占比均值达到 23.27%。农业资源保护与利用方面的支出占比也略有增长，"十二五"期间占比均值为 3.78%，而"十三五"规划头三年的占比均值为 4.73%。稳定农民收入补贴出现明显增长，"十二五"期间占比均值仅为 0.82%，而"十三五"规划头三年占比均值达到 3.90%。农业结构调整补贴占比最少，但也有一定程度的增长，"十二五"期间占比均值为 0.68%，而"十三五"规划头三年的占比均值为 1.03%，如表 2 所示。

表 2　2011—2018 年部分农业公共财政支出情况

单位：亿元、%

年份	稳定农民收入补贴		农业生产资料与技术补贴		农业结构调整补贴		农业资源保护与利用	
	总额	占比	总额	占比	总额	占比	总额	占比
2011	21.76	0.50	1134.44	26.40	40.79	1.00	163.22	3.80
2012	18.80	0.40	554.57	10.90	30.69	0.60	185.71	3.70
2013	20.31	0.4	546.86	9.80	38.17	0.70	208.33	3.70
2014	98.18	1.70	531.02	9.10	34.68	0.60	222.82	3.80
2015	69.23	1.10	756.00	11.70	31.06	0.50	254.03	3.90
"十二五"期间均值	45.66	0.82	704.58	13.58	35.08	0.68	206.82	3.78

续表

	稳定农民收入补贴		农业生产资料与技术补贴		农业结构调整补贴		农业资源保护与利用	
	总额	占比	总额	占比	总额	占比	总额	占比
2016	170.05	2.60	1605.55	24.90	38.84	0.60	256.22	4.00
2017	274.02	4.40	1427.44	23.00	54.93	0.90	300.58	4.90
2018	291.62	4.70	1350.92	21.90	98.38	1.60	323.27	5.30
“十三五”规划头三年均值	245.23	3.90	1461.30	23.27	64.05	1.03	293.36	4.73

资料来源：彭超、刘合光：《“十四五”时期的农业农村现代化：形势、问题与对策》，《改革》2020 年第 2 期。

3. 对有关金融服务的财税政策支持

“十三五”期间，中央财政和税收部门综合运用税收优惠、贴息、奖补、保费补贴等手段着力形成正向激励，支持农村金融发展。一方面，对符合条件的银行、保险公司、融资（信用）担保机构、小额贷款公司等金融机构向农户、小型企业、微型企业、个体工商户和农村各类组织等经营主体开展的小额贷款业务、保险业务、担保业务等给予增值税、印花税和企业所得税减免；另一方面，发放普惠金融发展专项资金，包括县域金融机构涉农贷款增量奖励、农村金融机构定向费用补贴、创业担保贷款贴息及奖补、政府和社会资本合作项目以奖代补四个方面。对符合条件的县域金融机构、新型农村金融机构、西部基础金融服务薄弱地区的银行业金融机构，基于其贷款业务规模给予一定奖励和补贴；对符合条件的个人和小微企业创业担保贷款给予财政贴息，促进困难就业群体就业创业；同时，2016—2018 年中央财政累计安排 PPP 以奖代补资金 43 亿元，共涉及 692 个项目，有效吸引了社会资本参与公共服务项目的投资运营管理，提高了公共服务供给能力和效率。

（二）金融投入

1. 涉农信贷供给总量稳定增长

2016—2019 年，“三农”信贷投入稳定增长，涉农贷款余额从 2015 年年末的 26.35 万亿元增加至 2019 年年末的 35.19 万亿元，4 年同比增长率分别为 7.1%、9.6%、5.6% 和 7.7%，但占各项贷款余额的比重从 2015 年年末的 28.1% 下降为 2019 年年末的 22.98%。其中，农村（县及县以下）贷款余额从 2015 年年末的 21.61 万亿元增加至 2019 年年末的 28.84 万亿元，4 年同比增长率分别为 6.5%、9.3%、6.0% 和 8.3%；农户贷款余额从 2015 年年末的 6.15 万亿元增加至 2019 年年末的 10.34 万亿元，4 年同比增长率分别为 15.2%、14.4%、13.9% 和 12.1%；农林牧渔业贷款余额从 2015 年年末的 3.51 万亿元增加至 2019 年年末的 3.97 万亿元，4 年同比增长率分别为 4.2%、5.7%、1.8% 和 0.7%。①

2. 涉农直接资本市场融资渠道多元化

“十三五”期间，涉农直接融资渠道多元化发展，针对农产品产业特点和涉农企业多样化融资需求，证券期货行业农产品期货期权品种不断丰富，银行间债券市场创新频出。截至 2018 年年末，新三板挂牌的涉农企业累计达到 418 家，当年共完成 55

① 资料来源：《中国农村金融服务报告（2018）》，中国金融出版社 2019 年版。《央行：2019 年金融机构人民币各项贷款余额 153.11 万亿元》，新浪网，http://finance.sina.com.cn/roll/2020-01-23/doc-iihnzahk5988020.shtml。

次股票定向发行，累计融资25.06亿元；累计有257家涉农企业在银行间债券市场发行1553只、1.47万亿元债务融资工具产品；在中国证券投资基金业协会备案的存续私募基金中，在投项目涉及农牧渔业的私募基金有1175只，基金规模达5293.93亿元；在投项目数量1550个，在投本金806.23亿元。①

3. 农业保险快速发展，农业保险体系逐步完善

"十三五"期间，农业保险快速发展，保险责任不断扩大、保障水平大幅提升。截至2018年年底，中国农业保险再保险共同体已有32家成员公司，提供再保险风险保障超过3000亿元；全国基本形成了以政策性保险为基础、商业性保险和互助性保险为补充的农业保险体系，共有33家保险机构开展农业保险，农业保险已覆盖所有的省（区、市），保险机构农业保险服务网点乡镇覆盖率为95%，村级覆盖率超过50%；农业保险承保农作物品种近400种，基本涵盖了农林牧渔各领域；参保农户达1.95亿户次，保费收入572.65亿元，提供风险保障3.46万亿元，保险简单赔付率达73.9%。除了传统的成本保险之外，已开展的农业保险创新试点有价格保险、指数保险、收入保险、"保险+期货"等创新开展试点。②

4. 农业农村金融服务基础设施体系不断完善

"十三五"期间，中国农业农村金融服务基础设施体系不断完善。农村支付体系、农村信用体系和农业信贷担保体系建设迅

---

① 资料来源：《中国农村金融服务报告（2018）》，中国金融出版社2019年版。

② 同上。

速发展。全国农村地区基本实现了人人有银行结算账户，乡乡有ATM，村村有POS机，银行卡助农取款服务点村级行政区覆盖率达到98.23%。移动互联网、大数据、云计算等数字金融技术快速发展，移动支付广泛普及。非银行支付机构的网络支付服务也迅速向农村地区转移。农村信用体系建设方面，征信系统中农户和农村企业的信息量持续增加。动产融资统一登记公示系统和应收账款融资服务平台中的涉农经营主体信息大大丰富，业务范围不断拓展，为涉农经营主体供应链融资提供支持。农业信贷担保体系开始向市县延伸机构和开拓业务，担保规模迅速扩大。截至2018年年末，全国农业信贷担保项目达32万个，新增担保额1144.2亿元，仅2018年当年新增担保项目19.19万个，新增担保金额640.6亿元。

（三）社会资本投入

1. 农业产业化经营领域的社会资本投入

“十三五”期间，中国社会资本资金保持较大规模且数量不断增加，2015年12月末人民币存款余额为135.70万亿元，而2019年12月末全国人民币存款余额达192.88万亿元，全年人民币存款增加15.36万亿元，其中，住户存款增加9.7万亿元。[①] 随着农村第一、第二、第三产业融合发展和新型基础设施建设需求的增加，社会资本投入农业农村的领域和形式也不断丰富。在农业产业化经营领域，社会资本投入的规模基本保持稳定，农业生产方面的投资总体上略有减少。农作物总播种面积从2015年

① 资料来源：《2019年金融统计数据报告》，中国人民银行网站，http：//www.pbc.gov.cn/goutongjiaoliu/113456/113469/3960220/index.html。

的 16682.9 万公顷减少至 2018 年的 16590.2 万公顷；耕地灌溉面积从 2015 年的 6587.26 万公顷增加至 2018 年的 6827.18 万公顷；农用化肥施用量从 2015 年的 6022.6 万吨减少至 2018 年的 5653.4 万吨；农业机械总动力从 2015 年的 111728.1 万千瓦减少至 2018 年的 100371.7 万千瓦。[①] 同时，工商资本进入农业农村的积极性较高，据统计，流转入工商资本企业的耕地面积从 2013 年的 0.32 亿亩增长至 2016 年的 0.46 亿亩，四年间增长了 43.75%，其占全国土地流转总面积的比重约为 10%。[②] 很多工商资本采用复合经营模式，通过“公司＋村集体/合作社/基层政府＋农户”等方式，开办集农业种养殖、农产品加工、电子商务和休闲农业为一体的田园综合体等投资于农业农村。

2. 农业农村基础设施建设领域政府和社会资本合作的项目规模不断扩大

在农业农村基础设施建设等领域，BOT 模式、PFI 模式和 PPP 模式等项目融资模式是社会资本投入采用的主要方式。PPP 模式是“十三五”期间的社会资本投入农业农村的重要融资方式。根据财政部网站发布的全国 PPP 综合信息平台项目管理库月报表，从 2014 年至 2020 年 1 月，全国累计入库项目达 9459 个，投资额达 14.4 万亿元；累计落地项目达 6410 个，落地项目投资额达 10.0 万亿元。2019 年净入库项目 745 个，投资额达 1.1 万亿元；落地项目 1525 个，投资额达 2.3 万亿元；开工项

① 《中国统计年鉴（2019）》，国家统计局网站，http：//www.stats.gov.cn/tjsj/ndsj/2019/indexch.htm。

② 周振、涂圣伟、张义博：《工商资本参与乡村振兴的趋势、障碍与对策》，《宏观经济管理》2019 年第 3 期。

目1379个，投资额达2.3万亿元。截至2020年1月末，在项目管理库的PPP项目中，生态建设和环境保护、水利建设、农业、林业四个直接涉农行业的项目累计投资金额为15741亿元，占全部项目投资金额的比重为10.9%，项目数量为1478个，占全部项目数量的比重为15.7%。[①]

二　当前农业农村资金投入保障机制存在的问题

（一）“十四五”期间农业农村发展的资金需求新特点

1. 经营性资金需求变化

随着中国农业现代化进程的推进，农业经营主体和组织形式也发生深刻变化，家庭农场、合作社、农业企业等新型农业经营主体蓬勃发展，小农户通过各种供应链形式与现代农业实现衔接，农业农村各产业领域均出现现代规模经营主体和传统小经营主体长期共存的局面，各类经营主体对农业信贷的需求在金额、期限、可负担利率等方面都存在很大差异。由于农业供应链整合和纵向协作程度的提升，小农户的农业生产经营资金需求日益萎缩，从事非农生产经营的小微经营主体资金需求相对旺盛，且多为小额、短期的流动资金需求。新型农业经营主体的生产经营资金需求主要集中在支付土地流转费和工资、购买农资、建设和购

① 《全国PPP综合信息平台项目管理库（2019年11月报）》，中华人民共和国财政部网站，http：//jrs. mof. gov. cn/zhuanti2019/ppp/gzdtppp/202003/t20200330_ 3490438. htm。

买生产经营设施，从事技术研发和推广等方面。相对而言，新型农业经营主体既具有流动资金需求，也有投资性资金需求，资金需求明显规模更大、期限更长、可负担利率更高。

2. 投资性资金需求变化

长期以来，我国农业农村基础设施区域性结构性功能性供给不足，一些地区农业农村基础设施建设历史欠账较多。随着农业产业向现代农业转型和城乡融合发展背景下农村社区改造升级，农田水利建设、田水林路电综合配套建设、农产品分级和物流运输周转体系等农业生产性基础设施建设需求日益强烈，农村人居环境整治与乡村休闲旅游等第二、第三产业发展对农村社区生活性基础设施建设的需求也大大增加。同时，农业生产、乡村治理、社会服务等信息化水平亟待提高，数字农业、数字乡村建设、农业遥感、物联网、5G、人工智能、区块链等为代表的信息数字化的新型农业基础设施需求爆发式增长，农业农村基础设施建设需求带来的投资性资金需求也相应激增。新型基础设施硬件建设往往前期投入大，资金回笼慢；软件建设往往以知识产权形式存在，开发周期长，需要持续迭代投资，应用交叉互联。因此，新型基础设施建设投资性资金需求金额巨大，收益回报期长，不确定性较大，需要多元长效投融资方式的匹配。

（二）当前农业农村资金投入保障机制存在的问题

1. 当前财政投入保障机制存在的问题

首先，财政投入呈现结构性不足。我国财政投入农业农村的很大部分资金用于支援农业生产支出和农林水等事业费用支出，对农业基础设施建设、农业科技研发、农村人才队伍建设、农村人居环境整治、农村公共服务设施等方面的投入非常不足。尽管近年来中央加大了对农业基础设施和农村公共服务设施的投入，但是由于历史欠账太多，且随着乡村振兴战略的实施和城乡融合发展的推进，农业农村建设性需求规模不断增大，需求类型日益多元，财政投入相关领域的规模与实际需求相比依然不足。根据国家统计局公布的数据，2018 年全国国有资本经营支出中，涉及科技研发的支持科技进步支出占比仅为 2.17%，涉及基础设施建设的公益性设施投资支出占比仅为 3.83%；全国政府性基金支出中，涉及农业农村的农网还贷资金支出占比仅为 0.25%，农业土地开发资金相关支出占比仅为 0.16%；地方一般公共预算支出中，涉及科技研发的科学技术支出占比仅为 2.77%，农林水支出占比为 10.98%。[①]

其次，财政投入来源相对单一。由于农业农村投入周期长、见效慢、风险高，加之近年来地方财政财力不足，投入农业农村的积极性不高，因而涉农财政投入高度依赖中央投入，地方投入严重不足。中央财政支农专项资金一般要求地方财政配套，但是中央财政资金一般都能及时到位，而地方财政到位率往往很低，极大地制约了农业农村投资的效益。同时，虽然财政保障机制力图通过以奖代补、贷款贴息、基金引导等多种方式发挥财政资金的引导作用，以撬动金融和社会资本投向农业农村，但是，由于行业内资金整合与行业间资金统筹相互衔接配合不足，造成财政

① 《中国统计年鉴（2019）》，国家统计局网站，http://www.stats.gov.cn/tjsj/ndsj/2019/indexch.htm。

资金使用效率低下，从而弱化了财政投入资金的导向性和杠杆作用。

最后，财政支农资金管理体系不完善。一方面，我国财政支农项目的申报程序是由县到省再到中央的自下而上式上报，而拨付分配程序是从中央到省再到县的自上而下式分配，流程涉及层级较多，易发生信息不对称，从而出现逆向选择、道德风险等问题，中央难以有效管控财政投入资金的使用，地方政府对财政支农资金重争取和分配，轻管理和监督，导致财政投入资金使用效率低下。另一方面，我国农业农村财政投入一直存在投入渠道多、投入设置交叉重复、投入分散重点不突出、涉农资金管理条块分割严重等问题，“十三五”期间中央开始推进建立健全涉农资金统筹整合长效机制，实施行业内涉农资金整合，优化行业间资金整合，但是，涉农资金使用管理统筹性不足的问题仍没有得到根本性的解决，部分地区尚未出台涉农资金统筹实施方案，财政投入农业农村的事权和财权的划分仍不够清晰合理，整合任务清单划分机制的科学性有待进一步提高。此外，财政投入资金的内部财务会计管理和内控机制不完善，外部监督管理力量有限，监管资源未能有效整合，监管奖惩机制也有待完善。

2. 当前金融投入保障机制存在的问题

首先，农村金融服务同质化问题严重，农业农村金融产品和服务供给存在结构性不足，不能有效匹配日益多样的农村金融需求。从需求端来看，“十三五”以来，农村产业结构变化正在引发金融服务需求的结构性升级，传统农业经营主体和各类新型经营主体的生产经营性资金需求、县域城乡居民的消费性资金需求以及乡村基础设施和公共服务建设的投资性需求猛增，信贷、担保、保险、融资租赁、直接融资等多种金融手段的需求日益多元化。而从供给端来看，农业农村信贷产品高度同质化，信贷供给呈现“两头有余、中间不足”的状况，即大型涉农企业和贫困农户信贷供给相对充足，新型农业经营主体和县域中小企业等信贷供给不足，信贷供给的额度、期限不能满足多样化需求，农业供应链金融形式单一，多种金融投入手段发展尚不充分。

其次，在农村金融服务体系中，政策性金融和商业性金融发展不协调，合作金融缺位，农村和县域缺少立足社区、特色鲜明的中小金融机构，导致农村金融投入的多样性不足。理论上讲，在农业农村领域，政策性金融应该为商业性金融提供良好的政策环境、开垦和培育农村金融市场、创建最基本的金融基础条件，而商业性金融股可以协助政策性金融办理政策性业务、拓展政策性金融覆盖范围、提高政策性金融的运行效率和效果。而从目前情况来看，农村政策性金融没能有效地发挥辅助性支持“最后贷款人”的作用，反而在某些竞争性领域和商业性金融形成了竞争关系，挤出了商业性金融。商业性金融由于内部治理不完善、外部监管不到位、激励政策体系不完善等原因，“支农支小”的积极性仍然不足，出现部分机构脱农向城、脱实向虚的现象。此外，农村信用社商业化改革以来，正规农村合作金融机构缺位于农村金融服务体系，非正规合作金融活动比较活跃，但由于缺乏合理有效的监管，非正规合作金融发展总体上不够规范，发挥作用有限且潜在风险难以控制。

最后，农村金融风险管理水平有待进一步提高。随着金融科技的发展，农村金融竞争格局和风险特征正在重塑，但传统涉农金融机构和部分新型涉农金融机构仍主要依赖传统的授信模式和风控手段。传统风险管理手段的核心离不开抵押担保，而当前农业农村和县域的财产权利抵押登记、评估、流转等金融基础设施建设仍然不能满足需求，服务“三农”的融资担保机制的合作机制不完善，资本补充不畅，抵押物处置困难，没能有效发挥应有作用；农业保险机构服务能力不足，保障水平较低，大灾风险分散机制尚不健全。这些问题制约了农村金融整体风控水平的提升，抑制了农村金融投入的效率。

3. 当前社会资本投入农业农村存在的问题

首先，社会资本投入偏好和地方政府引入社会资本的偏好不对称，导致社会资本投入在行业领域上和地域上呈现“冷热不均”现象。一方面，由于资本的逐利性，社会资本偏好投入于收益回报率较高的农村产业发展项目领域，且偏好城乡要素市场发育较好、农村要素供给保障机制和其他相关配套机制较完善的发达地区，而对于投资回报周期较长、风险较大的农业农村公共服务建设领域，以及要素市场发育滞后、配套保障机制不完善的欠发达地区，社会资本缺乏投入的积极性。另一方面，对于地方政府来讲，农业农村基础设施和公共服务建设领域才是最希望引入社会资本投入的领域，且发达地区由于财政和金融资金较充裕，地方政府引入社会资本投入农业农村的积极性并不高，而欠发达地区由于财力不足，农村金融供给不足，地方政府热衷于引入社会资本，甚至利用“肥瘦搭配”方式捆绑项目以吸引社会资本进入或满足企业的逐利需求，可能诱发社会资本在项目运营中优先选择效益好、实施难度低的项目，而边缘化那些投入大、回报低、见效慢的项目。

其次，引导社会资本投入农业农村领域的时间尚短，无论是政府部门、社会资本方还是中介组织均缺少合作经验。具体来说，一些地方政府过于重视融资对经济增长的拉动而轻视长效机制的塑造，过于重视短期投资效果而轻视长期风险防范，而社会资本往往注重短期利益而轻视长期运营，加上中介组织经验不足，中介市场缺乏行业自律和政府有效监管，服务水平不高，导致社会资本进入农业农村领域之后出现多元主体合作混乱，农民和村集体等关键主体被忽略，社会资本方未能与农民和村集体形成稳定合作关系和利益共同体，项目交易成本过高，运营机制不灵活、不合理，投资项目经营管理不善，项目进行困难甚至中止等问题。

最后，社会资本投入农业农村领域并发挥积极作用所需的良好市场环境、政策环境和法治环境仍有待完善。当前农村产权交易政策、农村人才队伍建设等农业农村要素供给保障的政策体系尚未健全，政企常态化沟通机制和投资需求信息发布机制、社会资本进入退出渠道等配套服务体系尚未建立，引入社会资本后农村土地流转风险防范制度、农村社会信用评价制度、农业保险和农产品期货价格发现机制等风险防范体系尚不完善，商业性、合作性和政策性、开发性金融，以及信贷担保等多层次农村金融服务体系仍在进一步完善中，社会资本进入农业农村领域的制度性交易成本仍较高，导致其缺乏良好稳定的市场预期，这也抑制了社会资本投入农业农村领域的持续发力。

三 “十四五”期间农业农村发展的资金投入保障机制的重点

（一）财政投入稳定增长机制

1. “十四五”期间农业农村发展财政投入重点

根据我国农业农村发展的新形势以及相应资金需求呈现出的新特点，“十四五”期间财政应加大农业重点领域投入力度，中央预算内投资重点支持农业生产、农业公共服务、农村基础设施等领域，专项转移支付资金重点支持农业生产发展、农业资源及生态保护、农业改革发展、动物防疫、生产救灾等领域。除了在种植业、林业、畜牧业、渔业等传统领域继续投入农业支持保护资金，在农产品加工流通业、农业社会化服务、农业科技发展、农业基础设施、农村人居环境整治、农村公共服务设施等重点领域应予以重点支持。

2. 到 2025 年财政投入保障的重点目标

随着国内经济转向中高速增长，经济下行压力加大，全国财政收入增速明显放缓，“十四五”期间减税降费政策效应会进一步释放，而受国内外经济环境变化的影响，财政投入需求多元。在这种背景下，财政对农业农村投入的增速大幅增长的空间有限。因此，“十四五”期间财政投入保障有三个重点目标：一是中央预算内重点支持的农业生产、农业公共服务、农村基础设施等领域的投入规模保持继续增长，确保农业农村优先发展的基本资金需求得到保障；二是专项转移支付资金重点支持农业生产发展、农业资源及生态保护、农业改革发展、动物防疫、生产救灾等领域，进一步改革当前的项目制补贴投入方式，有效整合集约使用财政投入资金，更多发挥杠杆作用，激发社会资本和市场主体投入的积极性，更多地依靠信贷、保险等市场化的方式，实现市场化的精准支持和投入；三是进一步加大农业基础设施、农业科技研发、农村人居环境整治和农村公共服务投入力度，特别是着力提高农业科技研发投入和农业基础设施投入的总量以及占财政支农投入的比重。

（二）金融投入保障机制

1. “十四五”期间农业农村发展金融投入的重点

支持农业农村发展的金融投入应注重市场化方式，投入重点应是具有一定收益、能够保障合理回报的领域，包括围绕国家粮食安全的金融服务，聚焦农村第一、第二、第三产业融合发展的金融服务，围绕新型农业经营主体和小农户的金融服务，以及农村产权制度改革金融服务。具体来说，包括现代种养业、乡土特色产业、生态循环农业、乡村新型服务业等现代农业农村产业领域，高标准农田建设、农产品物流骨干网络和冷链物流体系建设、重要农产品全产业链大数据、物联网、“互联网+”、农业农村基础数据资源体系建设等农业农村新型基础设施建设领域，农业农村创新创业和成果转化应用领域，农村人居环境建设领域等。

2. 到2025年金融投入保障的重点目标

针对现阶段农业农村领域金融需求现状和金融投入机制存在的问题，“十四五”期间金融投入保障重点有五个目标：一是在农业农村现代产业领域继续加大涉农信贷投入力度，确保涉农信贷增速不低于“十三五”期间的平均增速。二是进一步鼓励创新农村金融产品和服务，丰富农村金融产品和服务的种类，鼓励银行业金融机构在商业可持续的基础上优化金融产品设计，简化信贷审批流程，鼓励有条件的地区发展消费金融、融资租赁等新型金融业态，提高农村金融供给和多样化金融需求之间的匹配度。三是继续深化农村金融市场化改革，构建更具协同性与差异化竞争的农村金融体系，加强和优化对金融机构“支农支小”绩效考核，通过有效监管和正向激励，激发金融机构投入农业农村领域的内生动力，提高金融机构服务农业农村的能力，促使发展性政策性金融和商业性金融形成合力，提高金融投入在农业产业发展、农业基础设施和农村公共服务建设等重点领域的配置效率。四是全面优化农村金融生态，进一步完善多元化金融综合支农体系，完善农业农村产权评估、登记、抵质押、融资担保、征信等相关体系，探索建立补贴、信贷、期权期货、保险联动机制，支持农业农村发展。五是进一步加快农产品期权期货、绿色金融债券、涉农私募基金等直接融资渠道发展，助力农业基础设施和农村公共服务建设发展。

（三）财金协同带动社会资本参与保障机制

1. “十四五”期间吸引社会资本参与投入的重点

2020 年 4 月，农业农村部印发了《社会资本投资农业农村指引》，明确提出鼓励社会资本投入农业农村的重点产业和领域包括现代种养业、现代种业、乡土特色产业、农产品加工流通业、乡村新型服务业、生态循环农业、农业科技创新、农业农村人才培养、农业农村基础设施建设、数字乡村建设、农村创新创业和农村人居环境整治 12 个方面。具体来说，一是在农业农村相关产业发展领域，中央财政和税收部门继续综合运用税收优惠、贴息、奖补、保费补贴等手段，鼓励各类金融机构向农业农村经营主体提供金融服务，支持和培育农业农村经营主体，引导社会资本投资于农业农村相关产业领域；二是在农业农村基础设施建设和公共服务建设相关领域，继续通过涉农信贷增量奖励、费用补贴、担保贷款贴息及奖补、政府和社会资本合作项目以奖代补等手段，有效吸引社会资本参与基础设施和公共服务项目的投资运营管理，优先支持基础设施补“短板”以及健康、养老、文化、体育、旅游等基本公共服务均等化领域有一定收益的公益性项目。

2. 到 2025 年社会资本参与投入保障的重点目标

基于“十三五”期间社会资本投入农业农村领域的现实状况和存在问题，“十四五”期间财金协同带动社会资本参与农业农村投入应具有三个目标：一是通过在中央财政专项转移支付资金和中国 PPP 基金投资中对民营企业参与项目给予优先支持，引导民资、外资参与农业农村投入并达到一定投资规模；二是引导保险资金、中国 PPP 基金加大股权投资力度，丰富社会资本进入和退出渠道，优化社会资本投入农业农村领域的融资环境；三是在农业农村基础设施及基本公共服务均等化优先发展领域，加大引导社会资本投入力度，加快社会资本投入资金规模和项目的增速。

四 “十四五”时期农业农村发展的资金投入保障机制的完善路径

（一）建立完善市场主导、政府财政资金引导的资金投入保障机制

1. 合理调整财政补贴资金使用

一是财政资金使用应聚焦重点区域，突出关键环节，避免面面俱到或平均分配，稳步推进涉农资金整合，提高资金使用效益；二是进一步鼓励创新财政资金使用方式，采取先建后补、以奖代补、贷款贴息、政府购买服务等多样化方式对农业农村相关经营主体给予支持；三是规范财政支农资金的支出管理，建立完善财政支农资金的预算绩效管理体系和绩效考核评价机制，及时纠正财政支农资金的低效和无效使用，问责浪费财政支农资金的做法。

2. 建立市场主导的财金协同撬动社会资本的机制

一是利用财政资金“四两拨千斤”的撬动作用和扶持引导

作用，坚持农业农村经营主体投入和政府引导相结合，充分调动经营主体的积极性，以经营主体投入为主，建立财政投入、金融投入、社会资本投入协同互补有机结合的多元化投入机制；二是进一步通过综合运用税收优惠、贴息、奖补、保费补贴等手段支持涉农信贷、农业融资担保、农业保险等农村金融行业领域发展，激发金融机构服务和培育农业农村经营主体的主动性和积极性，切实有效改善农业农村经营主体的金融服务可得性；三是在省级层面加强财政资金保障，集中重点投入，鼓励地方各级政府部门统筹整合涉农资金，协调相关金融机构推进金融创新，发挥政府性融资担保体系的政策协同作用，撬动社会资本和金融资本集中支持农业农村的重点领域。

（二）构建市场运作和政策支持相结合的金融生态系统

1. 建立政策性、开发性、商业和合作金融协同发展的现代农业农村金融服务体系

一是持续深化全国政策性、商业性涉农金融机构改革，鼓励开发性、政策性金融机构在业务范围内为乡村振兴提供中长期信贷支持，增强中长期信贷投放能力和差别化服务水平；二是加大商业银行对乡村振兴支持力度，加大对县域地区的信贷投放，积极实施互联网金融服务“三农”工程，着力提高农村金融服务覆盖面和信贷渗透率，围绕提升基础金融服务覆盖面、推动城乡资金融通等乡村振兴的重要环节，积极创新金融产品和服务方式；三是强化农村中小金融机构支农主力军作用，规范农村中小金融机构公司治理，使其坚持服务县域、“支农支小”的市场定

位，保持县域农村金融机构法人地位和数量总体稳定，增加农村金融资源有效供给。

2. 继续完善政策保障体系，强化政策激励和约束

一是加大货币政策支持力度，发挥好差别化存款准备金工具的正向激励作用，引导金融机构加强对乡村振兴的金融支持；加大再贷款、再贴现支持力度。二是充分发挥县域金融机构涉农贷款增量奖励等政策的激励作用，引导县域金融机构将吸收的存款主要投放当地。三是建立健全政府性融资担保和风险分担机制，发挥农业信贷担保体系、农业保险、农产品期货市场、债券市场、资本市场等多元金融工具的作用，弥补农业收益低风险高、信息不对称的短板，促进金融资源回流农村。四是完善差异化监管体系，适当放宽农业农村领域债券发行条件和涉农贷款考核要求，适度提高涉农贷款不良容忍度，同时开展金融机构服务乡村振兴考核评估。五是进一步完善农村金融改革试点相关法律和规章制度，配合乡村振兴相关法律法规的研究制定，研究推动农村金融立法工作，强化农村金融法律保障。

3. 加强农村金融基础设施建设，营造良好的农村金融发展生态环境

一是推动新技术在农村金融领域的应用推广，规范互联网金融在农村地区的发展，积极运用大数据、区块链等技术，提高涉农信贷风险的识别、监控、预警和处置水平；加强涉农信贷数据的积累和共享，通过客户信息整合和筛选，创新农村经营主体信用评价模式，在有效做好风险防范的前提下，逐步提升发放信用贷款的比重。二是大力推动移动支付等新兴支付方式的普及应用，鼓励和支持各类支付服务主体到农村地区开展业务，推动支付结算服务从服务农民生活向服务农业生产、农村生态延伸，可持续的前提下全面提升农村地区支付服务水平。三是加快推进农村信用体系建设，全面开展信用乡镇、信用村、信用户创建活动，发挥信用信息服务农村经济主体融资功能，推进农业农村各类经营主体的电子信用档案建设，推行守信联合激励和失信联合惩戒机制，多渠道整合社会信用信息，完善信用评价与共享机制，促进农村地区信息、信用、信贷联动，不断提高农村地区各类经济主体的信用意识，优化农村金融生态环境。

（三）建立良好的社会资本参与农业农村资金投入的环境

1. 构建社会资本参与农业农村资金投入的良好制度环境

一是进一步深化农村产权制度改革，建立城乡要素自由流动和平等交换制度，健全农村产权交易政策、农村人才队伍建设等基本政策保障体系，降低社会资本投入农业农村领域的制度性交易成本；二是建立完善社会资本投入农业农村领域的项目征集、规划管理和信息发布机制等配套服务机制制度，推进建立项目数据信息共享机制，加强财政、金融、自然资源等各部门的沟通，引导各类资源要素互相融合，引导社会资本有序投向补“短板”、强弱项的重点领域和关键环节；三是加快完善农村土地流转风险防范制度、农村社会信用评价制度、农业保险机制和农产品期货价格发现机制等，为社会资本投入农业农村领域营造良好的风险防范制度环境；四是健全商业性金融、合作金融、政策性金融、开发性金融协调互补，信贷担保、融资租赁有效助力的多层次农村金融服务体系，为社会资本投入农业农村领域营造良好的金融制度环境。

2. 优化社会资本参与农业农村资金投入的市场环境

一是鼓励相关政府部门积极探索农业农村领域有稳定收益的公益性项目，筛选并培育适于引入社会资本的乡村振兴项目，优先支持农业农村基础设施建设等有一定收益的公益性项目，让社会资本投资可预期、有回报、能持续；二是鼓励社会资本通过资产证券化、股权转让等方式盘活项目存量资产，鼓励信贷、保险机构加大金融产品和服务创新力度，开展投贷联动、投贷保贴一体化等投融资模式试点；三是推动设立政府资金引导、金融机构支持、社会资本参与、市场化运作的乡村振兴基金，鼓励有实力的社会资本结合地方农业产业发展和投资情况规范有序设立产业投资基金，鼓励相关基金通过直接股权投资和设立子基金等方式，充分发挥在乡村振兴产业发展等方面的引导和资金撬动作用。

3. 改善社会资本与农民、村集体的合作环境

一是支持各类经营主体加快农业农村全产业链开发和一体化经营，推进产业链生产、加工、销售各环节有机衔接以及第一、第二、第三产业渗透交叉融合发展，鼓励社会资本聚焦比较优势突出的产业链条，补齐产业链条中的发展“短板”，发挥示范和带动作用；二是支持有实力的社会资本在符合法律法规和相关规划、尊重农民意愿的前提下，对一定区域内农业农村产业融合发展、基础设施建设与公共服务等相关领域进行整体化投资，建立完善合理的利益分配机制，实现社会资本与农民互惠共赢；三是激发和调动农民参与乡村振兴的积极性、主动性，鼓励农民以土地经营权、水域滩涂、劳动、技术等入股，农村集体经济组织通过股份合作、租赁等形式，参与村庄基础设施建设、农村人居环境整治和产业融合发展，同时，鼓励社会资本采用“农民＋合作社＋龙头企业”“土地流转＋优先雇用＋社会保障”“农民入股＋保底收益＋按股分红”等利益联结方式，与农民建立稳定合作关系、形成稳定利益共同体，让社会资本和农民共享发展成果。

参考文献

1. 曹跃群：《公共政策背景下农业资本投入运行机制研究》，中国社会科学出版社 2014 年版。
2. 郭宏宝：《中国财政农业补贴：政策效果与机制设计》，西南财经大学出版社 2015 年版。
3. 胡雪萍、董红涛：《构建绿色农业投融资机制须破解的难题及路径选择》，《中国人口·资源与环境》2015 年第 5 期。
4. 黄宇焓：《农村投融资改革措施的委托代理理论分析》，《金融经济》2016 年第 10 期。
5. 彭超、刘合光：《“十四五”时期的农业农村现代化：形势、问题与对策》，《改革》2020 年第 2 期。
6. 汪小亚：《农村金融改革：重点领域和基本途径》，中国金融出版社 2014 年版。
7. 亚洲开发银行政策研究技援项目（TA－7306）专家组：《中国政

府农业投入政策研究》,人民出版社 2013 年版。

8. 中国人民银行农村金融服务研究小组:《中国农村金融服务报告(2018)》,中国金融出版社 2019 年版。

9. 周振、涂圣伟、张义博:《工商资本参与乡村振兴的趋势、障碍与对策》,《宏观经济管理》2019 年第 3 期。

社会篇

“十四五”时期农村公共服务供给的目标与重点任务

谭秋成*

摘　要：为农村居民提供更多的公共服务是城乡融合的重要内容。“十四五”时期，农村公共服务提供的重点是道路建设、村庄整治、农村教育、医疗保健及卫生、养老保障、农村低保以及留守儿童、妇女和老人关爱等。提高农村公共服务供给水平除增加各级政府财政转移支付外，需要适当扩大“一事一议”的范围，进一步发挥村组织的作用；建立和完善村民议事会，提高农民参与公益事业的积极性；鼓励社会成员参与村庄治理与建设。

关键词：公共服务　转移支付　村组织

* 谭秋成，经济学博士，中国社会科学院农村发展研究所研究员，主要研究方向为乡村治理。

The Objectives and Major Tasks of Public Service Provision in Rural Areas during the 14th Five - year Plan Period

Tan Qiucheng

Abstract: Providing more public services for rural residents is the main content of urban and rural integration. In the 14th period, major tasks of public service provision include road building, village renovation, rural education, health care and hygiene, old - age security, rural minimum living security, and care for left - behind children, women and the elderly. For providing more public service in rural areas, transfer payments by governments at all levels should be increased. In addition to this, it is necessary to expand the scope of one case one discussion to let village organizations further play a role, to establish and improve villagers council to encourage farmers to participate in public welfare programs, and to encourage outside members to take part in village governance and construction.

Key Words: Public Service　Transfer Payment　Village Organization

农村公共服务供给水平和质量极大地影响农村居民的福利。中国由于长期存在城乡分割的二元经济社会体制，城乡居民之间在公共服务供给上差别明显。21 世纪初，中国社会经济发展开始进入以工补农、以城促乡发展阶段。2003 年，党的十六届三中全会明确提出统筹城乡发展战略；2004 年，中央一号文件提出按照统筹城乡经济社会发展的要求，坚持“多予、少取、放活”的方针，增加农业投入，强化对农业支持保护；2005 年，党的十六届五中全会提出建设社会主义新农村；2017 年，党的十九大提出乡村振兴战略。在这一系列政策推动下，各级政府通过财政转移支付，在道路建设、水利建设、土地平整、饮水工程兴建、垃圾污水治理、农村教育、医疗、扶贫、养老等方面投入了大量资金，农民生产生活条件得到明显改善。但是，农村公共服务供给目前仍满足不了农村居民的需求，“十四五”时期仍将是国家农村政策关注的重点。

一 “十四五”期间农村公共服务供给的主要目标

（一）满足农村居民对公共服务的基本需求

公共品或服务的本来含义是指那些在消费上具有非竞争性及难以排他的产品。所谓非竞争性，指的是物品被一人消费或使用不会减少该物品供他人消费的量；而非排他性，则指的是要将某人排除在该种物品的消费之外极其困难。物品的非竞争性意味着生产该物品的边际成本为零，而非排他性则意味着一旦该物品被生产出来，消费者就自动获得了使用或消费该物品的权利。一些产品具有天然垄断性质，其生产函数呈规模报酬递增，这些产品被认为由政府组织生产或提供更有效率，因而也被认为是公共品。还有一些产品具有正外部性，如果由私人提供，其产量会低于社会最优需求水平，将这些产品当作公共品由政府提供是有益的。此外，由于政府的主要责任是保护居民的生命和财产安全，为社会提供公平正义，而贫困、教育、医疗关系到个人在社会生活和发展过程中的公平竞争问题。因此，缓解贫困、基础教育、医疗卫生保健也被认为具有公共品的性质，政府有责任提供这些产品或服务。

公共物品或服务可以是一种手段，成为增加农民收入的一种物质资本。如修建道路可方便农产品进城、日用品和生产资料下乡，促进城乡之间、地区之间贸易，为农民提供更多的就业机会；修建农田水利设施可增强农田抗旱排涝能力，减少自然风险对农业生产的冲击，保证农民收入稳定和提高。公共物品或服务可以增加农民的体能、提高搜寻和处理信息的能力，如通过转移支付扶贫可以改善低收入者营养水平，提高其生产能力；基础教育、医疗保障可以提高居民的人力资本。公共物品或服务也可能直接带来效用，如为留守儿童、妇女、老人提供一定的生活物资和精神关爱；建设饮用水工程可提供清洁的水源；开展垃圾、污水处理等村庄整治行动能为农民提供清新的空气、干净整洁的环境，减少传染性疾病发生。所以，同私人物品一样，公共品和服务直接或间接带来效用，公共产品和服务的水平极大地影响农民的福利水平。

（二）实现城乡居民基本公共服务均等化

20世纪50年代，为快速实现工业化，我国建立了城乡分割的二元社会经济体制。国家通过人民公社、户籍制度、统购统销管制农村，从农业提取剩余作为工业化资本积累。人民公社重视水利、土地平整改良等生产基础设施建设，对农民生活所需公共服务则重视不够，这部分公共服务主要通过集体提留解决。当时提供的公共服务一般是“五保户”赡养、困难户救济、简单的医疗卫生服务以及水平较低的基础教育。20世纪80年代初，人民公社体制解体后，农村居民公共服务主要通过“三提留”“五统筹”解决，“三提留”指公积金、公益金和管理费，由村一级组织收取，用于村内公益事业；“五统筹”指为计划生育、优抚、民兵训练、乡村道路建设和农村教育收取的统筹费用，由乡镇一级政府收取。由于“三提留”“五统筹”收费无法监督，加之20世纪八九十年代中西部大部分地区县乡财政紧张，“三提留”“五统筹”收取加重了农民负担，导致农民与基层干部之间持久的冲突。

2006年新农村建设运动开展以来，国家免除了农业税费，对农村九年制义务教育实现“两免一补”，不断增加对农民合作医疗补助，实行新型农村社会养老保障制度，持续地、大规模地开展扶贫行动，对非贫困地区最低收入者则实行基本生活保障制度。这一系列措施极大地减轻了农民负担，显著提高了农民公共服务水平。与此同时，中央及地方各级政府通过财政转移支付在农村开展大规模道路建设、水利建设、土地平整、饮水工程兴建、垃圾污水治理、村庄环境改善等政策行动，显著改善了农民的生产生活条件。尽管如此，由于多年在农村地区公共物品和服务的投资不足，与城市居民相比，农村居民享受的基本公共物品及服务的数量明显不够，质量明显更差，在可比的公共服务如教育、医疗、低保等方面，城乡之间差距非常显著。

（三）建立稳定的农村公共服务投入机制

除教育、医疗、低保等少数几类公共服务外，大部分农村公共产品或服务的投资目前主要通过政府、以项目建设的形式提供，并未形成稳定的投入机制。这种以项目的方式投资公共品和服务存在的主要问题是：①项目有时取决于政府财政预算和领导意志，具有不确定性，基层组织无法形成稳定的为农民提供公共品和提供服务的预期。在农村，可以经常看到一些道路修了停、停了修、一拖多年的现象。②项目常常只考虑新建工程预算，不考虑项目后续营运、维修费用，造成很多工程效果不佳，很早被废弃。③中央政府项目常需要地方政府配套资金，地方政府在争取项目时承诺很好，一旦项目下来后却不兑现承诺，导致项目偷工减料、建设不达标，或延迟多年。

从笔者近年来调查的省份湖南、云南和河南来看，大部分经济实力一般的县市的财政收入有限，主要用于行政事业人员工资发放和政府运转。因此，建立稳定的农村公共品和服务投入机制首先需要进一步增加中央对地方的财政转移支付力度，尤其是要增加对农村环境整治、教育、医疗等公共服务水平提升方面的投资力度，并以制度的形式确定每年增加的比例。其次，农村公共品和服务与农民利益密切相关，如果该项公共品或服务的受益范围正好覆盖全村，由全村居民出资出劳开展公益事业是符合公平和效率原则的。农村税费改革后，为了防止农民负担反弹，政策对农村“一事一议”的公共品筹资方式进行了过多的限制，导致目前在农村公共品和服务提供上似乎完全与农民利益不相关的尴尬局面。事实上，农村垃圾收集、部分工程建设项目营运及维修费用是可以通过“一事一议”由农民筹资筹劳解决的，只是需要对“一事一议”的筹资筹劳标准、该措施适应范围、批准程序进行调整。

二 “十四五”期间农村公共服务供给的重点任务

（一）道路建设

自2006年实施“村村通公路”战略以来，农村交通状况大为改观，但农村道路仍存在窄、少、差问题。第一，道路过窄。之前3.5米或4米的路无法会车，道路过窄带来很大的安全隐患。第二，道路过少。现有农村道路建设多侧重于省、县、乡和村道，在连通自然村尤其是连通农户方面建设滞后，“断头路”较多，路网不畅，无法形成循环。第三，道路质量过低。相当一部分自然村内部仍是泥土路、砂石路相通，大中型车辆难以通行，且雨雪天道路泥泞，对农户的生活和生产带来了不利影响。因此，需要继续加大对农村道路建设的投资，将主要村道拓宽至

5 米以上；改变“断头路”情况，形成连通自然村和农户的循环路网；实施道路硬化，改善泥土路、砂石路等路面状况。此外，针对道路管养不足的问题，建议地方政府增加农村道路养护资金，并将养路责任落实到具体的单位和个人。

（二）村庄整治

2015 年，住房和城乡建设部等十大部委联合发布了《关于全面推进农村垃圾治理的指导意见》，提出到 2020 年全面建成小康社会时，全国 90% 以上村庄的生活垃圾得到有效治理；2017 年 2 月，原环境保护部、财政部联合印发了《全国农村环境综合整治“十三五”规划》；2018 年，中办、国办联合发布了《农村人居环境整治三年行动方案》。在系列政策推动下，农村生活垃圾处理、农村厕所无害化改造、农村生活污水治理等得以推进，农村人居环境质量有较大幅度提升。但是，在经济条件一般的地区，农村的垃圾终端处理设施不足。在我们 2017 年调查的湖南省桃江县，15 个乡镇垃圾中转站运行的只有 3 个，乡镇垃圾去向困难，最终多以简易填埋、非法焚烧等方式处理，污染了地下水源和空气。全国大部分地区农村污水处理方式简单，仍以农户分散处理为主，通过路面沟渠直接排入田地、河流，对土壤与水域造成了污染。此外，农村养殖业粪污治理任务艰巨。过去对牲畜排泄物重视不够，现阶段的处理能力也依然不足，环境压力进一步增大。在经济发达的地区，农村垃圾和污水处理同样存在问题，一是部分地区因为没有用地指标，使环境保护用地不能落实，兴建配套工程遇到困难；二是垃圾和污水处理的长效机制不健全，设施运转维护的资金落实难度大。

解决农村环境污染及村庄整治难题需增加政府投入，加大垃圾与污水集中处理设施建设力度，合理规划、高效利用，按时维护；加快推进农户化粪池的建设工作，适当提高奖补标准，减少分散污染；加强部门之间联动和配合，整合各部门治污资金，确保污水治理工作管理到位。在生活垃圾的处理中，农户对生活垃圾分类处理不接受，对随意焚烧垃圾带来的危害不了解，随意倾倒垃圾的现象非常普遍。还有些乡镇和村民的环保意识有限，认为污水处理设施可能会影响到自己的生活质量，邻避效应突出，加大了建设污水集中处理设施的难度。一些地区陈旧落后的思想观念和生活习惯短时间内无法转变，存在生活污水未分流、卫生厕所接入使用率不高等问题，致使改厕后的无害化卫生厕所难以发挥效益。为此，需要在农村宣传环保知识，普及环保理念。

（三）农村教育

2006 年开展新农村建设运动后，政府免除了小学和初中学生的学费和杂费，农民教育负担显著降低。但是，随着社会、经济发展，教育难以满足农村居民需求。当前最突出的问题是大部分农村地区教师编制严重紧缺。例如在我们 2017 年调查的云南省文山州广南县，按实际学生人数，对照《中央编办关于统一城乡中小学教职工编制标准的通知》（中央编办发〔2014〕72 号）文件规定核编，该县共缺编 1450 人。编制紧缺造成农村学校大量使用合同制民办教师，如湖南浏阳市张坊镇洞溪完小有编外合同制教师 11 人，占比达 31%；位于浏阳市经济重镇大瑶镇的李畋完小共有 77 名教师，其中编外合同制教师与编内教师的数量基本持平。编外合同制教师工资待遇较低，教学质量不够高，难以讲到教学重点，他们将大量时间与精力花费在自己备考公务员或其他职业资格上。编外合同制教师的稳定性较差，影响了学校的教学管理。

农村教育存在的第二个问题是教师收入太低、待遇差，严重影响教师队伍的数量和质量。我们曾于 2017 年在湖南调研了浏阳、湘潭、桃江三个县市，除浏阳市之外，教师年工资收入在 3.5 万—4.5 万元，乡村教师工资较城市低 20% 左右。例如，湘潭县排头乡严冲九年一贯制学校校长工作 18 年，每月可支配工资仅为 2900 元。当地其他新聘编内教师月工资为 1700 多元，而编外合同制教师月工资只有 1500 元。收入低、待遇差导致系列问题：①农村地区教师队伍不稳定，流动性大。②教师年龄结构老化。在调研的湖南三县市绝大多数乡镇，50 岁以上的教师均占到编内教师总数的 1/4。在桃江县牛田镇，50 岁以上教师占到在岗教师的 35%，50 岁以上初中教师占到初中编内教师总数的 40%。③专业教师缺乏。目前，农村学校在教师专业结构方面，不同程度地缺少音乐、体育、美术、信息技术等专业教师，一些小学还缺少专职的语文、数学、英语等学科教师，这些都严重影响了教学质量。

农村教育存在的第三个问题是学校设施投资不足。近年来，虽然农村义务教育公用经费补助资金逐年提高，但对地处偏远的农村学校，这种补助措施仍然无法满足实际需要。部分农村学校的宿舍、食堂、运动场地和卫生设施尚未达到基本要求。结果造成农村公立学校与城镇学校、私立学校之间在办学条件上差距越来越大，农村学校一些课程由于缺乏实验设备、活动场所无法开展。

“十四五”时期，提高农村教育水平、改善教育质量，第一，需要科学核定教职工编制，稳定和壮大教师队伍。在统筹考虑学校数、班级数、校点数、学生数、专业结构、年龄结构、性别结构等条件下科学核定教师人数，统筹解决部分地区农村学校教职工（含乡镇公办幼儿园）严重不足的问题。第二，加大资金投入，全面建设乡村学校教师周转房，改善乡村教师工作条件。第三，建立和完善教师奖励机制，吸引优秀人才从教。针对农村中小学教师在职称评审中面临的实际困难，职称评审机制的设计应进一步向农村教师倾斜。继续加大公费师范生定向培养力度，坚持从当地选拔培养对象，要求其毕业后返回当地工作一定年限（如 8 年左右），让公费师范生定向培养真正成为补充农村教师的重要渠道。第四，有必要建立投资农村学校设施的长效机制，完善农村公立学校办学条件。第五，为缓解农村义务教育中的供需矛盾，应进一步落实私立义务教育学校生均公用经费基准定额标准和“两免一补”经费，鼓励私立学校发展，使之形成与公立学校合作竞争的局面，推动农村义务教育水平整体提升。

（四）医疗保健及卫生

2015 年开始实施农村合作医疗与城镇居民医疗保险制度并轨后，农民上缴的医疗保险费用不断增加。在湖南省，农村居民医疗保险个人筹资标准由 2005 年的每人 10 元增加到了 2019 年的每人 210 元，最近几年是每年增加 30 元。访问的乡镇干部、村干部及农民无不反映筹资标准增加过快，村民难承其重。农村居民医疗统筹是以户而不是以个人为单位收取的，这意味着一个五口之家的一年缴费将超过 1000 元。收费过高，农民参保意愿不强，乡镇和村干部收缴医保费用的工作难度显著增加，部分地区的乡镇和村干部每年为收缴医保费得花 1—3 个月时间。缴费不断增加的同时医疗保障水平并未相应提高。在云南省调研发现，部分地区群众对个人筹资标准逐年提高的现象反映强烈，抵抗情绪大，认为“缴费越来越高，而报销比例越来越低”，觉得优惠政策没有以前的幅度大，导致筹资工作难开展，筹资率偏低。江苏省调研数据显示，农民普遍感觉自费药太多，报销范围和比例不高，2016 年农户医疗费用门诊和住院总的报销比例仅占总医疗费的 37. 46% 。

农村医疗卫生的基础设施条件仍然较差。全国还有相当部分村卫生室和乡镇卫生院未达到国家建议的建设标准。一方面业务用房紧缺、布局紧促、面积不达标；另一方面部分已建成的面积达标的村卫生室和乡镇卫生院经过多年使用也存在房屋结构陈旧老化、年久失修等问题。村卫生室和乡镇卫生院普遍缺乏与之服务功能相配套的基本诊疗设备。全国仍有部分乡镇卫生院功能不完善，没有标准的手术室、产科设施等，绝大多数没有单独污水处理、垃圾处理、配电室等辅助设施。2017 年调查时发现，云南全省仅有 4055 个村卫生室配备了健康一体机，还有 9296 个村卫生室未配备。除部分中心卫生院外，大部分乡镇卫生院缺乏数字化 X 光机、全自动生化仪、彩色 B 超、救护车“四大件”设备装备配置。设备装备配备不足，是导致服务能力不强的重要原因之一。

村卫生室和乡镇卫生院卫生人才缺乏，卫生技术人员素质不高，待遇偏低，个人发展条件和空间极为有限，多数有一定学历

和能力的年轻卫生技术人员都不愿在村卫生室和乡镇卫生院工作，导致村卫生室和乡镇卫生院队伍不稳定。县级及以上医院和私立医院对村镇卫生人才的分流作用巨大；即便村镇有优秀人才引入，后期也常因工资待遇低、晋级晋升难等原因而发生人才流失、人才引不进、留不住的现象。乡村医生数量不断减少，年龄老化问题逐年加重。在我们调查的云南省，村卫生室人员学历教育和素质普遍偏低，距国家关于每个村卫生室一名执业（助理）医师的要求差距甚远。乡镇卫生院人才招聘难，缺编、空编和使用大量临聘人员的矛盾突出。

“十四五”时期，为提高农村居民健康卫生水平，有必要进一步完善农民医疗保障制度。应该逐渐稳定筹资水平，特别是个人筹资水平；可以考虑设立不同档次的筹资水平及相应的报销政策，让居民根据自己的需求来选择筹资档次；建议实行以人而非户为单位的参保机制，在减轻农户负担的同时实现应保尽保；建立保费收取的长效机制，并对特殊困难群体予以减免，防止其出现“因病愈贫”的情况；建议医保制度主要解决农村慢性病治疗及大病住院治疗问题，取消其他门诊报销；在医疗保险报销流程方面，应完善差别化的医疗报销政策，提高分级诊疗制度的实施效果；拉大不同级别医疗机构报销比例的差距，引导合理的就医流向，对于没有按照转诊程序就医的，应当降低报销比例；明确双向转诊住院起付线累积计算政策，引导医保对象主动在基层首诊或向基层转诊。

为改善农村地区医疗卫生条件，需要继续加大政府投入，加强基层医疗卫生机构医疗室及污水处理、垃圾处理、配电室等辅助设施建设，并配备基本诊疗设备，为开展诊疗活动提供必要的硬件设施。应该建立以政府为主导的卫生人才队伍建设筹资机制，人员经费（包括离退休人员经费）、人员培训和人员招聘等所需支出由财政部门根据政府卫生投入政策、相关人才培养规划和人员招聘规划合理安排补助；加大对全科医生、住院医师，以及儿科、护理、影像等基层紧缺急需专业人才的培养；加强村医职业培训，并将其体系化、常态化、实用化，动态提高村医业务能力；严格培训考评机制，建立奖惩制度，将培训效果落到实处。建立基层医务人员工资的财政托底制度，提高医院医务人员及村医待遇，确保医生基本收入，尽量减少为增加收入而产生的过度检查和治疗现象。在诸如住房、子女教育等方面给予相关优惠条件，使优秀人才来得了、留得下。

（五）养老保障

2009 年 9 月，国家实施新型农村社会养老保障制度试点，试点地区 60 岁及以上农村居民每人每月可领取 55 元基础养老金。2018 年，大部分地区的农村养老金水平在 90 元左右，而2009—2018 年农村居民消费物价水平增长了 25.6%，扣除物价因素，9 年间农村居民养老金水平实际只增长了 38%。农民领取的养老金明显太低，满足不了基本的生活需求。以调查的云南省为例，2017 年云南省城乡居民养老保险基础养老金为每月 75 元，按城乡居民保险基本档缴费标准每年 150 元及缴费年限 15 年为基准，退休后基本养老金月支付水平约为 93.27 元，其中基础养老金 75 元，个人账户养老金 18.27 元，每人每年共计1119.24 元，低于 2016 年人均年收入 2952 元的国家扶贫标准，也低于云南省农村低保每人每年 3175 元的保障标准。

除最低的基础档外，农民可以投保更高档次的养老保险。但调查发现，农村居民养老保障“长缴多得”“多缴多得”“早缴多得”等激励机制不明显，难以鼓励大多数农村居民自愿选择更高档次缴费标准，大部分人都选择最低档次的缴费标准。原因是不同缴费档次间月支付水平差别不大（特别是未交满 15 年的），加上农村年轻人大量外出务工，他们综合考虑自身健康、务工地职工养老保险、异地保险转移难度等因素，选择参加农村养老保障制度的越来越少。

因此，在中西部一般及欠发达地区，需要逐年提高基础养老金标准，力争养老标准不低于农村低保标准。与此同时，也需考虑城乡居民保险不同缴费档次间补贴激励问题，落实城乡居民养老金待遇正常调整政策，逐步完善城乡居民养老保险制度。

（六）农村低保

农村低保涉及社会公平问题，目前正与农村扶贫工作衔接，成为低收入者兜底脱贫的最后一道屏障。随着社会发展和居民收入水平提高，低保的标准也必须相应地提高。贫困人口是动态变化的，收入水平超过贫困线的居民应调出低保人群让其自力更生，而收入水平跌入贫困线以下的人群则应给予救助。农村低保长期以来存在的主要问题是：政策不够规范和健全，一些临时举措没有转化为稳定的政策；低保指标分配不够合理，出现“人情保”和“政策保”、真正需要救助的却未纳入低保对象的现象；审核程序不够严格，一些做法流于形式，监管不严，导致有部分较高收入或有一定资产的对象也在享受低保；对救助对象的信息更新和动态管理不到位，导致不能精准识别救助对象。

贫困和享受低保人群的确定如果不科学、不公正，不仅会影响扶贫效果，而且会影响社会稳定和政府公信力。有必要建立规范的低保核查机制，严格按照民主评议、群众投票、组织审定和张榜公示等流程进行。低保核查机制应排除非贫困人口的政治、社会诉求，维护低保是“最低生活保障”这一本质含义。中央和地方政府应另建渠道和机制，解决长期以来特殊群体的历史遗留问题，杜绝滥用低保满足非低保人群利益诉求的现象。需要增加乡镇与村的民政工作人员，掌握低保户经济条件的变化信息，完善农村最低生活保障标准“进入”和“退出”机制，实现动态管理下的“应保尽保”。

（七）留守儿童、妇女和老人关爱

留守儿童、妇女和老人仍是比较大的群体，这已成为一个普遍的社会问题。目前，留守儿童、妇女、老人等弱势群体关爱体系建设工作主要由妇联等部门来做。但从调研了解到的情况来看，妇联每年的工作经费较少。而且，他们虽然在身份上属于社会组织，却不能直接接受社会捐赠的资金。此外，妇联的工作人员不多，在基层又无可利用的设施和“抓手”，虽然妇联可以选择依托社会组织开展项目，但各地社会组织的发展良莠不齐，尤其是县级以下社会组织发育更是不足，严重制约妇联的工作范围和效率。

留守儿童、妇女、老人等关爱缺失的根本原因是家庭关爱缺失。这一问题久拖不决与城市化进程的调节、引导政策存在严重缺陷有关。建议国家继续稳步推进城市化，去除一些阻碍城市化的政策，克服农民举家进城落户的障碍，降低脱离农业的农村居民进城门槛。当务之急是需要在劳务输入地提供平等的教育、医

疗、养老、住房等公共服务，从而减少家庭分离，维护家庭团聚，突出家庭关爱核心作用。国家还应大力引导城乡人口布局适应国家经济结构现代化的要求，将“小城市、大农村、弱农户”的人口布局模式逐步转化为“大城市、小农村、强农户”的人口布局模式，使农村居民主体成为经营规模较大、劳动生产率较高的富裕的专业农户，唯有如此，才能降低农村公共服务的运行成本，提高农村公共服务的效率，从根本上解决农村公共服务落后问题，彻底消除农村留守儿童、妇女和老人的关爱问题。

三 拓宽村民及社会参与公共服务供给的渠道

（一）加强村组织在农村公共服务提供中的作用

农村公共产品或服务大体上可分四类：①与村民利益相关，主要由中央和地方政府解决的公共产品；②需要本村与外村协调解决的公共产品；③全村范围内的公共产品；④村内部分成员的公共产品。由中央和地方政府解决的公共产品或服务分两种情况，一是普惠性公共品，任何村民，或只要具备一定条件的村民都可免费获得，如国防、公共安全、农村义务教育、卫生防疫、最低社会保障等；二是由中央和地方政府出部分资金或物资，同时还需要村内居民出劳动力或部分配套资金来提供的公共品，如基本医疗保险、农民养老保障、村内道路和水利建设、垃圾处理等。对于这种性质的公共产品，部分项目需要全体村民决定是否申请、如何筹劳筹资、谁来申请等。上述第二类由本村与外村协调解决的公共产品则需要村内居民与外村居民一起规定合作的内容、方式、成本分摊、利益分配等。至于第四类村内部分成员的公共产品，可以通过长期利益交换，或者由利益相关者自行以合作的方式来解决。

村组织的职责一方面是提供第三、第四类公共品；另一方面是协助上级政府，或与外村合作共同提供第一、第二类公共品。但是，中国是一个集中体制国家，级层越低的组织和政府，其自主决策的事务越少，财政收入越少，提供公共物品和服务的能力越弱，公共产品或服务也就不能完全按照效率原则来提供。2005年农村税费改革后，“三提留”被取消，村一级组织收取费用的权力被严格限制在“一事一议”的项目内。对于绝大部分没有集体经济收入的行政村来说，村内兴办公益事业的财力极其有限，必须依靠上级政府的转移支付。在上级政府财政支出不完全透明的情况下，农村公共产品和服务提供容易出现以下问题：第一，村民不能按自己偏好获得公共品或服务；第二，农村公共产品或服务提供以行政命令的方式推动，农民缺乏参与的条件和积极性；第三，财政转移支付资金的分配和使用可能更取决于村“两委”主要负责人与上级政府的关系，各村享受的公共产品和服务明显不均等；第四，上级政府喜欢兴建显示自己政绩的样板工程，提供的公共品和服务不是村民真正需要的。

所以，从效率的角度出发，农村部分公共产品和服务仍必须由村民自己负责，村组织在公共品提供中的地位有必要加强，这就需要适当扩大“一事一议”的范围，增加收费的额度。在我们调查的广西壮族自治区合山市和田东县，村保洁员的报酬是从每户村民收集的，这与部分村庄由上级政府补助保洁员工资的做

法是不同的。笔者认为，合山县和田东县这种方式既是公平的，也是有效率的。

（二）提高农民参与公益事业的积极性

目前的《中华人民共和国村民委员会组织法》（以下简称《村委组织法》）只是为落实村民自治和农村基层民主搭了一个组织框架，对村民委员会如何选举规定得比较详细，但对村民大会和村民代表大会的规定则相对来说较粗略。村民委员会只是村级自治组织的执行机构，选举村委会只是村民参与村民自治的一种方式，建立和完善村民会议或村民代表大会同样是村民自治最基本的内容。当前，大部分行政村的村民代表大会流于形式，未被建成常设机构，其职责并不清晰完整，议事规则也不明确，致使村民缺乏表达公共服务需求偏好的渠道。村委会缺乏动员村民参与公益事业的机制，进而导致乡镇等上级政府将自己意愿强加给农民的现象，所提供的公共产品和服务并不是农民实际需要的。渐渐地，村民失去了参加公益事业建设的热情，出现“政府在干，农民在看”的尴尬局面。相当一部分农民不仅不愿“出工出力”，也不愿意“出钱”用于基础设施的先期建设和后期维护使用；对公共项目花费多少、效果如何漠不关心；对因兴建道路、水利设施、广场、绿化地等对自己承包地和房屋造成的损失，更是索要高昂的补偿费。

在我们调查的广西壮族自治区合山市，政府是通过奖励来引导村、屯和村民参与公益事业建设的。合山市共有 29 个村、5 个社区、165 个自然村屯，为鼓励村民管理好自己事务，搞好村、屯和村民自己房前屋后的环境卫生，维护农村社区公共安全，市委和市政府每年奖励5个村或社区、10个屯、1000个文明示范户，受奖励的村或社区、屯和农户是通过评选产生的，其中村或社区的奖金是30万元，屯的奖金是5万元，文明示范户的奖金是1000—1500元。广西壮族自治区扶绥县开展的“四好村庄”建设与合山市采取相似的措施，县委和县政府对那些环境卫生治理好的村屯追加后期资助，用于进一步改善村民的人居环境。合山市和扶绥县这种奖励方式实际上是将竞争引入公共产品和服务项目资金的分配中，无形中调动了村民参与公益事业建设的积极性，提高了财政转移支付资金的使用效率。

但是，政府的项目并不总是会有的。而且，财政资助项目一般是针对农村急待解决的问题。因此，如何通过制度完善动员村民长期参与公益事业建设就更加重要。从南水北调丹江口库区河南移民村和湖南省益阳市的经验来看，可以通过建立村民议事会来完善村民代表大会制度。村民议事会是讨论和决定村级日常事务的常设机构，它以村民小组为单位，由小组议事会成员代表、村“两委”班子成员等组成。小组议事会成员由“一户一票”的方式选举产生，人口多的村民小组参与村民议事会的名额也多，但必须保证每个村民小组至少有一名议事会成员。村级民主议事会定期召开会议，原则上每月一次，遇有重大紧急事项则随时召开。在河南移民村，村党支部、村委会、村集体经济组织、党员、民主议事会成员、10名以上村民联名，可以提出议题，“两委”班子对议题进行审议，形成初步方案。一般事项由民主议事会根据少数服从多数的原则表决形成决议后报村“两委”研究审定，重大事项由民主议事会表决通过后，再提交村民会议表决并形成决议。河南省移民村和湖南省益阳市建立的村民议事会扩大了村民代表的规模和代表来源的多样性，增加了议事的范围，规范了议事的程序，从而使村民更有机会表达自己的意愿，村务决策可获取信息的渠道更宽广更畅通，村级治理的民意基础更牢固（谭秋成，2018）。

（三）鼓励外部成员参与村庄治理和建设

目前的村民自治是村内成员的自治，而村内成员以户籍是否在村来界定。尽管《村委组织法》第十三条有规定，户籍不在本村的外来人员可以申请参加村委选举，只要在本村居住一年以上且经村民会议或者村民代表会议同意。但是，除非外来者作了较大贡献，否则村民会议或村民代表会议是不会给他选举和被选举资格的。由于耕地、池塘、森林等资源属于村内成员集体所有，村庄治理排除外人参与可以更好地保护村内居民利益，但这种排除也导致外部的资金、技术、人才入不了村，从而降低了村内土地、劳动力等要素的利用效率以及外部资源投资公益事业建设的可能性。

区位条件较好、经济较发达的地区，可以通过出租土地从工商企业收取租金，或者通过拉企业赞助来投资村庄基础设施、生态环境和文化建设。但是，对大部分农村地区而言，是不存在这样条件的。少数能干的村支书或主任可能向与本村有关系的企业家、生意人、政府部门工作人员等拉赞助、求捐赠。比如在我们调查的扶绥县渠黎镇联绥村渠仔屯，该屯借助一历史典故，在每年 10 月的最后一个星期天举办百家宴。此时，无论是外出打工、做生意、办企业的，还是在城里当公务员的，都被邀请回屯参加聚餐。据屯长说，每年参加者众，能获不少赞助。但是，并不是每个村有这样爱张罗事的能人，也不是每个村都有这样的凝聚力。

当然，社会参与村庄建设并不只限于租金、赞助和捐赠。政府也可以通过外包、特许经营、企业或个人投资合作等多种方式来利用外部资源，提高农村公共品和服务建设的效率。广西宾阳县中华镇育才村有10个自然村屯，总人口6730人，其中“三留守”人员542人。在2015年11月至2016年10月，自治区民政厅在育才村部分村屯开展政府购买“三留守”社会工作服务试点，购买资金为18万元，购买服务期1年。因为效果明显，2016年以后，市民政局继续在育才村开展购买“三留守”社会工作服务项目，购买的资金为40万元，服务期限为2年，服务范围则扩大到整个育才村的10个自然村屯。由于中标的社工机构经验丰富，设计的项目合理，采取的方式被村民理解，该机构在解决农村留守儿童关爱和老年人精神需求方面让村民非常满意。

社会其他成员是否有积极性参与村庄建设和村民自治，最终取决于城乡之间要素能否自由流动。党的十九大提出的乡村振兴战略要建立城乡融合的机制体制。因此，可以预见城市与农村之间、不同农村社区之间要素流动将更加频繁，市场交易范围将进一步扩大。一方面越来越多的村内居民外出就业、经商，入城居住；另一方面越来越多的村外居民入村承包耕地、林地，部分城市居民、资本、知识和技能下乡。此外，农村征地、村内或村外居民建农家乐、搞乡村旅游的现象也会大量增加。适应这种形势，预计突破农村社区治理的封闭性将经过三个阶段：①界定村集体所有的土地及其他资产产权，按户而不是人口将产权固定下来，保护现有农村居民的利益，防止村外企业和居民侵占村内居民利益；②允许成员所有的土地和其他资产产权在社区外自由流动和交易；③在城乡和地区之间人口自由流动的基础上形成新的社区，选举村民委员会、村民议事会和村务监督委员会，让新加入农村社区的居民参与决策、管理和监督，保护这部分新型农村居民的权益。

参考文献

谭秋成：《乡村振兴与村治改革》，《学术界》2018 年第 7 期。

“十四五”时期农村就业创业的战略思路与政策

年　猛*

摘　要：“十三五”期间末期，内外部环境复杂多变、经济下行压力不断增加，不可避免地冲击着农村地区就业创业市场的稳定发展。为应对就业压力，“十四五”规划应将以“稳就业、促创业”作为促进农村就业创业发展的基本方向，以保障农业生产安全、实现乡村振兴和全面建成小康社会为最终目标，按照“充分发挥第一产业就业‘稳定器’作用、提升农村二三产业就业吸纳能力、增强农村创业环境吸引力、稳定农民工就业”为总体思路，全面推进农村地区实现高质量的就业创业新局面。为支撑“十四五”时期农村就业创业高质量发展，应将提高农村公共就业服务能力、完善农村创业政策体系、促进农村产业多样化以及吸引优秀人才、社会资本下乡等作为政策着力点，让农村地区成为全国新增就业的“蓄水池”，稳定全国就业水平。

关键词：“十四五”规划　农村地区　高质量就业创业

* 年猛，经济学博士，中国社会科学院农村发展研究所副研究员，主要研究方向为城乡关系、城市经济、区域经济。

The Strategic and Policy of Rural Employment and Entrepreneurship during the 14th Five - year Plan Period

Nian Meng

Abstract: At the end of the 13th Five Year Plan period, the internal and external environment is complex and changeable, and the downward pressure of economy is increasing, which inevitably impacts the stable development of employment and entrepreneurship market in rural areas. In order to cope with the employment pressure, the 14th five year plan should take “stabilizing employment and promoting entrepreneurship” as the basic direction of promoting the development of rural employment and entrepreneurship with the ultimate goal of ensuring the safety of agricultural production, realizing the revitalization of the countryside and building a moderately prosperous society in an all - round way. In accordance with the general idea of “giving full play to the role of the ‘stabilizer’ of employment in the primary industry, enhancing the employment absorption capacity of the rural secondary and tertiary industries, enhancing the attractiveness of the rural entrepreneurial environment, and stabilizing the employment of migrant workers", we will comprehensively promote the realization of high - quality employment and entrepreneurship situation. In order to support the high - quality development of rural employment and entrepreneurship during the 14th five year plan, we should focus on improving the ability of rural public employment service, improving the rural entrepreneurship policy system, promoting the diversification of rural industries, attracting outstanding talents and social capital to the countryside, so as to make the rural areas become the "reservoir" of new employment in the country and stabilize the national employment level.

Key Words: the 14th Five - Year Plan　Rural Areas　High Quality Employment and Entrepreneurship

一　"十三五"期间农村就业创业回顾

"十三五"期间，随着中国城镇化进程的推进，乡村从业人员及其占全国比重不断呈下降的趋势，乡村从业行业趋于多元化，农民工总量持续增加但增速趋缓，农民工群体越发倾向于就近就业，返乡下乡创业人数持续增加，农村就业创业总体呈良好发展的局面。

（一）乡村就业总体情况

首先，乡村就业人员及其比重延续下降趋势。随着城镇化进

程的不断推进，"十三五"期间，中国乡村就业人员数量及其占全国比重延续"十二五"态势，继续下降（见图 1）。2015—2018 年，乡村就业人员及其比重由 37041 万人和 47. 8% 分别下降至 34167 万人和 44%。

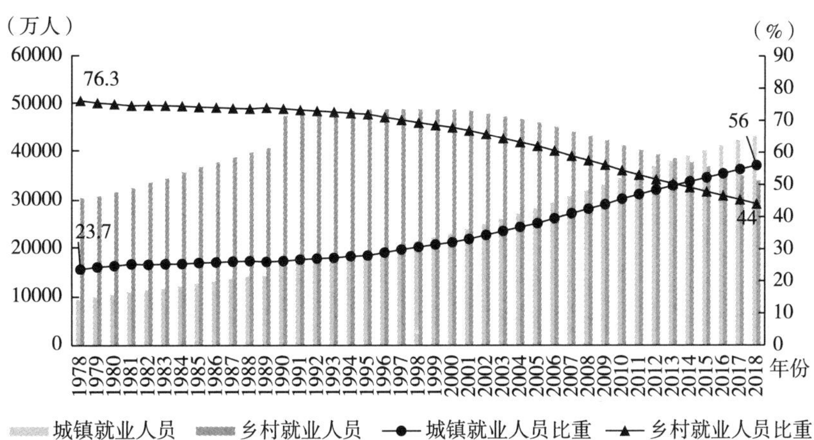

图 1　1978—2018 年中国城乡就业基本趋势

资料来源：《中国人口和就业统计年鉴》（2019）。

其次，在乡村就业人员中，从事第一产业人员数及其占比也呈下降趋势。如图 2 所示，从乡村就人员从业结构来看，"十三五"期间从事第一产业人员总数及其所占比重也呈不断下降的趋势。与"十二五"末期（2015 年）相比，2018 年乡村就业人员从事第一产业人员数及其比重为 20258 万人和 59. 3%，分别下降了 1661 万人和 0. 1 个百分点。

综合以上分析，随着城镇化进程的推进，中国城市地区自 2014 年以来已经超越乡村成为吸纳劳动力大军的主战场。此外，从乡村人员从业结构来看，尽管第一产业仍是乡村吸纳劳动力的

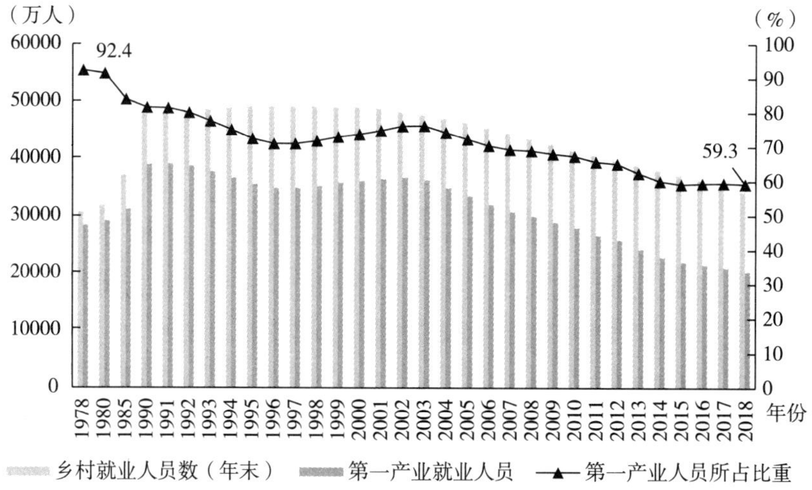

图2 1978—2018年中国乡村就业基本构成

资料来源:《中国农村统计年鉴》(2019)。

第一大产业,但从趋势来看,乡村人员从业趋于多元化,第一产业人员所占比重自改革开放以来就不断呈下降的趋势。

(二)农民工就业基本情况

第一,农民工[①]总量持续增加,但增速下滑显著。如图3所示,“十三五”期间,农民工总量延续2009年以来的持续增长态势,截至2018年已经达到28836万人;从增速来看,尽管“十三五”初期,即2016—2017年,农民工队伍增速连续两年呈增长态势,但2018年增速下滑显著降至0.64%,为近十年来的新低,从而未能扭转自2010年以来农民工增速下降的趋势。

① 按照国家统计局的定义,农民工是指户籍仍在农村,在本地从事非农产业或外出从业6个月及以上的劳动者。

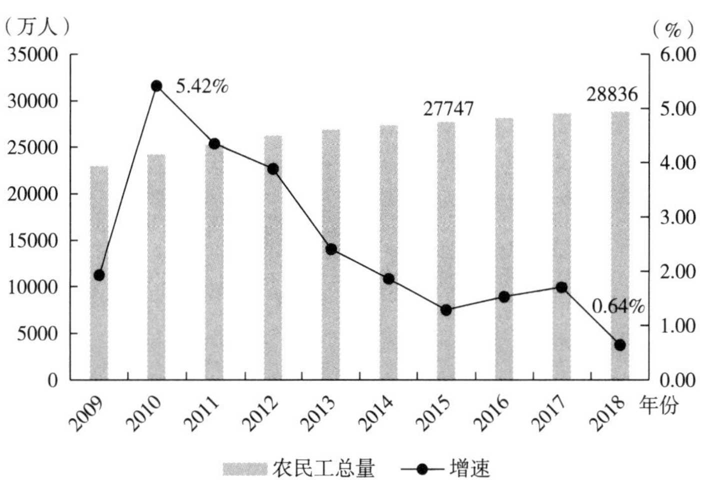

图 3　2009—2018 年中国农民工总量及其增速

资料来源：国家统计局发布的相关年份《农民工监测调查报告》。①

第二，农民工越来越趋向于就近就地就业。根据表 1 所示，本地农民工②占全部农民工比重自 2009 年以来一直呈增加态势，占比由 36.8% 增加至 2018 年的 40.1%，而同期外出农民工③占全部农民工比重则由 63.2% 下降至 59.9%；尽管外出农民工依然超过半壁江山，但从外出农民工内部流向来看，省内流动外出农民工占全部外出农民工比重自 2011 年占据一半以来，一直呈增加趋势，2018 年已经达到 56%，省内流动已经成为外出农民工主要流向。数据显示，2018 年省内外出农民工和本地农民工占全部农民工比重已经达到 73.7%，表明农民工越来越趋向于就近就地就业。

① 国家统计局目前公开公布的《农民工监测调查报告》涵盖的年份有 2009 年、2011—2018 年。

② 按照国家统计局的定义，本地农民工是指在户籍所在乡镇地域内从业的农民工。

③ 按照国家统计局的定义，外出农民工是指在户籍所在乡镇地域外从业的农民工。

表1　　　　农民工外出基本情况（2008—2018年）

单位：万人、%

年份	外出农民工					本地农民工	
	总量	占全部农民工比重	构成			总量	占全部农民工比重
			跨省流动	省内流动			
				总量	占全部外出农民工比重		
2008	14041	62.3	7484	6557	46.7	8501	37.7
2009	14533	63.2	7441	7092	48.8	8445	36.8
2010	15335	63.3	7717	7618	49.7	8888	36.7
2011	15863	62.8	7473	8390	52.9	9415	37.2
2012	16336	62.2	7647	8689	53.2	9925	37.8
2013	16610	61.8	7739	8871	53.4	10284	38.2
2014	16821	61.4	7867	8954	53.2	10574	38.6
2015	16884	60.8	7745	9139	54.1	10863	39.2
2016	16934	60.1	7666	9268	54.7	11237	39.9
2017	17185	60.0	7675	9510	55.3	11467	40.0
2018	17266	59.9	7594	9672	56.0	11570	40.1

资料来源：国家统计局发布的相关年份《农民工监测调整报告》。

第三，中西部地区就业农民工持续增加，但东部依然是农民工输出和输入的主要区域。从输出地来看，“十三五”期间东部地区输出农民工占全国比重持续降低（见表2），但依然高于其他三大区域；中西部地区输出农民工占比则持续增加，2018年中西部地区农民工合计占全国比重达60.54%；与其他地区相比，东北输出农民工相对较少且占全国比重近年来始终保持在3.3%左右。从输入地来看，尽管东部地区凭借经济实力继续成为吸纳农民工的主要区域，但其吸纳农民工占全国比重近年来呈下降趋势，与“十二五”末期（2015年）相比，2018年东部吸纳农民工占全国比重下降 2. 87 个百分点，达 54. 82%；随着经济发展水平不断提升，中西部地区吸纳农民工数量不断增加，占全国比重也不断呈上升态势。总体来看，“十三五”期间中西部地区农民工输出与输入都在保持增长态势，但依然未能撼动东部地区主导地位，而东北地区农民工输入与输入则始终保持相对稳定的态势。

表 2　　农民工区域分布状况（2015—2018 年）

单位:%

区域	输出				输入			
	2015 年	2016 年	2017 年	2018 年	2015 年	2016 年	2017 年	2018 年
东部	37. 12	36. 92	36. 40	36. 10	57. 69	56. 65	55. 82	54. 82
中部	33. 06	32. 94	32. 98	33. 08	20. 18	20. 40	20. 63	20. 98
西部	26. 59	26. 85	27. 27	27. 46	18. 77	19. 47	20. 08	20. 78
东北	3. 23	3. 30	3. 34	3. 36	3. 10	3. 21	3. 19	3. 14
其他					0. 26	0. 27	0. 28	0. 27

注：其他地区指港、澳、台地区及国外。

资料来源：国家统计局发布的相关年份《农民工监测调查报告》。

第四，服务业超越第二产业成为吸纳农民工就业的主要产业。如表 3 所示，从三次产业来看，2014—2018 年，第一产业吸纳农民工就业占全部产业比重保持在相对稳定的态势，第二产业占比则连年下降，而同期服务业吸纳农民工就业占比则呈增长趋势。2018 年，第二产业吸纳农民工就业占比下降至 49. 1%，近年来首次降至 50% 以下，而服务业则顺势超过第二产业，吸纳了 50. 5% 的就业农民工。

表3　　农民工从事行业分布情况（2014—2018年）

单位:%

行业类型		2014年	2015年	2016年	2017年	2018年
第一产业		0.5	0.4	0.4	0.5	0.4
第二产业		56.6	55.1	52.9	51.5	49.1
其中	制造业	31.3	31.1	30.5	29.9	27.9
	建筑业	22.3	21.1	19.7	18.9	18.6
第三产业		42.9	44.5	46.7	48.0	50.5
其中	批发和零售业	11.4	11.9	12.3	12.3	12.1
	交通运输、仓储和邮政业	6.5	6.4	6.4	6.6	6.6
	住宿和餐饮业	6.0	5.8	5.9	6.2	6.7
	居民服务、修理和其他服务业	10.2	10.6	11.1	11.3	12.2
	公共管理、社会保障和社会组织	—	—	—	2.7	3.5
	其他	—	—	11.0	8.9	9.4

注：“—”表示未统计。

资料来源：国家统计局发布的相关年份《农民工监测调查报告》。

（三）返乡下乡创业整体概况

首先，返乡下乡创业人数持续增加。根据农业农村部公布的数据：“十二五”末期（2015年），全国返乡下乡创业人数累计超过480万;[①] “十三五”期间，随着乡村振兴战略的大力推进和农村创新创业政策的不断完善，农村地区对创业人员的吸引力不断增强，至2018年，各类返乡下乡创业人员已经达780万,[②]

① 具体参见农业农村部网站，http://www.moa.gov.cn/ztzl/scw/scdtnc/201611/t20161125_5377984.htm。

② 具体参见农业农村部网站，http://www.moa.gov.cn/xw/zwdt/201901/t20190110_6166442.htm。

三年期间增加近300万人。

其次，返乡下乡创业主体多元化，农民工占据主体地位。目前，返乡下乡创业主体越发多元化，除农民工、大学生、企业家等传统农村创业者以外，近年来涌现了一批新型创业主体，例如农业相关领域的科技人员、退役军人、城镇人员以及“海归”人员。尽管创业主体趋于多元化，但农民工依然占据返乡下乡创业主体地位。农业农村部发布的相关报告显示：2015年，返乡创业农民工达220万，占全部返乡下乡创业人员比重约为45.8%，至2018年，返乡创业农民工增加至540万人，占比增加至69.2%，占据绝对主体地位。

最后，带动农户增收效果显著。与传统创业者相比，无论是返乡的农民工，还是下乡的“海归”、科技人员等，市场经验更加丰富、资金实力更为雄厚，同时也更加强调对互联网等先进技术的应用和掌握。根据农业农村部发布的相关报告：2018年返乡下乡创业的人员中，利用现代信息技术创业的达54.3%，有82%创办的实体集中在农产品加工流通、休闲旅游、电子商务等农村三产融合领域，平均带动农户经营收入增加67%，平均向农户返还或分配利润500多元，为农民增收开拓了新渠道。

二　当前农村就业创业面临的主要问题与挑战

从“十三五”时期中国农村就业创业发展现状和国内外发展形势面临的新变化来看，当前农村就业创业主要面临宏观经济“降速”预期带来总体就业挑战、劳动力市场上的农民工歧视、农村创业环境存在较大短板等问题，在一定程度上制约了农村地区就业市场的稳定和创业市场的发展。

（一）宏观经济“降速”带来总体就业挑战

当前中国宏观经济面临中美贸易摩擦升级隐忧、“新冠病毒”对国内和全球经济冲击以及国内经济结构调整步入“新常态”等挑战，面对这些复杂严峻的国内外形势，2020 年中国第一季度 GDP 已经同比下降6. 8%且全年依然面临极大的增长不确定性，这些都会对农村地区以及农民工就业带来严峻挑战。

首先，农村地区第二、第三产业就业将面临严峻挑战。近年来，随着乡村旅游、农村电商以及农产品工业化等农村工业化的大力发展，第二、第三产业就业人员占全部农村从业人员比重已经由 1978 年的 7. 6% 上升至 2018 年的 40. 7% ，吸纳了近 1. 4 亿劳动力。在“新冠病毒”等突发事件冲击下，农村地区的乡村旅游、农产品加工业都会受到冲击，造成农村第二、第三产业发展陷入困境从而对就业构成极大的挑战。

其次，农民工外出就业面临挑战。受“新冠病毒”疫情的影响，各省、市、自治区都加强对本地区外来人员的限制和管理，这在一定程度上会影响长期跨省务工的农民工群体。2018 年，跨省外出农民工群体达 7594 万人，这部分农民工群体可能会受到跨省流动受限的影响而选择就地就近就业，从而加剧本地就业市场的竞争。此外，根据国家统计局公布的数据，2020 年 1—2 月规模以上工业增加值同比实际下降 13. 5% 、房地产开发投资同比下降 16. 3% 、社会消费品零售总额实际下降 23. 7% ，表明制造业、建筑业、批发和零售业、住宿和餐饮业等行业面临发展困境，而这些行业都是农民工参与就业的主要行业，吸纳了一半以上的农民工群体（见表3），从事这些行业的农民工将会面临极大的失业风险。

（二）劳动力市场上的农民工歧视依然存在

进入21世纪以来，随着中国政府不断推进户籍制度改革，农民工在劳动力市场上的地位开始逐渐改善（张海鹏，2019），尽管劳动力市场上对农民工的工资和就业门槛歧视有所降低（孙婧芳，2017），城乡劳动力市场一体化程度也显著提高（都阳，2016），但总体上来看劳动力市场上的农民工歧视依然存在。

首先，农民工与城镇就业人员收入在“十三五”期间呈扩大趋势。如表4所示，总体来看，2016—2018年，农民工月收入由3275元增加至3721元，而同期的城镇就业人员月工资由5631元增加至6868元，城镇就业人员平均月工资与农民工月收入之比由1.72倍增加至1.85倍。这表明，劳动力市场上农民工收入不仅显著低于城镇就业人员平均收入，而且两者之间的差距呈扩大趋势。

其次，同业不同酬现象普遍。从农民工主要从事的六大行业所获得的收入与同行业的城镇就业人员工资比较来看（见表4），所有行业农民工所获得的月收入都显著低于同行业的城镇就业人员获得的月工资，并且从时间趋势来看，在各行业中两者的差距都呈扩大趋势；其中批发和零售业差距最大，2018年城镇就业人员是农民工的2.26倍，建筑业差距最小，2018年城镇就业人员是农民工群体的1.20倍。

表4　“十三五”时期（2016—2018年）农民工与城镇就业人员收入比较　单位：元/月

行业	农民工			城镇就业人员			城镇/农民工		
	2016年	2017年	2018年	2016年	2017年	2018年	2016年	2017年	2018年
合计	3275	3485	3721	5631	6193	6868	1.72	1.78	1.85
制造业	3233	3444	3732	4956	5371	6007	1.53	1.56	1.61
建筑业	3687	3918	4209	4340	4631	5042	1.18	1.18	1.20
批发和零售业	2839	3048	3263	6138	6685	7376	2.16	2.19	2.26
交通运输、仓储和邮政业	3775	4048	4345	5422	5933	6713	1.44	1.47	1.54
住宿和餐饮业	2872	3019	3148	3615	3813	4022	1.26	1.26	1.28
居民服务、修理和其他服务业	2851	3022	3202	3965	4213	4612	1.39	1.39	1.44

注：农民工收入为“农民工月平均收入”。

资料来源：国家统计局发布的相关年份《农民工监测调查报告》；城镇就业人员收入为“城镇单位就业人员平均工资”，国家统计局官方数据库，http://data.stats.gov.cn/easyquery.htm? cn=C01。

最后，侵犯农民工权益现象依然存在。与城镇职工相比，农民工在劳动力市场上的权益更容易受到侵犯（王健俊，2018），例如拖欠工资、参加社会保障水平低、工作时间长等现象普遍。根据国家统计局发布的《农民工监测调查报告》，尽管近年来中国政府加大了对农民工权益的保障力度，但2016年被拖欠工资的农民工人数仍为236.9万人，而没有与雇主签订劳动合同的农民工比重达到64.9%，表明农民工群体的权益保障需要进一步提升。

（三）农村创业环境存在较大短板

与城市相比，农村创新创业环境较差（年猛，2018），金融市场不发达、缺乏高层次创业人才、农民土地等生产物资融资难、政策存在诸多不合理等都在一定程度上制约了返乡下乡创业人员的积极性和创业成功率。根据张海鹏等（2019）研究，当前农民工返乡以就业为主，创业人员仅占返乡农民工总数的23.57%。总体来看，农村创业环境存在以下主要短板。

一是要素市场支持力度不够。资金和人才是初始创业阶段最稀缺的要素，而农村金融市场不发达恰恰制约了创业者获得低成本资金的便利性和可能性，同时现阶段中国农村地区基础设施以及基本公共服务等不完善，对高端人才的吸引力不够，也造成了农村地区缺乏高层次创业者和高端人才，资金和人才的缺乏导致农村地区创业成功率不高。此外，由于土地制度不够灵活、农村金融政策不完善等原因，导致农村土地、牲畜、农机具等农业资产难以作为向银行贷款融资的有效抵押物，造成农业创业者融资难。

二是农村市场需求规模较小。中国城乡发展存在较大差距，2019年城镇居民人均可支配收入是农民的2.64倍，人均消费支出是农民的2.1倍，同时常住人口城镇化率也达到了60.60%，城市常住人口也远远超过了农村。上述数据表明，与城市相比，农村地区需求端潜在市场规模较小，导致在农村创业者的产品和服务高度依赖城市市场，这在一定程度上提高了农村创业者产品的运输成本和市场开拓成本。

三是农村创新创业政策不完善。主要体现在以下两个方面：一方面，农村创新创业政策与城市相比，不仅滞后而且支持力度远不及城市地区（年猛，2018）；另一方面，当前农村创新创业政策存在诸多不合理，以中央财政支持的“个人创业担保贷款”

为例，在具体落实过程中往往贷款门槛过高，一些地方政府相关部门往往需要申请者提供“本地公职人员”作为担保人，造成大多数返乡下乡创业者难以享受这项政策。

三 推动农村实现高质量就业创业新局面

面对当前复杂多变的内外部环境以及不断增加的经济下行压力，“十四五”规划应以“稳就业、促创业”作为促进农村就业创业发展的基本方向，以保障农业生产安全、实现乡村振兴和全面建成小康社会为重点目标，按照“充分发挥第一产业就业‘稳定器’作用、提升农村二三产业就业吸纳能力、增强农村创业环境吸引力、稳定农民工就业”为总体思路，全面推进农村地区实现高质量的就业创业新局面。

（一）充分发挥第一产业就业“稳定器”作用

自2002年以来，随着农业剩余劳动力不断向农村及城镇第二、第三产业进行转移，农业等第一产业吸纳就业人员数量呈不断下降的态势。2002—2018年，农村第一产业就业人员减少了近1.6亿劳动力。尽管从事农林牧渔业人员数量大幅减少，但当前依然吸纳全国2亿多的劳动力。“十三五”末期，受新冠肺炎疫情影响，城镇就业压力明显加大，失业率开始逐步上升。根据国家统计局公布数据，2020年2月全国城镇调查失业率高达6.2%，达到近10年来新高。

城镇失业率陡增，不可避免对农业转移就业产生重要影响，也进一步凸显了稳定第一产业的重要性。与第二、第三产业相比，农业等第一产业具有更为显著的就业“稳定器”作用，这主要因为第一产业作为国民经济基础保障产业，理论上可以无限吸纳剩余劳动力，尤其是粮食等农业种植业。此外，通过利用闲置土地复垦、新增农业用地等方式扩大第一产业生产不仅可以吸纳新增就业，稳定全国就业水平，发挥就业“稳定器”作用，也会在一定程度上保障国家粮食等食品供应安全，稳定全国物价水平和经济发展基础。

（二）提升农村第二、第三产业吸纳就业能力

自改革开放以来，随着农村地区非农产业的快速发展，农村经济逐步多元化，第二、第三产业从业人员占农村就业人员比重由 1978 年的 7.6% 上升至 2018 年的 40.7%。尽管农村第二、第三产业就业比重自改革开放以来呈上升趋势，但从 2015 年以来，农村第二、第三产业就业人员总数及占比都呈小幅下降趋势。2015—2018 年，农村第二、第三产业就业人员总数及比重由 15122 万人和 40.8%，降至 13909 万人和 40.7%，下降了 1213 万人和 0.1 个百分点。尽管呈小幅下降趋势，也在一定程度上反映了近年来农村第二、第三产业发展缓慢，如不加以足够重视，在当前就业压力逐年加大的宏观背景下，很有可能影响国家整体稳就业方针的实施。

因此，“十四五”时期应加大对农村第二、第三产业发展政策扶持和培育力度，通过支持乡村旅游、农产品加工、农村电商、农业科技服务等产业，显著提升农村第二、第三产业就业吸纳能力，为稳定全国就业、吸纳返乡农民工就业和下乡就业等提

供有力支撑。

(三) 增强农村创业环境吸引力

根据农业农村部公布的数据，作为农村创业主体的农民工群体，2015 年返乡创业的 220 万农民工创办的企业、合作社等各类经营主体吸纳了 1.6 亿农村剩余劳动力，平均每个返乡创业的农民工创造了大约 73 个农村就业岗位，表明返乡创业对创造就业岗位的作用较大。因此，“十四五” 期间，可以通过进一步增强农村创业环境的吸引力来提高农村地区的就业吸纳能力。

为进一步提高农村创新创业环境，吸引优秀创业人才、资本下乡和外出农民工返乡，提高农村创业者的成功率，增强农村创新创业活力，“十四五” 期间应重点根据创业者在创业期间重点依赖的金融市场、人才市场等方面加强建设，并出台相应的税收减免、信贷定向、贷款利率优惠、无抵押贷款等优惠举措，全面释放农村创新创业活力。

(四) 稳定农民工就业

2018 年中国农民工群体约 2.88 亿人，大多在城镇地区从事非农产业。随着城镇就业压力加大、失业率创出新高，直接冲击 2.88 亿农民工群体的就业前景。由于这部分农民工群体能否实现就业直接关系着农村家庭收入的提高以及脱贫保障，事关全局。

“十四五” 期间为稳定农民工就业，应首先落实好国家对相关企业减税降费等支持政策，同时在困难时期加大对企业招工的补贴力度。其次，加强对农民工群体的技能培训，提高农民工再就业能力和市场竞争力。最后，加强农民工基本权益的保障，加大打击恶意拖欠农民工工资的力度，对在常住地失业的农民工可以享受与当地职工同等的公共就业服务。

四 支撑农村实现高质量就业创业的政策着力点

“十四五”规划应将提高农村公共就业服务能力、完善农村创业政策体系、促进农村产业多样化以及吸引优秀人才、社会资本下乡等作为政策着力点，加快推动农村地区实现高质量就业创业新局面，让农村地区成为全国新增就业的“蓄水池”，稳定全国就业水平。

（一）提高农村公共就业服务能力

“十四五”时期，农村经济社会发展应以促进农业转移劳动力实现充分就业为首要目标，进一步提高农村公共就业服务能力，显著缩小农村地区与城镇在公共就业服务方面的差距。完善农村公共就业服务体系，应重点推进以下工作：一是加大对农民工、职业农民、农业转移劳动力的职业技能培训力度，对贫困户、低收入群体、残疾人等弱势群体开展免费职业培训；二是建立和完善农业转移劳动力就业监测系统，完善农民工群体权益保障机制，维护本地外出农民工基本权益；三是提高农村公共就业服务的信息化水平，促进城乡各类就业服务信息实现互联互通和共享开放；四是推动城镇公共就业服务向农村地区延伸，缩小城乡就业服务水平差距。

（二）完善农村创业政策体系

与城市相比，农村地区在创业政策支持力度、创业环境吸引力等方面较弱，在一定程度上制约了农村创业潜力的释放。因此，在“十四五”时期应进一步完善农村创业体系，提高农村创业吸引力，以创业带动就业。

第一，加大返乡下乡创业的政策支持力度。降低农村创业者小额无息贷款门槛，并将政策适用群体由农民工扩展到所有农村创业者群体。对在农村地区开办农产品加工、农业科技服务、农村电商等吸纳就业多、带动农户增收强的中小微企业，在其初创期实行税收优惠或减免政策。加大对返乡创业农民工的创业技能培训，全面支持农村承包土地经营权和农民住房财产权进行抵押贷款。

第二，优化农村创业环境。一是加强农村交通、电信等现代基础设施建设，实现城乡硬件设施均等化。二是大力发展城乡物流建设和衔接，显著降低农村商品物流成本，全面对接城镇市场。三是加强农村信贷、保险等金融市场建设，降低农村创业者资金借贷成本和创业风险。此外，还应加大农村职业技能培训机构的建设和普及，破解农村企业“招工难”困境。

（三）促进农村产业多样化

产业发展是农村地区实现就业稳定的基本保障，产业兴则农村旺。根据前文所述，随着农业生产效率的提高，从事农业所需的劳动力也越来越少，农业吸纳就业人员呈逐年缩小的趋势。从农村产业发展趋势来看，进一步提高农村地区就业水平，促进“十四五”时期全国实现稳就业的民生发展目标，应加快发展农村第二、第三产业，促进农村产业多样化和就业多元化。

第一，发展现代农业，打造新一代新型职业农民队伍。加快推进农林牧渔业生产、经营方式现代化，运营现代农业装备、互联网等提升农业科技水平，吸引一批懂知识、爱农业、懂科技的大学生、农业科技人员等加入新型职业农民队伍，提升整体农民素质水平。同时加快培育一批家庭农场、农业企业、农民合作社、专业大户等新型农业经营主体，进一步扩大新型职业农民就业规模。

第二，大力发展农村第二、第三产业。以提升农产品附加值、提高农村居民收入水平和促进农业转移劳动力实现充分就业为基本目标，大力扶持农产品加工业、农业科技服务、农村电商、乡村旅游、民宿等业态发展，加快推进农村地区特色工业和服务业发展，显著提升农村第二、第三产业就业比重，提高农村居民就业多元化水平。同时，促进农村地区第一产业与第二、第三产业融合发展，为职业农民创造更多就业机会。

（四）吸引优秀人才、社会资本下乡

吸引大学生、城市人才和社会资本下乡，不仅有助于缓解城市就业压力，也有助于提高对农村创业的人才支撑和资本支撑，提高农村地区创业环境吸引力。

第一，激励人才返乡入乡。一是继续通过完善大学生村干部、选调生等工作机制，吸引高校毕业生入村任职，提升农村基层管理和服务水平。二是鼓励农村企业、集体经营组织等各类主体探索人才加入机制，同时地方政府应进一步加大农村地区引进优秀人才的政策支持力度，对引进优秀人才的企业给予财政资金

奖励或税收优惠。三是吸引城市优秀教师、医生等基本公共服务领域的人才下乡任职，在职称评定、工资待遇等方面予以政策倾斜，以显著提升农村地区基本公共服务水平。

第二，促进社会资本下乡。一方面，加大农村地区的“放管服”改革，防止中央优惠政策下不了基层的现象，加强农村地区法治、诚信建设，显著提升农村地区基层营商环境水平，稳定社会资本下乡预期。另一方面，通过政府购买服务、政商合作等方式，支持社会资本进入乡村生活性服务业，同时鼓励社会资本与村集体开展入股、转移经营权等多形式合作，逐步壮大村集体经济。

参考文献

1. 都阳：《论劳动力市场改革的两个目标》，《中共中央党校学报》2016 年第 5 期。
2. 年猛：《中国农村创新创业进展及政策建议》，《重庆理工大学学报》（社会科学版）2018 年第 8 期。
3. 孙婧芳：《城市劳动力市场中户籍歧视的变化：农民工的就业与工资》，《经济研究》2017 年第 8 期。
4. 王健俊：《劳动权益保障对农民工主观政治态度的影响》，《中国经济问题》2018 年第 5 期。
5. 张海鹏：《中国城乡关系演变 70 年：从分割到融合》，《中国农村经济》2019 年第 3 期。
6. 张海鹏、朱钢、陈方、年猛：《返乡农民工创业现状、问题与政策思考》，载魏后凯、杜志雄《中国农村发展报告（2019）》，中国社会科学出版社 2019 年版。

“十四五”时期乡村治理的重点领域及对策

张延龙*

摘　要：“治理有效”是实现乡村振兴的基础，在现有政策语境下，乡村治理强调党的领导，包括基层党组织建设、村民自治制度建设、农村基础设施建设和基本公共服务供给等内容。从上述维度出发，本报告首先分析了当前我国乡村治理发展现状，然后结合新时期的新要求提出了“十四五”时期乡村治理发展目标。在系统阐述乡村治理基层政府与村级自治组织关系界定、基层党组织建设、“三治”结合治理体系构建等重点领域的基础上，文章提出，“十四五”时期乡村治理有效的实现，首先要走共建、共治、共享的实施路径，在此基础上，切实维护党在农村基层社会治理中的领导核心地位，同时理顺基层政府与村民自治组织的权责关系，并注重乡村法治的主导作用，实现党的领导与“三治”结合的有机统一。

关键词：乡村治理　党的领导　“三治”结合　“十四五”时期

---

* 张延龙，博士，中国社会科学院农村发展研究所助理研究员，主要研究领域为乡村治理、产业治理及制度经济学。

The Key Points and Countermeasures of Rural Governance during the 14th Five - year Plan Period

Zhang Yanlong

Abstract: "Effective rural governance" is the basis to achieve rural revitalization. In the context of existing policies, rural governance emphasizes the party leadership, including the construction of grassroots party organizations, the rural villagers' autonomy system, rural infrastructure and the supply of basic public services. Starting from the above dimensions, this paper firstly analyzes the current situation of rural governance in China, and then puts forward the rural governance development goals in combination with the new requirements during the 14th five - year plan period. On the basis of systematically expounding the key areas of rural governance, which includes the definition of the relationship between the grassroots government and the village autonomous organizations, the construction of grassroots party organizations and rural governance system of the integration of three governances, this paper proposes that to achieve "effective rural governance” during the 14th five - year plan period, it firstly should follow the implementation path of co - construction, co - governance and co - sharing. Then, effectively safeguard the party's core leadership in rural social governance, straighten out the relationship of powers and responsibilities between the grassroots governments and villagers' self - governance organizations, and pay attention to the leading role of rule of law in the rural areas. By these ways, to achieve the organic unity of the party's leadership and the integration of three governances.

Key Words: Rural Governance　Party Leadership　the Integration of Three Governances　the 14th Five - Year Plan

一　乡村治理的发展现状

在中国特色社会主义进入新时代的历史背景下，党的十九大提出实施乡村振兴战略。其中，“治理有效”作为总要求之一，是实现乡村振兴的基础。然而，何为“乡村治理”，当前乡村治理发展现状如何。对系列问题的理解深刻影响着乡村治理的方向，也事关乡村振兴的成效。通常认为，乡村治理是由治理目标、治理主客体和治理方式等构成的完整体系（丁志刚，2014）；从政策视角出发，它强调党的领导，包括基层党组织建设、村民自治制度建设、农村基础设施建设和基本公共服务供给等。基于这一理解，从上述维度出发，当前我国乡村治理发展现状逐渐清晰。

（一）农村基层党组织建设

农村基层党组织是农村基层社会治理的领导核心。近年来，我国农村基层党组织建设得到较大程度加强。一方面，农村党员队伍建设普遍加强。农村党员接收机制初步健全，党员队伍得到一定程度壮大。在此基础上，“两学一做”“三会一课”等党员教育培训机制在多数地区实现常态化、制度化。另一方面，农村基层党组织带头人队伍建设得到推进。从本村致富能人、复员退伍军人、大学毕业生等群体中选拔基层党组织带头人的机制得到广泛建立，同时以县为单位进行备案登记。农村基层党组织带头人上升渠道有所拓展，形成一定比例的乡镇领导、乡镇事业编制人员来源于农村基层党组织带头人。此外，以党组织为核心的农村基层组织体系逐步完善。村党组织书记通过法定程序担任村民委员会主任、村集体经济组织负责人的行政村达到一定比例，同时党员设岗定责逐步推开，农村基层党组织公信力、影响力得到进一步提升。总体而言，农村基层党组织软弱涣散的现象得到有效遏制，领导能力持续提升。

（二）“三治”结合的乡村治理体系建设

自治、法治、德治“三治”结合的乡村治理体系构建有序推进。首先，村民自治实践持续深化，农村民主选举、民主协商、民主决策、民主管理、民主监督制度普遍建立。自治组织民主选举办法得到进一步规范，村民会议、村民代表会议、村民理事会、村民议事会等多种形式的民主协商机制在多数地区初步建立，村民议事决策程序逐步规范化、制度化，村务监督机制逐步落实。其次，乡村法治建设切实推进。一方面，多数地区定期开展“法律进乡村”宣传教育活动，提升农村干部群众法律素养，引导其学法守法用法。另一方面，村民委员会、农村集体经济组织、农村合作经济组织的合法地位得到维护。同时，推动政府执法力量下沉，农村执法水平得到一定提升。最后，乡村德治水平显著提高。村规民约等乡村道德规范的道德教化作用得到强化，道德约束激励机制初步建立，农村移风易俗深入推进。总体而言，在村民自治实践全面深化而避免空转的同时，乡村法治、德治初步推进。

（三）农村基础设施建设

农村基础设施建设事关农村居民福祉，近年来，在国家财政支持下，我国农村基础设施建设有效推进。一是农田水利设施建设进一步改善。多层次、注重长远效益的农田水利网络加速形成，中小型水源工程和抗旱应急能力建设得到一定程度提升，同时农村水利工程产权制度和管理体制改革有序推进。二是农村交通物流设施网络逐步完善。“四好农村路”基本实现行政村全覆盖。与此同时，公路管理养护长效机制正在探索建立、安全防护设施持续改良。在有条件的地区，城市公共交通有计划地向农村延伸，村庄通客车基本实现。此外，农村物流基础设施骨干网络基本构建，快递、运输等物流设施在农村布局初具规模。三是乡村数字化基础不断夯实。农村地区移动通信和宽带互联网络基本实现全覆盖，在此基础上，农业农村大数据应用范围进一步扩大，远程教育、远程医疗等信息化服务在部分地区逐步推广。四是农村现代能源体系初步形成。农村能源供给结构有所优化，城市供气设施向有条件的农村地区延伸，同时太阳能、生物质能、水能、风能等绿色清洁能源因地制宜得到初步开发，清洁能源使用达到一定比例。综合而言，农村基础设施建设“无人建”“无人管”的局面实现改观，基础设施建设水平加速提升。

（四）城乡基本公共服务均等化建设

城乡基本公共服务均等化是党的十九大做出的重要部署。当前，我国农村教育事业不断发展。乡村学前教育公共服务网络建设加速推进，每乡镇至少创办一所公办幼儿园；义务教育公办学校标准化建设基本实现，县域校际资源均衡配置逐步实施；农村生源职业教育、高中教育入学率持续提升，财政扶持力度进一步加强。健康乡村建设全面推进。农村计划生育管理服务改革有序实施，妇幼健康服务能力持续增强。卫生室、卫生院分别实现行政村、乡镇全覆盖，乡村医疗队伍建设得到切实加强，分级诊疗、家庭医生签约服务规范开展。农村养老服务能力有所提升。以居家为基础、社区为依托、机构为补充的多层次农村养老服务体系在部分地区初步建立；以乡镇为中心，具有综合服务功能、医养结合的养老服务机构覆盖率不断提高；与农村基本公共服务、特困供养服务和互助养老服务相互配合的农村基本养老服务网络开始推广。农村社会保障体系进一步完善。城乡居民基本养老保险待遇正常调整机制加快建立；城乡居民基本医疗保险制度和大病保险制度进一步完善统一，农民重特大疾病救助工作有序开展；城乡统筹低保制度加快建立，低保标准动态调整机制建立健全。综合而言，在各级财政的大力支持下，广大农村地区公共服务供给水平低位徘徊的局面得到改观。

二 “十四五”时期乡村治理发展目标

“十四五”时期，我国乡村治理面临新的机遇和挑战。在巩固当前治理成效的同时，新形势对新时代乡村治理提出更高要求，进一步提升农村基层党组织领导能力、健全乡村治理体系、完善农村基础设施建设、促进城乡基本公共服务均等化是今后一段时期乡村治理发展的主要目标。从上述维度出发，基于对当前乡村治理政策文本的梳理分析，并结合党和政府的相关要求预设，“十四五”时期我国乡村治理目标亦逐步清晰。

（一）农村基层党组织领导能力要显著增强

首先，农村党员队伍建设上，党员人数占户籍人数的比例稳定在3%左右，确保每一村民小组（自然村、屯等）至少拥有1名党员；建立常态化、制度化“两学一做”“三会一课”等党员教育培训制度的行政村占比在95%以上，部分有条件的地区着手开展线上教育培训活动。其次，农村基层党组织带头人队伍建设上，村庄致富能人、复员退伍军人、大学毕业生县级备案登记制度100%建立，同时原则上从其中选拔农村基层党组织带头人，并确保该部分人员进入乡镇公务人员队伍比例不低于同期该乡镇公务人员考试报录比。最后，农村基层组织体系建设上，党组织负责人与村民委员会、集体经济组织负责人“一肩挑”的比例不低于70%，设岗定责党员比例达到95%以上，以此强化农村基层党组织的领导地位。

表 1　“十四五”时期农村基层党组织建设目标

一级指标	二级指标	指标值
农村党员队伍建设	党员人数占户籍人数比重	稳定在 3% 左右
	每村民小组（自然村、屯等）党员人数	至少 1 名
	建立常态化、制度化党员教育培训制度行政村比重	不低于 95%
农村基层党组织带头人队伍建设	村庄致富能人、复员退伍军人、大学毕业生县级备案登记制度行政村比重	100%
	村庄致富能人、复员退伍军人、大学毕业生进入乡镇公务人员队伍比例	不低于同期该乡镇公务人员考试报录比
农村基层组织体系建设	党组织负责人与村民委员会、集体经济组织负责人“一肩挑”的比例	不低于 70%
	党员设岗定责比例	不低于 95%

（二）乡村治理体系要更加健全

村民自治方面，确保 100% 行政村村民委员会选举规范、有序进行，委托投票、线上投票等多种投票方式因地制宜开展；“村民说事”、村民理事会、村民议事会等民主协商、议决制度在村、组两级实现全覆盖，同时实现程序化运作；行政村村级组织及其干部事权清单制度和实施流程 100% 建立，自治章程普遍实施；阳光政务、村务公开在村组两级 100% 实施，重点涵盖村庄重大决策及财务事项。乡村法治方面，“法治进乡村”活动定期开展行政村达 100%，各地区根据实际情况确定开展周期，原则上要求每季度至少进行一次；确保辖区内农村地区不发生重大

刑事案件，民事纠纷运用法律手段解决占比显著提升；村级集体经济组织普遍建立并实现100%法人登记；农村法律援助、司法救助和公益法律服务定期开展，行政村级公共法律服务体系100%建立。乡村德治方面，村组两级村规民约100%建立，并通过道德模范等各类评选奖励建立约束机制，着重强化道德约束作用；农村移风易俗切实推进，村民对村庄婚丧嫁娶彩礼、礼金水平满意度显著提升，大操大办、厚葬薄养等陈规陋习得到有效遏制。

表2　“十四五”时期乡村治理体系建设目标　单位:%

一级指标	二级指标	指标值
村民自治	行政村村民委员会规范选举比例	100
	村、组两级民主协商、议决制度实施比例	100
	行政村村级组织及干部事权清单制度实施比例	100
	村、组两级阳光政务、政务公开实施比例	100
乡村法治	“法治进乡村”活动定期开展行政村比例	100，每季度至少1次
	村级集体经济组织建立及法人登记比例	100
	建立公共法律服务体系行政村比例	100
乡村德治	村、组两级村规民约建立比例	100

（三）农村基础设施建设要进一步完善

一是农田水利设施建设上，实用性强且注重长远效益的农田水利网络基本建成，农田防涝抗旱能力显著增强；农村居民100%拥有安全水源，居民日常生活用水得到保障；县级农田水利工程产权制度和管理体制改革方案100%建立并付诸实施，各地区根据实际情况原则上完成第一阶段改革目标，产权清晰、权责分明的产权及管理制度初步建立。二是农村交通物流设施建设上，行政村“四好农村公路”100%建立，与之配套的公路养护机制和安全防护机制普遍建立；行政村客车通车率达90%以上，城郊乡村实现城市公共交通全覆盖；乡镇100%设立快递点，以此为节点实现村村通快递。三是乡村数字化建设上，100%行政村实现移动通信和宽带互联网络信号覆盖，农民线上医保、养老保险缴费基本实现，远程教育、远程医疗等信息服务范围进一步扩大。四是农村能源使用结构上，传统柴草、煤炭使用比例显著下降，煤气、天然气、电能和太阳能、风能等使用比例则相对上升。

表3　“十四五”时期农村基础设施建设目标　单位:%

一级指标	二级指标	指标值
农田水利设施建设	农户可获取安全水源所占比例	100
	县级农田水利工程产权制度和管理体制改革方案建立比例	100
农村交通物流设施建设	行政村“四好公路”建成比例	100
	行政村客车通车率	90
	城郊乡村实现城市公共交通覆盖率	100
乡村数字化建设	行政村移动通信和宽带互联网络信号覆盖率	100

（四）城乡基本公共服务均等化要大力推进

在乡村教育事业上，每乡镇实现至少创办一所公共幼儿园，农村适龄儿童学前教育入园率达95%以上，残障儿童入户教育普遍实现；农村生源义务教育入学率及毕业率稳中有升，县域内义务教育学校标准化建设全部实现，师资力量流动交流有序开展；农村生源职业教育、高中教育及以上入学率保持逐年上升，财政补贴力度继续加大。在乡村医疗卫生上，在乡镇有卫生院、行政村有卫生室的基础上，继续加大财政扶持力度，提升乡镇卫生院和村卫生室举办质量，农村居民人均医疗机构床位数和公共卫生人数在稳定原来水平上继续增长；乡村分级诊疗、家庭医生签约服务范围进一步扩大。在养老服务上，养老服务体系和养老机构行政村覆盖率显著提高，农村基本养老服务网络持续完善，受益群体保持增长态势。在农村社会保障体系建设上，以县为单位，城乡居民基本养老保险待遇正常调整机制全部建立，统一的城乡居民基本医疗和大病保险制度基本建立，农民重特大疾病救助制度建立健全，同时城乡统筹低保制度和低保标准动态调整机制进一步完善。

三 “十四五”时期乡村治理的重点领域

“十四五”时期是乡村治理有效全面实现的关键时期，围绕建立“党委领导、政府负责、社会协同、公众参与、法治保障”的现代乡村社会治理体制和前述乡村治理发展目标，要精准把握新时期乡村治理的重点领域，理顺主体间关系，全面推进农村基层党组织建设和重点推进“三治”结合，确保乡村治理有效实现。

（一）基层政府与村级自治组织的关系

《中华人民共和国村民委员会组织法》（以下简称《村民组

织法》）规定，“乡、民族乡、镇的人民政府对村民委员会的工作给予指导、支持和帮助，但是不得干预依法属于村民自治范围内的事项。村民委员会协助乡、民族乡、镇的人民政府开展工作”，但在实际的运行中，基层政府与村民委员会之间的权责边界不清晰。首先，基层政府给予工作的指导、支持和帮助的方式与范围不明确。例如，政府是通过机构改革设立专门的部门帮助村民委员会，还是通过直接的行政规定帮助和服务村民委员会。当前既没有权威性论断，也没有相关规定做出解释，在实践中存在模糊性。这意味着各地都可以按照各自的理解处理基层政府与村委会之间的关系，处理方式呈现多样化。其次，村民委员会协助基层政府开展工作的范围不明确。实践中，基层政府所有行政部门均未设立驻村机构，村委会实际上以实施主体的身份协助基层政府开展工作。由此可见，村民委员会不属于一级行政单位，其拥有自治权，但同时兼具行政机构的属性。多地开始注重理顺乡镇政府和村民委员会的权责关系，如广西探索了乡镇“一办三中心”改革（设置党政综合办公室、产业服务中心、社会服务中心和政策法律服务中心），理顺基层政府与村委会权责关系的同时，进一步提高农村基层群众的参与，听取基层农民群众的实际需要，使基层政府的服务功能进一步体现，从而促进由理顺基层政府与村委会权责关系的阶段向理顺基层政府与基层群众服务内容的阶段转变，实现政府服务的本质目的。

（二）基层党组织建设

1. 基层党组织制度建设问题突出

基层党组织建设问题突出，弱化了党在基层工作方面的领导力，主要体现在以下几个方面：首先，基层党组织不能有效吸纳基层优秀青年，从而无法改善基层党组织成员年龄结构。部分地区，如广东三水，已经开展了无职党员设岗定责试点工作，以此提高基层党员对于乡村治理的参与程度，同时，也考虑到了因人设岗问题，但目前我国基层党员年龄结构普遍偏老，青年力量不足，因而因人设岗也不能完全发挥出当前基层党员的领导作用。这意味着需要相关政策提高对于基层年轻党员的吸纳与培养力度。其次，基层党组织制度建设不完善，不能发挥出制度本身的激励与约束作用。在制度激励方面，农村基层党组织党员考核体系普遍缺乏，由此，党员干部差异化薪酬待遇机制无法实行，激励作用也较为有限。在制度约束方面，在涉农财政资源快速增长背景下，农村基层党组织切实可行的经费审批制度和监督机制尚未建立，如何通过制度建设吸引及培养年轻基层党员，提高其参与基层治理的热情，并发挥出制度对于其权力的约束，实现激励与约束并举有待进一步探索。

2. 理顺基层党组织与村委会及党领导与村民自治之间的关系

这两者的关系需要通过行政规章或者法律条文的方式进行详细解释。这涉及两个问题，一是如何在村民自治基础上发挥党的领导作用；二是如何协调好农村基层党组织与村委会之间的关系。这两个问题的核心交点在于村民自治组织领导者的选拔，尤其当前村主任与村支书“一肩挑”现象较为普遍，其主要矛盾是谁先谁后的问题。如果由村民委员会选举产生村主任，则有可能村主任并不是党员；如果由党组织选举出合适的党员参选村主任，则有很多的优秀非党员能人落选。这一协调困境在我国较大范围内的乡村治理活动中较为普遍，因此需要政府出台相关解释或通过立法的方式理顺相关主体之间的关系。

（三）“三治”结合

法治和德治在乡村自治过程中需要以主体、客体和规则等为载体推动实施，是在乡村自治中各方主体内在的学习、实施及协调过程，是依法、依道德规范自我管理、自我教育和自我服务的过程，也是以法、以德在主体间的相互支撑、相互协调和相互制约的过程。因此，自治是以法治村和以德治村的载体，以法治村和以德治村是自治的手段和工具。这也就意味着“三治”共治治理模式的实现，首先要解决自治的问题，然后再谈及法治和德治谁先谁后的问题。自治在实践过程中突出了两个层面的理解，一是法律规定下的自治，也就是依法自治；二是行政规定下的自治，也就是依规自治。在第一个层面是没有问题的。例如 1982 年《中华人民共和国宪法》规定，自治可以界定为“在一定居住地的人民群众在基层党组织的领导下，建立群众自治组织依法进行自我管理、自我教育和自我服务”；再如，《村民组织法》规定“村民依法办理自己的事情”。也就是说，乡村自治是依法进行的，其权利的行使不可以与宪法和法律相抵触。重点在于第二层面行政规定下的自治。例如，基层政府与村委会的权责边界不清晰，就目前的实际状况而言，基层政府与村委会的关系十分微妙。首先，村民委员不属于行政单位一级，拥有自治权，但实际上却具有行政机构属性。《村民组织法》规定，“乡、民族乡、镇的人民政府对村民委员会的工作给予指导、支持和帮助，但是

不得干预依法属于村民自治范围内的事项。村民委员会协助乡、民族乡、镇的人民政府开展工作”。一方面，给予工作的指导、支持和帮助的范围不清晰；另一方面，协助基层政府开展工作的范围也不明确。基层政府怎么服务、怎样帮助等问题的理顺，实际上是对基层政府与村委会之间权责的进一步梳理。基层政府通过何种方式帮助和服务村委会在实践中存在模糊性，这也就意味着各地都在按照各自的理解处理基层政府与村委会之间的关系，由此呈现出多样性。

其次，在乡村自治中，法治和德治谁先谁后的问题。在基层实践中德治往往要先于法治。德治是具有传统文化的沿袭、易于被群众普遍认同和遵守的规范。德治的目的是用道德感化人，进而阻止“不教而杀”的危险，通过德治防止人们不知法而犯法的危险。事实上，在基层实践中，农民群众文化素质普遍不高，而法律条文却具有高度的抽象性，在实践过程中，法律推进较为困难；加之基层法律机构和组织力量较为单薄、辐射范围有限，因此，在广大农村地区，德治为先是符合实际的，而且易于被广大农民群众所接受，也易于实现乡村主体间的和谐。值得注意的是，法治是德治的支持，是在德治治理无效时的治理工具。

四　乡村治理共建共治共享的实施路径

迄今为止，以政府为主导推动乡村治理发展的路径仍是主流模式，虽取得了显著的成效，但是其产生的外部性也被学者们广泛关注，主要问题的交点在于政策与广大农村实际难有完全重合，表现为政策与实践的不统一。近年来，在我国东部及西部资源富集的乡村开始出现“富人治村”，并呈现具有一定改革乡村治理的态势，结合农民自主推动的乡村治理改革，围绕着政府、能人与农民，我国农村呈现出了三种典型的乡村治理实施路径的主体模式。虽然，三种模式各具优劣，但从总体判断，农民的主体地位都有被边缘化的趋势，表现为农民参与热情不高。党的十八届五中全会上，习近平总书记提出了共享发展的理念，指出“共建才能共享，共建的过程也是共享的过程。要充分发扬民主，广泛汇聚民智，最大激发民力，形成人人参与、人人尽力、人人都有成就感的生动局面”，这也为我国当前的乡村治理实施路径指明了方向，即以多元主体参与为主的以“共建共治共享”为发展理念的实施路径。这一路经，一方面克服了政府为主导模式所带来的政策与实践的分歧，另一方面也校正了学界目前对于“富人治村”现象的片面批评，最终呈现出以农民为主体促“人人参与、人人尽力、人人都有成就感的生动局面”，这也是习近平总书记“共建共治共享”社会治理理论引领乡村治理的过程。基于这一分析，本报告构建了一个乡村治理与共建共治共享相联系的实施路径，以期实现多元主体在乡村治理的发展中共建共治共享。

（一）以多元主体共建　全面推动乡村治理体系建设、农村基础设施建设和农村基本公共服务建设

单纯的农民自主路径具有不可行性，这由高度分散特征的小农本质弱性决定，难以实现乡村治理改革中的组织化、资本化与专业化，这意味着高度分散的农民与乡村治理体系建设的组织

化、农村基层设施建设的资本化与农村基本公共服务建设的专业相结合，结果往往是达不到预期的，农民自主路径有其内在的缺陷。政府主导的路径因投入的规模性、管理的复杂性、人员寻租等问题，使乡村治理改革易于呈现出面子工程与政绩工程，使改革效果不佳。富人主导路径虽然在乡村治理建设上具有独特优势，既满足了乡镇政府“悬浮”下需要能人争取项目的优势，又需要富人的人脉资源辐射乡村，但多数因其内在的逐利性而导致忽视农民利益的问题，使乡村治理成为自身利益转换的工具，如承包农村基础设施建设或是垄断村内资源获取垄断租金。共建意味着多元主体既要优势互补又相互制约共建乡村治理新格局。既要尊重农民自主发展的权利，发挥人民的创造力，也能发挥政府统领与制度构建，通过政府的统领提升农民在乡村治理中的自主制度创新，实现由下而上与由上而下过程相结合的制度构建，并在一定程度上克服富人的机会主义行为，实现对其乡村治理的正外部性。乡村治理改革是一项宏大的工程，涉及的面广、资金量大，组织程度高、专业化程度强，由政府、富人或是农民等单一主体主导力所不能及，客观上决定多元主体在乡村治理体系建设、农村基础设施建设和农村基本公共服务建设中需要全面参与和全面推动，是实现乡村治理改革目标的基础。

（二）以多元主体共治保障乡村治理体系建设、农村基础设施建设和农村基本公共服务建设

在治理层面，我国东部及西部少数地区出现的“富人治村”现象反映了一个事实，单纯的农民治理往往因其分散性需要具有权威性的领导者，从而使乡村治理出现凝聚力。而富人治村所形

成单边权威进而促成的霍布斯丛林会因其缺乏权力制衡而陷入零和博弈，富人在治理过程中获得的收益常常是基于农民收益的减少，而没有实现双方收益的帕累托改进；政府主导下的治理，往往不能与乡村治理表现出明显的边界，既容易使农民产生依赖形成家长式管理进而破坏村民自治制度，又易于引起乡村治理缺乏支撑而不能够有效实施。因而，通过优势互补，将政府、农民等主体整合形成多中心治理是必然趋势。多元主体共同治理的目的是保障乡村治理改革目标的顺利实施。农村基本公共设施建设和基本公共服务设施涉及的投入资金较大，带来的价格扭曲比较明显，这就会驱使某一主体在公共品市场与市场之间通过价格扭曲来寻租，易于滋生腐败，这是很明显的，因为在投入回报比较低的广大农村，寻找盈利机会不如寻租来得方便且快捷。这意味着多元主体的共治是建立在互信与互相监督的基础上，这就要求进一步地构建共治合作机制，减少信息的不完备与非对称所引发的道德风险与逆向选择，实现多元主体共治发展，进而保障乡村治理改革的既有成果。同时，多元主体共治必须坚持党的统一领导，这是由我国农村的基本组织制度决定，即党支部领导下的村民自治。党组织统揽，易于调动农村基层主体的积极性，破解“没人发展”“没物发展”和“没钱发展”难题，这是广西乡村治理实践获得的基本经验。

（三）以多元主体共享为乡村治理建设提供持续动力

个体追求自我利益，必然引发对于集体利益的侵犯，这是经济学“理性人”假设的体现，在缺乏有效的制度情况下，个体追求自我利益最大化必将使多元主体的结盟走向解体，所以在构建多元主体参与乡村治理的路径的过程中需要对利益共享机制进行设计，激励多元主体持续不断地对乡村治理建设进行投入。激励的方式不一定非要是物质激励的，也可以是尊重、融洽的工作环境等非物质激励，这意味在共享集体收益时不必要等到蛋糕做大后再分，可以在合作初期采用非物质性激励作为代替，实现对于多元主体的激励。值得注意的是，构建多元主体利益共享机制是建立在多元主体共治的基础上，否则会出现激励无效的情况。可以预见的是，在缺乏有效的多元主体共治的情况下，农民的“道德风险”、官员的寻租、富人的要挟，都会伴随利益分配的过程呈现出来并加剧，带来不易调和的矛盾，破坏多元主体的共建。总之，多元主体的共建共治是一个统一体，需要有效协调。

五　对策与建议

随着经济社会的持续发展与变迁，在新的历史背景下，乡村治理有效首先要维护党在农村基层社会治理中的领导核心地位，在此基础上，厘清政府与村民自治组织职责，同时注重法治的主导作用，通过党的领导与自治、法治、德治的有机统一，实现乡村治理的现代化。

（一）切实维护党在农村社会基层治理中的核心地位

基层党组织是“三治”主体的重要组成部分，要注重党在农村基层“三治”中的执政方式，切实维护党在农村基层治理中的领导核心地位。党的十九大报告指出，“坚持党对一切工作的领导”，体现了农村基层党组织对于农村事务的领导地位。如何充分发挥基层党组织在“三治”实践中的领导核心作用？习近平总书记在党的十九大报告中，提出“打铁还须自身硬”，这意味着首先要加强基层党组织建设。从调研的实际情况来看，在加强基层党组织建设时，要注重激励，更要重视约束，达到激励与约束并举；在突出党员先锋模范作用的同时，更要把“权力关进牢笼”。既要通过党组织“星级化”管理和党员积分制度，实现党组织有效运行，履行党员义务，也要通过考评实现与绩效相联系，设计切实可行的党组织办公经费审批制度和党员干部报酬待遇增资制度。其次，要注重基层党组织的执政方式的实现形式。在处理基层党组织与市场之间的关系时，做到自身“法无授权不可为”，让市场主体“法无禁止即可为”，达到放管结合，实现法治下兜底，党组织统揽，调动农村基层主体的积极性，为农村经济的发展不断注入新动力。坚持党组织统揽发展村级集体经济，积极探索“党支部 + 公司 + 合作社 + 农户”发展模式，通过党组织引领，依据乡村规划，引进龙头企业，破解“没人发展”“没物发展”和“没钱发展”难题。在面对基层党组织与乡风文明建设之间的关系时，通过基层党组织领导促进以规立德、以文养德和乡风文明的德治建设体系，纠正“信访不信法”、“大闹大解决，小闹小解决，不闹不解决”、知法犯法、赌博滋事等道德滑坡现象。在面对基层党组织与村级公共服务关系时，通过自身组织，克服基层政府在村级公共服务管理上的缺位，提升服务，充分发挥村级公共服务场所功能（如妇女之家、儿童乐园、农村书屋等)，满足农村居民现实需求。

(二) 理顺基层政府与村民自治组织权责关系

依法理顺基层政府与村民自治组织权责，注重基层政府服务支撑作用的发挥，通过政府服务精准化，满足乡村治理中农民群众实际需求。根据《村民组织法》的相关规定，“乡、民族乡、镇的人民政府对村民委员会的工作给予指导、支持和帮助，但是不得干预依法属于村民自治范围内的事项。村民委员会协助乡、民族乡、镇的人民政府开展工作”。然而，在实践过程中，很难理顺乡、民族乡、镇基层政府与村民委员会的权责关系，同时，由于各村村民委员会的组织能力的差异，有些村委会在调节民间纠纷时往往出现心有余而力不足的状况，导致村民自治不能有效实现。例如，广西在治理实践过程也面临着这一重要问题。多个地方开始注重理顺乡镇政府和村民委员会权责关系，探索了乡镇“一办三中心”改革（设置党政综合办公室、产业服务中心、社会服务中心和政策法律服务中心)。下一步，在理顺基层政府与村委会权责关系的同时，可进一步提高农村基层群众的参与，听取基层农民群众的实际需要，使基层政府的服务功能进一步体现，从而从理顺基层政府与村委会权责关系的阶段，向理顺基层政府与基层群众服务内容的阶段转变，实现政府服务的本质目的。

(三) 注重法治在农村基层社会治理中的主导作用

在全面依法治国的时代背景下，乡村治理有效的实现尤其要树立法治思维，注重法治在农村基层社会治理中的主导作用，建设“法治乡村”。“三治”实践中，既要注重德治的基础作用、实现群策群力，同时也要与国家治理现代化的方向保持一致，充分发挥法治在农村基层社会治理的主导性作用。要充分认识到法治是农村基层治理活动的前提，要注重引导广大农村基层干部群众在化解基层矛盾时要尽量依靠法律的方式来解决。此外，法律机制的应用不能否定德治在农村基层治理中的重要性，二者要相互支撑，合二为一。

参考文献

丁志刚:《如何理解国家治理与国家治理体系》,《学术界》2014 年第 2 期。

“十四五”时期数字乡村建设的战略思路、重点任务与实施路径

崔 凯*

摘 要： 报告结合世界农村数字化转型的趋势，对“十三五”时期中国数字乡村发展现状和问题进行总结。提出“十四五”时期数字乡村建设应以“自生、连通、共享”为发展理念，以数字基础、数字经济、数字生活和数字治理等为基本内容，遵循应用普及、产业融合、便捷普惠、精准管理、持续发展的方向，重点任务是加快网络基础设施建设，推动乡村数字经济发展，优化生活服务数字环境，完善农村生态保护手段，培育乡村自生发展能力。为实现数字乡村重点任务，要在设立专项资金、培育人才队伍、强化科技协同、完善考核评价等方面出台相关保障措施。

关键词： “十四五”时期 数字乡村 战略思路 重点任务

---

* 崔凯，管理学博士，中国社会科学院农村发展研究所助理研究员，主要研究方向为农业农村信息化。

The Strategic Thinking, Key Task and Implementation Path for Promoting Digital Village Construction during the 14th Five - year Plan Period

Cui Kai

Abstract: This report summarizes the current situation and problems of China's digital village development in the 13th five - year plan period by combining the trend of the world's agricultural and rural digital transformation. In 14th five - year period, digital village construction should base on the development ideas of "spontaneous, connecting, sharing", taking on digital infrastructure, digital economy, digital life and digital governance as the basic content. Following the directions of application popularization, industry integration, service inclusive, Precise management and sustainable development, the key task should be carried out to accelerate the construction of network infrastructure and data resources system, promote the development of rural digital economy, optimize the digital environment of basic public services, improve measures for rural ecological protection, cultivate rural independent development ability. In order to realize the key tasks of digital village, relevant safeguard measures should be introduced in terms of setting up special funds, cultivating talent teams, strengthening technological cooperation, and improving assessment and evaluation.

Key Words: the 14th Five - Year Plan　Digital Village　Strategic Thinking　Key Task

中国是较早将数字技术与农村发展进行统筹规划的国家，已初步搭建起数字乡村政策支持体系，这是具有国际前瞻性的战略举措。国内数字乡村建设刚刚起步，为引领国际前沿，助力乡村振兴，需要在“十四五”期间抓紧落实相关政策，通过大力推进数字乡村来奠定农业农村数字化发展的良好基础。对此，本报告基于“十三五”规划数字乡村发展情况，提出“十四五”规划推进数字乡村建设的战略思路、实施路径与重点任务等，为深入落实数字乡村发展战略，提供决策参考。

一　世界农村数字化发展趋势

数字技术以前所未有的速度和规模改变经济社会活动，面对新的历史机遇，各国纷纷将数字经济作为推动经济增长和可持续发展的重要动力。2018 年全球主要国家数字经济快速增长，其中，美国、中国、英国、德国、法国、韩国、印度等 9 个国家数字经济增长对GDP增长的贡献率超过50%，[①] 美国、中国数字经济规模位列全球前两位，引领全球步入数字文明时代。

各国数字化进程中的一个重要表现，是农村数字化的转型相对较慢。从数字经济的产出视角，中国信息通信研究院对47个国家测算的结果表明，2018年，大部分国家服务业数字经济占比在10%—30%，近半数国家工业数字经济占行业增加值比重超过10%，而绝大部分国家农业数字经济占行业增加值比重低于10%，仅有12个国家农业数字经济占比超过10%，中国为7.3%，略高于澳大利亚、加拿大、意大利等发达国家[②]（见图1）。

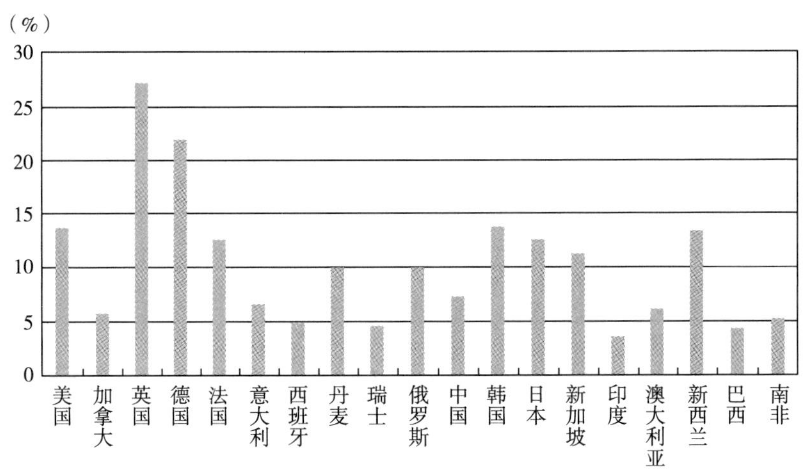

图1　2018年世界主要国家农业数字经济占行业增加值比重

资料来源：笔者根据中国信息通信研究院《全球数字经济新图景（2019年）》报告整理而成。

---

① 中国信息通信研究院：《全球数字经济新图景（2019年）》，http://www.szzg.gov.cn/2019/szzg/gzdt/201910/t20191011－5042040.htm，2019年10月。

② 中国信息通信研究院：《全球数字经济新图景（2019年）》，2019年10月。

近年来，许多国家和地区都开始大力扶持并推动农村的数字化转型发展，在政策制定中充分关注智慧农业、大数据平台建设、电子商务、人工智能等国际前沿领域（见表1）。如美国加大投入改善农村通信设施和宽带服务质量，日本加快包括农业机器人在内的智慧农业技术研发和应用。欧盟于2017年开展智慧乡村行动，该行动提出智慧乡村的概念、支持计划和实施措施等，并指导欧盟各国形成了若干典型发展模式。

表1　部分国家和地区推进农村数字化的重点领域

国家和地区	推动部门	战略举措	支持重点
美国	美国农业部	农村宽带再连接计划（Broadband ReConnect Program）	加大农村宽带方面的投资、贷款规模，改善网络服务，更新连接和接入设备
欧盟	欧盟委员会	智慧乡村行动（Action for Smart Villages）	持续提供农村服务，应对农村人口减少。强化城乡连接，推动农村的数字化、低碳转型
英国	英国农业、环境和农村事业部	农村白皮书行动计划（Rural White Paper Action Plan）	提高农村地区高速宽带可达性和可承担性
德国	德联邦食品和农业部	联邦乡村发展计划（Federal Rural Development Scheme）	扶持基层乡村数字化创新应用项目，利用数字化产品应用来改善乡村的生产生活
日本	日本农林水产省	推进智慧农业	推进自动作业机器人、远程控制等智能装备的市场化应用，建立农业大数据平台（WAGRI）
澳大利亚	澳大利亚农业、水和环境部	农村研发盈利计划（Rural R&D for Profit）	通过机器人、大数据、精准农业等技术的采用，强化食物供应链环节中的生产、过程和应用创新

续表

国家和地区	推动部门	战略举措	支持重点
印度	印度农业与农民福利部	国家农业数字管理计划(NeGP – A)	推进各类网站、应用程序等的开发，强化信息服务系统在农业价值链中的作用，建立农民服务热线

资料来源：根据相关政策文件整理：美国农业部，https：//www. usda. gov；欧盟农村发展网，https：//enrd. ec. europa. eu；英国农业、环境和农村事业部，https：//www. daera – ni. gov. uk；德国联邦食品和农业部，https：//www. bmel. de/EN/Homepage/homepage_ node. html；日本农林水产省，https：//www. maff. go. jp；澳大利亚农业、水和环境部，https：//www. agriculture. gov. au；印度农业与农民福利部，http：//agricoop. nic. in 等。

从主要国家的政策支持重点来看，农村数字化发展重点聚焦在网络服务质量、大数据开发利用、农业生产能力、农产品供应链管理、数字生活服务等领域。其中，网络设施连通和服务质量提升是农村数字化的基础条件，农业物联网、智能机器人、大数据平台等的应用，是乡村产业数字化的重要方向，帮助农民自主应用数字化技术，实现对村庄的经营管理，加快数字红利普惠共享，是各国乡村农业农村数字化的最终目的。

二 “十三五”期间中国数字乡村发展情况

大数据、云计算、物联网、区块链、人工智能等数字技术开始在农村地区推广应用，反映出乡村发展方式与增长动能正历经转变。顺应国内外技术前沿，中国提出“数字乡村”战略思路，将数字技术与农村发展进行统筹规划。成为促进乡村振兴、建设数字中国的重要举措。在政策指引下，各地积极谋划和布局，中国已开启乡村数字化转型的道路。

（一）推动数字乡村发展的政策不断完善

近年来，数字乡村得到党中央和有关部门的高度关注和重视，成为农村发展热点。2018 年中央一号文件首次提出数字乡村战略，2019 年中央一号文件将数字乡村战略作为产业振兴的重要抓手，进一步突出数字化在农村产业发展过程中的支撑作用。2020 年中央一号文件提出加快物联网、大数据、区块链、人工智能、第五代移动通信网络、智慧气象等现代信息技术在农业领域的应用，开展国家数字乡村试点。与此同时，国务院、农业农村部等各级部门相继出台专项政策文件，如《数字乡村发展战略纲要》《数字农业农村发展规划（2019—2025 年）》等，进一步明确数字乡村建设的目标、任务、技术体系与重大工程等，围绕数字乡村建设的顶层设计与政策框架已初步形成（见表 2）。

表 2　关于数字乡村的相关文件与措施

发布时间	发布部门	文件名称	部分措施
2018 年 1 月	中共中央、国务院	《中共中央、国务院关于实施乡村振兴战略的意见》	实施数字乡村战略，做好整体规划设计，加快农村地区宽带网络和第四代移动通信网络覆盖步伐
2019 年 2 月	中共中央、国务院	《中共中央　国务院关于坚持农业农村优先发展做好“三农”工作的若干意见》	加强国家数字农业农村系统建设、依托“互联网 +”推动公共服务向农村延伸

续表

发布时间	发布部门	文件名称	部分措施
2019 年 5 月	中共中央、国务院	《数字乡村发展战略纲要》	加快乡村信息基础设施建设，发展农村数字经济，强化农业农村科技创新供给，建设智慧绿色乡村，统筹推动城乡信息化融合发展等
2019 年 12 月	农业农村部、中央网络安全和信息化委员会办公室	《数字农业农村发展规划(2019—2025 年)》	全面提升农业农村生产智能化、经营网络化、管理高效化、服务便捷化水平
2020 年 1 月	中共中央、国务院	《中共中央　国务院关于抓好“三农”领域重点工作确保如期实现全面小康的意见》	加快物联网、大数据、区块链、人工智能、第五代移动通信网络、智慧气象等现代信息技术在农业领域的应用。开展国家数字乡村试点
2020 年 5 月	农业农村部	《2020 年农业农村部网络安全和信息化工作要点》	大力实施数字农业农村建设，深入推进农业数字化转型，扎实推动农业农村大数据建设，全面提升农业农村信息化水平
2020 年 5 月	中央网络安全和信息化委员会办公室等四部门	《2020 年数字乡村发展工作要点》	推进乡村新型基础设施建设、推动乡村数字经济发展、加强数字乡村发展的统筹协调等

资料来源：笔者根据相关文件整理。

从我国近期的政策导向看，数字农业农村发展将迎来良好发展机遇。建设数字乡村，就是要把握新形势和新机遇，通过数字化革命改造传统乡村，推动农业农村的数字化转型。未来加快数字乡村建设，不仅是顺应全球农业新趋势、跨域城乡数字鸿沟，推动数字普惠的需要，更是引领农业农村转变发展方式、激活增长潜能、提升乡村社会治理能力（彭超，2019）的重要手段，对于大力推进数字中国建设，深入实施乡村振兴战略，促进农业农村高质量发展有积极意义。

（二）乡村数字化转型的表现

1. 乡村数字基础环境不断完善

农村地区网络环境改善，为数字技术和服务产品的应用推广奠定了基础。截至2018年年底，中国行政村通光纤比例已提升至96%，4G网络覆盖率达95%，贫困村通宽带比例提升至97%，[①]提前实现《“十三五”国家信息化规划》提出的宽带网络覆盖90%以上贫困村的目标。农村网络应用水平稳步提高，2018年农村居民家庭平均每户移动电话拥有量2.57部，已经略高于城镇居民，较2015年增加0.31部。[②]截至2020年3月，中国农村网民规模2.55亿，占全国网民整体的28.2%。[③]农村信息服务载体数量不断增加，截至2019年8月，全国建成村级益农信息社29万个，累计培训村级信息员62.5万人次，[④]覆盖全国近一半的行政村。

2. 数字技术在农业加快试验和推广

以物联网、人工智能、大数据、区块链、5G等为代表的数字技术向生产、加工、流通、市场等农业全产业链加快渗透，成为提高农业附加值，加快农业现代化的重要手段。“十三五”初

---

① 农业农村信息化专家咨询委员会：《中国数字乡村发展报告（2019）》，http://www.SCS.moa.gov.cn/gzdt/201911/t20191119_6332027.htm，2019年11月。

② 《中国统计年鉴（2019）》，中国统计出版社2019年版。

③ 中国互联网络信息中心（CNNIC）：《第45次中国互联网络发展状况统计报告》，http://www.cac.gov.cn/2020-04127/c_1589535470378587.htm，2020年4月。

④ 农业农村信息化专家咨询委员会：《中国数字乡村发展报告（2019）》，2019年11月。

期，国家物联网应用示范工程就在全国范围内总结推广了426项节本增效农业物联网软硬件产品、技术和模式。[①] 在大田作业环节，卫星导航、农场物联网、温室感知监控等技术在农垦地区的应用效果良好，在农产品流通环节，生猪、苹果、茶叶等农产品全产业链大数据建设正在推进，国家级农产品质量安全追溯管理信息平台开始推广。2018年实现农产品质量安全追溯的农产品交易额占农产品交易总额的10.7%。[②] 国内大型农业企业、互联网巨头等纷纷加大知识、信息、数据等关键要素的对农投入，农业农村数字技术支持和解决方案不断完善。

3. 乡村数字经济展现出巨大发展潜力

产业数字化和数字产业化是数字经济的重要体现。农业产业数字化方面，“人工智能（AI）+农业”领域的市场规模为1.9亿元，预计到2025年达到15.7亿元。[③] 另据预测，到2020年中国智慧农业潜在市场规模将达到267.61亿元。[④] 数字产业化方面，电子商务成为农村新产业新业态的亮点。2018年全国农村网络零售额达到1.37万亿元，同比增长30.4%，全国农产品网络零售额达到2305亿元，同比增长33.8%[⑤]，全国县域农产品、农产品加

---

① 农业部（现农业农村部）：《“十三五”全国农业农村信息化发展规划》，http://jillban.moa.govcn/zwlim/tzgg/tz/201609/t20160901-5260726.htm，2016年8月。

② 农业农村部信息中心：《2019全国县域数字农业农村发展水平评价》，http://www.moa.gov.cn/xw/zwdt/201904/t201904206212074.htm，2019年4月。

③ 艾瑞咨询研究院：《2019年中国人工智能产业研究报告》，http://report.iresearch.cn/repwrt/201906/3396.shtml，2019年。

④ 前瞻产业研究院：《中国互联网+智慧农业趋势前瞻与产业链投资战略分析报告》，https://bg.qianzhan.com/report/detail/e9c83de158844432.htm。

⑤ 商务部2019年2月21日例行新闻发布会，http://www.scio.gov.cn/xwfbh/gbwxwfbh/xwfbh/swb/Document/1647547/1647547.htm。

工品及农业生产资料网络零售额为 4018 亿元。[①] 数字经济为农业农村带来新的发展动力，近年来增长强劲，未来发展势头向好。

4. 数字化驱动农村生活服务环境改善

为加快数字技术和产品的渗透，丰富农村居民生活，普及公共服务，农业农村部大力推进益农信息社建设。截至 2019 年 8 月，全国建成村级益农信息社 29 万个，为农民和新型农业经营主体提供公益服务 7112 万人次，开展便民服务 2.22 亿人次。浙江省率先开展数字乡村建设试点，推进信息管理、电子商务和公共服务等服务在农村地区的普及。上海宝山区、浙江象山县、湖北秭归县等地积极利用互联网技术，开展线上议事、考评、办事等，促进农村社区治理创新。在各级政府的大力推动下，乡村数字服务环境不断健全，农民数字生活质量明显提高。

（三）数字乡村建设中存在的主要问题

1. 数字产品在农村生产生活中的应用不足

国内农产品大数据、农村基础数据资源体系建设刚起步，大数据的采集需要过程，其价值还有待挖掘。就农业生产环节而言，许多数字化产品的投入成本高、操作难度大，如传感器等智能设备要求定期维护，难以在一般农户中得到推广。生活服务领域来看，移动支付、共享出行、数字金融、远程教育等数字产品在农村地区的渗透率还有待提高，在线服务还远不能满足农村地区需求，覆盖范围需要扩大。

① 农业农村部信息中心：《2019 全国县域数字农业农村电子商务发展报告》，2019 年 4 月。

2. 农村数字产业化难度较大

涉农数字化核心技术的自主创新能力不足，如人工智能、机器视觉、深度学习等前沿数字技术，主要停留在生产试验示范中，加之围绕数字技术应用的产业配套和服务缺失，导致数字产品对农业作业环境的适应性不强，数字化产品能够市场化推广的较少。同时，在农业数字技术的研发、推广和服务等方面，市场主体参与度不够，政府、企业、研究机构间的合作方式需要进一步创新。

3. 数字化专业人才缺失

建设数字乡村的建设需要专业化人才队伍，2018 年中国数字经济为第一产业提供 1928 万个就业岗位，占第一产业从业人员的 9.5%。[①] 虽然农村地区数字经济有巨大潜力，但由于农民自身网络技能、文化水平和参与意愿的不足，限制其通过数字服务、新产业就业和社交参与等获得收入的机会。根据农业农村部（原农业部），2016 年年末，全国农村实用人才仅占乡村就业人员总数的不足 5%，2015 年全国乡村 6 岁及以上人口平均受教育年限不足 8 年[②]，需要进一步加大人才培养，适应数字经济发展。

4. 网络基础条件落后

2018 年农村地区互联网普及率为 38.4%，低于城镇地区 36.2 个百分点[③]，城乡数字鸿沟依然明显。虽然村庄基本实现网

① 中国信息通信研究院：《中国数字经济发展与就业白皮书（2019 年）》，2019 年 4 月。

② 资料来源：http：//marx. cssn. cn/dzyx/dzyx_ kygz/201801/t20180110_ 3809676_ 2. shtml。

③ 中国互联网络信息中心（CNNIC）：《第 43 次中国互联网络发展状况统计报告》，2019 年 2 月。

络覆盖，但有不少家庭和经营主体还没有覆盖，制约了数字技术的应用普及。网络服务质量问题也不容忽视，许多农村地区存在4G网络信号差、上网资费贵情况。特别是在中西部地区和偏远农村，由于宽带建设和运行维护成本非常高，企业投资回报低，提高农村地区网络服务质量的市场激励不足，导致农村网络布局进度缓慢。

5. 数字乡村建设缺乏标准

中国已对数字乡村进行了战略部署和超前谋划，但建设标准和实施方案等具体内容，在相关政策中尚未明确。导致的突出问题是要建设什么样的数字乡村，或者说具备什么样的条件可称为数字乡村，这方面并没有可参照的建设标准。鉴于国内数字乡村建设刚刚起步，多地对于数字乡村建设缺乏整体构思，对数字技术在农村应用的关键领域还缺乏了解，亟须通过开展数字乡村标准体系建设工作来进行规范和引导。

三 “十四五”时期推进数字乡村建设的战略思路

综合国际发展经验，从数字乡村发展形势与存在问题出发，展望“十四五”时期，提出数字乡村建设的战略思路、基本理念和架构设计，把握数字乡村建设总体方向。

（一）战略思路

“十四五”时期推进数字乡村建设，要以推动数字技术在乡村经济社会发展中的全面渗透为方向，以“自生、连通、共享”为发展理念，围绕数字基础、数字经济、数字生活和数字治理四个主要领域，遵循应用普及、产业融合、服务普惠、持续发展的发展方向，制定标准、因地制宜、分类推进，兼顾优先领域与薄弱环节，统筹外部扶持与内生发展，加快网络基础设施与数据资源体系建设，推动乡村数字经济发展，优化基层公共服务数字环境，培育乡村自生发展能力，用数字化引领农村高质量发展，为实现乡村全面振兴提供有力支撑。

（二）基本理念

按照“自生、连通、共享”的发展理念，以数字技术广泛应用为基础，建设持续自主发展、要素互联互通、村民广泛参与的数字乡村，不仅体现乡村的技术变革，还表现为社会结构、关系等的变化和重构（师曾志等，2019）。

一是自生，即持续自主发展。村庄作为个体而言，应具备自我解决问题、持续发展的能力。这种能力建立在数字技术赋能的基础上，使数字乡村能够能动性地在自我更新中实现持续运转。

二是连通，即要素互联互通。以数据为关键生产要素，通过物联网、区块链、电子商务、人工智能等应用，实现生产、经营、管理、服务等全要素的优化配置，形成农村各类要素和资源相互融通、密切联系的复合型利益共同体。

三是共享，即村民共建共享。通过数字乡村建设，加强村民间的广泛互动，调动村民共建共享的积极性和主动性，让村民成为数字乡村建设的主体。同时借助网络化管理手段，更好地实现集体决策与村民自治。

（三）架构设计

根据“十四五”时期推进数字乡村建设的战略思路，按照数字乡村建设“自生、连通、共享”的发展理念，针对数字基础、数字经济、数字生活和数字治理四个主要领域，结合应用普及、产业融合、服务普惠、持续发展四大重点方向，设计数字乡村建设理念与整体架构如图 2 所示。

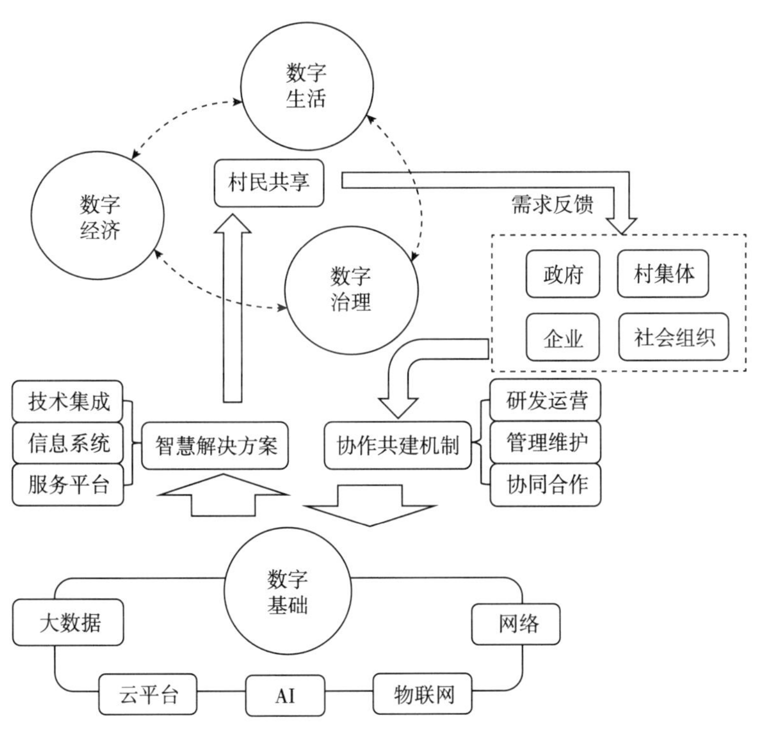

图 2　数字乡村建设理念与整体架构

首先，数字乡村应以健全和完善的数字基础为前提，包括以 5G、人工智能、大数据中心、物联网等为代表的“新基建”。数字基础提供了数据采集、处理，以及村庄智能感知环境，为农村发展提供整体的数字化、智慧化解决方案，包括技术集成应用和推广，资产资源信息管理和各类平台支持。

其次，数字乡村带来的技术普惠，渗透到社会经济发展各个领域，通过数字产品的广泛应用，农村居民可以充分享受数字经济、数字生活和数字治理等各方面红利，并随时结合个性化体验和实际需要，借助网络、平台等数字载体，向政府、企业、社会组织、村集体等数字建设投资和运营主体反馈用户需求。

再次，政府、企业和各类组织等建立协作共建机制，负责数字技术和产品的研发、运营和维护等，并积极引入社会主体，扩大参与合作的领域。多主体协作并发挥整体决策优势，结合村民需求反馈，不断完善数字基础，提高解决方案的时效性和精准性。

最后，随着数字基础的环境改善，数字产品应用和普及水平提高以及各方互动机制的强化，村庄数据连通、要素连通和主体连通的格局进一步优化，形成利益相关方与村民共建共享的氛围，数字乡村展现为自我循环、自我感知、自我完善的持续运行系统。

围绕数字乡村建设的思路、目标和总体架构，在实施路径上，要因地制宜分类推进，通过制定标准体系来规范建设方向，统筹优先领域与薄弱环节，将专项扶持与自主发展相统一。在重点任务上，要遵循应用普及、产业融合、服务普惠、持续发展的方向，加快网络基础设施与数据资源体系建设，推动乡村数字经济发展，优化基层公共服务数字环境，培育乡村自生发展能力四个方面。

四 “十四五”时期推进数字乡村建设的目标与重点任务

“十四五”时期数字乡村建设的主要目标，应包括乡村网络基础设施提质升级，乡村数字经济发展水平持续提高，农民数字生活更加丰富和乡村数字服务与治理水平明显改善。针对这些目标，要优化网络基础设施，推动乡村数字经济，优化生活服务数字环境、加强生态资源保护与管理、培育乡村自生运行能力等。

（一）主要目标

到2025年，数字乡村建设取得重要进展。农村网络基础设施提质升级，城乡“数字鸿沟”明显缩小。乡村数字经济发展水平持续提高，呈现数字化带动第一、第二、第三产业融合趋势。农民数字生活更加丰富，数字化产品使用进一步普及。村庄服务和治理水平得到优化提升，乡村数字治理体系日趋完善。通过“十四五”时期的发展，数字乡村建设的扶持政策和标准体系基本确立，实践基础不断巩固，乡村自生发展能力显著增强，要素流通水平和村民参与程度全面提高，成为实施乡村振兴战略的典范。数字基础、数字经济、数字生活和数字治理四个主要领域的具体目标如下：

一是乡村网络基础设施提质升级。到2025年，农村互联网普及率达70%，全部行政村实现光纤通达和4G网络覆盖，5G网络创新应用。农村电信服务供给质量全面提升，网络信号质量明显改善。

二是乡村数字经济发展水平持续提高。“十四五”期间，应用物联网、大数据、5G 等数字技术的农业经营主体数量显著增加，农村“互联网 +”旅游，电子商务等新业态的经济增长规模逐年递增，农产品网络零售额占农产品总交易额的比重达到 15% 以上。

三是农民数字生活更加丰富。“十四五”期间，农村智能手机普及率大幅上升，农村家庭对于智能设备、软件等各类生活类数字化产品和服务的支出比例逐年增加，在线医疗、教育、保险等数字化服务产品在农村地区的用户数量稳步提高。

四是乡村数字服务与治理水平明显改善。“十四五”期间，村级信息服务体系建设稳步推进，大部分城郊融合类村庄实现村级事务网上运行和在线发布。形成一大批建有电子商务大数据、产权大数据、人居环境大数据等各类信息平台的示范村庄。

（二）重点任务

1. 以应用普及为方向，加快网络基础设施建设

改善信息服务质量，实现农户对于网络基础设施的接入和共享。一是着力提升光纤宽带渗透率和接入能力，提升 4G 网络服务质量，推进 5G 网络的同步商业化应用。针对落后地区，要加快网络信号覆盖，试行对低收入家庭的网络资费优惠，真正让互联网连接到农户，让数字技术可获得。二是充分考虑不同农村地区的需求，建立健全村级资源资产数据采集体系，发挥各类平台、网站、软件等信息服务系统在连通资源，管理和指导村级事务中的作用。

2. 以产业融合为方向，推动乡村数字经济发展

推动农业产业链数字化，实现乡村第一、第二、第三产业融合。一是大力发展智慧农业，以不同产品、不同产业环节的重点技术需求为导向，加快基础数据资源采集，推动数字技术向全产业链、全品种渗透。二是持续推进农村电子商务发展，完善电商服务体系，通过市场运营整合产品资源，统筹本地电商平台与主流电商平台业务。三是健全产后配套服务，建立数字设备长效管护机制，探索数字产品的商业化、市场化推广模式，积极培育数字化关联产业。

3. 以便捷普惠为方向，优化生活服务数字环境

拓展数字技术在生活服务、农村治理等方面的应用。一是借助信息平台开发建设，加强村与上级部门联动，以及乡村间的互动，通过发挥大数据在基层党建、领导和监督中的作用，提升乡村治理数字化水平。二是深化政府、企业与公共服务部门间的合作，实现农村教育、医疗、信贷、保险等的便捷化，推动惠民在线化公共服务普及。三是利用媒体资源，整合新闻资讯大数据，做强主流媒体，净化媒体空间，宣传推广优质网络文化。

4. 以精准管理为方向，完善农村生态保护手段

加快建设生态保护数字化应用体系，各地可结合美丽乡村建设、人居环境整治、村改厕等行动，开展相关数据的定期监测和收集，形成环境治理数据库，鼓励对环境治理数据的挖掘和商业分析。针对农业面源污染，要借助数字技术推进对于水源地、养殖厂、生产生活垃圾处理点等的远程监控，建立针对粪便、秸秆等废弃物的长期观测制度，提升农村生态环境监管能力。

5. 以持续发展为方向，培育乡村自生运行动力

一是形成农民主动参与建设的氛围。从地区需求出发，加快信息系统和软件产品的应用推广，充分发挥企业、园区对于生产基地的带动作用，激活农民应用数字技术的主动性。二是加大信息化应用方面的培训力度，打造针对不同业务需求的多层次、多类型专业人才培养体系。三是借助数字技术优化农村地区信息传播体系，推广低成本、易用的服务系统和服务终端，强化农村居民对于数字技术、产品、文化的认识，提高对农户信息传播的可及性。

五　实施路径与保障措施

根据“十四五”时期推进数字乡村建设的思路、目标和重点任务，从四个方面设计数字乡村建设的实施路径，并进一步围绕设立专项资金、培育人才队伍、强化科技协同、完善考核评价等方面提出相关保障措施。

（一）实施路径

1. 因地制宜和分类推进

发达国家特别是欧盟各国的实践表明，乡村数字化、智慧化的内涵广泛，可满足村庄发展的不同需求。中国各地乡村发展面

临的问题复杂多样，通过数字化转型来打造比较优势，必须综合考虑各地数字化基础和经济社会发展条件。鼓励各地通过先行先试，立足自身条件，制定建设目标和任务，发挥典型示范和带动作用。对于不同类型的村庄，根据数字技术的需求和应用情况，采取差异化的推进策略。

2. 遵循建设标准以规范发展

明确数字乡村建设的顶层设计，应综合机制体制创新与数字技术应用两大方向，重点围绕数字乡村建设的架构、标准、任务、路径等内容，按照数字基础、数字技术、数字产业、数字生活、数字治理等方面，进行总体框架设计和建设标准制定。建设标准要以现有行业和地方标准为基础，既要有统一方案，又要借鉴不同地区发展经验补充完善。充分考虑村集体、企业、村民等不同主体的意见，发挥基层党组织的决策和带动作用。

3. 兼顾优先领域与薄弱环节

各地要明确数字乡村建设优先发展领域，围绕优势产业发展、民生保障与服务、村庄治理等方面，探索数字技术和现代管理模式的示范应用，做到有的放矢和重点推进。重点关注落后地区乡村数字化进程，全面改善网络设施条件，扩大互联网覆盖人群，补足数字乡村建设短板。支持企业拓展业务，加大对边远地区数字技术产品的应用示范。鼓励基层组织通过数字化手段开展减贫工作，逐步缩小城乡、区域间的数字鸿沟。

4. 统一专项扶持与自主发展

加大对数字乡村建设的投入力度，对参与网络基础设施运行和维护的市场主体进行专项扶持与补贴，对涉及政务、教育、医疗、保险等公共服务的数字化项目，要给予资金倾斜。依托专项扶持，数字乡村建设形成可持续的自主发展能力，要结合市场需求，大力开发农村电商、智慧物流、智慧旅游等市场化运作项目，吸引社会力量广泛参与，积极引入运营服务商、互联网企业、金融机构、公益组织等主体，完善利益分配机制。

（二）保障措施

1. 设立专项资金

各级财政和有关部门可以结合数字乡村发展重点，通过专项扶持来完善乡村数字化基础支撑，有针对性地设立专项资金。特别是要为符合条件的物联网、传感器、智能监控等数字化设备的普及提供补贴，为吸引数字人才返乡提供就业支持，创业补贴、项目贷款等。要健全政府和社会资本合作机制，可以采用特许经营、股权合作、政府购买服务等方式，引导工商资本、金融资本等投入数字乡村建设中，对资金的使用形成常态化考核。加强对财政扶贫资金项目的常态化督查检查和跟踪管理。

2. 培育人才队伍

分类推进数字人才培训，面向不同类型的人才需求，就人工智能、物联网、大数据服务、电子商务等领域，在地方高校、职业院校中设立专门课程和专业，通过校企联合办学模式培育实用型人才。各地要积极借助外部资源，加大数字专业人

才的引进力度，打造数字乡村科技人才和管理团队。加大基层宣传力度，充分借助农业社会化服务组织、农业技术推广体系等，提高村干部、新型经营主体及广大农户的数字技术应用和管理水平，强化农民对于数字技术应用的意识，树立数字新理念。

3. 强化技术协同

地方政府与相关部门要积极协调企业、院校和科研部门等各方资源，针对不同农村地区的需求特点，共同开展亟须技术攻关，鼓励各类社会服务主体和组织参与到数字产品的开发和推广中。探索和建立跨区域协作机制，围绕农业农村云平台建设、涉农网站开发建设、农产品全产业链大数据建设等，推进各涉农部门之间、区域之间的共建共享。充分开发利用已有信息平台功能，加快农业农村数据资源协同管理。

4. 完善考核评价

加强上级统筹和集中管理，在国家层面根据数字乡村建设的目标任务和实施周期，形成长期监督和实施效果评价机制。要及时总结经验并优化顶层设计，在省部级层面出台奖励措施和激励方案，鼓励各地开展数字乡村建设标准的研制、改进与完善工作。各地主要负责部门应围绕数字基础、数字技术、数字产业、数字生活、数字治理等方面，因地制宜制定数字乡村建设的相关考核项目与评价体系，设计科学评价方式和评价程序。

参考文献

1. 彭超:《数字乡村战略推进的逻辑》,《人民论坛》2019 年第 33 期。

2. 师曾志、李堃、仁增卓玛:《“重新部落化”——新媒介赋权下的数字乡村建设》,《新闻与写作》2019 年第 9 期。

生态环境篇

“十四五”时期农业化学投入品减量增效的目标、实现路径与对策

孙若梅*

摘　要： 本报告系统梳理了我国“十三五”时期农业化学投入品减量增效的政策与进展，利用统计数据分析了化肥施用量和施用强度的变化，分析了农药用量变化及农药供给与管理问题；在此基础上，提出了我国“十四五”时期农业化学投入品减量应以粮食安全、环境约束和作物匹配为原则，通过技术增效、技术进步和生态农业模式，到2025年实现化肥用量减量到绿色农业生产的“适宜化肥用量”的目标；通过提升农药产业现代化水平和提供农作物病虫害防治整体方案，到2025年实现淘汰高毒低效农药、减少高毒农药用量的目标。“十四五”时期乃至今后更长时期，我国农业化学投入品减量的思路是现代农业发展中的技术选择，是从化学投入品技术到生物投入品的技术进步；主要对策是以精准农业助推农业化学投入品的技术增效，支

* 孙若梅，中国社会科学院农村发展研究所研究员、博士生导师，主要研究方向为生态经济学，农村发展。

持生物投入品替代化学投入品的技术进步，重视发挥生态农业模式在减量中的作用。

关键词： 化学投入品　减量　技术选择　“十四五”时期

Goals, Paths and Policies of Agrochemical Inputs Reduction and Maximize Utilization during the 14th Five - year Plan Period

Sun Ruomei

Abstract: This paper gives an overview of polices and progress on agrochemical inputs reduction and maximize utilization During the 13th Five - Year Plan, and then statistical data are used to analysis changes in fertilizer use and unit area use, to analysis changes in pesticide use and supply and management. On this basis, it is proposed that the principle in agrochemical inputs reduction should be food security, environmental constraints and crop matching during the 14th Five - Year Plan. By 2025, the target of chemical fertilizer consumption should reduce to "suitable chemical fertilizer consumption" for green agricultural production through technology efficiency, technology progress and ecological agriculture. By 2025, the goal of pesticide reduction is to eliminate high toxic and low efficient pesticides and reduce the use of high toxic pesticides by the path of improving the modernization level of pesticide industry and providing the overall scheme of crop pest control. The paper points out that during the 14th Five - Year Plan period and beyond, the pattern of agricultural chemical input reduction is a technological choice in the development of modern agriculture and a technological progress from chemical input to biological input. The main policy recommendations are to promote the technical efficiency of agricultural chemical inputs with precision agriculture, to support the technological progress of biological inputs instead of chemical inputs, and to pay more attention to the role of ecological agriculture model in the reduction.

Key Words: Agrochemical Inputs　Reduction　Technological Choice　the 14th Five - Year Plan

一 “十三五”时期农业化学投入品减量增效政策与进展

“十三五”期间，我国化肥、农药减量目标已经从 2015 年提出“零增长”，到 2019 年提升为“负增长”，再到 2020 年明确为“减量”，政策制定中的一个判断是化肥已成为我国重要的农业面源污染源（金书秦，2020），“减量”被作为促农村环境治理的重要内容，以技术“增效”为实现路径。统计数据显示，2015—2018 年我国化肥农药用量出现持续下降。

（一）出台化肥农药“零增长”行动方案

2015 年，农业部（现农业农村部）出台《到 2020 年化肥使用量零增长行动方案》（以下简称《化肥方案》）和《到 2020 年农药使用量零增长行动方案》（以下简称《农药方案》），提出了“十三五”时期化肥农药“零增长”的目标任务和措施。

第一，《化肥方案》提出的总体思路的核心是，依托新型经营主体和专业化农业服务组织，集中连片整体实施，加快转变施肥方式，大力开展耕地质量保护与提升，增加有机肥资源利用，走高产高效、优质环保、可持续发展之路。提出的目标是：2015 年到 2019 年，逐步将化肥使用量年增长率控制在 1% 以内；力争到 2020 年，主要农作物化肥使用量实现“零增长”。

第二，《农药方案》提出的总体思路的核心是，坚持“预防为主、综合防治”的方针，依托新型农业经营主体、病虫防治专业化服务组织，集中连片整体推进，大力推广新型农药，提升装备水平，加快转变病虫害防控方式，大力推进绿色防控、统防统治，实现农药减量控害，保障农业生产安全、农产品质量安全和生态环境安全。提出的目标是：到 2020 年，初步建立资源节约型、环境友好型病虫害可持续治理技术体系，科学用药水平明显提升，单位防治面积农药使用量控制在近三年平均水平以下，力争实现农药使用总量“零增长”。

（二）确立化肥农药“减量”目标

2016—2020 年连续五年的中央一号文件中均包含“零增长

和减量”内容（见表1），其中，除了2017年将化肥农药减量放到“农业清洁生产”标题下，其他4年均放到“农村生态环境问题”标题下，显示出“十三五”期间我国化肥农药减量中的“农村环境和农业面源污染治理”的政策思路。

表1　　2016—2020年中央一号文件中的化肥农药减量的表述

年份	标题	表述
2016	加快农业环境突出问题治理	加大农业面源污染防治力度，实施化肥农药“零增长”行动
2017	推进农业清洁生产	深入推进化肥农药零增长行动，开展有机肥替代化肥试点，促进农业节本增效
2018	加强农村突出环境问题综合治理	开展农业绿色发展行动，实现投入品减量化、生产清洁化、废弃物资源化、产业模式生态化
2019	加强农村污染治理和生态环境保护	开展农业节肥节药行动，实现化肥农药使用量负增长
2020	治理农村生态环境突出问题	深入开展农药化肥减量行动

资料来源：根据2016—2020年中央一号文件整理。

（三）2015—2018年实现化肥农药减量增效

数据显示，2015年和2018年全国化肥用量分别为6022.6万吨和5653.4万吨，其中，氮肥、磷肥、钾肥、用复合肥用量，2015年分别为2361.6万吨、843.1万吨、642.3万吨和2176万吨，2018年分别为2065.4万吨、728.9万吨、590.3万吨、2269万吨。2018年较2015年，化肥减少6.1%，其中，氮肥、磷肥、钾肥分别减少12.5%、13.5%、8.1%，但其中的复合肥用量增加4.3%。2015年和2018年全国农药用量分别为178.3万吨和150.4万吨，2018年较2015年我国农药用量减少15.67%（见表2）。

表 2　　**2014—2018 年化肥农药用量和同比增减**

单位：万吨、吨、%

年份	化肥用量	同比增减	氮肥用量	同比增减	磷肥用量	同比增减	钾肥用量	同比增减	复合肥用量	同比增减	农药用量	同比增减
2014	5995.9		2392.9		845.3		641.9		2116		180.7	
2015	6022.6	0.45	2361.6	-1.31	843.1	-0.26	642.3	0.06	2176	2.83	178.3	-1.33
2016	5984.1	-0.64	2310.5	-2.16	830	-1.55	636.9	-0.84	2207	1.44	174.1	-2.38
2017	5859.4	-2.08	2221.8	-3.84	797.6	-3.90	619.7	-2.70	2220	0.60	165.5	-4.91
2018	5653.4	-3.52	2065.4	-7.04	728.9	-8.61	590.3	-4.74	2269	2.18	150.4	-9.51

资料来源：国家统计局网站，http：//data.stats.gov.cn/easyquery.htm？cn = C01。

根据农业农村部的测算，2015 年和 2019 年我国水稻、玉米、小麦三大粮食作物化肥利用率分别为 35.2% 和 39.2%，农药利用率为 36.6 和 39.8%（见表3）。化肥农药利用效率是一个综合指标，其影响因素包括天气条件、肥料农药产品类型、灌溉条件、机械水平、施肥打药次数和时间、水肥工程技术等，需要试验站点数据的支撑。

表 3　　**2015—2019 年我国三大主粮化肥用量利用率**

单位：%

年份	2015	2017	2019	2020（目标值）
化肥利用率	35.2	37.8	39.2	40
农药利用率	36.6	38.8	39.8	40

资料来源：农业农村部新闻办公室，化肥农药利用率稳步提高，2019 - 12 - 18，http：//www.moa.gov.cn/xw/zwdt/201912/t20191218_ 6333443.htm。

（四）2020 年的政策取向

2020 年的政策取向是化肥的“减量增效”和农药的“减量控害”。农业农村部印发的《2020 年农业农村绿色发展工作要点》的提法是，“持续推进化肥减量增效”和“持续推进农药减量控害”。化肥减量增效的目标是，确保化肥利用率提高到40%以上，保持化肥使用量负增长。实现的路径是，通过施肥技术提高三大主粮的化肥利用效率，通过测土配方肥供给减少现用化肥品种的用量，扩大果菜茶有机肥替代化肥的作物品种。农药减量控害的目标是，确保农药利用率提高到40%以上，保持农药使用量负增长。实现的路径是，绿色防控、化学防治与统防统治。农业农村部在《2020年农药管理工作要点》[①] 中提及农药减量实现路径是，大力推广应用生物防治、生态控制、理化诱控等绿色防控技术，通过生物农药替代化学农药，低毒农药替代高毒农药等措施，大力推广高效植保机械和专业化统防统治，强化科学用药技术集成应用。

二　化肥用量及其影响因素

判断化肥减量目标和实现路径，首先要搞清楚决定化肥用量的相关因素。化肥供给、化肥用量状况、农作物播种面积、种植结构、粮食产量、经济发展水平是其重要的影响因素。改革初期，产能不足曾制约着我国农业化肥投入，增加化肥用量对提高粮食产量具有重要作用。随着经济快速发展，我国化肥产业实现了从供不应求到产能高、供给足、价格低、收益高的转型，2016—2019年化肥成为我国供给侧结构性改革中去产能的产品之一。

① 农业农村部种植业管理司：《农业农村部办公厅关于印发〈2020年农药管理工作要点〉的通知》，http：//www. moa. gov. cn/ztzl/2020gzzd/gsjgzyd/202002/t20200213_ 6337051. htm。

(一) 1980—2018 年化肥用量

1. 化肥用量的变化

1980—2018 年，我国化肥总用量从 1269.4 万吨增加到 5653.4 万吨，其中，氮肥、磷肥、钾肥和复合肥的用量分别从 934.2 万吨、273.3 万吨、34.6 万吨和 27.2 万吨，增加到 2065.4 万吨、728.9 万吨、590.3 万吨和 2268.8 万吨。化肥用量峰值出现在 2015 年，为 6022.60 万吨，2018 年回落到 2011 的水平；氮肥用量出现在 2012 年，为 2399.9 万吨，2018 年回落到 1995 年水平；磷肥用量峰值出现在 2014 年，为 845.3 万吨，2018 年回落到 2005 年水平；钾肥用量峰值出现在 2015 年，为 642.3 万吨，2018 年回落到 2010 年水平；复合肥用量持续增加尚未出现峰值，2018 年为最高值 2268.8 万吨（见图 1）。氮肥、

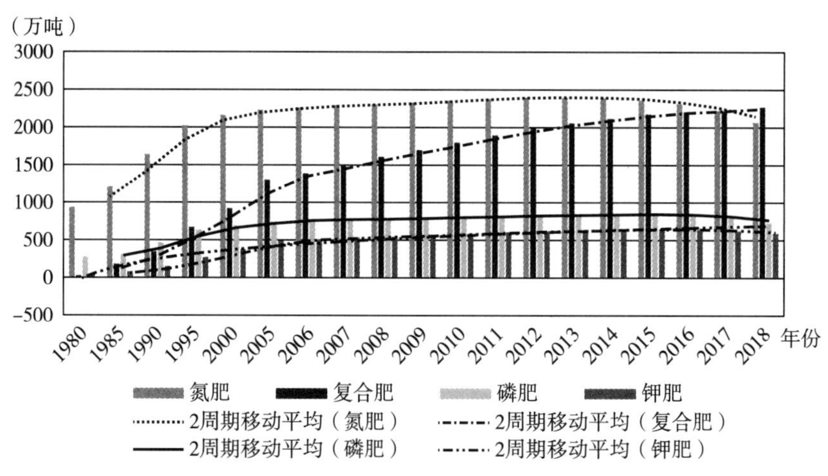

图 1 1980—2018 年氮、磷、钾和复合肥用量

资料来源：《中国统计年鉴（2019）》，http：//www. stats. gov. cn/tjsj/ndsj/2019/indexch. htm。

复合肥、磷肥、钾肥与化肥用量的简单相关系数分别为0.9399、0.9726、0.9787和0.9962。

2. 氮肥、复合肥、磷肥和钾肥用量占化肥用量百分比的变化

1980—2018年，氮肥用量占化肥用量的百分比从73.59%下降到36.53%，复合肥用量占化肥用量百分比从2.14%上升到40.13%，氮肥与复合肥用量合计占化肥用量的百分比基本稳定，1980年和2018年分别是75.74%和76.67%（见图2），即氮肥与复合肥之和占化肥用量的比例一直稳定在约75%的水平。1980—2018年，磷肥用量占化肥用量的百分比从21.53%下降至12.89%，钾肥用量占化肥用量的百分比从2.73%上升到10.44%，磷肥与钾肥用量合计占化肥用量的百分比基本稳定，1980年和2018年分别是24.26%和23.33%（见图3），即磷肥和钾肥之和占化肥用量的比例一直稳定在约25%的水平。

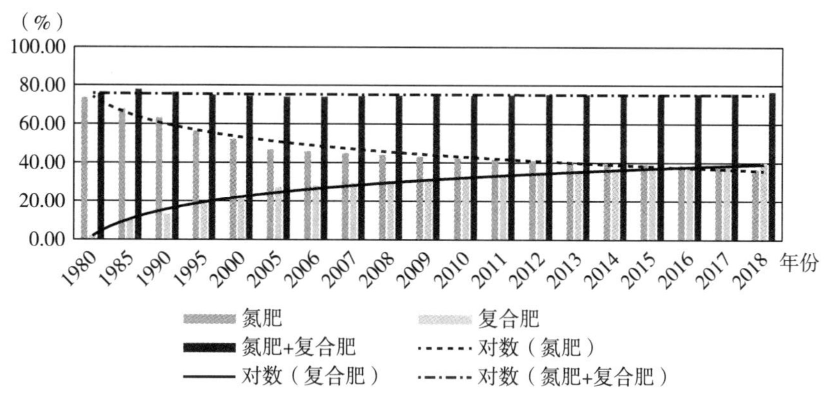

图2　1980—2018年氮肥和复合肥用量占化肥用量百分比

资料来源：《中国统计年鉴（2019）》。

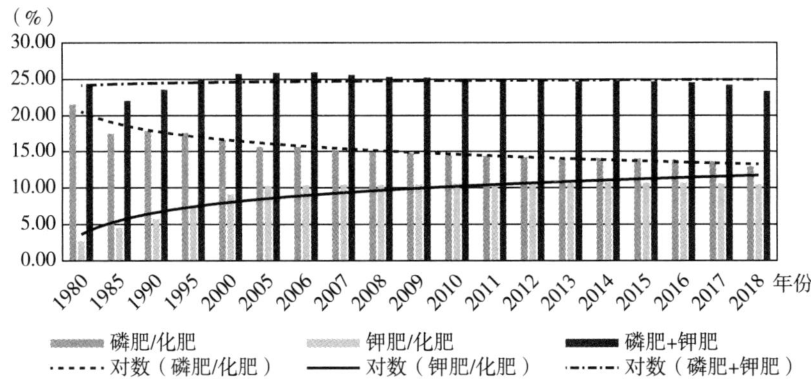

图3 1980—2018 年磷肥和钾肥用量占化肥用量百分比

资料来源:《中国统计年鉴(2019)》。

化肥过量使用的重要负面影响是,造成农作物硝酸盐含量超标和水体污染,氮肥减量是化肥减量中最重要的部分(张云华,2019)。按照复合肥中氮元素占 50% 左右估计,则氮肥总用量可按氮肥用量与 50% 复合肥用量之和计算。1980—2018 年氮肥与复合肥占化肥用量的比例稳定,其含义是总氮肥的用量是下降趋势,而磷肥和钾肥是上升趋势。

(二)农作物种植面积与化肥用量

农作物种植面积与化肥用量直接关联,包括粮食和经济作物播种面积、果菜茶种植面积。其含义是化肥减量目标可根据年度农作物种植面积核定,单位面积的化肥用量则是定量分析化肥减量的一个切入点。

1. 农作物播种面积和果菜茶种植面积的变化情况

农作物播种面积从 1980 年的 146380 千公顷增加到 2018 年

的165902千公顷，增加19522千公顷，增长13.34%；其中，果菜茶种植面积从1980年的5987公顷增加到2018年的35300公顷，增加29313千公顷，增长489.61%；即果菜茶种植面积增加幅度大大高于农作物播种面积的增加（见图4）。

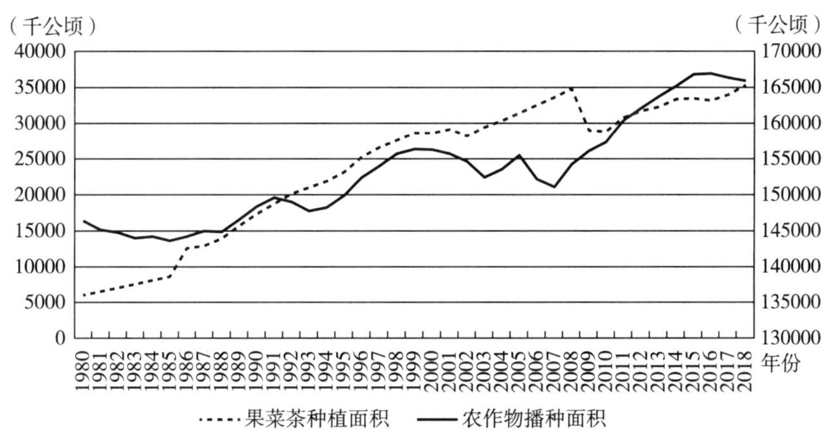

图4　1980—2018年农作物播种面积和果菜茶种植面积

资料来源：《中国统计年鉴（1986）》《中国统计年鉴（2013）》《中国统计年鉴（2019）》。

2. 粮食作物播种面积稳定和玉米播种面积的变化情况

1980年和2018年粮食播种面积分别为117234千公顷和117038千公顷，几乎没有变化，粮食作物播种面积的最高值是2016年的119230千公顷，2017—2018年有所下降。其中，玉米播种面积从1980年的20087千公顷大幅度上升到2018年的42130千公顷，2018年玉米播种面积为1980年的209.74%，最高值是2015年的44968千公顷、为1980年的223.87%，2016—2018年出现下降；1980年稻谷和小麦播种面积分别为33878千公顷和 28844 千公顷，2018 年为 30189 千公顷和 24266 千公顷，2018 年稻谷和小麦播种面积为 1980 年的 89. 11% 和 84. 13%，稻谷和小麦播种面积略有下降（见图 5）。

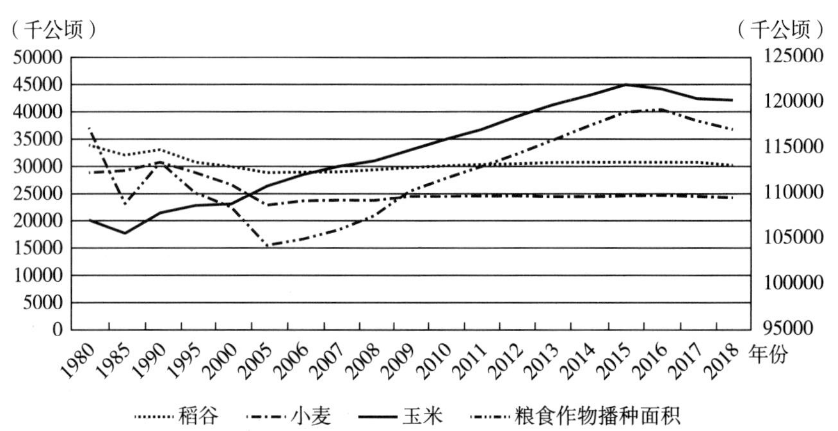

图 5　1980—2018 年粮食作物播种面积与稻谷、小麦、玉米播种面积

资料来源：《中国统计年鉴（1986）》《中国统计年鉴（2013）》《中国统计年鉴（2019）》。

3. 玉米播种面积和果菜茶种植面积与化肥总用量高度相关

利用 1980—2018 年的时间序列数据分析，化肥用量与粮食作物、稻谷、小麦、玉米播种面积和果菜茶种植面积的简单相关系数为 0. 8843，与稻谷和小麦的简单相关系数分别为 0. 0351、-0. 6872、-0. 7535、0. 8913 和 0. 9622，即玉米播种面积和果菜茶种植面积与化肥用量高度相关。因此，按年度玉米播种面积核定化肥用量、限制果菜茶作物化肥用量，是化肥减量的实现途径之一。

（三）粮食产量与化肥用量

1. 粮食产量与化肥用量

我国粮食产量从 1980 年的 32056 万吨增加到 2018 年的 65789 万吨，增长 1.05 倍，粮食产量峰值是 2017 年的 66161 万吨；其中，稻谷、小麦、玉米产量分别为 13991 万吨、21213 万吨和 5521 万吨，到 2018 年，分别达到 13144 万吨、6260 万吨和 25717 万吨，分别增长 34%、138% 和 311%；稻谷峰值是 2017 年的 21268 万吨，小麦峰值是 2017 年的 13433 万吨，玉米峰值是 2015 年的 26499 万吨（见图 6）。粮食产量及稻谷、小麦和玉米产量与化肥用量的简单相关系数分别为 0.9221、0.8028、0.8570 和 0.9149。

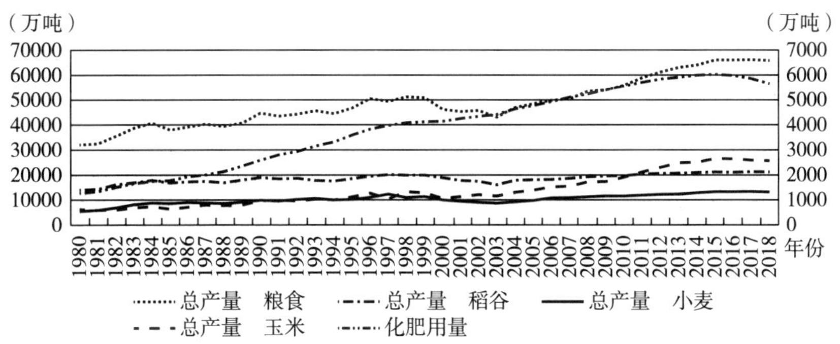

图 6 粮食产量及稻谷、小麦、玉米产量与化肥用量

资料来源：《中国统计年鉴（1986）》《中国统计年鉴（2013）》《中国统计年鉴（2019）》。

2. 粮食单位播种面积产量与化肥用量

1980—2018 年，单位播种面积粮食产量由 182 千克/亩增加到 375 公斤/亩，峰值为 2018 年，即粮食产量稳步增加。同期，单位粮食播种面积化肥用量从 85 千克/公顷增加到 320 千克/公顷，峰值为 2012 年的 343 公斤/公顷（见图 7）。

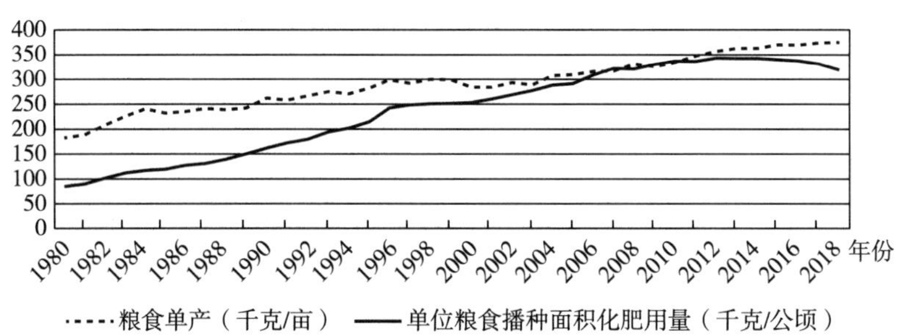

图 7　1980—2018 年粮食单位播种面积的产量与化肥用量

资料来源：《中国统计年鉴（1986）》《中国统计年鉴（2013）》《中国统计年鉴（2019）》；其中：粮食单位播种面积化肥用量是根据本报告中的假设计算得到。

由此得到两点含义，1980—2018 年，稻谷和小麦播种面积基本没有变化，其总产量增加源于单产提高，而玉米总产量增加则是源于播种面积扩大和单产提高。粮食作物单位播种面积的化肥用量已经出现拐点，2013 年以来粮食增产的主要贡献不是化肥用量增加，或者说粮食单产增加与单位面积化肥用量增加出现了脱钩。

（四）单位面积的化肥用量

1. 单位种植面积化肥用量指标说明

单位面积化肥用量指标分母是：单位耕地面积、单位粮经作物播种面积和单位果菜茶作物种植面积，指标说明如下。第一，单位耕地面积化肥用量 = 化肥用量/耕地面积，其假设是：

化肥用量平均用到种植粮食作物、经济作物和果菜茶的耕地上。第二，单位粮经作物播种面积化肥用量 =（化肥用量 - 果菜茶化肥用量）/粮经作物播种面积，其假设是：粮经作物复种指数 = 粮经作物播种面积/粮经耕地，其中，粮经耕地 = 耕地面积 - 果菜茶种植面积。第三，单位果菜茶作物种植面积化肥用量 = 单位耕地面积化肥用量，其假设是：耕地面积 = 粮经作物耕地面积 + 果菜茶耕地面积，果菜茶耕地面积 = 果菜茶种植面积。

此外，对耕地面积数据的说明如下。1980—2018 年，我国耕地面积数据来自全国农业普查和全国两次土地详查。耕地面积是资源性指标而非生产性指标，数据可以分为 4 个阶段：1980—1995 年为 15 亿亩左右，1996—2006 年为 19.5 亿亩左右，2007—2012 年为 18 亿亩左右，2013 年以来为 20 亿亩左右。在本报告中，考虑到与化肥用量数据属性相对应，分别采用三个阶段数据（耕地数据Ⅰ：1980—1995 年、1996—2012 年、2013—2018 年）和两阶段数据（耕地数据Ⅱ：1980—2012 年、2013—2018 年）作为单位耕地面积化肥用量的分母。

2. 单位种植面积化肥用量

第一，单位农作物播种面积和单位耕地面积化肥用量（耕地数据Ⅰ）。1980 年分别为 87 千克/公顷和 128 千克/公顷，2018 年分别为 341 千克/公顷和 418 千克/公顷，两个指标的峰值分别是 2014 年的 363 千克/公顷和 2015 年的 446 千克/公顷（见图 8）。

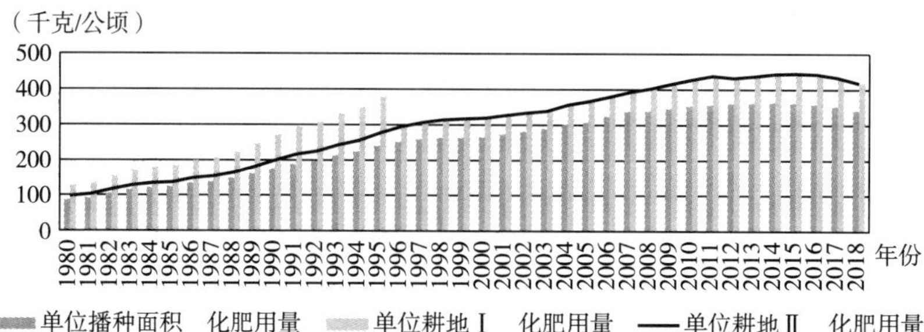

图8　单位农作物播种面积化肥用量和单位耕地化肥用量

资料来源：《中国统计年鉴（1986）》《中国统计年鉴（2013）》《中国统计年鉴（2019）》，正文中对耕地数据的说明。

第二，1980年和2018年，单位粮经作物播种面积化肥用量分别为85千克/公顷和320千克/公顷，峰值是2012年的343千克/公顷，从2013年起逐步下降。1980年和2018年，单位果菜茶种植面积化肥用量分别为128千克/公顷和419千克/公顷，峰值为2015年的446千克/公顷，2016年起逐步下降（见图9）。

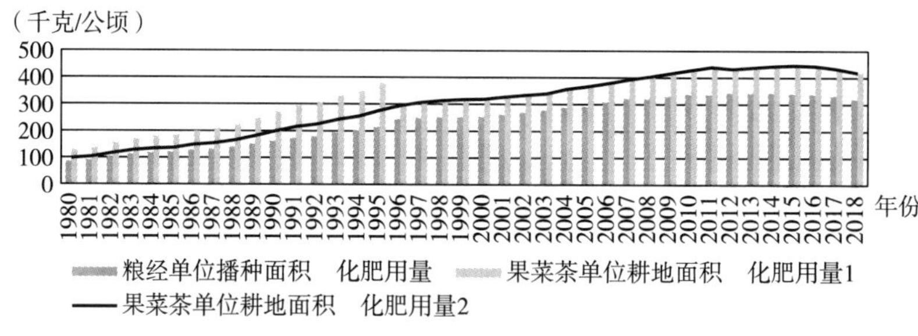

图9　粮经作物单位播种面积和果菜茶单位耕地面积的化肥用量

资料来源：《中国统计年鉴（1986）》《中国统计年鉴（2013）》《中国统计年鉴（2019）》，正文中对耕地数据的说明。

3. 单位面积氮肥总用量

第一，单位农作物播种面积和单位耕地面积氮肥总用量（耕地数据Ⅰ）。1980 年分别为 65 千克/公顷和 95 千克/公顷，2018 年分别为 193 千克/公顷和 237 千克/公顷，两个指标的峰值分别是 2012 年的 209 千克/公顷和 2015 年的 255 千克/公顷，即果菜茶单位面积氮肥总用量从 2016 年开始逐步下降（基于前述假定的单位果菜茶种植面积氮肥总用量与单位耕地面积氮肥总量相同）。

第二，1980 年和 2018 年，单位粮经作物播种面积氮肥总用量分别为 48 千克/公顷和 180 千克/公顷，峰值是 2012 年的 199 千克/公顷，从 2013 年起逐步下降（见图 10）。

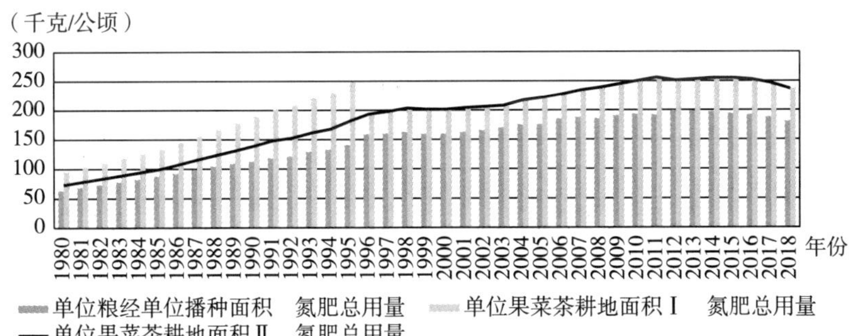

图 10 单位粮经作物播种面积氮肥总用量和果菜茶单位耕地面积氮肥总用量

资料来源：《中国统计年鉴（1986）》《中国统计年鉴（2013）》《中国统计年鉴（2019）》，正文中对耕地数据的说明。

三 农药减量及其影响因素

农药用量变化、农作物病虫害发生水平、农药供给能力是决定农药减量的相关因素。与我国化肥供给中产能过剩不同，高效低毒农药供给不足和农药监管薄弱制约着农药减量。

(一) 农药用量变化

1990 年和 2018 年我国农药用量分别为 733000 吨和 1503600 吨，峰值是 2014 年的 1806919 吨。2018 年较 1990 年增长 1.05 倍，2015 年起农药用量出现下降（见图 11）。

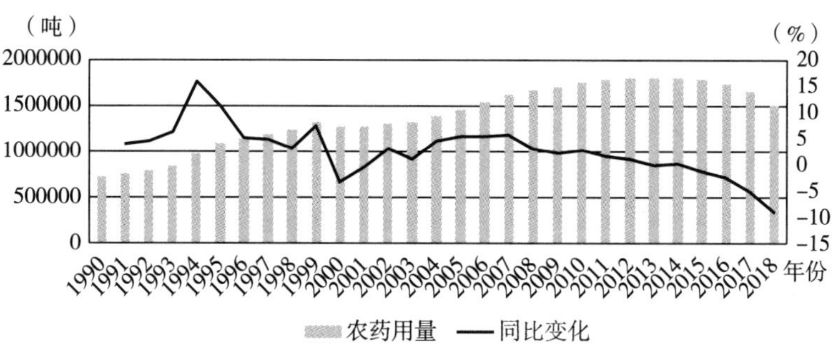

图 11　1990—2018 年农药用量与年度同比变化

资料来源：《中国农村统计年鉴》（1991—2000），国家统计局网站，http://data.stats.gov.cn/easyquery.htm? cn = C01。

(二) 农作病虫害发生程度影响农药减量

农药是种植业生产中抵抗作物病害和虫害的武器，在目前技术水平下农药是“从病虫害口中夺食”实现增产最有效的措施，可为国家挽回粮食损失，可为农民挽回经济损失，农作物病虫害的发生程度决定着每年农药用量的多少。导致农作物病虫害发生频率和程度的最重要相关因素是气候变化与天气条件、耕作制度与种植结构。截至2018年年底，我国农业生产已连续多年“风调雨顺”，没有发生病害草鼠害的突发性、暴发性事件。

据全国农业技术推广服务中心统计和测算，2018年我国主要农作物重大病虫害总体为中等发生，发生面积40556.92万公顷次，防治面积50349.03万公顷次，较2017年分别减少了7.36%和6.78%。其中，水稻、小麦、玉米、柑橘病虫害防治面积均下降，只有苹果是2018年病虫害防治面积增加的作物（见表4）。2018年我国病虫害造成粮食实际损失8891.08万吨，挽回损失1659.08万吨；果树实际损失1789.06万吨，挽回损失324.55万吨；蔬菜实际损失4682.19万吨，挽回损失836.01万吨（束放等，2019）。

表4　2018年我国主要农作物重大病虫害发生面积和防治面积

单位：万公顷次、%

总体情况		发生面积	较2017年增减	防治面积	较2017年增减
		40556.92	-7.36	50349.03	-6.78
其中，作物病虫害	水稻	7214.37	-11.23	11459.53	-10.59
	小麦	5278.76	-9.99	7533.47	-9.66
	玉米	5882.73	-11.08	5750.75	-5.59
	苹果	758.45	-3.24	1215.24	12.92
	柑橘	1157.59	-3.89	1704.45	-0.8
其中，灾害	农田草害	9106.36	-3.95	10127.61	-4.52
	农田鼠害	2713.33	-53.33	1753.33	—

资料来源：根据束放、李永平、魏启文《2018年种植业农药使用情况及2019年需求分析》，《中国植保导刊》2019年第4期的数据整理。

四 “十四五”时期农业投入品减量增效的思路与原则

“十四五”时期农业投入品减量增效的思路是现代农业发展技术选择，原则是粮食安全、环境约束和作物匹配。

（一）基本思路

“十四五”时期我国化学投入品减量的基本思路是，“减量”是现代农业发展的技术选择，包括当期化学投入品技术增效、预期生物投入品的技术进步。“增效”是在现有技术路径上实现减量重要方式之一，在确定减量目标时可预期的技术进步是与当期的技术增效至少同等重要或者是更重要的思路。

在人多地少的资源禀赋条件下，利用高产作物品种、增加化肥农药施用量提高粮食产量，是农业现代化的重要道路选择和技术变迁诱导出的发展（速水佑次郎等，2014）。改革开放以来，我国通过提升化学资本品替代土地资源品而实现了粮食高产稳产，由此得到两点启示。一是化学农药减量是农业发展中生物化学技术进步，是由化学投入品技术向生物投入品技术升级的现代农业发展之路；二是化学投入品减量可以理解为化学技术的减量，而并非生物化学道路的转变，是降低化学品投入、提高生物品投入的技术进步。

（二）基本原则

1. 粮食安全原则

化肥农药减量与粮食安全战略高度相关，减量首先必须遵循粮食安全的底线原则。从粮食安全原则研究减量目标，需要做到稳定及时地供给化肥和高效低毒农药的有效供给，即化肥供给应满足“不误农时”的要求，农药供给应具备化解重大风险和暴发性事件的能力，为此需要完备的化肥储备制度和农药风险准备制度。最近十多年，在耕地面积和播种面积基本不变的条件下，我国实现粮食生产总产量稳定在高水平，其中农业发展的生物化学技术路线贡献功不可没。从技术上，中国农业生产中实现了使用更好的种子品种、改善耕种技能和耕种条件（如高标准农田建设）、补贴提供更有效和便宜的动力，提升肥料供给能力和可得性而降低化肥价格、使化肥农药投入占总投入比重下降。但是，粮食稳产高产中最大的挑战依然严峻，如病毒、瘟疫、虫害。

2020 年中央一号文件提出：确保粮食安全始终是治国理政的头等大事。粮食生产要稳字当头，稳政策、稳面积、稳产量。强化粮食安全省长责任制考核，各省（区、市）2020 年粮食播种面积和产量要保持基本稳定。在农业农村部印发的《2020 年种植业工作要点》中提出的目标任务是，突出“守底线、优结构、提质量”。“守底线”就是守住国家粮食安全底线。坚持稳字当头，稳政策、稳面积、稳产量，确保三大谷物面积稳定在 14 亿亩以上、口粮面积稳定在 8 亿亩以上，确保 2020 年粮食产量稳定在 1.3 万亿斤以上。

2. 环境约束原则

环境约束原则的理论基础是，农业化学投入品用量超过环境容量的阈值即为过量，将对环境质量造成负面影响。从环境约束原则研究减量目标，需要明确环境阈值和适宜的化肥用量。出于化肥农药减量是现代农业发展中技术选择的基本假设，本报告以“适宜化肥用量”确定环境约束和绿色农业化肥用量水平，参考值如下。①我国绿色农业生产技术指导原则中提出，每年每公顷耕地施用无机氮的总量不能超过 300 千克（刘连馥，2008）。②根据国内农田氮素施用量与氮肥损失的一般情况，得出我国大田作物无污染的施用氮肥标准为每季每公顷 150—225 千克（其平均数为每季 180 千克/公顷）的结论，将其称为“平均适宜施氮量”（侯彦林等，2008）。③欧美的化肥用量水平：美国 126.3 千克/公顷，欧盟 131.4 千克/公顷（高尚宾等，2010）。

3. 农作物种植面积匹配原则

化肥农药用量与农作物种植面积之间具有因果关系，如玉米种植面积扩大则当年化肥用量增加。农作物种植面积匹配原则就是，化肥农药减量中不应只设定总量减量指标，而应考虑单位面积减量、不同农作物品种的差异化减量、不同化肥农药品种的差异化减量，应正视我国化肥和农药供给水平的差异和农作物种植结构的差异。在化肥减量中，应以粮食作物和经济作物播种面积、果菜茶种植面积判断减量目标和实现途径；在农药减量中，应通过增加高效低毒农药的供给和整体解决方案，提升应对病虫害能力、减少用量。

五 “十四五”时期农业投入品减量的目标与实现路径

“十四五”期间，我国农业投入品减量总体目标是，持续地推进农业化学投入品减量，实现农业绿色发展；正视当前我国化肥和农药供给水平的差异，制定差异化的减量目标。2025 年，我国化肥用量减量以达到绿色农业生产要求的“适应施肥水平”为目标；农药用量减量以淘汰使用高毒低效农药为目标，实现对农药生产与流通监管的全覆盖。

（一）2025 年化肥减量目标和实现路径

1. 化肥减量目标

2025 年，化肥用量减量目标由单位面积农作物化肥用量和氮肥用量测度，农作物分为粮经作物和果菜茶。化肥减量与“适宜施肥水平”相关联，根据目前的文献数据可分为以下三个水平，化学氮肥总用量高值 225 千克/公顷（水平 H）、平均值 180 千克/公顷（水平 A）、低值 150 千克/公顷（水平 L）。需要说明，高值与低值的差异源于区域环境容量的差异；氮肥总用量占化肥用量比例按当年的比例计算，2025 年的比例按 2018 年的 57% 计算；复种指数按 2018 年农作物复种指数的 1. 23 计算。

根据本报告分析数据，2018 年我国氮肥总用量已经低于单位播种面积 225 千克/公顷，由此设定 2025 年的目标Ⅰ和目标Ⅱ分别是“适宜施肥水平”的平均值和低值，即按照单位播种面积氮肥总用量 180 千克/公顷和 150 千克/公顷核定，得出单位耕地氮肥总用量、单位耕地面积化肥用量、单位播种面积化肥用量。计算结果是，①目标Ⅰ：2025 年，单位播种面积化学总氮肥用量目标值和化肥用量目标值分别 180 千克/公顷和 316 千克/公顷，均较 2018 年下降为 7%。②目标Ⅱ：2025 年，单位播种面积化学总氮肥用量目标值和化肥用量目标值分别 150 千克/公顷和 263 千克/公顷，分别较 2018 年下降 22% 和 23%（见表 5）。选择几个关键年份进行对比的含义：一是 2005 年数据接近适宜施肥水平平均值；二是 2012 年为我国氮肥用量峰值年份；三是 2015 年为我国化肥用量峰值年份；四是 2018 年为目前可获得最新数据年份。

表 5　　2025 年化肥减量目标参考值与现状值

单位：千克/公顷、%

年份及水平	单位面积总氮肥用量		单位面积化肥用量		复种指数	总氮肥用量占化肥用量百分比
	耕地	播面	耕地	播面		
2005	222	185	367	307	120	60
2012	251	209	432	360	120	58
2015	256	207	446	361	124	57
2018	237	193	419	341	123	57
适宜施肥水平 A	221	180	388	316	123	57
适宜施肥水平 L	185	150	324	263	123	57
目标Ⅰ：（2018—水平 A）/2018	7	7	7	7		
目标Ⅱ：（2018—水平 L）/2018	22	22	23	23		

资料来源：《中国统计年鉴（2013）》《中国统计年鉴（2019）》，按照正文中说明计算得到的数据。

2. 化肥减量实现路径

“十四五”时期化肥减量的实现路径是技术增效减量、技术进步替代化学投入品减量和生态农业模式减量。

第一，技术增效的化肥减量。提高化肥利用效率的含义是：单位农作物产出的化肥用量减少。2016—2019 年，主要依靠提高利用效率实现了我国化肥短期内均匀减量。“十四五”期间，以 2020 年化肥利用效率 40% 为基准，继续提高化肥利用效率水平。措施包括：机械作业深耕翻，改变施肥次数，以测土配方数据为基础的精准施肥，以农作物水肥需求为依据的水肥一体化工程技术节肥举措等。

第二，技术进步的化肥减量。提升生物技术投入品替代化学技术投入品的产业化水平，是“十四五”时期和今后更长时期化肥减量的最重要途径。化肥减量实现的方向和根本路径是生物技术肥料的替代，生物技术进步水平决定着最终的减量水平。

第三，生态农业模式的化肥减量。通过种植与养殖循环满足肥料需求、减少化肥用量，既是生态农业模式的基本特征，也是我国实现绿色农业发展的重要途径。

（二）2025 年农药减量目标和实现路径

1. 农药减量目标

“十四五”时期我国农药减量目标是，淘汰高效低毒农药使用，提升研发和推广应用高效低毒农药的能力，提高农作物病虫害整体解决方案的水平。2019 年 12 月召开的全国农药管理工作会议（农药工作会议）[①] 提出：2025 年我国农药发展目标是，要努力实现“四化”：生产集约化、经营专业化、使用科学化、管理现代化。在农药发展目标条件下，2025 年农药减量目标应与农药现代化水平相一致，应与农作物病虫害防治要求要一致，应与年度农作物病虫害发生程度和农作物面积关联。

2. 农药减量实现路径

农药减量的实现路径是，提升农作物病虫害防治能力和现代化水平，提升农药供给和管理水平，提升农药使用方式的效率。“农药工作会议”提出的实现路径是，2025 年我国化学农药企业进驻工业园区比例 70% 以上，培育大中型企业集团 100 个；创建农药经营标准化门店 10000 家，全面推行开方卖药持证上岗；安全使用技术普及率达到 80% 以上，淘汰现有高毒农药 10 种；建立健全公共管理体系、技术支撑体系和社会化服务体系，提升现代农药管理水平。在我国农药产业现代化水平和粮食安全压力约束下，农药减量目标的实现路径为三方面。

第一，提升农作物病虫害防治能力和现代化水平。2020 年 5 月 1 日起实施《农作物病虫害防治条例》，标志着我国农作物病虫害防治和植物保护发展有法可依。农药用于防治作物病虫害和调节植物生长，是现代农业发展中不可或缺的一个因素，农药减量是农作物病虫害防治体系的组成部分，农作物病虫害防治现代化和植物保护发展是农药减量的重要实现路径。稳步扩大绿色防控技术的应用，开展病虫害监测预警与提升打药的及时性，为农

① 农业农村部新闻办公室：《全国农药管理工作会议在京召开》，2019 年 12 月 17 日，http：//www. moa. gov. cn/xw/zwdt/201912/t20191216_ 6333291. htm。

作物提供整套的解决方案。

第二，提升农药供给和管理水平。具体包括：增加高效低毒农药供给以减少高毒农药使用，提高低度农药和生物农药的效果。加大农药产品监督抽查力度，如专项抽查生物农药添加化学农药、低毒农药添加高毒高风险农药、违规添加农药隐性成分的问题。逐步完善农药标准体系。

第三，提升农药使用方式的效率。统防统治是一种适合规模化种植的使用农药方式，试点结果显示统防统治可以减少农药使用次数，一般大田作物每季减少用药 1—2 次，园艺作物每季减少用药 3—4 次，化学农药用量减少 20%—30%。但是，在小农户和多样化种植中实施有难点，如时间不统一、药品不统一。增加统防统治覆盖面，在开展家庭农场与规模化农场粮食作物统防统治的基础上，指导小农户优化打药方式和打药次数，提供现代打药设备设施。

六　对策建议

在全球对抗突发疫情的 2020 年，我国粮食安全和重要农产品保障供应的紧迫性再次提升到一个新高度。这样的背景下，化肥供给的及时性和农药防治病虫害的有效性，在 2020 年和“十四五”期间都将是农业化学投入品减量中必须坚守的底线；在农业生产基础与战略地位凸显的同时，推进以生物投入品替代化学投入品的技术进步和实现农业绿色发展迎来重大机遇。为此，提出如下四点对策建议。

（一）以精准农业助推农业化学投入品的技术增效

我国人工智能技术的发展和大数据时代的到来，为发展精准农业提供了技术支撑，精准施肥和用药是精准农业的重要组成部分。

第一，“十四五”期间，挖掘利用我国已开展 15 年的测土配方项目中获取的土壤和作物肥料相关数据，实施粮经作物精准施肥行动，实现化肥用量稳步减量到绿色农业生产的“适宜施肥水平”。粮经作物按单位播种面积减量、按全年播种面积汇总化肥用量；果菜茶作物按种植耕地核定年度化肥用量限额、严格控制化肥用量，借鉴绍兴的做法①，启动整县制试点和围绕重点粮食和当地特色产业开展试点，推进化肥定额制。

第二，统计数据分析显示，2015 年以来的化肥减量源于氮肥和磷肥用量的下降，存在复合肥替代氮肥和磷肥而实现的减量增效，“十四五”期间通过精准施肥提升以高效复合肥与新型肥料替代传统的氮肥和磷肥而实现增效。

第三，利用现代信息技术和数据分享，通过提高农作物病虫害防治中农药使用的精准度而减少农药用量；加强农作物病虫害监测，根据农作物病虫害发生风险程度不同使用农药品种和用量不同而实现减量。在技术层面上，进一步注重绿色防控技术的推广员应用，以及中医药技术的防控病虫害作用。

---

① 《绍兴市出台〈农业投入化肥定额制实施方案（试行）〉》，农业农村部网站，http：//www.moa.gov.cn/xw/qg/201910/t20191024_ 6330512.htm，2019 年 10 月 23 日。

（二）支持生物投入品替代化学投入品的技术进步

创造一种持续的在农业中实行技术进步的能力，以增加对工业部门提供的供给的需求。新型技术知识不断持续的趋势和体现了新技术的工业投入的流入，是现代农业发展的条件（速水佑次郎等，2014）。这一判断对我国农业化学投入品减量仍有理论价值。其政策含义是，创造一种支持生物投入品替代化学投入品技术进步的能力，重点支持生物肥料的技术进步，高效低毒农药的技术进步，生态农业模式的技术进步，并构建起与技术进步、产品应用和模式推广相匹配的制度安排，扭转在目前化学技术投入品的市场体系中生物肥料没有标准、没有竞争力、高毒农药仍有市场的局面。力争“十四五”时期大幅度提高化学技术投入品向生物技术投入品转型水平。

（三）重视发挥生态农业模式在减量中的作用

现代农业的投入品来自工业系统，适量的化肥可满足农作物需要和降低风险并不会产生过量，但大量施用化肥农药则会造成排放物超过环境容量阈值，影响土壤、水环境质量和大气环境质量，以及影响农产品质量安全。生态农业是遵循生态系统原理、实现种养循环的农业生产模式。现代农业发展中的生态农业模式，通过食物链和产业链而实现循环，即农业产业体系中遵循生态系统规律。经典的生态农业模式，如“水稻 + 鸭（水产品）模式，蔬果 + 猪”（养殖）。其中，经典生态系统循环与现代要素的产业链循环相融合，可以有效地实现化肥减量和减少农作物病虫害的发生。有机农业可被视为生态农业的顶级模式，是一种免化学技术投入品的农作物种植方式，呈现一种追求生物技术投入品（生物肥、有机肥、生物农药）的状态，这种超越现代农业中的化学投入品的技术选择，依靠理念支撑，遵循顺其自然和生态系统原理。在农业绿色发展背景下，生态农业模式将在我国“十四五”时期农业化学投入品减量中发挥重要作用，需要建立和完善生态农业模式的激励机制和支持政策。

（四）构建更科学的农药减量指标和评价方案

农作物病虫害防治中高毒农药使用量小、杀虫效果好，但对环境和食物安全负面影响大；生物农药用量大、效果有限。仅以农药重量为单位作为减量指标之一，并不能全面体现出农药减量控害的实质。随着高效低毒农药的不断研发，以重量单位作为衡量农药用量和减量的唯一指标的科学性和可操作性下降。“十四五”期间，需要探索与我国农药供给能力和农作物病虫害防治任务相符合的农药用量和减量指标和评价方案。

参考文献

1. 金书秦、牛坤玉、韩冬梅：《绿色农业发展路径及其“十四五”取向》，《改革》2020 年第 2 期。
2. 张云华、彭超、张琛：《氮元素施用与农户粮食生产效率：来自全国农村固定观察点数据的证据》，《管理世界》2019 年第 4 期。
3. 束放、李永平、魏启文：《2018 年种植业农药使用情况及 2019 年需求分析》，《中国植保导刊》2019 年第 4 期。
4. ［日］速水佑次郎、［美］弗农·拉坦：《农业发展：国际前景》，商务印书馆 2014 年版。

5. 侯彦林、周永娟、李红英、赵慧明：《中国农田氮面源污染研究：污染类型区划和分省污染现状分析》，《农业环境科学学报》2008年第4期。

6. 高尚宾、张克强、方放、周其文等：《农业可持续发展与生态补偿：中国—欧盟农业生态补偿的理论与实践》，中国农业出版社2011年版。

“十四五”时期农村人居环境整治的目标、任务与对策

王　宾*

摘　要： 农村人居环境整治是实施乡村振兴战略的重要内容，不仅关系到广大农民的健康和根本福祉，而且直接影响全面建成小康社会战略目标的实施效果。本报告从农村生活垃圾处理、农村厕所改造、农村生活污水处理和村庄规划管理四大重点领域，阐述了我国农村人居环境整治工作所取得的成效。同时，分析了当前农村人居环境整治中存在的基层政府重视程度不够，形式主义、官僚主义依然存在；技术缺乏规范性，适应性较差；所需资金缺口大，各地财政压力较重；体制机制不健全；城乡差距大，城乡环卫一体化进程减慢等问题。基于此，报告提出了“十四五”时期农村人居环境整治的指导思想、总体目标、具体任务，以及坚持党对农村工作的全面领导，增强基层干部责任感和使命感；因地制宜确定农村人居环境整治技术和方案；科学核算资金缺口，探索多元化资金筹措渠道；充分尊重农民主体地

* 王宾，经济学博士，中国社会科学院农村发展研究所助理研究员，主要研究方向为农村生态环境、土地可持续利用。

位，提高农民参与积极性；健全长效监管和管护机制，强化督导检查等对策建议。

关键词： 农村生活污水　农村生活垃圾　厕所改造

The Target, Task and Countermeasure of Improving Rural Living Environments during the 14th Five - year Plan Period

Wang Bin

Abstract: The rural living environments is an important task of implementing the strategy of rural revitalization, which not only concerns the health and fundamental well - being of farmers, but also directly affects the implementation effect of the goal of building a moderately prosperous society in an all - round way. In this report, the achievements of rural living environments in China are described in four key areas: rural sewage treatment, rural garbage treatment, toilet revolution and village planning and management. It is also pointed out that there are some problems in the current rural residential environment renovation, such as the grass - roots government does not pay enough attention, formalism and bureaucracy still exist; technology is lack of standardization and adaptability is poor; the fund gap is large, and local financial pressure is heavy; the system and mechanism are not perfect; the gap between urban and rural areas is large, and the process of urban - rural sanitation integration slows down, etc. Based on this, the report puts forward the guiding ideology, overall goal and concrete tasks of the fourteenth five year plan for the rural living environments, and proposes that we should adhere to the party's overall leadership of rural work, enhance the sense of responsibility and mission of grassroots cadres; determine the technology and plan for rural residential environment remediation according to local conditions; scientifically check the funding gap, explore diversified financing channels; fully respect the main position of farmers, improve the enthusiasm of farmers' participation; improve long - term supervision and management mechanism, strengthen supervision and inspection.

Key Words: Rural Sewage Treatment　Rural Garbage Treatment　Toilet Revolution

改善农村人居环境是实施乡村振兴战略的重点任务，不仅关系到广大农民的健康和根本福祉，而且直接影响全面建成小康社会奋斗目标的实施效果。党中央、国务院高度重视农村人居环境质量的改善，习近平总书记多次就农村人居环境整治做出批示，指出农村人居环境整治工作是特殊事情、特殊工作、特殊使命，必须采取特殊措施切实推进。党的十九大报告、2020 年中央农村工作会议、2020 年中央一号文件等多个重要文件，都强调要

加快补齐农村人居环境和公共服务“短板”，扎实推进乡村建设。2018 年 2 月，中共中央办公厅、国务院办公厅印发了《农村人居环境整治三年行动方案》，随后不到半年的时间内，全国 31 个省、市、自治区（港澳台除外）都相继出台了地方方案，农村人居环境整治工作全面铺开。

2020 年既是我国全面建成小康社会和“十三五”规划收官之年，也是打赢脱贫攻坚战和推进农村人居环境整治的决胜阶段。然而，突如其来的新冠肺炎疫情，严重影响了各项工作的开展。疫情初期，农村是疫情防控的薄弱环节和短板所在，提高农村人居环境整治重要性认识，对于进一步改善农村生活环境，阻断疫情传播，全力保障人民群众的健康安全具有重要作用。本报告梳理了我国农村人居环境整治工作取得的成效，分析了当前农村人居环境整治工作中存在的问题，提出了“十四五”时期农村人居环境整治的指导思想、基本思路，明确了具体的任务，并提出了有针对性的政策建议。

一 农村人居环境整治取得的成效

近年来，我国农村人居环境整治工作在各级政府的决策部署和有序推进下，取得了阶段性成果。农村生活垃圾治理效果明显、农村厕所改造稳步推进、农村生活污水治理初见成效、村庄规划管理工作有序开展，“农村美”的目标正在逐渐实现。

（一）总体情况

为加快推进农村人居环境整治，进一步提升农村人居环境水平，《农村人居环境整治三年行动方案》明确要求六大重点任务，分别是推进农村生活垃圾治理、开展厕所粪污治理、梯次推进农村生活污水治理、提升村容村貌、加强村庄规划管理、完善建设和管护机制。

农业农村部数据显示，2019 年，中央财政共安排 70 亿元，进行农村厕所革命整村推进奖补；安排 30 亿元，支持中西部省份整县开展农村人居环境整治。各地分类推进农村厕所革命、生活垃圾和污水处理，扎实开展村庄清洁行动。初步统计，90% 的村庄开展了清洁行动，卫生厕所普及率达到 60%，生活垃圾收运处置体系覆盖 84% 的行政村，[①] 我国农村人居环境整治工作效果明显。

而从农村人居环境整治的六大重点任务来看，广大农村地区在村容村貌治理、村庄规划两个方面已经取得了明显的成效，农村道路硬化、村庄绿化、庭院美化等工程得到了广大农民的普遍认可。而建立长期有效的管护机制是一项系统工程，需要持续开展。因此，目前来看，上述六大任务中，农村生活垃圾治理、厕所粪污治理和农村生活污水治理三项工作任务繁重、细节琐碎、区域差异大、农民满意度低，是当前一段时间，更是未来五年农村人居环境整治需要啃的“硬骨头”，亟待高度关注。

（二）具体成效

1. 农村生活垃圾治理效果明显

农村生活垃圾治理，是乡村生态振兴的重要基础和农村人居环境整治的重点任务。由于农村生活垃圾量大、面广、收集困

① 农业农村部：《农村人居环境整治加快推进 90% 村庄开展清洁行动》，央视网，http://sannong.cctv.com/m/a/index.shtml?id=ARTIPXPn4GBZR8wxL4M0ucFj191223，2019 年 12 月 23 日。

难，一直以来对于农村生态环境造成了损害。按照国家相关部署，农村生活垃圾收运处置体系和生活垃圾分类试点工作已经取得了明显成效。根据表1数据显示，2015年以来，我国农村生活垃圾处理率尽管相对城市而言，仍有一定差距，但是呈现逐年递增态势。其中，建制镇的生活垃圾处理率和生活垃圾无害化处理率已经从86.03%和44.99%，分别增加到2018年的87.70%和60.64%，提高了1.67个和15.65个百分点。全国乡的生活垃圾处理率和生活垃圾无害化处理率分别提高了2.81个和16.36个百分点，镇及乡特殊区域的生活垃圾处理率和生活垃圾无害化处理率分别提高了5.54个和25.90个百分点。同时，各省在农村生活垃圾的处理方式上，通过积极探索，也摸索出了具有典型地区特征的农村生活垃圾处理方法。如部分地区已经推行的“户分类、村收集、镇转运、县处理”模式，有效推进了城乡环卫一体化进程，大大改善了农村生态环境和村庄面貌。

表1　2015—2018年农村生活垃圾处理率①

单位:%

年份	生活垃圾处理率			生活垃圾无害化处理率		
	建制镇	乡	镇及乡特殊区域	建制镇	乡	镇及乡特殊区域
2015	86.03	70.37	63.85	44.99	15.82	13.96
2016	86.03	70.37	63.85	46.94	17.03	27.39
2017	87.19	72.99	72.64	51.17	23.62	39.36
2018	87.70	73.18	69.39	60.64	32.18	39.86

资料来源：历年《中国城乡建设统计年鉴》。

① 《中国卫生健康统计年鉴》指出，生活垃圾处理率是指报告期内生活垃圾处理量与生活垃圾产生量的比率。而生活垃圾无害化处理率指报告期内生活垃圾无害化处理量与生活垃圾产生量的比率。

2. 农村厕所改造稳步推进

相比新中国成立之初的"一块木板两块砖，三尺栅栏围四边"的广大农村厕所面貌，近年来，国家积极推进农村厕所改造工程，大大提高了农村卫生厕所的普及率，也在很大程度上控制了疾病的流行，美化了农村生活环境。"小厕所、大民生"折射出的是党中央、国务院对于农民健康生活习惯的培养，也是贯彻落实习近平总书记提出的"要把人民健康放在优先发展的战略地位"和"把以治病为中心转变为以人民健康为中心"的重要指示精神。

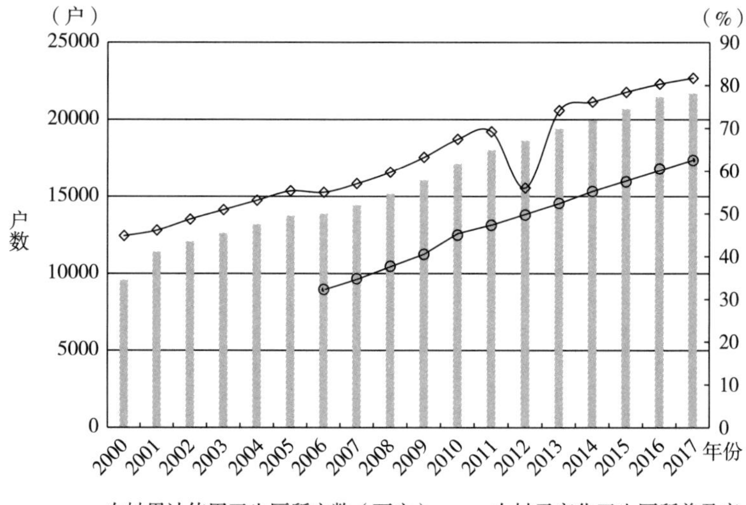

图1 农村累计卫生厕所户数及无害化卫生厕所普及率①

资料来源：《中国卫生统计年鉴》《中国卫生健康统计鉴》《中国卫生和计划生育统计鉴》。

---

① 《中国卫生健康统计年鉴》指出，卫生厕所普及率是指符合农村户厕卫生的累计卫生厕所数占当地农村总户数的百分比。卫生厕所的标准是：厕所有墙、有顶，厕坑及贮粪池不渗漏，厕内清洁、无蝇蛆，基本无臭，贮粪池密闭有盖，粪便及时清除并进行无害化处理。而无害化卫生厕所普及率是指累计卫生厕所户数（"合计" －"其他"）/农村总户数×100%。

根据1993年第一次农村环境卫生调查结果显示，全国农村卫生厕所普及率仅为7.5%，而图1数据中，2017年全国农村卫生厕所普及率已经达到81.70%，农村无害化卫生厕所普及率也达到了62.54%，农村已经累计使用卫生厕所户数达到21701户，比2000年的9572户翻了一番。部分东部发达地区，农村卫生厕所普及率甚至已经达到了90%以上。如此大力度的厕所改造，有效地杀灭了粪便中的细菌和寄生虫卵，实现了从源头上预防控制疾病的传播。

在农村无害化卫生厕所类型的选择上，不同于城市厕所改造的形式，2004年，中央财政曾通过设立农村改厕转移专项支付项目，推行三格化粪池式、双瓮式、三联沼气池式、粪尿分集式、双坑交替式及完整下水道水冲式卫生厕所6种模式。多年以来，六种模式在不同地区发挥了重要作用，以常见的三格化粪池式、双瓮式、三联沼气池式、粪尿分集式四种类型为例，图2数据显示，2000年以来，三格化粪池式是得到普遍使用农村无害化厕所类型，2017年，有8146.4万户选择使用该模式。而有2599.6户选择三联沼气池式、1536.5户选择双瓮式、313.3万户选择粪尿分集式。

3. 农村生活污水治理初见成效

与城市生活污水相比，农村生活污水具有流量小、收集难、浓度低、季节性大等特点，加之中西部地区村庄分布较为分散，使农村生活污水的集中管理存在很大困难。我国农村生活污水治理缺乏规划，建设模式分散，仍处于起步阶段。而伴随着新农村建设、美丽乡村建设、乡村振兴战略的不断推进，农民对生活

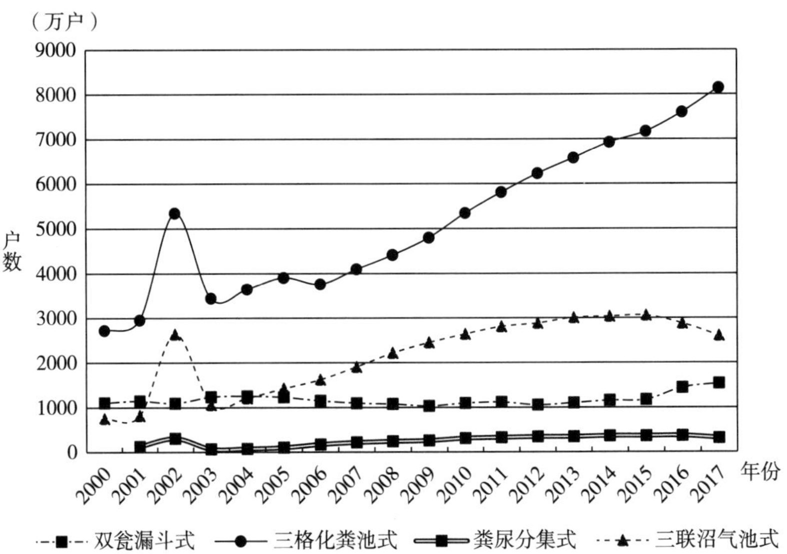

图 2　农村无害化卫生厕所类型

资料来源：《中国卫生统计年鉴》《中国卫生健康统计鉴》。

环境的保护意识增强，开始关注生活污水的处理问题。表 2 数据显示，2015 年以来，建制镇污水处理率和污水处理厂集中处理率已经由 50.95% 和 41.57 分别增长至 2018 年的 53.18% 和 42.97%。在农村生活污水处理模式的选择上，由于我国地域较广，生活习惯、地理环境、财政支持等差异大，各地根据实际情况，也探索出了各自的处理模式。并逐渐形成了沼气池处理、土地渗滤处理系统处理、人工湿地处理、生物滤池技术和太阳能/风力微动力污水处理等技术。基本改善了农村生活污水处理难的问题，大大切断了污染源，告别了黑臭水体，改善了农民居住条件。

表2 2015—2018年农村生活污水处理率

单位:%

年份	污水处理率			污水处理厂集中处理率		
	建制镇	乡	镇及乡特殊区域	建制镇	乡	镇及乡特殊区域
2015	50.95	11.46	40.75	41.57	5.42	29.25
2016	52.64	11.38	59.32	42.49	5.92	48.78
2017	49.35	17.19	52.06	39.56	8.2	45.07
2018	53.18	18.75	51.35	42.97	11.12	45.45

资料来源：历年《中国城乡建设统计年鉴》。

4. 村庄规划管理工作有序开展

实施乡村振兴战略要坚持规划先行、有序推进，做到注重质量、从容建设。村庄规划管理工作有助于科学合理地制定下一阶段的发展目标，只有“好的”村庄规划，才能够保障村庄健康发展。近年来，各地根据地区发展实际，从实际出发，制订了符合发展现状和未来需求的村庄规划。表3数据显示，2018年，全国有总体规划的建制镇占比已经接近九成，而超过七成的乡、镇及特殊区域也已经制订了村庄发展规划。

表3 2015—2018年村庄总体规划情况

单位:%

年份	设有建设管理机构占比			有总体规划的占比		
	建制镇	乡	镇及乡特殊区域	建制镇	乡	镇及乡特殊区域
2015	93.97	78.14	81.49	94.12	78.67	74.49
2016	94.72	80.13	81.16	94.24	80.28	76.65
2017	92.33	74.29	78.81	89.90	73.28	77.52
2018	93.03	75.36	83.36	89.81	73.73	77.20

资料来源：根据历年《中国城乡建设统计年鉴》计算得到。

二　农村人居环境整治存在的问题

近几年来，国家在农村人居环境整治工作中投入了大量的人力、物力和财力，对于全面改善农村生活条件，提高民生福祉发挥了重要作用。农村人居环境整治也取得了很大成效，大大提升了农民生活幸福感。但是，也应该清醒地认识到，当前农村人居环境整治工作仍然面临着诸多挑战，亟待关注。

（一）基层政府重视程度不够，形式主义、官僚主义依然存在

毛泽东同志在1930年的《反对本本主义》中指出，不根据实际情况进行讨论和审察，一味盲目执行，这种单纯建立在"上级"观念上的形式主义的态度是很不对的。为什么党的策略路线总是不能深入群众，就是这种形式主义在那里作怪。习近平总书记也反复强调，有权必有责，有责要担当，失责必追究。农村人居环境整治过程中，部分地区出现了形式主义，应付上级检查的现象。特别是为了应对突击检查，不考虑实际情况，采取不当的处理措施，造成了严重的浪费。以农村厕所改造为例，部分基层政府并没有根据农民需求、没有根据地方特质，选择更适宜地区需要的改厕模式，而是照搬照抄发达地区的做法，既浪费了资金，也不能够让农民满意。

另外，《中华人民共和国环境保护法》指出，县级、乡级人

民政府应当提高农村环境保护公共服务水平，推动农村环境综合整治。但是，县、乡两级政府投入农村人居环境整治中的精力有限，特别是当前疫情严重、经济有所减慢发展的形势下，各级政府没有更多时间顾忌农村环境问题。而缺乏明确的目标考核要求，也是造成基层政府出现形式主义的一个重要原因。

（二）技术缺乏规范性，适应性较差

我国地形地貌复杂，经济、社会、文化和资源的空间分布具有很大差异，这就需要在农村人居环境整治的技术选择上，充分考虑不同地区、不同发展水平的农村人居生态承载能力，注意区别对待。但是，目前推广的农村人居环境整治技术，存在适应性差、不规范等问题。部分产品缺乏统一的全国标准，可复制、可推广的技术尚未形成。导致了部分地区的农村人居环境整治设备闲置，甚至损毁等现象，既浪费了物力和财力，也使农民对于农村人居环境整治的满意度大大降低，农民的幸福感和获得感降低。

（三）所需资金缺口大，各地财政压力较重

由于农村历史欠账及扶贫压力，各地在推进农村人居环境整治过程中，将大部分的资金投入见效快的道路硬化、绿化等工程，可以说大大改善了农民的出行环境，但是却忽视了对村内环境卫生、家居环境的改善。农村生活污水处理、农村生活垃圾处理、农村厕所改造等多项工程都需要大量的资金投入，否则只是“蜻蜓点水式”改善环境，不能够深入。以农村生活垃圾处理为例，分类处理涉及诸多环节，过程也相对复杂。分类处理的基础设施费用、费用、运输费用较多，近郊农村的发展水平相对较

低，导致在近郊农村实行垃圾分类集中处理的可行性较低。此外，近郊农民对生活垃圾分类收集的自发性和积极性不高，增加了农村生活垃圾分类集中处理的成本。“户分类、村收集、镇转运、县处理”模式固然很好，但是却以地方财政为支撑，在中西部欠发达地区较难推行。

现阶段，我国经济增长方式正处于向高质量发展的转型中，各地财政收入持续低位运行，然而财政支出却保持增长，造成财政收支平衡压力加大。在这种压力下，如何保证地方财政支撑农村人居环境整治工作，是极大的考验。

（四）体制机制不健全

完善的体制机制，对于有序推进农村人居环境整治工作、维护农村人居环境整治成果至关重要。当前我国农村人居环境整治在运营机制、参与机制和监督机制方面存在明显不足。在运营机制方面，以农村生活垃圾处理为例，部分地区在工程前期已经投入了大量的垃圾桶、垃圾箱、中转站等，但是在运营方式、运营组织等方面并没有提供详细的方案，单纯重视工程建设，而忽略了后期的运营和维护工作。

在参与机制方面，农民参与度不够，效果精准性有待提升。农村人居环境整治是一项在长时间内积累形成的复杂问题，涉及面广、点多、难度大。但是，由于长期存在的城乡二元结构，导致了我国城乡公共资源配置严重不均衡，农村人居环境公共服务供给难以满足人民日益增长的美好生活需要，这种政府供给与农户需求之间的错配失衡，使农村人居环境整治陷入了“政府强推动、农户弱参与”的困境。打造优美整洁文明的农村人居环境，不断增强农民幸福感和满意度，是农村人居环境整治的最终目的。农户作为农村人居环境整治的主体，只有激发其参与积极性，才能够实现精准治理。但是，农村人居环境整治过程中，“地方政府在干、农民群众在看”的情况不在少数，究其原因在于，各项工作开展都未能充分认识到农民作为农村人居环境整治的主体，没有意识到其关键性。以农村改厕为例，部分地区存在重建设轻管护的问题，政府并没有从实际出发，而是“一刀切”用选用改厕硬件设施，缺乏后期的跟踪管理及维护，也就使改厕工作初期得到农民支持，但是后期由于抽取粪污费用、设备维修费用等问题，农民利用改造后的厕所效率降低，甚至丢弃不用。

在监督机制方面，监督和评估应该贯穿于项目的计划、执行、结果等多个环节，必须引入相关机制，才能够保证项目可持续性、规范性和公正性。农村人居环境整治是一系列工作的集成，工作量大、任务繁重，每个环节都应该建立有效的评估和监督机制，才能够改善包括农村人居环境在内的环境污染问题。同时，基层环保部门力量薄弱，特别是一些乡镇农业环保站基本处于无机构、无人员、无经费的“三无”状态，在当前基层工作繁杂的现实中，根本无暇关注农村环境问题。

（五）城乡差距大，城乡环卫一体化进程减慢

党的十九大报告指出，中国特色社会主义进入新时代，我国社会主要矛盾已经转化为人民日益增长的美好生活需要和不平衡不充分的发展之间的矛盾。这种发展的不平衡不充分主要体现在区域发展的不平衡、城乡发展的不平衡和农村发展的不充分上，我国城乡发展，特别是城乡基本公共卫生服务上的差距，一直以

来备受关注。尽管农村人居环境整治工作以来，农村各项公共卫生服务都有了明显改善，但是与城市的差距却不容忽视。

《中国城乡统计年鉴》数据显示，2018 年，我国城市生活污水处理率和污水处理厂集中处理率分别为 95.49% 和 93.35%，而以建制镇为例，其生活污水处理率和污水处理厂集中处理率分别仅为 53.18% 和 42.97%，与城市相差 42.31 个和 50.38 个百分点；生活垃圾处理率和生活垃圾无害化处理率方面，城市地区已经达到了 99.49% 和 98.96%，而农村地区两项指标分别为 87.7% 和 60.64%；在生活垃圾处理的硬件上，城市环卫专用车辆设备总数 25.25 万台，而建制镇仅为 11.4 万台。

城乡差距大，既有历史原因，也有体制机制的原因。但是从另外一个角度讲，城乡差距不断扩大，很大程度上也是人的素质差距。无论是生活垃圾处理、生活污水处理，还是厕所改造，城市居民的生活卫生习惯和科学素质相对而言，要高于农村居民。这种潜在的差距，直接导致了人的行为出现偏差。以垃圾分类为例，上海市、北京市、浙江省等已经相继推出垃圾分类具体措施，而在农村地区，生活垃圾收集的习惯还未全面养成，更不用说垃圾分类的意识。因此，导致了农村人居环境整治推进难、见效慢。

三 “十四五”时期农村人居环境整治的目标与具体任务

基于我国农村人居环境整治工作的现状及存在的问题，结合乡村振兴战略规划，提出“十四五”时期农村人居环境整治的

指导思想、总体目标，并提出了具体任务。

（一）指导思想

以习近平新时代中国特色社会主义思想为指导，全面贯彻党的十九大和十九届二中、三中、四中全会精神，坚持规划先行，因地制宜的原则，切实发挥村民的主体地位，强化“政府引导、市场运营、农民参与”模式，以提升农民幸福感和获得感为根本目的，以全面推进农村生活污水治理、农村生活垃圾治理和厕所改造为重要抓手，高标准推进、高质量完成、高效率监管，持续改善农村人居环境，改善村容村貌，建立长效运营和监管机制，不断提升农村人居环境水平。

（二）总体目标

《农村人居环境整治三年行动方案》指出到 2020 年，实现农村人居环境明显改善，村庄环境基本干净整洁有序，村民环境与健康意识普遍增强。以此为标准，结合乡村振兴战略三步走方案，报告提出了“十四五”期间我国农村人居环境整治的目标。

到 2025 年，全国农村人居环境整治取得阶段性进展，为乡村振兴战略的阶段成效提供生态支撑。农村生活垃圾处理、农村卫生厕所普及全覆盖，农村生活污水处理率大幅提高，村容村貌明显改善，全部完成村庄规划管理，长效管护和监督机制基本形成，农民环境保护意识大幅提高，农村公共卫生服务水平持续提升，呈现出“村庄美、庭院美、生态美”的全新面貌。

地区而言，由于我国农村资源禀赋差异大，农村发展现状和潜力也各有不同。在农村人居环境整治过程中，不能够“一刀切”制定各项目标，应该根据村庄发展阶段和地方财政能力，依次、渐进、梯度实施。东部地区要率先打造农村人居环境整治的先行区和示范区，充分发挥引领示范作用，成为农村人居环境整治的模板，努力形成可供全国可复制可推广的经验。中部地区要基本实现农村人居环境整治各项目标，加大幅度提升人居环境质量，力争实现生活垃圾处理、卫生厕所普及全覆盖，生活污水处理率达到80%，农民环境保护意识明显提高。而西部地区则要在充分保障农民生活基本条件的基础上，实现人居环境整治有所突破。绝大部分农村完成生活垃圾处理、卫生厕所普及工作，农村生活污水处理能力有所提升，农民环境保护意识有所增强。

（三）具体任务

针对目前农村人居环境整治工作存在的问题，以及发展中存在的“短板”，“十四五”时期农村人居环境整治的重点应该聚焦农村生活垃圾治理、厕所改造和农村生活污水治理三项工作，并将管护机制建设贯穿其中。具体而言：

在农村生活垃圾治理方面，要在培养农民健康生活意识和垃圾分类意识的前提下，持续加大政府资金投入力度，探索资金多元投入机制。通过加大生活垃圾处理技术研发力度，使农村生活垃圾处理减量化、无害化和资源化。要因地制宜推进不同的垃圾处理体系，针对经济基础较好的农村，可以推行“户分类、村收集、镇转运、县处理”的模式，在经济欠发达且垃圾集中处理较困难的地区，采取“就近”原则，能够转运县或镇一级处理的，交由县或镇处理，而偏远山区且交通不便的，要在村内实现无害化处理。

在厕所改造方面，要充分调动农民的积极性和主动性，转变其生活卫生习惯，宣传使用无害化厕所的重要性。要大力推广农村改厕和生活污水处理相结合的方式，真正实现改厕工作的“改”与后期的“治”相统一。要加大改厕工程工艺技术，探索在东北寒冷地区、西部山区等特殊地形、特殊环境下的厕所改造工艺。

在农村生活污水处理方面，要制订更加详细科学的规划。针对农村生活污水分布分散、收集困难、随机性强等特点，加快科技研发，严禁照搬城市生活污水处理方式，要切实根据不同地貌特征、不同发展条件，增强农村生活污水处理的适宜性，选择更加科学合理的生活污水处理模式，实现农村生活污水处理技术和模式的创新。此外，还应建立有效的生活污水设施运营机制，以及评估和监督机制，确保生活污水处理设施的正常运行，便于及时发现问题，寻求解决途径。

四 “十四五”时期农村人居环境整治的对策建议

针对目前我国农村人居环境整治工作中存在的问题，结合“十四五”时期农村人居环境整治的目标和具体任务，本报告认为“十四五”时期农村人居环境整治应该在坚持党的全面领导下，在技术、资金、体制机制上做足文章，以保障农村人居环境整治工作持续有效展开。

（一）坚持党对农村工作的全面领导，增强基层干部责任感和使命感

首先，充分发挥党建引领作用，明确目标责任。基层党建在农村人居环境整治过程中应该发挥主导作用，要充分发挥党员的先锋模范性，强化基层党组织的核心地位，完善相关村规民约，积极引导农民树立正确的生态环境保护意识，将环境保护理念植入内心，筑牢人居环境整治的政治堡垒。通过党员带动和示范，形成齐抓共管的浓厚氛围。而目标责任的确立，能够让基层干部更有紧迫感和使命感，使其肩负更重的责任，时刻为农民利益着想，也就能够在很大程度上避免出现形式主义和官僚主义作风，纯洁党的作风。

其次，启动农村人居环境整治奖罚机制。奖罚分明的机制建设能够促使领导干部明确哪些可为，哪些不能为。可以预见的是，“十四五”期间，中央财政会不断向农村输入更多的专项资金，用于改善农村生产和生活条件，如何利用好这笔资金，使其产出最优，就需要完善奖罚机制。对于农村人居环境整治工作成效明显的县，应该给予奖励，用于地方统筹相关工作。而那些存在形式主义、浪费资金的县，需要给予相应的惩罚措施。

（二）因地制宜确定农村人居环境整治技术和方案

首先，要明确农村人居环境整治工作的优先序。由于我国农村发展水平和层次不同，所亟待解决的农村人居环境整治的内容也存在差异。各地不应该脱离实际情况，追赶或比超发达地区的农村。而应该充分认识到自身发展的现实，要根据不同发展类

型、不同区位条件，明确农村人居环境整治的路线图，并且要一张蓝图绘到底，避免出现为追赶而追赶，为指标而指标。中西部地区，特别是西部偏远山区，由于基础薄弱，财力有限，在推进农村人居环境整治过程中，要充分保障农民的基本生活，然后再选择将哪项工作置于优先发展位置，以保障资金用到位。

其次，因地制宜选用农村人居环境整治的技术。《农村人居环境整治三年行动方案》实施以来，住房和城乡建设部分别于2019年4月9和2019年8月27日，相继出台《农村生活污水处理工程技术标准》（GB/T 51347—2019）、《村庄整治技术标准》（GB/T 50445—2019）。这两个标准都为国家标准，对污水收集、污水处理、运行、维护和管理；给水设施、排水设施、垃圾收集与处理、卫生厕所改造、村庄绿化等内容进行了规范。两项标准分别于2019年12月1日和2020年1月1日起实施，为地方人居环境整治提供了技术支持，各地要在认清自身发展需求的前提下，选用合适的技术和方案，以更加符合实际，实现投入产出效率的最大化。

（三）科学核算资金缺口，探索多元化资金筹措渠道

首先，科学匡算农村人居环境整治的资金缺口，这是开启新一轮农村人居环境整治工作的首要工作，只有算清明白账，才能踏实做好每项工作。2021年作为“十四五”规划的开局之年，要承受住2020年因新型冠状肺炎疫情所带来的经济短期下滑压力，要对所辖范围内的人居环境整治基础设施投入进行全面摸底排查，科学配置，分地区、分类别、分方案计算农村人居环境整

治的资金需求，避免出现“吃大锅饭”现象，要将每一分资金用到刀刃上，严禁用于面子工程、形象工程。

其次，为缓解地方财政资金压力，应该探索多元投入机制。充分发挥政府主导作用，激活市场要素，使市场真正成为配置资源的决定性力量。要适当放宽政府垄断，允许成熟的市场主体进入农村人居环境整治的设备投入、后期管护等环节。农村人居环境整治是一项民生工程，政府要持续加大专项资金投入力度，积极探索和创新资金投入方式，努力构建“政府引导、市场运作、社会参与”的多元投入机制，鼓励市场作为农村人居环境整治资金的有效补充，持续改善基础设施，进一步激发农村活力，以此拓展农村人居环境整治资金渠道。

（四）充分尊重农民主体地位，提高农民参与积极性

首先，要让农民成为农村人居环境整治的主角，让“要我做”转变为“我要做”。农村人居环境整治是政府、市场和农民三方共同参与完成的系统工程，只有真正体现农民的主体地位，才能使农村人居环境整治工作落到实处，发挥应有作用。以村容村貌整治为例，各地应该让农民成为村庄规划的重要参与者，要突出各地特色，不能千篇一律搞建设。只有使农民真正置身其中，才能够更加关爱村庄发展。

其次，要创新农民参与机制，提高其积极性。要通过工作方式创新，让农民真正参与进来，营造“户户参与、人人动手”加入农村人居环境整治的良好氛围。为了更好地提高农民参与积极性，应该借助微信、微博、QQ 等平台，以喜闻乐见的形式，

向广大农民宣传人居环境整治的重要性和必要性，不断提高其对环境保护的认知水平。以农村生活垃圾处理为例，可以探索建立区域性“生活垃圾绿色银行”，建立“生活垃圾绿色账户”，以生活垃圾分类为前提，实现生活垃圾源头减量化，提高居民垃圾分类的积极性和主动性，以寻找生活垃圾资源化途径为根本，提升生活垃圾资源化利用率。

（五）健全长效监管和管护机制，强化督导检查

首先，借助大数据等先进技术，建设农村人居环境整治综合监管平台。数字乡村的建设，能够将更多的先进理念带入农村各项工作中，通过大数据、物联网等技术，能够实时掌握农村人居环境整治进程中出现的问题，以便追根溯源。对于一些偏僻山区，由于农民居住相对分散，管理成本极大增加，而综合监管平台的搭建，将在很大程度上降低管理成本。同时，借助于先进的数据分析技术，能够科学测算农村生活污水产生量、生活垃圾产生量等各类信息，为动态调整农村人居环境整治方案提供数据支撑。

其次，建立联席会议制度，推进常态化运行。农村人居环境整治涉及部门较多，既有农业农村局、住建局等常规部门，也有财政局、发改委等辅助机构，为了提高执行效率，需要搭建联席会议制度，统一安排，强化统筹管理，进一步强化和凝聚力量。

最后，要建立健全干部监督考核机制，针对当前农村人居环境整治监管缺位问题，应尽快建立评估与监督机制，将农村人居环境整治工作列入年度考核内容，形成多级管理体系，考核成绩与奖惩内容挂钩，进一步增强干部责任感。进一步细化农村人居

环境整治工作的考评内容和评分细则，制定《农村人居环境整治工作考核办法》，不断健全农村人居环境整治的监督考核机制。

参考文献

1. 于法稳:《乡村振兴战略下农村人居环境整治》,《中国特色社会主义研究》2019 年第 2 期。
2. 于法稳、于婷:《农村生活污水治理模式及对策研究》,《重庆社会科学》2019 年第 3 期。
3. 于法稳、郝信波:《农村人居环境整治的研究现状及展望》,《生态经济》2019 年第 10 期。

“十四五”时期农业废弃物资源化利用的目标、任务与对策

于法稳　赵会杰*

摘　要：当前，我国进入了集中力量补齐全面小康“三农”领域突出“短板”，加大力度治理农村生态环境突出问题的关键阶段，农业废弃物资源化利用工作需要全面推进。本报告梳理了“十三五”时期我国农业废弃物资源化利用的现状与存在的问题，明确了“十四五”时期农业废弃物资源化利用的目标、重点任务，并提出了开展农业废弃物的定期调查、合理选择农业废弃物资源化利用的技术及方式、开展农业废弃物资源化利用效率及安全性评价的实施路径，给出了进一步加快农业废弃物资源化利用的对策建议。

关键词：“十四五”时期　农业废弃物　资源化利用

* 于法稳，管理学博士，中国社会科学院农村发展研究所研究员，博士生导师，生态经济研究室主任，主要研究方向为生态经济理论与方法、资源管理、农村生态治理、农业可持续发展；赵会杰，中国社会科学院大学农村发展系博士生，主要研究方向为生态经济与农村生态环境治理。

The Goals, Tasks and Countermeasures for the Utilization of Agricultural Waste Resources during the 14th Five - year Plan Period

Yu Fawen　Zhao Huijie

Abstract: At present, China has entered a critical stage of concentrating its efforts to fill in the well - off "three rural" areas, and stepping up efforts to control outstanding issues in the rural ecological environment. The utilization of agricultural waste resources must be comprehensively promoted. This report sorts out the current situation and existing problems of the utilization of agricultural waste resources in China during the "13th Five - Year Plan", and clarifies the objectives, key tasks of the utilization of agricultural waste resources in the "14th Five - Year Plan" . It puts forward the implementation of regular surveys of agricultural waste Reasonable selection of technologies and methods for resource utilization implementation the efficiency and safety evaluation of the utilization of agricultural waste resources and gives countermeasures and suggestions for further accelerating the utilization of agricultural waste resources.

Key Words：the 14th Five - Year Plan　Agricultural Waste Resource Utilization

党的十八届五中全会提出新发展理念之后，绿色发展逐渐成为时代的主旋律。农业废弃物资源化利用也得到高度关注，国家也出台了一系列政策措施，推动了农业废弃物资源化利用率的提高。但是，目前农业废弃物资源化利用中，畜禽养殖废弃物污染现象并未得到彻底改善，农药包装物、废弃农用薄膜的回收、资源化利用没有形成有效的链条。

在“十四五”时期乃至更长时期实现农村环境治理体系与治理能力现代化进程中，这些问题依然会成为“短板”，以及治理的重点。本专题系统地分析了“十三五”期间我国农业废弃物资源化利用的现状与存在的问题，明确了“十四五”时期农业废弃物资源化利用的目标、重点任务，剖析了加快农业废弃物资源化利用的实施路径，并提出了相应的对策建议。

一 “十三五”时期农业废弃物资源化利用的现状及问题

2017年2月，农业部《“十三五”农业科技发展规划》将秸秆等农业废弃物资源化利用列入重大科技任务，通过集成创新一批技术先进、切实可行的资源化利用技术，实现农业废弃物资源化利用率的提高。这里重点分析“十三五”时期农业废弃物资源化利用的现状及存在的问题。

(一)“十三五”时期农业废弃物资源化利用现状

1. 农作物秸秆资源化利用状况

农作物秸秆是在农业生产过程中，通过光合作用形成的生物资源。从农业生态系统学原理来讲，农作物秸秆资源化利用方式直接决定着系统的物质循环能否实现，不同的方式可能会影响到耕地土壤肥力的保持，以及环境质量的健康（于法稳、杨果，2018）。采用农作物的年产量以及谷草比，二者的乘积即为该作物的秸秆产量：

$$ACSTA = \sum_{t=1}^{n} ACAY_i \times \lambda_i$$

式中，$ACSTA$ 为区域农作物秸秆产生量，单位为万吨；$ACAY_i$ 为区域某一农作物的年产量，单位为万吨；i 为农作物的种类，$i=1$，2，3，…，n，λ_i 为区域第 i 种农作物秸秆的谷草比（见表1）。

表1　不同农区主要农作物谷草比

单位：千克

主要农区	省份	水稻	小麦	玉米	豆类	薯类	棉花	花生	油菜
华北农区	北京、天津、河北、山西、内蒙古、山东、河南	0.93	1.34	1.73	1.57	1.00	3.99	1.22	—
东北农区	辽宁、吉林、黑龙江	0.97	0.93	1.86	1.70	0.71	—	—	—
长江中下游农区	上海、江苏、浙江、安徽、江西、湖北、湖南	1.28	1.38	2.05	1.68	1.16	3.32	1.50	2.05
西北农区	陕西、甘肃、青海、宁夏、新疆	—	1.23	1.52	1.07	1.22	3.67	—	—

续表

主要农区	省份	水稻	小麦	玉米	豆类	薯类	棉花	花生	油菜
西南农区	重庆、四川、贵州、云南、西藏	1.00	1.31	1.29	1.05	0.60	—	—	2.00
南方农区	福建、广东、广西、海南	1.06	1.38	1.32	1.08	1.41	—	1.65	—

资料来源：2015 年 12 月 9 日国家发展改革委办公厅和农业部办公厅发布《关于开展农作物秸秆综合利用规划终期评估的通知》。

表 2 是 2018 年不同地区农作物秸秆产量。华北农区、东北农区、长江中下游农区农作物秸秆产量较高，其中，华北农区秸秆产量最高，长江中下游次之。根据《“十三五”农业科技发展规划》，农作物秸秆综合利用率达到 85% 以上。目前，我国秸秆利用方式基本形成了肥料化利用为主，饲料化、燃料化稳步推进，基料化、原料化为辅的综合利用格局。

表 2　　2018 年不同地区农作物匡算量

单位：万吨

区域	小麦	玉米	豆类	薯类	棉花	花生	油菜	合计
华北农区	10745	18544	656	499	206	1205	—	32611
东北农区	35	15707	1294	112	—	—	—	20785
长江中下游农区	4646	2992	505	365	141	409	1297	24354
西北农区	1646	3417	84	464	1892	—	—	7503
西南农区	501	3233	328	767	—	—	386	8129
南方农区	388	449	54	331	—	323	—	4277
合计	17961	44342	2921	2538	2239	1937	1683	97659

资料来源：根据中华人民共和国统计局《国家数据》（http：//data. ststs. gov. cn）整理得到。

2015 年 12 月，国家发展改革委办公厅和农业部办公厅发布《关于开展农作物秸秆综合利用规划终期评估的通知》，评估结果显示，2015 年全国主要农作物秸秆综合利用率为 80.1%。截至目前，全国秸秆综合利用率达到 85.45% 的情况下，仍然有约 15% 的秸秆未被回收利用，按照表 2 显示的 2018 年 7 类农作物秸秆产量来计算，约有高达 1.5 亿吨的秸秆未被利用。

2. 畜禽养殖废弃物资源化利用状况

（1）畜禽粪污。在畜禽养殖业不断发展过程中，由于缺失必要的环保设施，无法有效处理畜禽粪便、产生的废水等废弃物，对周边环境造成污染，并给养殖区周边居民生活带来影响（李乾等，2018）。

$$Q = \sum_{i=1}^{n} N_i \times T_i \times P_i$$

式中，Q 代表畜禽粪尿产生量，单位为万吨；N_i 代表饲养量，单位为万头（匹、只）；T_i 代表饲养期，单位为天；P_i 代表产排污系数，单位为千克/天或克/天；i 代表第 i 种畜禽。产排污系数 P_i 参考 2009 年《畜禽养殖业源产排污系数手册》及已有研究结果，根据畜禽各饲养阶段的天数，对产排污系数进行了适当修正（见表 3）。2017 年畜禽粪污产生量约为 16.75 万吨。其中，肉牛、猪、家禽和奶牛四类动物的粪尿产生量居前四位，分别占 31.07%、29.34%、22.64% 和 10.13%（见图 1）。

近年来，随着畜禽养殖产业规模的不断扩大，畜禽粪便、养殖废水等废弃物排放量不断增加，加之养殖业和种植业之间的生态联系被人为阻断，导致畜禽养殖产业已成为当前农业面源污染的重要来源（廖青，2013；蒋松竹，2013），并引发了水体（李

文哲、徐名汉，2013）、土壤和大气污染（孙超、潘瑜春，2017）。然而当前我国畜禽养殖产业废弃物的综合利用率不足60%，使每年至少有约16亿吨的畜禽养殖废弃物无法得到妥善处理。

表3　各类畜禽粪尿的产排污系数①

单位：千克

种类	华北区	东北区	华东区	中南区	西南区	西北区
猪	3.40	4.10	2.97	3.74	3.57	3.54
奶牛	46.05	48.49	46.84	50.99	46.84	31.39
肉牛	22.10	22.67	23.71	23.02	20.42	20.42
家禽	0.145	0.14	0.185	0.09	0.09	0.14
兔	0.15	0.15	0.15	0.15	0.15	0.15
马	5.90	5.90	5.90	5.90	5.90	5.90
驴	5.00	5.00	5.00	5.00	5.00	5.00
骡	5.00	5.00	5.00	5.00	5.00	5.00
羊	0.87	0.87	0.87	0.87	0.87	0.87

资料来源：2009年《畜禽养殖业源产排污系数手册》及已有研究结果，根据畜禽各饲养阶段的天数，对产排污系数进行了适当修正。

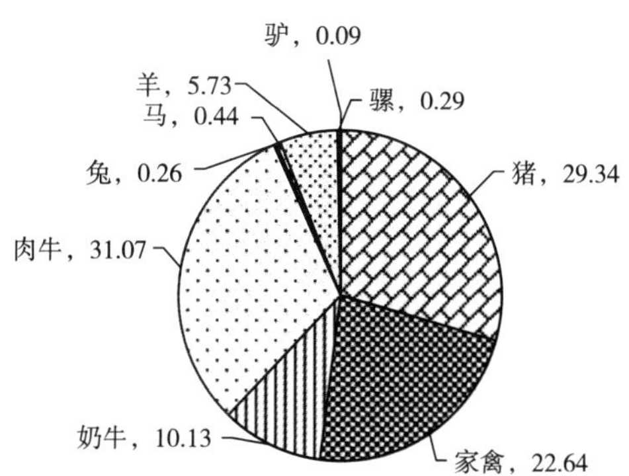

图1　2017年各类畜禽粪尿产生量②

① 东北区：黑龙江、吉林、辽宁；华北区：内蒙古、北京、天津、河北、山西；华东区：山东、安徽、江苏、上海、浙江、江西、福建、台湾；中南区：河南、湖南、湖北、广东、广西、海南、香港、澳门；西南区：西藏、云南、重庆、贵州、四川；西北区：新疆、陕西、甘肃、宁夏、青海。

② 由于《中国畜牧兽医年鉴》只更新至2017年数据，故本报告只测算2017年各类畜禽粪尿产生量。

（2）病死畜禽。总体来看，我国病死畜禽的无害化处理水平偏低。以生猪为例，我国每年病死猪无害化处理量仅占40%，自食、丢弃、出售等不当处理数量占60%。2012—2016年，全国无害化处理病死猪数量呈现逐年递增态势（见图2）。此外，对病死畜禽无害化处理一般依然是采用传统的焚烧、填埋等方式，容易对当地空气环境，特别是对土壤和水源安全构成隐患。

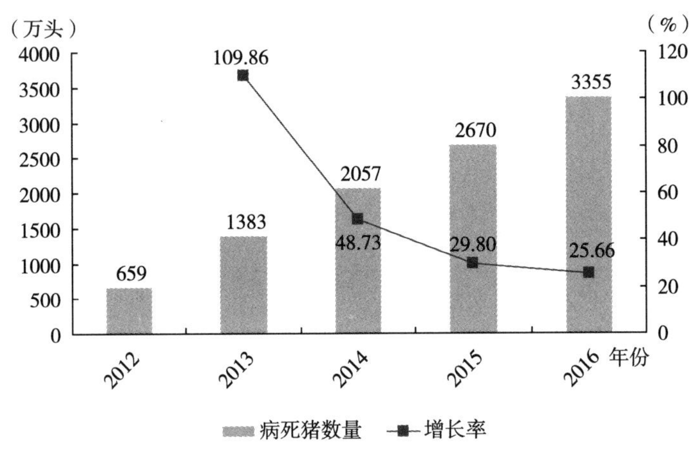

图2　2012—2016年病死猪数量

资料来源：农业部。

3. 废弃农用薄膜回收及资源化利用状况

由于农业生产中采用的薄膜大多是不可降解，由于缺失有效的回收机制，更没有完善的资源化利用的市场，从而导致土壤中废弃薄膜残留的不断积累，造成“白色污染”。我国农用塑料薄膜使用量不断增加，2017年达到252.8万吨，较1991年的64.21万吨增长了近4倍。

从表4可以看出，“十三五”期间，各个地区的农用塑料薄膜使用量都有小幅下降，全国农用塑料薄膜使用总量呈现下降趋势；其中华北农区、东北农区和西北农区下降幅度相对最快。农业农村部在《关于推进农业废弃物资源化利用试点的方案》中提出力争到2020年，当季农膜回收和综合利用率达到80%以上，按照此目标，进入“十四五”时期，依然会有50万吨的废弃农膜未被回收利用。

表4　　不同时期农用塑料薄膜使用量及区域分布

单位：吨、%

地区	“十一五”时期		“十二五”时期		2016年	2017年	2018年
	数量	比例	数量	比例	数量	数量	数量
华北农区	344.17	34.25	377.00	30.52	76.56	73.67	70.00
东北农区	114.10	11.35	142.50	11.53	27.94	26.53	25.16
长江中下游农区	203.68	20.27	244.61	19.80	50.00	50.08	49.86
西北农区	146.11	14.54	224.08	18.14	52.81	49.23	49.78
西南农区	126.10	12.55	161.23	13.05	34.64	34.96	34.13
南方农区	70.79	7.04	85.95	6.96	18.31	18.36	17.56
合计	1004.95	100	1235.37	100	260.26	252.83	246.49

资料来源：《中国农业统计资料》、《中国环境统计年鉴》、《中国农村统计年鉴》、国家统计局。

4. 农药包装物回收及资源化利用状况

据统计，2019年我国农药原药产量达到224万吨，农药使用量达到145.6万吨，单位农作物播种面积农药使用量高达8.8千克/公顷，远高于发达国家的农药用量水平，未被利用的农药直接进入环境，进而影响农产品质量安全。

2019年，农业农村部在《关于切实做好农药包装废弃物回收工作的通知》中提出在5个省10个重点县组织开展农药包装废弃物回收试点，并鼓励各省结合当地实际，选择产粮（油）大县和蔬菜产业重点县，积极开展农药包装废弃物回收试点工作。当前，我国农药包装废弃物回收整体上还处于探索阶段，再加上农药使用技术落后，施药方法不科学，用药剂量和次数较多，农民缺乏农药施用的安全意识，监督起来困难，导致农药包装废弃物回收利用率并不高。

（二）“十三五”时期农业废弃物资源化利用中存在的问题

1. 农业废弃物资源化利用的主体缺乏积极性

当前，对农业废弃物生产主体的前端农民或者农场主而言，关注的是对农业废弃物资源化利用是否会增加额外的成本。长期以来，尽管国家一直在引导、推动农业废弃物资源化利用，并且通过各种新闻平台进行宣传，但农户对农业废弃物资源化利用的重要性、必要性的认知水平依然没有得到提高，对农作物秸秆还田利用还能参与，但对参与其他农业废弃物资源化利用缺乏积极性。对参与农业废弃物资源化利用的后端主体企业而言，如果在实施农业废弃物资源化利用过程中无法实现经济效益，它们也没有参与农业废弃物资源化利用的积极性，农业废弃物资源化利用的市场就无法建立。

2. 农业废弃物资源化利用的技术供给不充分

在创新技术方面，我国农业废弃物资源化利用的技术创新意识不强，自主创新能力不足，拥有自主产权和较高推广价值的利用技术较少。特别是针对不同区域、不同类型的农业废弃物资源化利用技术没有较好的适用性。比如秸秆还田，机械粉碎是当前还田的主要方式，但是由于缺乏有效的促进秸秆腐化的生物菌，导致在部分寒冷地区难以腐化，影响了农作物的播种，也降低了农民参与秸秆还田的积极性。

3. 农业废弃物资源化利用的市场体系不完整

目前，农业废弃物的管理运营机制并未到位，导致了农民参与农业废弃物资源化利用的积极性不高，也不愿意在资源化利用方面投入更多的人力、财力。农业废弃物资源化利用的最大难点在于农业废弃物的回收，由于受到经济利益、生产生活习惯的影响，我国农业废弃物的回收成本高、运输困难，回收机制没有建立。特别是在废旧农药包装物、农用塑料薄膜等的回收上，存在很大困难，这将直接带来严重的农业面源污染。

4. 农业废弃物资源化利用的机制不健全

农业废弃物资源化利用是一项集社会效益、经济效益和生态效益为一体的资源转化过程，如果没有对其生态效益进行客观、合理的补偿，则很难充分发挥农作物资源化利用的生态效应，也会降低农业废弃物资源化利用的效率。国外发达国家和地区较早地认识到排放成本较低是导致废弃物污染行为不止的重要原因，因此，实施了“排污收费”“填埋税”“污染削减补贴”等制度，有力地提高了农业废弃物资源化综合利用水平（何可等，2013）。

5. 农业废弃物资源化利用的政策执行力度不到位

目前，农业农村部联合其他部委，出台了推进农业废弃物资源化利用的相关政策及实施方案，但地方对此的执行力度偏弱，同时，对此又缺乏有效的监测、监管和预警体系，从而出现了“政府强推动、农民弱参与、企业难进入”的困境。如按规定利用畜禽养殖废弃物进行沼气发电可享受上网电价优惠，在执行过程中，电力部门常以发电量低、技术不合格、线路架设成本高等理由拒绝养殖场或第三方养殖污染治理企业的电力入网（郑微微，2017；金书秦，2018），使这些个体或企业无法获得条例规定的补贴，还需条例制定部门进一步考虑再生能源优先上网的规定。

二 “十四五”时期农业废弃物资源化利用的目标与重点任务

实现农业废弃物资源化利用，不仅是贯彻党中央、国务院有关“推进种养业废弃物资源化利用”等决策部署的具体行动，也是实现乡村生态振兴，推动农村环境治理的重要内容，更是提升农村环境质量、建设生态宜居乡村的重要抓手。

（一）“十四五”时期农业废弃物资源化利用的目标

“十四五”期间，农业废弃物资源化利用的目标就是要认真落实绿色发展理念，突破技术、机制、政策和市场等方面的困境，真正建立起农业废弃物资源化利用市场运行机制，实现将农业废弃物变废为宝，提高农业废弃物资源化的价值，开启小康之后农业废弃物资源化利用的新篇章。

1. 农作物秸秆资源化利用的目标

农业农村部提出，力争到2020年，全国秸秆综合利用率达到85%以上；东北地区秸秆综合利用率达到80%以上，50%重点县市秸秆综合利用率稳定在90%以上；露天焚烧现象显著减少；力争到2030年，全国建立完善的秸秆收储运体系，形成布局合理、多元利用的秸秆综合利用产业化格局，基本实现全量利用。那么，“十四五”时期农作物秸秆资源化利用的目标就是贯彻农业农村部提出的要求，突破技术困境，依靠科技支撑，继续提高重点县市区秸秆综合利用率，加强科学的总体规划的同时，探索建立适应不同区域的农作物秸秆收储运体系。

2. 畜禽养殖废弃物资源化利用的目标

“十四五”期间，畜禽养殖废弃物资源化利用的目标就是在生态承载力范围内，真正构建种养结合农牧循环的可持续发展格局，分区域编制种养循环发展规划，并合理实施空间布局，同时，兼顾小散养殖户和集约化家庭农场养殖场废弃物资源化利用，探索建立适应不同区域不同规模的畜禽粪污的市场化运行机制，同时提高病死畜禽无害化处理水平，弥补过去畜禽养殖废弃物资源化利用的“短板”。

3. 废弃农用塑料薄膜回收及资源化利用的目标

农业农村部等六部门在《关于加快推进农用地膜污染防治的意见》（以下简称《意见》）中提出到2025年农膜基本实现全回收，全国地膜残留量实现负增长，农田白色污染得到有效防控。那么，“十四五”时期废弃农用塑料薄膜回收及资源化利用的目标就是紧紧围绕上述《意见》，突破农膜回收再利用技术，创新农膜回收利用机制，真正确立适应不同区域不同覆膜类型不同残留程度的农膜回收方式，构建农田残留地膜污染监测网络，争取全国农膜回收利用率达到100%，白色污染问题得到解决。

4. 农药包装物回收及资源化利用的目标

“十四五”期间，农药包装物回收及资源化利用的目标就是要认真贯彻绿色发展精神，继续加大宣传力度，发挥农民的主体意识，通过农民收集、经销商登记、农药生产企业或第三方回收公司回收，真正构建起农药包装物回收机制，在提高农药包装物回收率的同时，实现其有效的资源化利用率。

（二）“十四五”时期农业废弃物资源化利用的重点任务

1. 突破技术层面的困境

由于我国地域广阔，温度、水分、日照等气候因素差异较大，特别是气候因素差异较大的区域，在农作物秸秆资源化利用技术需求方面，势必具有一定的差异。然而，现实中区域适宜性较强的技术及产品相对于需求而言严重不足（于法稳，2016）。在广大农村地区，多采用机械粉碎方式直接将作物秸秆还田，而对促进农作物秸秆腐化的生物菌等微生物措施利用严重不足。而且在一些高寒冷地区适应性更是严重受限，由于农作物秸秆在短时期难以腐化，在一定程度上影响了农作物的播种以及种子的发芽率，对此农民的认可度有所下降，转而采取直接焚烧。

此外，液体废弃物资源化利用方式亟待破解。我国众多的中小畜禽养殖场户分布在各乡镇，污染面广量大。其中，污水是养殖废弃物处理与资源化利用中的难点。一是处理成本高。据测算，存栏量1000头的养猪场日产污水约15吨，存栏量500头的奶牛场日产污水约50吨。出栏1头生猪污水处理成本需要20元，1头奶牛每年的污水处理费用要260元。如果加上折旧和固体粪便的处理，成本还要增加50%。二是遗留问题多。养殖场内部设施设备工艺落后，如长流水饮水，水冲粪、水泡粪，雨污混流，粪污贮存不符合防渗、防雨、防溢流要求，粪污处理利用设施不配套等，填平补齐改造投资需求量大。三是固态物质用于有机肥后，不能解决污水污染。沼液的存储和利用同样面临着困难。

2. 克服市场层面的困境

从实践来看，农作物秸秆的供给者与需求者可以提供的有效供给规模和有效需求规模决定了农作物秸秆资源化利用的潜在市场饱和容量；而中间参与者，尤其是农业秸秆资源化利用的技术研发部门，则决定了交易费用的高低。要想实现农作物秸秆的有效利用，参与主体都能够在此过程中获利，而不能是某个主体仅仅依靠政府的财政补贴来推行，这样才能够实现农作物秸秆资源化利用的持续发展。此外，集约化家庭农场型养殖场资源化利用面临着成本制约。集约化家庭养殖场的废弃物产生量较小，无法达到废弃物资源化的规模经济，在单个养殖场尺度无法实现废弃物资源化成本的内部化。

3. 完善资源化利用的机制

在国家层面上还没有建立促使农作物秸秆资源化利用的生态补偿机制。一是对农作物秸秆资源化利用本身没有进行生态补偿，在一定程度上也影响了农作物秸秆的资源化利用率。二是生态补偿没有考虑到农作物秸秆资源化利用带来的生态效益的大小，补偿标准缺乏一定的科学性。事实上，目前还没有真正认识到农作物资源化利用的生态效应功能的发挥，因此，难以出台系统有效的生态补偿机制。

4. 突破政策层面的困境

当前，国家对农作物秸秆资源化的财政补贴措施，由于补贴的农作物种类有限、金额有限、区域有限，关键是补贴的重点对象也不在农户（郑军等，2012），难以对农民形成有效的经济激励。此外，小散养殖户尚未纳入有效的制度管理框架之中。比如，2015 年我国年出栏猪 50 头以下养猪场就达到了 4405.59×10^4 个（孙若梅，2018），这对我国畜禽粪污的治理是一大挑战，且畜禽养殖场的废弃物污染防治工作对这些“非规模化”的畜禽养殖户并不适用。但依据何种标准将中小散户的养殖户纳入监管体系仍需要探讨，《畜禽规模养殖污染防治条例》将养殖场、养殖小区的具体规模划定标准交给了各省级人民政府，因各地界定标准的差异导致了过度禁养或监管不严等问题（司瑞石等，2018）。

三 “十四五”时期农业废弃物资源化利用的实施路径

农业废弃物资源化利用是一个系统工程，需要不同利益群体的广泛参与，更需要采取灵活多样的、适宜性强的模式和技术。因此，“十四五”期间需要强化农业废弃物资源化利用的路径，确保实现预期目标。

（一）开展农业废弃物的定期调查

1. 选择有代表性的区域

实现农业废弃物资源化利用的前提，就是摸清农业废弃物资源化利用市场的“家底”，包括农业废弃物的区域分布、种类特征，农业废弃物导致的生态环境问题，农业废弃物资源化利用的潜力。我国农业废弃物产生具有明显的地域差异性特点、种类特征，科学选择农业废弃物调查的重点区域，分析重点与非重点区域的农业废弃物产生量，以便了解农业废弃物资源化利用潜力的空间分布特征。

2. 明确调查的重点内容

农业废弃物资源化利用的区域特点较为明显，即不同区域农业废弃物资源化利用的重点领域不同。因此，结合农业生产的实际情况，确定农业废弃物调查的重点内容，并由此提出农业废弃物资源化利用的方向及模式。

3. 组织合理的调研队伍

借助区域科研院校的力量，构建省、市、县三级调查体系，通过对调查队伍的业务培训，使他们能够全面掌握调查技术和方法，满足调查工作的需要。县一级调查队伍可以由县农业农村局组织农业技术人员，组建专业调查队伍，开展调查工作。

4. 科学确定调查方法

农业废弃物主要包括农作物秸秆、畜禽粪污及病死畜禽、农药包装物、废弃农用薄膜等。农业废弃物类型不同，调查方法自然也不同，因此需要科学确定相应的调查方法，以获得准确的信息。

（二）合理选择农业废弃物资源化利用的技术及方式

1. 选择区域适宜性的技术及方式

针对畜禽粪污、病死畜禽、农作物秸秆、废旧农膜及废弃农药包装物等不同废弃物特点，根据各地农业废弃物的种类分布、数量，因地制宜选择技术，并确定资源化利用方式，并积极探索多元化、组合型资源化利用方式。

2. 加大成功模式的推广力度

在探索农业废弃物资源化利用过程中，一些区域形成了值得借鉴和推广的成功模式。科学分析这些模式推广所需要的条件，合理确定推广的可行性、范围，更好地发挥其作用。

（三）开展农业废弃物资源化利用的效率及安全性评价

1. 选择不同农业废弃物资源化利用效率的评价方法

不同区域、不同规模、不同种类的农业废弃物资源化利用方式、技术、模式等具有明显的差异性，为此，采取不同的效率评价方法，对农业废弃物资源化利用效率进行评价，而且随着时间的推进、技术的进步等条件的改变，及时对评价方法进行调整。

2. 开展不同农业废弃物资源化利用方式的效率评价

针对同一种农业废弃物资源，存在不同的利用方式。对不同利用方式的效率进行评价，可以更好地改进废弃物资源化利用技术，进而提高农业废弃物资源化利用率。

3. 实施农业废弃物资源化利用的安全性评价

当前，各级政府都关注农业废弃物资源化利用的效率，但对农业废弃物资源化利用的安全性没有考虑。如农业废弃物回收后流向了哪里、如何处置、加工品是否安全无害等问题均没有进行追踪。为此，需要加强农业废弃物资源化利用的安全性评价。

四　推动农业废弃物资源化利用的对策建议

党中央、国务院高度重视农业废弃物资源化利用工作，并对此作出了明确部署。“十四五”期间推动农业废弃物资源化利用，需要从政策、机制、资金、技术等层面采用相应的对策，全面提升农业废弃物资源化利用的水平及成效，助力乡村生态振兴。

（一）建立完善农业废弃物资源化利用的制度及法律法规

1. 完善农业废弃物资源化利用的管理制度

一是完善有效的管理制度体系。在越来越严格的环保规制之下，在制定强制性制度的同时，也要制定约束性制度、激励性制度，通过它们彼此作用，协同发挥作用，推动农业废弃物的资源化利用；二是建立有效的监督管理制度。统筹家庭养殖场和散养户养殖废弃物的监管，建立全覆盖的监督管理体系；根据废弃物种类的不同，以及利用方式的不同，建立有效的分类管理制度，为实现农业废弃物资源化利用提供制度保障。

2. 实施农业废弃物资源化的财政补贴制度

一是建立生态补偿制度。遵循“谁污染，谁付费；谁受益，谁补偿”的原则，界定农业废弃物资源化利用的受益对象，再根据农业废弃物资源化的区域差异、种类差异，建立差异化的生态补偿机制，并完善相关的配套制度。二是制定合理的补偿标准。根据不同区域不同废弃物资源化利用情况，确定补偿标准、补偿方式、补偿周期、补偿额度等，特别是针对农业废弃物资源化利用的各个节点，实施适当的补贴，确保整个链条运行的通畅。

3. 制定农业废弃物资源化的激励措施

培育新型种植业、养殖业面源污染防治主体。基于现有条件，培育种植业面源污染防治服务组织，鼓励新型防治主体开展农膜回收利用、农作物秸秆回收加工；大型养殖企业将是废弃处理与资源化利用的主体，应采取相应的措施，激励大型畜禽养殖企业在各地废弃物资源化利用中发挥作用，使其承担当地中小型养殖场废弃物资源化的责任。

4. 建立健全农业废弃物资源化利用的法律法规

借鉴发达国家农业废弃物资源化利用的成功经验，针对不同区域、不同类型农业废弃物进行规范治理，应协调相关部门及时建立健全农业废弃物资源化利用的法律法规，厘清政府、企业、种植主体、养殖主体等各自应承担的责任，以规范市场行为，使农业废弃物资源化利用做到有法可依。

（二）创新农业废弃物资源化利用的相关机制

1. 建立企业的责任延伸机制

一是探索不同区域农资生产者责任延伸的实现形式。为实现废弃农膜、农药包装物回收以及实现其资源化利用成本的最小化，应采取多样化的环境责任实现形式，既可以采取生产者付费、第三方回收的方式承担其延伸责任，也可以通过自建回收再利用体系承担其责任。二是构建农业废弃物资源化利用市场体系。通过其责任延伸参与到农资废弃物资源化利用市场体系中，并建立不同市场参与主体的激励机制，推动农业废弃物资源化利用市场的健康运行。

3. 注重生产主体的参与机制

当前，农户对农业废弃物资源化利用的认知和环境保护意识淡薄，对农业可持续发展和实现绿色转型认识程度不够，难以诱发出废弃物资源化利用的自觉行为。为此，一是要引导农户参与农业废弃物资源化利用，加强农业废弃物资源化利用相关政策和试点方案的宣传，增加农户对相关内容的了解度；二是督促生产经营主体按标准生产，合理施肥用药，严格执行禁限用规定和休药间隔期等制度，履行安全责任。

（三）强化农业废弃物资源化利用的技术支撑

1. 开展不同区域农业废弃物资源化利用的技术研发

根据地区发展实际情况，有针对性地加强农业废弃物资源化处理新技术的研发，提高资源利用效率、突破资源化利用的相关技术。根据不同区域农作物秸秆资源化利用中存在的问题，开展有针对性的、区域适应性强的新技术、新方法的创新，特别是能促使农作物秸秆腐烂的微生物技术及产品的研究及开发，以便应用于高寒地区温度较低的区域，为提高不同区域农作物秸秆资源化利用率提供技术支撑。

2. 加强成熟农业废弃物资源化利用技术的推广利用

“十三五”期间，农作物秸秆、畜禽粪污等废弃物资源化形成了一些适应区域特点的可推广的技术模式，未来要加强推广应用绿色饲料添加剂和抗生素替代品，根据不同地区的特点采用不同的粪污处理技术，推广工厂化堆肥处理和商品化有机肥生产技术，提高畜禽废弃物资源化利用率，且终端处理后还要加大对土壤中的氮素的监测。

3. 对农业废弃物资源化利用的相关技术进行集成

加大农业废弃物资源化利用的资金投入，联合科研院所和农业部门，针对不同农业废弃物特点，集成现有零散的利用技术，比如将商品有机肥、有机无机作物专用肥的推广与测土配方施肥技术有机统一，探索适应区域地形地貌、气候特点、产业现状、生产生活方式和市场需求等的资源化利用方式。

（四）加强农业废弃物资源化利用的资金保障

1. 加大农业废弃物资源化的投资力度

政府应将种植业面源污染防治经费列入地区财政预算，增加种植业面源污染防治投入，把种植业面源污染防治列入年度目标责任考核，对各项具体任务的落实情况进行绩效评价。针对化肥农药和农膜等一系列农资产品，加大绿色环保技术的研发和应用投入，加快推行测土配方精准施肥、高效植保机械、绿色防控等技术，杜绝低质化学投入品流入市场。设立专项基金，增加对有机肥、生物农药、农膜回收、秸秆资源化利用等方面的补偿。

2. 创新农业废弃物资源化利用融资方式

拓宽农业废弃物资源化利用资金投入渠道，形成“政府投入为主，市场力量介入，农民支持为辅”的多元化融资机制，保障农业废弃物资源化利用的设备投入，以及农业废弃物资源化利用的技术研发，充分调动农户参与农业废弃物资源化利用的积极性。

（五）构建农业废弃物资源化利用的市场体系

1. 积极构建农业废弃物资源化的市场运行机制

一是减少环境污染、提升生态承载力利用水平，应当作为管理第三方运行的基本原则。二是种养殖主体、政府和第三方需要各自承担责任和发挥作用。所有种养殖主体都应承担其废弃物处理和资源化利用的责任；政府的作用是需要对第三方运营设定准入门槛，可以采用登记方式，确保有效实施监管以达到减少环境污染的目标；社区的参与是可以协助第三方运行管理，比如第三方组织的畜禽废弃物发酵后的有机肥，优先满足社区土壤有机质需求。三是第三方运行管理部门，是以正规制度安排替代市场上民间小贩的创新，因此，应当把它纳入环境监管体系。

2. 建立农业废弃物资源化产品专业化商业运作机制

一是应建立资源化利用产品管理机制，将畜禽废弃物堆肥纳入到我国有机肥管理体系和有机肥替代化肥的政策支持体系中；二是完善资源化产品的销售市场，需进行深加工并建立产业链，并突破资源化利用的相关技术，同时根据不同地区的特点采用不同的粪污处理技术，推广工厂化堆肥处理和商品化有机肥生产技术，建立专业化商业模式。三是通过提高商品有机肥生产者准入门槛、加大商品有机肥中元素添加监管力度、加强对有机肥流通过程中的市场监管来完善资源化产品的监管机制。

3. 因地制宜推进产业链资源化利用模式

一是要引导和鼓励社会资本进入农业废弃物资源化利用市场，提高产业化水平和运营管理能力，探索生态循环农业模式，推行种植业标准化生产，推进“粮改饲”和种养结合等农牧循环模式，以此来推进农业资源化利用产业化进程。二是应该立足现有农业废弃物资源化利用中的突出问题，采取高端规划与试点先行相统筹原则，因地制宜，积极探索新型农业废弃物资源市场化运作模式，开展差异性试点工作，构建有助于促进农业废弃物市场化顺利推进的激励与约束机制，积极调动多方力量共同参与农业废弃物资源化利用工作中，扩大市场需求规模，创新适合不同区域的不同类型农业废弃物市场化运作模式。

4. 加强政府的引导监督机制

农业废弃物资源化利用的技术投入费用远远超过了广大农户的承受能力，而且收购缺乏管理，价格混乱，农户无利可图缺乏参与积极性，因此，需要政府加大相关的补贴范围与扶持力度，完善激励补偿和监督惩罚机制。政府应通过各种媒体以及信息化手段对此进行宣传，提高养殖户对畜禽养殖废弃物导致的空气、土壤污染，以及对健康危害性的认知和对畜禽粪污资源化利用方式、相关政策法律法规等方面的认知，引导农户参与农业废弃物资源化利用。企业方面，政府应通过减免税政策等财政金融政策，鼓励和引导企业投资，充分调动市场力量。

参考文献

1. 于法稳、杨果：《农作物秸秆资源化利用的现状、困境及对策》，《社会科学家》2018 年第 2 期。

2. 李乾、王玉斌：《畜禽养殖废弃物资源化利用中政府行为选择——激励抑或惩罚》，《农村经济》2018 年第 9 期。

3. 耿维、胡林、崔建宇等：《中国区域畜禽粪便能源潜力及总量控制研究》，《农业工程学报》2013 年第 1 期。

4. 廖青、韦广泼、江泽普等：《畜禽粪便资源化利用研究进展》，《南方农业学报》2013 年第 2 期。

5. 蒋松竹、蔡琼、李美娣等：《畜禽养殖污染防治的法律体系现状及思考》，《环境污染与防治》2013 年第 10 期。

6. 李文哲、徐名汉、李晶宇：《畜禽养殖废弃物资源化利用技术发展分析》，《农业机械学报》2013 年第 5 期。

7. 孙超、潘瑜春、刘玉：《畜禽粪便资源现状及替代化肥潜力研究：以安徽省固镇县为例》，《生态与农村环境学报》2017 年第 4 期。

8. 何可、张俊飙、田云：《农业废弃物资源化生态补偿支付意愿的影响因素及其差异性分析——基于湖北省农户调查的实证研究》，《资源科学》2013 年第 3 期。

9. 郑微微、易中懿、沈贵银：《中国农业生产水环境承载力及污染风险评价》，《水土保持通报》2017 年第 2 期。

10. 金书秦、韩冬梅、吴娜伟：《中国畜禽养殖污染防治政策评估》，《农业经济问题》2018 年第 3 期。

11. 于法稳：《为秸秆综合利用找出路》，《中华环境》2016 年第 8 期。

12. 孙若梅：《畜禽养殖废弃物资源化的困境与对策》，《社会科学家》2018 年第 2 期。

13. 郑军、史建民：《我国农作物秸秆资源化利用的特征和困境及出路——以山东为例》，《农业现代化研究》2012 年第 3 期。

14. 王宾：《农业废弃物资源化利用的现状、问题与对策》，载魏后凯、杜志雄《中国农村发展报告——聚焦农业农村优先发展》，中国社会科学出版社 2019 年版。

15. 于婷、于法稳：《环境规制政策情境下畜禽养殖废弃物资源化利用认知对养殖户参与意愿的影响分析》，《中国农村经济》2019 年第 8 期。

“十四五”时期水土资源保护与高效利用的重点任务与对策

包晓斌*

摘　要： 正确处理农业经济发展与资源保护之间的关系，确保农业水土资源的数量与质量，优化配置水土资源，是推进农业绿色发展的现实要求。本报告针对我国农业水资源利用、耕地质量、水土流失和耕地土壤污染的状况，指明农业水土资源保护与利用存在的主要问题，包括资源配置不尽合理、资源利用效率较低、资源保护与利用的组织制度困境等。在分析“十四五”时期农业水土资源保护与利用目标的基础上，明确了农业水资源高效利用、耕地质量保护与提升、水土流失综合治理、耕地土壤污染防治的重点任务，并从推行综合工程、开展组织和制度建设、建立农业生态补偿机制、拓宽投入渠道、强化资源监测等方面，提出“十四五”时期农业水土资源的保护与高效利用的对策建议。

* 包晓斌，博士，中国社会科学院农村发展研究所研究员，博士生导师，生态经济研究室副主任，主要研究方向为农村环境与生态经济。

关键词： 水土资源　农业　“十四五”时期　保护与利用　耕地质量

The Key Tasks and Countermeasures on Agricultural Water and Land Resource Conservation and Efficient Utilization during the 14th Five - year Plan Period

Bao Xiaobin

Abstract: The agricultural water and land resource quantity and quality will be assured and optimized if the relations between agricultural economic development and resource conservation are improved, which is actual requirement for promoting agricultural green development. Based on the situation of agriculture water resource utilization, farmland quality, soil and water losses, as well as farmland soil pollution, the main problems on agricultural water and land resource conservation and utilization are shown in this paper, including irrational resource allocation, lower resource utilization efficiency, and institutional dilemmas on resource conservation and utilization. The targets on agricultural water and land resource conservation and utilization are analyzed for ensuring the key tasks on efficient utilization of agricultural water resource, farmland quality improvement, comprehensive management of soil and water losses, and farmland soil pollution control during the 14th Five - Year Plan Period. The relevant countermeasures are given by means of executing comprehensive engineering, assisting and organization and institution construction, establishing agricultural eco - compensation mechanism, increasing input sources and strengthening resource monitoring.

Key Words: Water and Land Resource　Agriculture　the 14th Five - Year Plan　Conservation and Utilization　Farmland Quality

水土资源是最基本的农业生产要素，其关系到农业经济增长和农产品安全。合理配置水土资源，确保农业水土资源的数量与质量，将可以充分发挥区域资源优势，优化空间布局，从而促进区域农业可持续发展。

“十四五”时期是我国由全面建成小康社会向基本实现社会主义现代化迈进的关键时期。在全面实现小康社会、打好污染防治攻坚战的基础上，需要正确处理“十四五”时期农业经济发展与资源保护之间的关系，明确农业水土资源保护与高效利用的主要目标和重点任务，实行资源节约利用，降低资源利用强度，推动农业资源利用方式的根本转变，提高资源利用效益，实现农业高质量增长。

一 农业水土资源保护与利用的形势

我国人多地少水缺是基本国情，农业水土资源稀缺，农业生产受到水土资源的约束。目前，尽管我国农业水土资源较高的利用强度有所减缓，但农业水土资源的压力依然较大，水土资源保护与利用面临严峻挑战。

（一）农业水土资源保护与利用状况

我国人均水资源量仅为世界人均水量的1/4，水资源量占世界水资源总量的6%，人均耕地面积不到世界人均耕地面积的1/2，耕地面积占世界耕地总面积的9%，但其养活人口占世界总人口约20%。[①] 实施“藏粮于地、藏粮于技”战略，严格控制耕地占用和水资源开发利用，推广资源节约与高效利用技术，坚持最严格的耕地保护和水资源管理制度，可以有效降低农业资源利用强度，提高农业水土资源利用水平，保证农产品有效供给。

1. 农业用水状况

全国农业用水量总体上呈现趋缓的态势，2018 年全国农业用水量达到3693.1 亿立方米，比2000 年降低2.39%。农业用水量占总用水量比例达到61.39%，比2000 年下降7.43 个百分点。尽管农业用水量占总用水量比例有所下降，但仍然在60%以上，

① 国务院新闻办公室：《中国的粮食安全》白皮书，http://scio.gov.cn/2fbps/32832/Document/1666192/1666192.htm，2019 年10 月。

这也表明农业具有较大的节水潜力，如图1所示。

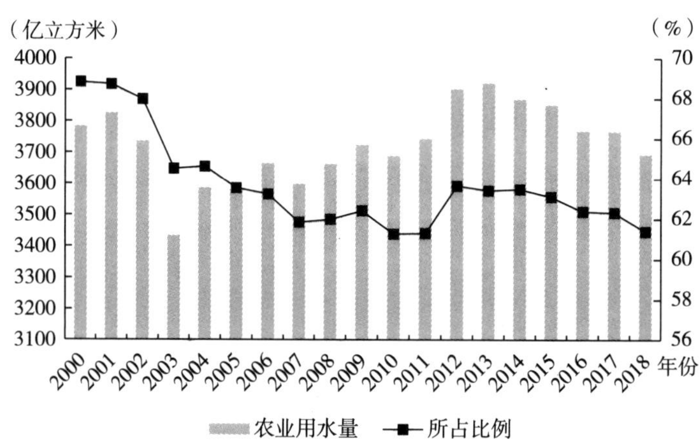

图1　全国农业用水量及其占比变化

资料来源：水利部：《2000—2018年中国水资源公报》。

我国灌溉面积位居世界第一，截至2018年年底，全国耕地灌溉面积6827.16万公顷，比2000年增长26.85%，占全国耕地面积的50.3%。20世纪90年代我国开始推广节水灌溉技术，开展区域规模化高效节水灌溉工程建设。2018年全国节水灌溉工程面积3613.5万公顷，是2000年的2.2倍。其中，喷灌、微灌面积1133.8万公顷，低压管灌面积1056.6万公顷。节水灌溉比例达到52.93%，比2000年提高22.48个百分点，如图2所示。全国已累计实施400多处大型灌区、1200多处重点中型灌区的续建配套和节水改造，完成“十三五”规划的大中型灌区续建配套和节水改造任务。

全国农田灌溉水有效利用水平逐年提高，2018年农田灌溉水有效利用系数达到0.554，比2010年增加10.58%，提前实现

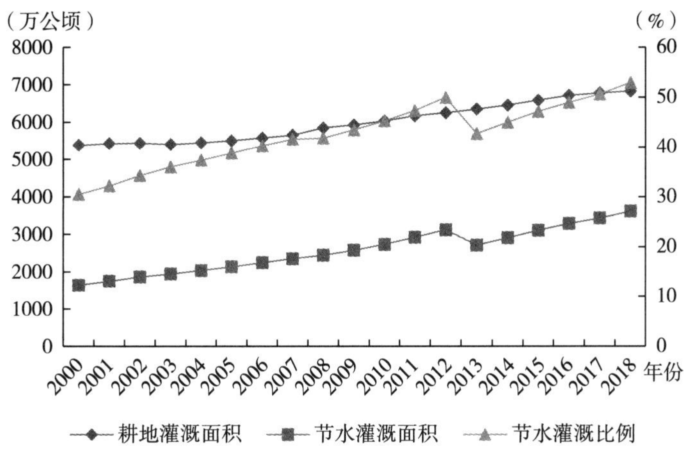

图2　全国耕地节水灌溉变化

资料来源：《中国水利统计年鉴》（2001—2019）。

“十三五”规划制定的0.55目标。耕地实际灌溉亩均用水量呈下降的态势，2018年耕地实际灌溉亩均用水量达到365立方米，比2000年降低23.8%。有效提升区域灌溉效益，推动东北地区节水增粮、西北地区节水增效、华北地区节水压采、南方地区节水减排。

表1　　耕地灌溉用水指标变化

单位：立方米/亩

年份	农田灌溉水有效利用系数	耕地实际灌溉亩均用水量
2010	0.501	421
2013	0.523	418
2016	0.542	380
2017	0.548	377
2018	0.554	365

资料来源：水利部：《中国水资源公报》（2010—2018）。

2. 耕地数量和质量状况

2016年全国耕地面积达到13492.10万公顷，比2000年降低0.26%。全国因建设占用、灾毁、生态退耕、农业结构调整等减少耕地面积34.50万公顷，通过土地整治、农业结构调整等增加耕地面积26.81万公顷，分别比2010年降低19.62%和14.87%，年内净减少耕地面积7.69万公顷。①

全国耕地按质量等级依次划分为一至十等，一等地耕地质量最高，十等地耕地质量最低。2019年全国耕地质量平均等级为4.76等，比2014年提升0.35个等级。其中，一至三等的耕地面积为6.32亿亩，占耕地总面积的31.24%，比2014年增加3.94个百分点，这部分耕地基础地力较高，可按照用养结合方式开展农业生产，确保耕地质量稳中有升。四至六等的耕地面积为9.47亿亩，占耕地总面积的46.81%，比2014年增加2.01个百分点，这部分耕地所处环境气候条件基本适宜，农田基础设施条件较好，是今后粮食增产的重点区域。七至十等的耕地面积为4.44亿亩，占耕地总面积的21.95%，比2014年降低5.95个百分点，这部分耕地基础地力相对较差，生产障碍因素突出，需要持续开展农田基础设施建设，改善耕地质量。

表2　全国耕地质量等级面积及其比例

单位：亿亩、%

耕地质量等级	面积		比例	
	2014	2019	2014	2019
一等地	0.92	1.38	5.1	6.82
二等地	1.43	2.01	7.8	9.94

① 自然资源部：《2017中国土地矿产海洋资源统计公报》，http://www.mny.goV.cn/gk/tzgg/201805/t201805/8_1992992.html，2018年5月。

续表

耕地质量等级	面积		比例	
	2014	2019	2014	2019
三等地	2. 63	2. 93	14. 4	14. 48
四等地	3. 04	3. 50	16. 7	17. 30
五等地	2. 89	3. 41	15. 8	16. 86
六等地	2. 25	2. 56	12. 3	12. 65
七等地	1. 89	1. 82	10. 3	9. 00
八等地	1. 39	1. 31	7. 6	6. 48
九等地	1. 06	0. 70	5. 8	3. 46
十等地	0. 76	0. 61	4. 2	3. 01
合计	18. 26	20. 23	100	100

资料来源：农业部：《2014 年全国耕地质量等级情况公报》；农业农村部：《2019 年全国耕地质量等级情况公报》。

我国耕地本底质量较低，基础地力贡献率为 50% 左右，比发达国家低 20 个百分点。现有耕地中，中低产田占耕地总面积的 2/3，其中低产田超过 30% 。长期以来，我国农业耕作方式粗放，耕地退化面积占耕地面积的 40% 以上，一些地区土壤养分失衡，土壤板结严重，东北区黑土层变薄，南方山地土壤酸化，华北平原耕层变浅，西北区沙化盐渍化等问题突出。长期以来化肥的过量施用，导致耕地质量退化的加剧。全国耕地土壤有机质平均含量为 2. 08% ，比 20 世纪 90 年代初下降 0. 07 个百分点，低于世界土壤有机质含量平均水平的 43% 。补充耕地等级较低，补充耕地与被占耕地地力等级相差 2—3 个等级。[①]

① 农业部：《耕地质量保护与提升行动方案》，http：//www. moa. gov. cn/ztzl/mywrfz/gzgh/201511/t20151104_ 4888677. htm，2015 年 11 月。

3. 耕地土壤污染状况

目前，我国大部分耕地都受到不同程度的污染。根据《全国土壤污染状况调查公报》，全国耕地土壤环境污染点位超标率为19.4%。其中轻微、轻度、中度和重度污染点位比例分别为13.7%、2.8%、1.8%和1.1%，主要污染物为镉、镍、铜、砷、汞、铅、滴滴涕和多环芳烃等。在无机污染物中，镉污染的点位超标率高达7.0%。

全国耕地中的有机污染物包括“滴滴涕”“多环芳烃”“六六六”等，耕地土壤中这三类有机污染物点位超标率分别为1.9%、1.4%、0.5%。有机污染物主要来源于有机类农药、工业“三废”以及不合格的有机肥等。有机污染物进入土壤后，将破坏土壤的净化功能，影响作物生长发育，对土壤微生物产生危害。

我国耕地土壤受到污染的主要原因包括：农药和化肥的不合理使用、农膜残留、重金属含量超标、污水灌溉、固体废弃物堆放等。全国受重金属污染的土壤面积2000万公顷，占耕地面积的1/6。东部地区耕地土壤重金属污染程度明显高于中西部地区耕地土壤重金属污染，城乡接合部耕地土壤重金属污染程度明显高于种植业生产地区，粮食主产区耕地土壤重金属污染严重，耕地土壤污染点位超标率高于全国平均水平。

我国农药仅有30%附着在农作物上，其余大部分扩散于耕地生态系统中，受农药污染的耕地土壤面积达到0.09亿公顷。过量施用化肥，使肥料中含有的重金属如镉、铅、砷等在施用过程中被带入农田，致使土壤发生板结，造成耕地土壤污染。

在长期覆膜的耕地土壤中，农膜回收率低，地膜残留量累计达到 100 多万吨，造成耕地“白色污染”。废弃农膜在耕地土壤中难以降解，降低土壤的通透性，抑制作物对水分和养分的吸收，导致耕地生产力下降。

4. 水土流失状况

全国水土流失面积持续减少，2018 年水土流失面积为 273.69 万平方千米，其中水力侵蚀面积 115.09 万平方千米，风力侵蚀面积 158.60 万平方千米，占国土面积（不含港澳台地区）的 28.51%，比 1985 年水土流失面积减少 25.43%，占国土面积的比例下降 9.72 个百分点。强度以上的水土流失面积从 103 万平方千米减少到 58 万平方千米。水土流失主要以中轻度为主，中轻度水土流失面积占比 78.7%，强度明显下降。

表 3　　水土流失面积变化

单位：万平方千米、%

年份	水土流失面积	年均降幅	占国土面积的比例
1985	367.03	—	38.23
1999	355.56	0.22	37.04
2011	294.92	1.42	30.72
2018	273.69	1.03	28.51

资料来源：水利部：《2018 年中国水土保持公报》。

水力侵蚀在全国 31 个省份均有分布，风力侵蚀主要分布在“三北”地区。2018 年全国中度以上水土流失面积比 2011 年减少 32.65%，水力侵蚀面积比 2011 年减少 11%，风力侵蚀面积减少

4.22%。西部地区水土流失面积为228.99万平方千米，占全国水土流失总面积的83.7%；中部地区面积为30.04万平方千米，占全国水土流失总面积的11%；东部地区水土流失较轻，面积为14.66万平方千米，占全国水土流失总面积的5.3%。

因生产建设造成的人为水土流失增量基本得到有效控制，全国54万个生产建设项目依法落实水土保持措施，减少人为新增水土流失面积22万平方千米。以长江黄河上中游、东北黑土区、西南石漠化区等区域为重点，持续开展以小流域为单元、山水林田路村统一规划，工程、植物、耕作措施相结合的综合治理。截至2018年年底，全国累计水土流失治理面积达到131.5万平方千米，水土保持措施年均可保持土壤16亿吨，为减少江河湖库淤积提供根本保障。

（二）农业水土资源保护与利用中存在的主要问题

我国农业水土资源保护与利用存在技术、效率、制度、组织等方面的问题，农业水土资源配置不尽合理，农业水土资源保护和利用的技术措施局限，农业水土资源利用效率较低，农业水土资源保护与利用面临组织制度困境。

1. 农业水土资源配置不尽合理

许多地区水土资源匹配系数较低，而且区域内差异较大。没有充分考虑农业水土资源的相互关系，仅仅强调水土资源利用，不重视养护，单纯追求经济效益，忽视水土资源的生态效益。区域水土资源开发利用率较高，已经明显不足的农业水土资源还要向非农产业转移。生产与生活用水挤占生态用水，依然存在农业用水用地浪费的现象。

随着工业化和城镇化的快速推进，我国日益增长的农业水土资源需求与其稀缺性、有限性之间矛盾加剧，区域用水用地结构失衡、资源利用方式粗放、污染行业向农村转移、各行业抢占水土资源等问题愈加突出，区域农业水土资源优化配置难度加大。全国被占用耕地的土壤耕作资源浪费严重，占补平衡补充耕地质量不高，坚守耕地红线的压力较大。

2. 农业水土资源保护和利用技术措施局限

全国尚未广泛采用节水节地等技术，水土资源过度开发、地下水超采、化学投入品过量使用和农业面源污染等给农业生产带来负面影响。耕地土壤污染源复杂，各地区土壤类型和环境条件差异较大，缺乏针对某一区域的土壤污染治理技术措施。我国耕地中尚有近 1/6 的坡耕地，尤其在长江上游、黄土高原、西南岩溶区等地区，耕地水土流失比较严重。一些生态环境脆弱地区，强度以上的水土流失面积所占比例较高，缺乏有效的土壤侵蚀治理和生态修复措施。

3. 农业水土资源利用效率较低

我国农业用水效率总体不高，高效节水灌溉率仅约 25%，并且标准不高。全国农田灌溉水有效利用系数较低，与世界先进水平 0. 7—0. 8 相比，存在较大差距。北方部分地区耕地质量退化严重，耕地有机质含量下降，农田生态功能退化。南方部分地区耕地土壤重金属超标，利用难度较大。西北旱作地区农田水利基础设施和节水灌溉工程建设投入不足，耕地实际灌溉亩均用水量较高。

4. 农业水土资源保护与利用的组织制度困境

我国农业水土资源管理制度不健全，不能满足新时代资源保护与生态建设的要求。没有形成反映资源稀缺程度的价格机制，资源产权主体缺位。资源管理成本较高，尚未建立农业水土资源资产管理体制。缺乏资源节约内生动力，财政补助、金融扶持、税收优惠等激励政策不够完善。农业水土资源管理机构分散，信息公开制度不健全，缺乏公众参与。对农业水土资源的监管不力，水土资源保护难以落到实处。

农业水土资源保护与利用工程仍以政府单向投入为主，管理责任认定不明确，管护水平较低，没有建立农业资源保护的责任追究制度。大部分工程项目需要政府财政拨款推动，社会资本投入不足。尽管中央财政已设立农村环境保护专项资金，但其使用范围很广，真正用到农业水土资源保护与利用上的资金较少。

二 “十四五”时期农业水土资源保护与利用的目标

“十四五”时期，我国粮食等主要农产品需求刚性增长，必须理顺水土资源约束与确保国家粮食安全和主要农产品有效供给的关系。落实“十四五”时期农业水土资源保护与高效利用专项规划和行动实施方案，加快推进农田灌排、耕地质量提升、水土保持和耕地土壤污染防治等工程建设。创新运用资源经济政策，发挥政策全链条作用，持续改善水土资源质量，推动农业绿色发展。

（一）持续提高农业水资源利用效率

“十四五”期间，继续实施农业水资源红线管理，确立农业水资源开发利用控制红线，到 2025 年，全国农业用水量保持在 3730 亿立方米以内，农田灌溉水有效利用系数提高到 0.6 以上。强化节约高效用水，统筹推进工程节水、农作物节水等，保障农业用水安全。分区域规模化推进高效节水灌溉，加快农业高效节水体系建设，到 2025 年，农田有效灌溉率达到 55%，节水灌溉率达到 70%，创建 150 个节水型灌区和 100 个节水农业示范区。加大粮食主产区、严重缺水区和生态脆弱地区的节水灌溉工程建设力度，推广渠道防渗、低压管道输水、喷灌、微灌、滴灌、水肥一体化、集雨补灌等技术，完善灌溉用水计量设施。加强现有大中型灌区骨干工程续建配套节水改造，强化小型农田水利工程建设和大中型灌区田间工程配套，增强农业抗旱能力和综合生产能力。

开展农业用水精细化管理，科学合理确定灌溉定额，在执行 2020 年制订的小麦灌溉用水定额的基础上，推行农业节水。陆续编制粮、棉、油、糖、果树、蔬菜、牧草等主要农作物灌溉用水定额，为开展农业用水总量配置、水资源论证、取水许可审批等提供重要依据。推进农田水利设施产权制度改革，提高节水工程管护水平。

在半干旱、半湿润偏旱区建设农田集雨、集雨窖等设施，推进地表水过度利用和地下水超采区综合治理。改进耕作方式，推进种养结合。优化调整农作物种植结构，扩大低耗水和耐旱作物种植比例，选育推广耐旱农作物新品种，严格限制高耗水农作物种植面积。根据水资源条件，实行适水种植、量水生产。发展集雨节灌，增强蓄水保墒能力，严格限制开采深层地下水用于农业灌溉。在地下水严重超采地区，实施轮作休耕，适度退减灌溉面积。在水土流失易发地区，扩大保护性耕作面积。

（二）优化耕地资源利用结构

坚持耕地数量、质量、生态“三位一体”保护，推进耕地质量保护与提升行动的开展。提升耕地土壤质量一至六级面积所占比例，全国耕地地力平均提高 0.5 个等级，高标准耕地地力提高 1 个等级以上。全国耕地土壤有机质含量平均提高 0.2 个百分点，耕作层厚度平均达到 25 厘米以上。全国耕地质量状况得到阶段性改善，耕地土壤酸化、盐渍化、养分失衡、耕层变浅等问题得到有效遏制，土壤生物群系逐步恢复，提高农业生产支撑能力。各地区根据耕地质量状况，合理调整农业生产布局，优化耕地利用结构，缓解资源环境压力，改良土壤，培肥地力，加强退化耕地修复，提升农产品质量安全水平。

针对符合条件的优先保护类耕地，划为永久基本农田，要实行严格保护，确保其面积不减少、土壤质量不下降，建设用地不得征占。农产品生产重点县要制订土壤质量保护方案，高标准农田建设项目向优先保护类耕地集中的地区倾斜。推行秸秆还田、增施有机肥、少耕免耕、粮豆轮作等措施，继续开展耕地质量保护利用试点。农村土地流转的受让方要履行耕地质量保护的责任，避免因不合理的农业生产方式造成耕地环境质量下降。省级政府要对本行政区域内优先保护类耕地面积减少或耕地质量下降的县（市、区），进行预警监督，并依法采取限制性措施。

（三）有效降低水土流失强度

加快治理水土流失，持续扩大水土保持工程的建设规模和覆盖范围，逐年减少水土流失面积，持续降低水土流失强度。突出水土保持监管，坚决遏制人为水土流失，提高水土流失治理率。加强自然生态修复，增加植被覆盖面积，改善受损农业生态系统的结构和功能。国家水土保持重点工程区全面实施封育保护，经过重点治理的区域，控制土壤流失 90% 以上，林草植被覆盖率提高 30% 以上。

培育水土流失地区的农地市场，促进农地资源的市场化配置。健全以户承包、联户承包、专业队承包和租赁、股份合作等多种形式的责任管理体制，有计划地推动“四荒”使用权拍卖和引导大户承担水土流失综合防治工作。延伸水土保持产业的链条，加快水土保持产业化的进程。推行区域“四荒”拍卖回收资金管理，使这部分资金能更好地为农民开发治理“四荒”和脱贫致富服务。

（四）严格消减耕地土壤污染负荷

全面实施《土壤污染防治行动计划》目标任务，以耕地为重点，划分为优先保护类、安全利用类、严格管控类，分别采取相应管理措施，严格管控重度污染耕地，确保耕地重度污染面积不扩大。治理修复受污染耕地，遏制耕地土壤污染加重趋势，受污染耕地安全利用率和污染地块安全利用率均达到 90% 以上，耕地土壤环境安全得到基本保障，土壤环境风险得到基本管控。

持续提升施肥水平，测土配方施肥技术覆盖率达到90%以上，肥料利用率达到40%以上，畜禽粪便养分还田率和作物秸秆养分还田率均达到60%以上。

耕地集中的县（市、区）要制订耕地安全利用方案，执行《农用地土壤污染风险管控标准》，以保护食用农产品质量安全为主，兼顾保护农作物生长和土壤生态的需要。当土壤中污染物低于风险筛选值时，耕地可以划为优先保护类。当土壤中污染物高于风险管制值时，耕地可以划为严格管控类。当土壤中污染物介于筛选值和管制值之间时，需要通过农产品质量协同调查确定，采取农艺调控、替代种植等措施，实现耕地安全利用。

三 “十四五”时期农业水土资源的保护与高效利用的重点任务

“十四五”时期是资源与生态环境保护的加快推进期，必须贯彻落实生态文明建设和绿色发展的要求，瞄准重点区域，突出实际问题，明确农业水土资源保护与高效利用的重点任务，服务于2035年和2050年的经济社会发展目标。坚持量质并重、保护提升，在严格保护资源数量的同时，更加注重资源质量的管理，推动形成资源利用节约高效、生态环境良好的农业现代化发展格局。

（一）农业水资源高效利用

加快发展节水农业，以粮食生产功能区和重要农产品生产保护区为重点，完成高效节水灌溉建设任务。加大田间节水设施建设力度，推广高效节水农业模式。加强农业用水全过程管理，完善省、市、县三级行政区域农业用水总量和用水强度控制指标体系。建立农业用水定额体系，明确节水标准，使节水真正落地，促进农业节水增效。

加大粮食主产区、严重缺水区和生态脆弱区高效节水灌溉工程建设力度，推广工程节水和农艺节水措施，完善农田灌排基础设施。在华北、西北等旱作区，建立高标准旱作节水示范区，辐射带动旱作节水农业技术应用。在半干旱、半湿润偏旱区以提高降水利用率和水资源利用效率为核心，建设降水高效利用设施，实行粮草轮作，推进种养结合。

在地下水超采地区，削减地下水开采量，以华北地区为重点，严控开发规模和强度，加快推进地下水超采区治理。制订实施区域地下水超采综合治理方案，严格执行地下水禁采限采管理，强化地下水水量和水位控制，实施河湖地下水回补，强化地下水动态监测。在华北地下水超采区，继续开展耕地轮作休耕试点。

（二）耕地质量保护与提升

将耕地质量保护与提升作为完成高标准农田建设任务的重要内容，与高标准农田建设项目同规划、同设计、同建设、同考核。在高标准农田建设项目区，综合采取“改良土壤、培肥地力、保水保肥、控污修复”等措施，平衡土壤养分，实现用地与养地结合。推广保护性耕作，打破犁底层，加深耕作层，增强耕地保水保肥能力。按照《耕地质量等级》要求，对高标准农田建设项目区耕地质量进行监测评价，确保措施覆盖面积达到90%以上，提升耕地质量等级。

实施耕地质量保护与提升行动，提升中低等级耕地质量，并保持中高等级耕地的质量稳定，推进建设占用耕地耕作层土壤剥离再利用。加强高标准农田建设，开展中低产田改造，推进东北地区耕地黑土退化、南方耕地土壤酸化和北方地区土壤盐渍化的综合治理。采用增施有机肥、种植绿肥等方式，增加土壤有机质。加强畜禽粪污资源化利用基础设施建设，支持规模养殖场进行粪污处理，引导农民增施有机肥。继续实施耕地轮作休耕制度试点，坚持轮作为主、休耕为辅。以粮食主产区和主要农作物优势产区为重点，划分东北黑土区、华北及黄淮平原潮土区、长江中下游平原水稻土区、南方丘陵岗地红黄壤区、西北灌溉及黄土型旱作农业区五个区域，实施耕地质量保护与提升项目。

（三）水土流失综合治理

加大水土流失综合治理力度，以长江中上游、黄河上中游、东北黑土区、西南岩溶区等水土流失严重区域为重点，以小流域为单元，实施国家水土保持重点工程。以长江经济带为重点，在中西部地区实施坡耕地水土流失综合治理工程。以东北黑土区、西北黄土高原区为重点，开展沟道侵蚀治理和塬面保护。在东部适宜地区、中西部城市周边和重要水源地，推行具有典型示范作用的生态清洁小流域建设。

落实水土保持重点工程建设责任制，健全水土流失治理标准体系，强化工程质量，加强成果管护。地方政府要把水土保持建设作为当地国民经济社会发展计划的重要组成部分和可持续发展战略的任务，列入重要议事日程。强化水土保持的政府责任，明确各级权力责任。发挥政府宏观调控的职能，合理配置水土资

源，改善用地条件。制订适应区域特点的水土保持规划，可根据当地实际情况，将防治水土流失的内容纳入乡规村约，以规范水土流失地区的生产建设活动。

（四）耕地土壤污染防治

全面开展耕地土壤污染防治，加强对严格管控类耕地的用途管理，划定特定农产品禁止生产区域。对威胁地下水、饮用水水源安全的耕地利用，有关县（市、区）要制订耕地土壤环境风险管控方案，并落实相关措施。将严格管控类耕地纳入国家新一轮退耕还林还草实施范围，制订实施重度污染耕地种植结构调整或退耕还林还草计划。强化耕地土壤污染管控与修复，继续开展重金属污染耕地修复及农作物种植结构调整试点。

加强农业面源污染和耕地土壤重金属污染防治，减少化学投入品使用，控制化肥使用量，施用低毒低残留农药，推进残留农膜和农药包装废弃物的回收利用、农作物秸秆资源化利用。强化畜禽养殖污染防治，严格规范兽药、饲料添加剂的生产和使用。在耕地中施用石灰和土壤调理剂，调酸钝化重金属，促进污染耕地修复，提高耕地土壤的抗逆能力。

四 “十四五”时期农业水土资源的保护与高效利用的对策建议

“十四五”时期，我国总体经济规模将持续扩大，农业现代化仍将持续推进。如何将农业资源保护与经济社会发展更好地融合，充分发挥其在农业经济增长中的作用，就需要转变农业资源利用方式，优化水土资源配置，提高农业资源保护水平与利用效率，从农业水土资源利用结构调整中，挖掘资源质量改善的潜力，保障国家粮食安全、农产品质量安全和农业生态安全，提升我国农业的国际竞争力。

（一）推行农业水土资源的保护与利用的综合工程建设

农业水土资源保护与利用的综合工程包括：东北地区黑土地保护工程、南方地区污染耕地修复治理工程、京津冀地区地下水超采治理工程、西北地区旱作节水农业工程等。以粮食主产区、非主产区产粮大县为重点，兼顾棉花、油料、糖料等重要农产品优势产区，实施高标准农田建设项目。在全国范围内分区开展土壤改良、地力培肥和养分平衡，防止耕地退化，实施耕地质量保护与提升项目。在南方水稻产区等，实施耕地重金属污染治理项目。在水土流失严重、坡耕地集中地区，实施水土保持与坡耕地改造项目。在西北地区、东北地区西部、黄淮海地区等，改造升级现有灌溉设施，实施高效节水项目。在水资源过度开发地区，实施地表水过度开发和地下水超采区治理项目。坚持突出重点、整体推进，开展连片综合治理。

（二）加强农业水土资源保护与利用的组织创新

建立农业节水节地目标责任制，实行严格资源管理制度考核，完善国家和省级水土资源督察和责任追究制度，将资源节约作为约束性指标纳入政绩考核，组织编制水土资源资产负债表。

形成部委、直属单位、流域机构和省市协同的水土资源管理督查体系，对资源行政主管部门责任目标履行情况开展逐级督查，重视对制度执行情况的监管。严格落实属地管理主体责任，制定责任清单。对发现的问题进行严格问责，确保制度执行和责任落实到位。

加强农业资源环境风险管控，实施分类管理，注重综合施策。健全农产品产地保护绩效考核和责任追究制度，加大对破坏农业环境违法行为的处罚力度。实施清洁生产审核，开展企业污染排查整治，阻断污染物进入耕地的链条。加大基层科技创新与推广应用服务，培育专业化工程养护公司、农民用水合作组织等服务主体，强化农业水土资源利用工程管护，保护农民和企业的水土资源利用权益，鼓励其参与水土资源管理，增强他们自主节约资源的意识。

（三）改革农业水土资源保护与利用制度

“十四五”时期，需要进一步整合现有农业水土资源政策，合理定位各项政策工具作用，创新配套政策，强化政策的组合调控，形成政策合力。综合运用行政、法治、市场、技术等多种手段，完善农业水土资源保护和利用制度。坚守耕地红线、水资源红线和农业生态保护红线，优化农业生产力布局，加强水土资源的高效利用，提高单位水土资源的生态效益和经济社会效益，实现高质量农业绿色发展。

推进农业水资源使用权确权，明确行政区域取用水权益，科学核定取用水户许可水量。探索流域、地区、行业、用水户等多种形式的水权交易，在满足自身用水情况下，对节约的水量进行有偿转让。对用水总量达到或超过区域总量控制指标，可通过水权交易满足新增用水需求。深化农村水利工程产权制度改革，开展农村水利设施清产核资，把相关水利设施量化为村级组织和农民资产和股权。

推进农业水价综合改革，建立节水标准定额体系。同时，加强耕地资源管理，对现行征地制度进行改革，完善耕地保护制度，制定耕地质量提升的激励政策。建立耕地土壤污染防控体系，建立农产品产地土壤分级管理制度。对开展耕地污染治理的农业经营主体，优先实施信用担保、贴息贷款和税收减免，完善耕地污染防治保险产品和服务。

（四）建立农业生态补偿机制

构建区域农业生态补偿机制，推行耕地质量保护与提升的生态补偿。从土地出让总收入中，按一定比例统一计提资金，专项用于耕地质量保护。鼓励农民和企业开展用地养地、培肥地力的实践，依据耕地质量等级变化情况，向他们发放生态补偿资金。特别对实施替代种植、轮作休耕、畜禽粪污和农作物秸秆资源化利用的农民和企业，给予资金补助。针对有机肥生产、废弃农膜综合利用、农药包装废弃物回收处理的企业，实行生态补偿和激励扶持。在重点地区建立耕地污染防治生态补偿制度，合理确定补偿标准，采取实物补偿或现金补贴等方式，对开展种植结构调整、实行禁止生产区划分、自主采取土壤污染防治措施的农民和企业进行补偿。对于重度污染的耕地，实行休耕补贴。

推行流域上下游之间农业生态补偿，确定流域上游和下游地区生态补偿的责任、权利和义务。根据流域不同河段水质和水量要求，确保提供稳定优质水源和增加水量的责任，不能简单地要求流域下游地区对上游地区进行补偿。如果上游地区的水资源保护和水环境建设符合既定要求，并且为下游地区提供符合标准的水质和水量，那么下游地区必须对上游地区补偿。但是，如果上游不能按照要求提供标准的水质和水量，就需要上游地区承担相关责任并对下游地区进行补偿。合理择定流域生态补偿地域范围，提高生态补偿资金使用效率。流域上游政府应该按照生态损失程度和贡献份额，将获得的补偿资金分配给受损者和保护者。同时，也可以通过政策优惠、税收减免、项目支持等方式，对流域上游地区实施间接补偿。

（五）拓宽农业水土资源保护与利用的投入渠道

推动构建多元化农业水土资源保护与高效利用的投入机制，加大农业水土资源保护与高效利用的基础设施建设的财政投入，拓宽投融资渠道，带动更多社会资本参与农业水土资源保护与高效利用工程建设。充分发挥政府财政资金的保障作用，通过以奖代补、购买服务等形式，调动各类农业经营主体、社会化服务组织和专业化企业等参与的积极性，构建多方共同参与的现代治理体系。

探索建立农业水土资源保护与高效利用专项基金，主要用于农业节水灌溉、耕地质量保护与提升、水土流失治理、耕地土壤污染防治、化肥和农药减量、农业废弃物回收利用等方面。综合统筹政府财政资金，推进政府与社会资本合作。各级农业部门应支持农业银行与政策性农业信贷担保机构建立合作关系，充分利用政府设立的绿色产业基金、风险补偿基金、绿色贴息贷款等政策，发展农业绿色金融，创新农业水土资源保护与高效利用的投融资模式。

（六）加强农业水土资源保护与利用的监测

构建农业水土资源保护与利用的监测网络，开展农业资源环境大数据平台建设，推动农业资源数据共建共享。逐步建立农业水资源、耕地资源质量、水土保持、耕地土壤环境质量等数据库。聚焦重点区域、重点水源和耕地，明确主要监测指标。加强资源交易监管，规范交易平台建设。健全相关标准和技术规范，加大科技研发支持力度，提高水土资源信息化管理水平。

建立农业水土资源健康预警机制，特别在粮食生产功能区和重要农产品生产保护区，增加农业资源环境监测网点。对耕地资源数量和质量、土壤墒情、灌溉用水、地表水和地下水、土壤环境等动态变化进行实时监控，定期评价农产品产地环境安全状况。加强灌溉水水质监测，防止污染物随灌溉水进入耕地。持续开展水土流失动态监测，加强水土保持监督管理。发布农业资源健康水平变化的信息，确保自上而下的资源健康年度监测成果更新。

参考文献

1. 包晓斌：《我国农业水资源可持续利用指数研究》，《福建论坛》（人文社会科学版）2016 年第 10 期。
2. 段龙龙、李涛、叶子荣：《中国式耕地质量保护之谜：从市场逻辑到政策规制》，《农村经济》2016 年第 4 期。
3. 刘洪涛、郭小夏、成升魁等：《我国粮食生产的耕地资源环境效应特征与代价分析》,《中国环境管理》2019 年第 4 期。

4. 田欣、秋婕:《“十四五”时期污染物总量控制的挑战、需求与应对研究》,《中国环境管理》2019 年第 3 期。

5. 徐梦佳、刘冬、顾金峰:《面向“十四五”的生态环境保护规划指标分析与建议》,《环境生态学》2019 年第 6 期。

6. 徐明岗、卢昌艾、张文菊等:《我国耕地质量状况与提升对策》,《中国农业资源与区划》2016 年第 7 期。

7. 许长新、林剑婷、宋敏:《水土匹配、空间效应及区域农业经济增长》,《中国人口·资源与环境》2016 年第 7 期。

8. 郧文聚、吴克宁、张小丹:《中国耕地健康问题及防治对策》,《中国发展》2019 年第 4 期。

9. 于法稳:《新时代农业绿色发展动因、核心及对策研究》,《中国农村经济》2018 年第 5 期。

10. 张红旗、谈明洪、孔祥斌等:《中国耕地质量的提升战略研究》,《中国工程科学》2018 年第 5 期。

11. 张桃林、王兴祥:《推进土壤污染防控与修复厚植农业高质量发展根基》,《土壤学报》2019 年第 2 期。

12. 赵丽平、李邦熹、王雅鹏等:《城镇化与粮食生产水土资源的时空耦合协调》,《经济地理》2016 年第 10 期。